Bernd U. Schipper
Hermeneutik der Tora

Beihefte zur Zeitschrift für die alttestamentliche Wissenschaft

Herausgegeben von
John Barton · F. W. Dobbs-Allsopp
Reinhard G. Kratz · Markus Witte

Band 432

De Gruyter

Bernd U. Schipper

Hermeneutik der Tora

Studien zur Traditionsgeschichte von Prov 2
und zur Komposition von Prov 1−9

De Gruyter

ISBN 978-3-11-027948-1

e-ISBN 978-3-11-027960-3

ISSN 0934-2575

Library of Congress Cataloging-in-Publication Data

Schipper, Bernd Ulrich, 1968–
    Hermeneutik der Tora : Studien zur Traditionsgeschichte von Prov 2
und zur Komposition von Prov 1–9 / Bernd U. Schipper.
        p. cm. – (Beihefte zur Zeitschrift fuer die alttestamentliche Wissen-
schaft, ISSN 0934-2575 ; Bd. 432)
    Includes bibliographical references and index.
    ISBN 978-3-11-027948-1 (hardcover : alk. paper)
    1. Bible. O.T. Proverbs II – Criticism, interpretation, etc.   2. Bible.
O.T. Proverbs I–IX – Criticism, interpretation, etc.   3. Bible. O.T.
Proverbs – Relation to the Pentateuch.   4. Bible. O.T. Pentateuch –
Relation to Proverbs.   5. Wisdom – Biblical teaching.   6. Jewish law.
I. Title.
    BS1465.52.S35   2012
    223'.7066–dc23
                                                                        2011042078

Bibliografische Information der Deutschen Nationalbibliothek

Die Deutsche Nationalbibliothek verzeichnet diese Publikation in der Deutschen
Nationalbibliografie; detaillierte bibliografische Daten sind im Internet
über http://dnb.d-nb.de abrufbar.

Druck und Bindung: Hubert & Co. GmbH & Co. KG, Göttingen
∞ Gedruckt auf säurefreiem Papier

Printed in Germany

www.degruyter.com

Meiner Frau

Vorwort

Als mich Anfang 2004 die Anfrage erreichte, ob ich mir vorstellen könne, das Buch der ‚Sprüche Salomos' für die „Hermeneia Biblical Commentary Series" zu kommentieren, ging es mir wie manch' anderem,
der in jungen Jahren ein Großprojekt startet: Ich sagte in jugendlichem
Leichtsinn zu, ohne zu wissen, auf was ich mich da überhaupt einlasse.

Die hier vorgelegte Studie zu Prov 2 ist nun ein erster Versuch, das
Proverbienbuch in Angriff zu nehmen. Sie setzt – anders als die religionsgeschichtliche Arbeit zu Prov 22,17–24,22 (ZAW 117 [2005]) – bei
einem Aspekt an, der mir für eine neue Kommentierung der Proverbi-
en genauso wichtig erscheint wie die Berücksichtigung des altorientalischen Materials: die Vernetzung des Sprüchebuches mit anderen alttestamentlichen Traditionen und die literaturgeschichtliche Einordnung des Textes. Beide Ansätze, der religionsgeschichtliche und der
(hier im weiteren Sinne verstandene) traditionsgeschichtliche, können
meiner Ansicht nach dazu verhelfen, die Spezifika des Proverbienbuches neu auszuloten und für eine Theologie des Alten Testaments
fruchtbar zu machen.

Die vorliegende Studie geht in ihrem Kern auf einen DFG-Antrag
aus dem Jahr 2006 zurück und wurde in weiten Teilen im Rahmen eines Forschungsaufenthaltes an der Harvard University im Jahr 2009/
2010 geschrieben. Mein Dank gilt Prof. Dr. Dr. h.c. Peter B. Machinist
und Prof. Dr. Jon D. Levenson für die gewährte Unterstützung sowie
den Kollegen der Divinity School für die freundliche Aufnahme.

Für zahlreiche Diskussionen danke ich den Freunden Prof. Dr.
Andrew Teeter in Harvard und Prof. Dr. Sebastian Grätz in Mainz.
Letzterer hat den Titel angeregt und mich gerade in der Frühphase des
Projektes vor mancher Torheit bewahrt. Gleiches gilt für PD Dr. Rein-
hard Müller aus München. Er hat sich während seines Berliner Gastse-
mesters im Sommer 2011 die Mühe gemacht, das ganze Manuskript zu
lesen. Seine kritischen Anmerkungen und Anfragen waren eine große
Hilfe, die Argumentation zu überprüfen. Dafür danke ich ihm herzlich.

Die Deutsche Forschungsgemeinschaft hat das Jahr in den USA, die
Gastprofessur von Reinhard Müller und die Drucklegung des vorliegenden Bandes im Rahmen des DFG-Projektes „Diskursive Weisheit"
gefördert.

Mein Dank gilt ferner meinen Mitarbeiterinnen und Mitarbeitern am Berliner Lehrstuhl für „Geschichte Israels in der altorientalischen Welt". Sie haben großen Anteil daran, dass dieses Buch innerhalb meiner ersten eineinhalb Jahre in Berlin abgeschlossen werden konnte: Dr. Kent A. Reynolds, Johanna Klee, Petra Schmidtkunz und Annette Schulz. Zu danken habe ich auch den Herausgebern der „Beihefte zur Zeitschrift für die alttestamentliche Wissenschaft" (BZAW) Prof. Dr. John Barton, Prof. Dr. F.W. Dobbs-Allsopp, Prof. Dr. Reinhard G. Kratz und Prof. Dr. Markus Witte für die Aufnahme des Bandes sowie Dr. Albrecht Döhnert für die Betreuung seitens des Verlages Walter de Gruyter.

Berlin, am 31. Oktober 2011   Bernd U. Schipper

Inhaltsverzeichnis

1. Einleitung

1.1 Zur Auslegung von Prov 2

Das zweite Kapitel des Proverbienbuches hat von jeher eine besondere Faszination ausgeübt. Bereits Hermann L. Strack sah in seinem Sprüchekommentar aus dem Jahr 1888 in Prov 2 einen Schlüssel zum Verständnis der ersten Sammlung des Proverbienbuches. Er betrachtete die 22 Verse als eine Zusammenfassung von Kap. 3–7.[1] Auch Wilhelm Frankenberg betonte in seiner Kommentierung der Proverbien im Göttinger „Handkommentar zum Alten Testament" (1898) die thematische Verschränkung zwischen Prov 2 und den folgenden Kapiteln und hob besonders die Verse 2,12–15 („Verführung durch das Glück der Frevler") und 2,16–19 („Verführung durch die Schmeichelrede des ehebrecherischen Weibes") sowie ihre Verbindung zu Kap. 1–4 und 5–7 hervor.[2] Dem entsprechen andere Arbeiten vom Ende des 19. Jahrhunderts, die nicht nur auf die Eigenständigkeit der Sammlung Prov 1–9, sondern auch auf die Bezüge innerhalb der neun Kapitel aufmerksam machten.[3]

Die jüngere Forschung hat in verschiedenen Untersuchungen die These von der besonderen Bedeutung des zweiten Kapitels im Gesamtgefüge von 1–9 bekräftigt[4] und zugleich die Unterschiede zu Kapitel 1 hervorgehoben. Während Kap. 1 mit einem Vorspruch (1,1–7), der Warnung vor frevelhaften Männern (1,8–19) und einer Warnrede der Weisheit an die Unerfahrenen (1,20–33) in recht unterschiedliche Ab-

---

1   Vgl. STRACK, Sprüche, 313 und 315f, der in Kapitel 2 vier Abschnitte unterscheidet, die er den folgenden Kapiteln wie folgt zuordnet: 3,1–26 als Ausführung zu 2,1–11, 3,27–4 als Ausführung zu 2,12–15, 5 als eine „erste Ausführung" zu 2,16–19, 6,1–19 als „zweite Ausführung" zu 2,12–15 und 6,20–7 als „zweite Ausführung" zu 2,16–19; 8 und 9 sind abschließende Reden. Vgl. auch DERS., a.a.O., 315f mit Benennung der detaillierten Querverbindungen.

2   Vgl. FRANKENBERG, Sprüche, 3.

3   So schon EWALD, Schriften, 47f. Vgl. zu den „Wiederholungen im Spruchbuch und Folgerungen daraus" DELITZSCH, Spruchbuch, § 3, und zu Prov 1–9 bes. S. 23f.

4   Vgl. SCOTT, Proverbs, 42; PLÖGER, Sprüche, 29; MEINHOLD, Sprüche, 43–46. Die Besonderheit von Prov 2 wurde bereits von John MILLER in seinem Proverbienkommentar von 1872 betont: Commentary, 22.

schnitte zerfällt, entfaltet Prov 2 ein „Lehrprogramm" für das Folgende.[5] Die Verse sind thematisch eng mit Prov 3–7 verknüpft und benennen, folgt man der Argumentation von Arndt Meinhold, die vier Themen, die in den darauffolgenden Kapiteln behandelt werden: das rechte Gottesverhältnis (2,5–8, vgl. 3,1–12), das Verhalten zum Mitmenschen (2,9–11, vgl. 3,21–35) sowie die Warnung vor frevlerischen Männern (2,12–15) und die vor der fremden Frau (2,16–19). Die letztgenannten Themen werden jeweils in drei Lehrreden entfaltet: die Warnung
vor den frevlerischen Männern (2,12–15) in 1,8–19; 4,10–19 und 4,20–27
sowie die ‚fremde Frau' (2,16–19) in den Lehrreden von 5,1–23; 6,20–35
und 7,1–27.[6]

Ausgehend von diesem Befund hat sich die bisherige Forschung zu
Prov 2 vor allem mit den Querbeziehungen zu Kap. 1–9 und den Aussagen zur ‚fremden Frau' in 2,16–19 befasst. Dabei wurden ganz unterschiedliche Interpretationsmöglichkeiten diskutiert, angefangen von
der fremden Frau als Anhängerin eines fremden Kults[7] über die fremde
Frau als Ehebrecherin oder Zauberin bis hin zur Fremden als einer
„poetischen Personifikation".[8] So hat beispielsweise Claudia V. Camp
in ihren Arbeiten zur Weisheitsgestalt auf die symbolhafte Bedeutung
der fremden Frau hingewiesen. Sie sieht in ihr eine Metapher „for the
disruptive and chaotic forces that threaten the shalom of individual
and society".[9] Camp zufolge konvergieren in der Figur der fremden
Frau verschiedene Themen:

> "Problems of identity, problems of theodicy, problems of political struggle,
> problems of purity, problems of authority, all seem ameliorated by means
> of Proverbs' dramatic female imagery, above all by the construction of
> woman as Other in the figure of the Strange woman."[10]

Ganz gleich wie man einer solchen Bestimmung des Themenkomplexes gegenübersteht, es lässt sich am Beispiel der ‚fremden Frau' eine
Entwicklung nachweisen, die einen Einblick in die Geschichte eines

---

5   So die Formulierung von MEINHOLD, a.a.O., 43. Vgl. zur Besonderheit dessen auch
    FOX, Pedagogy, 234–236. Die Struktur von Kap. 1 muss freilich gesondert behandelt
    werden; vgl. dazu unten Kap. 5.2.4.

6   Vgl. MEINHOLD, a.a.O., 43 und die Grafik zum Aufbau von Prov 1–9 auf S. 46.

7   So die These der ersten Studie zum Thema überhaupt: BOSTRÖM, Proverbiastudien,
    123–127, die auch in jüngerer Zeit noch Anhänger hat; vgl. BLENKINSOPP, Social
    Context, 472.

8   Vgl. dazu die Überblicke von MAIER, Fremde Frau, 7–13 und CAMP, Wise, 40–43.

9   CAMP, Wisdom, 116; vgl. auch DIES., Wise, 66–71.

10 A.a.O., 70f. Dass die Figur der ‚fremden Frau' „nicht einlinig zu interpretieren ist",
    betont auch MAIER, a.a.O., 252.

bestimmten Themas gibt. Während sie offenbar ursprünglich die ‚fremde Frau' im Sinne der Ausländerin bezeichnete, wird sie zunehmend zum Gegenüber von Frau Weisheit (so in Prov 9) und erhält später geradezu dämonenhafte Züge, die sie als ernsthafte Gefahr für die Weisheit erscheinen lassen (4Q 184).[11]

Das Beispiel der fremden Frau illustriert einen Sachverhalt, der von Prov 2 ausgehend zu einem breiteren Fragehorizont führt. Denn das Kapitel steht offenbar nicht nur in einem Zusammenhang mit den anderen Kapiteln der ersten Proverbiensammlung, sondern vertritt dabei eine eigene Position. Doch ganz gleich wie man diese Frage, auf die noch näher einzugehen ist, konkret bestimmt – wenn man die Forschung zu Prov 2 betrachtet, dann zeigt sich deutlich, wie zwar im Falle der ‚fremden Frau' der Blick auf die thematischen Verschränkungen in Prov 1–9 gewagt wurde, jedoch die Querbeziehungen der anderen Passagen von Prov 2 kaum Beachtung fanden. Dies gilt auch für jüngere Studien wie z.B. die im Jahr 2000 veröffentlichte Arbeit von Achim Müller. Müller spricht sich gegen die These aus, dass „in c.2 ein Inhaltsverzeichnis für Prov 1–9 geplant gewesen wäre."[12] Er macht anhand lexematischer Entsprechungen vor allem den Zusammenhang von Prov 2 und Prov 4 stark und findet in 4,10–27 Bezüge, die nicht nur 2,12–15 betreffen, sondern beispielsweise auch 2,20 und damit einen Vers, der gerne aus dem Grundbestand von 2,1–22 ausgeschieden wird.[13] Auch wenn Müllers Studie im Einzelnen kritisch zu diskutieren ist,[14] benennt sie doch zwei wichtige Aspekte, die auch für die vorliegende Studie zentral sind: Müller führt zum einen die Notwendigkeit einer lexematischen Untersuchung vor Augen, die jenseits des Aufzeigens bloßer thematischer Verwandtschaften liegt.[15] So vermag er überzeugend nachzuweisen, dass die Bezüge zu Kap. 4 deutlich umfangreicher sind als die zwischen Prov 2 und Kap. 5–7 oder Kap. 3, was jedoch so noch nichts über die redaktionsgeschichtliche Stellung von Prov 2 in der ersten Sammlung sagt.[16] Zugleich verdeutlicht Müllers Analyse,

---

11 Vgl. dazu Maier, a.a.O., 253f; Weeks, Instruction, 164.168 und Tan, Foreignness, 165–172.

12 Müller, Proverbien, 60.

13 Vgl. a.a.O., 61 und zur Literarkritik von Prov 2 Kap. 2.2.1.

14 Vgl. dazu Kap. 5.2 dieser Arbeit.

15 Dies findet sich bereits bei dem eingangs zitierten Kommentar von Hermann L. Strack aus dem Jahr 1888, der die lexematischen Gemeinsamkeiten zwischen Prov 2 und den folgenden Kapiteln ausführlich darlegt: a.a.O., 315f.

16 Vgl. Müller, a.a.O., 61. Das Problem bei Müllers Arbeit ist, dass er z.T. auf der Basis einer recht schmalen Textbasis weitreichende literarkritische und redaktionsge-

dass die Bezüge zu anderen Texten ‚quer' zur klassischen literarkritischen Einteilung von Kap. 2 verlaufen; im vorliegenden Fall sind die
Entsprechungen, „über das ganze Kapitel 2 verteilt".[17]

Der letztgenannte Punkt ist für die Analyse von Prov 2 bedeu-
tungsvoll, denn er führt zu der Frage, inwiefern literarkritische Operationen zu einem besseren Verständnis des Textes verhelfen können. Die
ältere Forschung war diesbezüglich sehr optimistisch und hat nicht nur
einzelne Verse, sondern größere Passagen als sekundär ausgeschieden.
Beispielhaft sei auf Roger Norman Whybrays Untersuchung über
„Wisdom in Proverbs" aus dem Jahr 1965 verwiesen. Whybray sah
lediglich in 2,1.9.16–19 und damit in nur sechs der 22 Versen den ursprünglichen Grundtext von Prov 2.[18] Whybray steht mit seinem Versuch, dem komplexen Text von Prov 2 mittels literarkritischer Operationen zu Leibe zu rücken, nicht allein. So haben beispielsweise
Crawford H. Toy und Carl Steuernagel V. 5–8 als theologisches Inter-
pretament sowie Diethelm Michel und Rolf Schäfer den Abschnitt über
die ‚fremde Frau' in V. 16–19 als sekundär bestimmt.[19] Anstößig erscheint zudem der Schluss. So will Michel in V. 21–22 einen apokalyptischen Nachtrag erkennen, ähnlich Christl Maier, die die Verse zwar
nicht für apokalyptisch hält, jedoch als sekundär ausscheidet.[20] Demgegenüber haben andere auf diverse Binnenbezüge aufmerksam gemacht,
die auf eine planvolle Gesamtkomposition verweisen und gegenüber
literarkritischen Operationen eher skeptisch machen.[21]

Ein dritter Fragehorizont – jenseits der Frage nach der Stellung von
Prov 2 innerhalb der Sammlung 1–9 und der nach möglichen literarkritischen Operationen in Kapitel 2 – betrifft die intertextuellen Verbindungen von Prov 2 zu anderen alttestamentlichen Texten. So betonte
William McKane in seinem Kommentar aus dem Jahr 1970 in Ausei-

---

schichtliche Konsequenzen zieht; vgl. dazu auch die Anfragen von Jutta KRISPENZ: Rezension, 163f.

17 MÜLLER, a.a.O., 72.
18 Vgl. WHYBRAY, Wisdom, 40 und DERS., Problems, 492. Mittlerweile ist Whybray jedoch vorsichtiger: vgl. Composition, 17f.
19 STEUERNAGEL, Sprüche, 281; TOY, Proverbs, 34–38; MICHEL, Proverbia, 239f. SCHÄ-FER, Poesie, 67 ist zwar generell sehr vorsichtig, hält V. 5–8 und 16–19 jedoch für „reinterpretierende" Passagen.
20 Vgl. MAIER, a.a.O., 91f. Michel kommt in seiner detaillierten Analyse von Prov 2 zu folgender Grundschicht: V. 1–4.9–11.12–15.20; vgl. MICHEL, a.a.O., 240f mit einer Übersicht der Textschichten. Diese Sicht findet sich auch bei MÜLLER, a.a.O., 68.
21 Vgl. MEINHOLD, a.a.O., 66 und FUHS, Sprichwörter, 58f. Zu den Versuchen, den Text in zwei Teile (1–11 und 12–22) zu unterteilen (so z.B. bereits EWALD, a.a.O., 81) s. un-ten Kap. 2.2.

nandersetzung mit Whybrays These die Nähe zwischen Prov 2 und anderen Traditionen. Er hob vor allem die Anklänge an deuteronomistische Texte hervor und sprach von einer „reinterpretation" älteren Materials.[22] Otto Plöger knüpfte in seiner Kommentierung der Proverbien für den „Biblischen Kommentar" daran an und sah im Text zwei Betrachtungsweisen miteinander konvergieren: „Jahwefrömmigkeit und weisheitliche Belehrung".[23] Andere Forscher wiederum verwiesen für die abschließenden Verse 21f auf eine inhaltliche Nähe zu Dtn 28 und zu Ps 37,[24] so dass sich insgesamt ein recht komplexer Befund ergibt.

Wenn man diesen methodischen Ansatz forschungsgeschichtlich einordnet, so erscheint auch diese Fragestellung als nicht neu. Der französische Bibelwissenschaftler André Robert veröffentlichte in den Jahren 1934/35 – auf mehrere Hefte der „Revue Biblique" verteilt – eine Studie über „les attaches littéraires bibliques de Prov. I–IX". Bereits der Titel bringt zum Ausdruck, was für Roberts Untersuchung charakteristisch ist: André Robert thematisierte literarische Beziehungen und fragte nicht im klassischen Sinne traditionsgeschichtlich. Es ging ihm dabei um Abhängigkeiten zwischen Traditionen, die bereits schriftlich vorlagen.[25] Auch wenn diese „anthologische Methode" – Robert spricht vom „procédé anthologique"[26] – in Bezug auf ihre leitenden Kriterien zu hinterfragen ist und Robert eher induktiv vorging als mit einem reflektierten und systematisch fundierten Ansatz,[27] so hat er doch für Prov 1–9 eine Fülle von Bezügen nachgewiesen, die für die weitere Arbeit am Proverbienbuch wegweisend sind. Der „style anthologique", den Robert in der ersten Sammlung erkannte,[28] lässt sich in einer ganzen Reihe intertextueller Verschränkungen zur deuteronomisch–deuteronomistischen Literatur, aber auch zur Prophetie und den Psalmen nachweisen.[29] Die Forschung nach Robert ist dieser Spur weiter nachgegangen und hat auf andere Teile des Proverbienbuches bzw. auf einzelne Kapi-

---

22 Vgl. MCKANE, Proverbs, 279–281, der diese „reinterpretation" auch innerhalb von Prov 2 findet und davon ausgehend bestimmte Passagen als sekundär ausscheidet.

23 PLÖGER, a.a.O., 25.

24 MEINHOLD, Sprüche, 70f; WALTKE, Proverbs I, 236 mit Verweis auf Dtn 28,15–68 und FOX, Proverbs, 124 mit Verweis auf Ps 37, s. dazu Kap. 3.2.1 dieser Arbeit.

25 Vgl. dazu BAUMANN, Weisheitsgestalt, 58.

26 ROBERT, Art. Littéraires, 411.

27 Vgl. dazu Kap. 1.2 dieser Arbeit.

28 Vgl. ROBERT, Attaches (1935), 348.

29 Vgl. ROBERT, a.a.O., 347: Deuterojesaja: Jes 41,2; Prov 8,14; Jes 49,1–5; Prov 8,22; Tritojesaja: Jes 65,2; Prov 1,22; Jes 66,14; Prov 3,8; Dtn 8,5; Prov 3,11f.

tel innerhalb von Prov 1–9 hingewiesen, die mit Zentraltexten des Deuteronomiums in Verbindung stehen. So wurde beispielsweise für Prov
30,1–14 eine Nähe zum Dekalog und dessen Zweiteilung diskutiert; V.
1–9 benennen das Gottesverhältnis und stehen damit der ersten Ge-
botstafel nahe, V. 10–14 thematisieren hingegen die mitmenschlichen
Verhältnisse (zweite Tafel).[30] Ein Bezug zum Dekalog wurde auch für
Prov 6,20–35 erwogen, so wie wiederum Prov 3,1–3; 4,1–9 und 6,20–23
mit Dtn 6,4–9 verbunden wurden.[31]

Das hier nur in groben Strichen umrissene Spektrum zeigt, dass das
Proverbienbuch und speziell die Sammlung mit den Kapiteln 1–9 offenbar vor dem Hintergrund anderer alttestamentlicher Traditionen
gelesen werden muss. Besondere Bedeutung kommt dabei der deuteronomisch-deuteronomistischen Tradition zu. George Wesley Buchanan ging in einer Studie aus dem Jahr 1965 so weit, den ganzen Abschnitt Prov 2,20–7,3 als ein „exposé midrashique" zu Dtn 6,4–9 und
11,18–22 zu lesen.[32]

Wenn man an dieser Stelle zunächst einen Schnitt macht und die
bisherigen Ausführungen zusammenfasst, so lässt sich ein Dreifaches
festhalten. (1) Prov 2 hat einerseits eine Bedeutung im Gesamtaufriss
von Prov 1–9 und ist durch eine ganze Reihe von Themen mit den anderen Abschnitten der ersten Sammlung verbunden. (2) Zugleich weist
der Abschnitt 2,1–22 einige Probleme auf, die bislang oftmals mit Hilfe
literarkritischer Operationen gelöst wurden und die – um nochmals
Otto Plöger zu zitieren – das Verhältnis von „Jahwefrömmigkeit und
weisheitlicher Belehrung" betreffen.[33] Und schließlich (3) wird der Befund dadurch komplex, dass sich generell in Prov 1–9 eine ‚relecture'

---

30 S. z.B. MEINHOLD, Sprüche, 496. Diese These hängt jedoch entscheidend von der
    Abgrenzung der Einheit ab; vgl. dazu FOX, a.a.O., 850, der 30,1–9 von 30,10–33 ab-
    rennt und unten Kap. 4.3.

31 Vgl. SCHÄFER, Poesie, 268. Dazu auch MÜLLER, a.a.O., 122f. Diese Beobachtung
    findet sich bereits in dem Sprüchekommentar von Franz DELITZSCH aus dem Jahr
    1873 (S. 29). Vgl. zu 3,3 auch WILDEBOER, Sprüche, 8 mit Verweis auf Dtn 6,8; 11,18.
    Vgl. dazu auch FISHBANE, Torah, 284, der speziell auf Dtn 5 und 6 hinweist, aller-
    dings in späterer Zeit vorsichtiger geworden ist: s. dazu FISHBANE, Interpretation,
    288, Anm. 20 mit Diskussion der Ansätze von Robert, Delitzsch, Buchanan und sei-
    nes eigenen.

32 Vgl. BUCHANAN, Midrashim, 238. Vgl. auch WILSON, Words, 183–189, der eine Reihe
    terminologischer Gemeinsamkeiten zwischen Prov 1–9 und Dtn zusammenstellt so-
    wie die in Anm. 31 genannten Kommentare von Franz Delitzsch und Gerrit Wilde-
    boer.

33 PLÖGER, a.a.O., 25.

anderer Traditionen nachweisen lässt, bei der die deuteronomisch-deuteronomistische offenbar von besonderer Bedeutung ist.

Für eine Exegese der Weisheitslehre von Kapitel 2 bedeutet dies, dass eine solche Analyse in einem recht komplexen Spannungsfeld verortet werden muss. So wird das Augenmerk einerseits der literarischen Struktur von Prov 2 selbst gelten müssen, zugleich jedoch auch der Beziehung zu anderen alttestamentlichen Texten. Hinzu kommt die Verbindung zwischen Prov 2 und den anderen Kapiteln der ersten Sammlung, sofern man das von Hermann L. Strack im Jahr 1888 formulierte und in der Folge vielfach vertretene Diktum von Kapitel 2 als „Zusammenfassung" der ersten Sammlung ernst nehmen will. Verbindet man dies mit der Rezeption deuteronomisch-deuteronomistischer Theologie, so rücken zwangsläufig redaktions- und kompositionsgeschichtliche Fragen in den Mittelpunkt, die nicht nur Prov 1–9, sondern das ganze Proverbienbuch betreffen. Denn der skizzenhafte Überblick zur bisherigen Forschung hat gezeigt, dass offenbar auch Abschnitte vom Ende des Proverbienbuches mit der ‚Torathematik' verbunden werden können (30,1–14).[34] Inwiefern – so ist zu fragen – zeigt sich in den Proverbien und konkret im Rahmen um die eigentliche Spruchweisheit eine unterschiedliche Rezeption von Gesetzestraditionen, die womöglich einem Diskurs um das Verhältnis von Weisheit und ‚Tora' zugeordnet werden kann?

Die Frage knüpft an aktuelle Arbeiten an wie beispielsweise die Studie von Alexandra Grund zu Ps 19. Grund hat aufgezeigt, wie in spätnachexilischer Zeit die Themenkomplexe ‚Weisheit' und ‚Tora' zunehmend konvergieren und zu einer „Sapientialisierung der Tora" führen.[35] Ein (kritischer) Diskurs über die Tora findet sich – folgt man Überlegungen von Thomas Krüger – auch im Koheletbuch. Ähnlich betonte auch Michael Fishbane, dass die Frage der Rezeption deuteronomisch-deuteronomistischer Topoi in Prov 1–9 in Verbindung steht mit der Bestimmung von Weisheit und Tora im Sirachbuch.[36]

34　Ein ausführlicherer Überblick zur bisherigen Forschung wird in der Folge jeweils in den einzelnen Kapiteln geboten. Wichtig an dieser Stelle ist der Gesamthorizont, vor dessen Hintergrund sich die Fragestellung dieser Arbeit ergibt.

35　GRUND, Himmel, 338–352. Vgl. dazu auch MEINHOLD, Theologie, 125.

36　Vgl. KRÜGER, Rezeption, 173–193. Vgl. FISHBANE, Interpretation, 288, Anm. 20 mit Verweis auf die in ZAW 72 (1960) erschienene Studie von Ernst Günter BAUCKMANN zu den Proverbien und dem Sirach-Buch. S. dazu auch Kap. 5.4 und zum deuteronomistischen Gehalt des Sirachbuches die instruktive Studie von VEIJOLA, Law, 144–166.

Wenn man dies mit der Frage nach der Redaktion des Proverbienbuches verknüpft, so ergibt sich ein interessanter Ansatzpunkt. In der
Vergangenheit wurde bereits gelegentlich erwogen, Prov 1–9 nicht nur
als hermeneutischen Schlüssel zum Proverbienbuch zu verstehen,[37]
sondern auch mit der Frage der Endredaktion des Proverbienbuches zu
verbinden. So hat R.B.Y. Scott in Prov 1–9 den Endredaktor der Proverbien sehen wollen und damit eine These aufgegriffen, die bereits in der
„Einleitung in das Alte Testament" aus dem Jahr 1886 von Friedrich
Bleek und Julius Wellhausen zu finden ist.[38]
    Damit ist der Horizont abgesteckt, in dem sich die folgende Studie
bewegt. Ausgangspunkt ist zunächst Prov 2 und die Frage, in welchem
Sinne das Kapitel auf andere alttestamentliche Traditionen Bezug
nimmt. Dieser Ansatz ist jedoch wiederum nicht ohne Probleme, da er
zunächst eine methodische Frage aufwirft, die mit Begriffen wie „innerbiblische Exegese", „schriftgelehrte Prophetie", „Midraschexegese"
oder auch „Intertextualität" zusammenhängt. Es muss daher zunächst
eine Reflexion über die gewählte Methode erfolgen (1.2), bevor die
Fragestellung der Arbeit genauer entfaltet werden kann (1.3).

1.2 Zur Methodik: die Frage nach textueller Kohärenz

Wenn in der Folge die intertextuellen Bezüge von Prov 2 zu anderen
Texttraditionen des Alten Testaments untersucht werden sollen, so
wird damit in der Sache an einen methodischen Zugang angeknüpft,
der reizvoll wie problematisch zugleich ist: die bereits genannte „anthologische Methode" von André Robert.[39] Da sowohl der methodische
Ansatz als auch der Gegenstandsbereich – die Proverbien – für die in
dieser Arbeit zu leistenden Textexegesen entscheidend sind, wird in
den folgenden Abschnitten zunächst ein recht ausführlicher Überblick
zur bisherigen Forschung gegeben (1), dann auf den methodischen
Ansatz eingegangen (2) und schließlich ein „external evidence" präsen-
tiert, um den in dieser Studie gewählten methodischen Ansatz zu ver-
anschaulichen (3). Ziel ist es, in Auseinandersetzung mit der (ausgesprochen breiten) Forschung zum Thema ein methodisches Paradigma

---

37 So bereits W. ZIMMERLI im Jahr 1933: Struktur, 189.
38 Vgl. SCOTT, Proverbs, 10; BLEEK/WELLHAUSEN, Einleitung, 476, so auch SKEHAN,
    Editor, 15. S. dazu auch die in Kap. 5.2 dieser Arbeit genannte Literatur.
39 ROBERT spricht selbst vom „style anthologique": Attaches (1935), 349.

zu erarbeiten, das sowohl aktuelle Forschungsergebnisse berücksichtigt als auch auf empirischer Evidenz beruht.

1.2.1 Vom ‚anthologischen Stil' zur ‚innerbiblischen Exegese'

André Robert versteht unter seiner ‚anthologischen Methode' einen methodischen Ansatz, bei dem durch die Aufnahme zentraler Begriffe oder auch geprägter Wendungen auf andere Texte angespielt wird. Dabei unterscheidet er zwischen Übernahmen, die den Sinn der älteren Textstelle verändern, und solchen, die ihn bewahren. Beides kann durch den Bezug auf ein anderes Objekt, durch einen Wandel der Begrifflichkeit oder auch den Wechsel von Sach- zu metaphorischen Aussagen geschehen.[40] In beiden Fällen wird – und dies ist entscheidend – auf eine literarische, d.h. in schriftlicher Form vorliegende Tradition angespielt. So hält Robert in Bezug auf den Autor von Prov 1–9 fest:[41]

> „Il ne transcrit pas ses sources, il ne les juxtapose pas, comme tant de fois les auteurs historiques; il ne les cite pas, à proprement parler, mais il procède par allusions. Encore n'est-ce pas pour les gloser, ni essayer de les prolonger dans leur ligne, mais pour les transposer sur un plan nouveau. En somme, pour parler le langage de l'Herméneutique, l'auteur de *Prov.* I–IX prend systématiquement ses sources au sens accommodatice, quelquefois peut-être extensif, mais pour l'ordinaire simplement allusif."

Diese Beobachtung war schlichtweg bahnbrechend,[42] da sie einen neuen Zugang zum Proverbienbuch eröffnete und einen methodischen Ansatz benannte, der bis heute nachwirkt. Das Problem ist freilich, dass Roberts eigentliche Methode recht nebulös bleibt. Wenn man die von Robert in den Jahren 1934 und 1935 in der „Revue Biblique" veröffentlichten Aufsätze zu Prov 1–9 betrachtet, dann fällt auf, dass er sein eigenes Vorgehen nicht explizit darlegt. Er verzichtet auf eine methodologische Grundlegung und geht allein von den Texten aus. Allgemeine systematische Überlegungen finden sich – für eine solche induktive Vorgehensweise durchaus charakteristisch – erst gegen Ende, wobei auch hier die einzelnen Kriterien recht unklar bleiben.[43] Ein weiteres Problem der Methode Roberts ist, dass er nicht die Texte als Ganzes miteinander vergleicht, sondern lediglich Wortanklänge notiert.[44] In-

---

40 Vgl. ROBERT, a.a.O., 345–347 (Abschnitt B „Les procédés littéraires").
41 ROBERT, a.a.O., 347. Das Zitat findet sich auch bei BAUMANN, a.a.O., 58f.
42 So auch das Urteil von BAUMANN, a.a.O.; vgl. MAIER, a.a.O., 72f.
43 ROBERT, a.a.O., 345–350.
44 Zur Kritik an Robert vgl. FISHBANE, Interpretation, 287.

wiefern diese eine spezifische Gemeinsamkeit zwischen den jeweiligen
Texten stiften, muss jedoch im Einzelfall geklärt werden, da eine ähnliche Terminologie auch schlichtweg in einem gemeinsamen Thema begründet sein kann.[45]

Die Kritikpunkte, zu denen sich eine Reihe weiterer anfügen ließen,[46] haben dazu geführt, dass sich Roberts „anthologische Methode"
nicht hat durchsetzen können. Das von ihm benannte Phänomen der
Anspielung zwischen (schriftlich vorliegenden) Texten wurde jedoch
vielfach aufgegriffen. Es hat einen Forschungshorizont eröffnet, der bis
heute nachwirkt, bei dem aber die einzelnen Protagonisten mitunter
nicht recht verdeutlichen, auf wessen Schultern sie stehen.[47] Um dies
für die folgende Studie so transparent wie möglich zu machen, muss
der genannte Forschungshorizont etwas ausführlicher dargelegt werden, da sich von dort aus wiederum Schlussfolgerungen für die Methode ergebe, die in dieser Arbeit angewendet wird.

Es lässt sich in der Forschung eine doppelte Wirkungsgeschichte
der Studie von Robert aus dem Jahr 1934/35 nachweisen. Im deutschsprachigen Raum wurde Robert wenig bis kaum rezipiert und stattdessen der Fokus eher auf die überlieferungsgeschichtlichen oder – im
klassischen Sinne – traditionsgeschichtlichen Fragestellungen gelegt.
Ein Aufgriff der Methode Roberts erfolgte erst in jüngerer Zeit und da
besonders am Proverbienbuch, wobei der folgende Überblick zeigen
wird, dass auch das gerade in der deutschsprachigen Forschung disku-

---

45 Dies hebt KOTTSIEPER, Weisheit, 27 zu Recht hervor.
46 Vgl. dazu auch die Anmerkungen bei Roberts Schüler A. DEISSLER, Psalm 119, 23,
    Anm. 57. Interessant ist zudem die Kritik bei A. BARUCQ, der in seinem Proverbien-
    kommentar eine umgekehrte Abhängigkeit diskutiert (Livre, 31): Nicht die Texte des
    Proverbienbuches beziehen sich auf ältere Literatur, diese ist vielmehr durch weis-
    heitliches Gedankengut geprägt. Die Frage wird virulent bei der Untersuchung des
    Einflusses deuteronomisch-deuteronomistischer Texte auf das Proverbienbuch. So
    schätzt Michael Fox in seinem jüngst erschienenen Proverbienkommentar das Ver-
    hältnis von Tora und Weisheit völlig anders ein, als es in dieser Studie getan wird,
    da er in Fortführung der Thesen von Moshe Weinfeld bereits einen umfangreichen
    weisheitlichen Einfluss auf das Deuteronomium gegeben sieht (vgl. dazu FOX, Pro-
    verbs, 79 mit Verweis auf WEINFELD, Deuteronomy, 244–281). Eine kritische Ausei-
    nandersetzung der Thesen Weinfelds mit erheblichen Konsequenzen für die Position
    von Fox findet sich bei BRAULIK, Weisheit, 39–69. S. dazu auch Abschnitt 3.1 dieser
    Arbeit.
47 Dies gilt vor allem für die Rezeption von Roberts Ansatz über seine Schülerin Renée
    Bloch in der US-amerikanischen Forschung. Für eine Diskussion über Leben und
    Werk Renée Blochs danke ich Frau Christine Thomas-Freedberg, Harvard Divinity
    School.

tierte Phänomen der so genannten ‚schriftgelehrten Prophetie' auf einen ähnlichen literarischen Sachverhalt rekurriert.

Im anglo-amerikanischen Raum fand Roberts Methode weite Verbreitung, wenn auch unter einem anderen Namen. So setzte sich die von Roberts Schülerin Renée Bloch gewählte Bezeichnung „Midrasch" durch.[48] Bloch hatte in einem Artikel im *Supplément au Dictionnaire de la Bible* aus dem Jahr 1957[49] analog zu den rabbinischen Midraschim eine Midraschexegese im Alten Testament postuliert.[50] Ihr zufolge sind für diese Auslegungsmethode vier Aspekte wichtig: die Heilige Schrift als Ausgangspunkt (1), das homiletische Interesse (2), die Bindung an den Text (3) und die Adaption auf die Gegenwart (4).[51] Bloch fand diese, anhand der rabbinischen Midraschauslegung erarbeiteten Merkmale auch in der alttestamentlichen Literatur. Speziell in persischer Zeit, als die Tora zum Kanon und zur Richtschnur der Gemeinschaft wurde, habe sich diese Vorform des späteren rabbinischen Midrasch entwickelt.[52] Vorausgesetzt ist dabei, dass die Traditionen bereits schriftlich, d.h. in Textform, vorlagen, so dass diese mittels der Midrasch-Exegese aufgegriffen und aktualisiert werden konnten. Bloch nimmt in ihrem Artikel explizit auf Roberts Arbeit zu Prov 1–9 Bezug und notiert:[53]

> „On ne se contente pas de reproduire et de réemployer les textes en épousant simplement la pensée qui s'y exprime. La réflexion des nouveaux auteurs réagit sur les textes utilisés; elle développe, enrichit et transpose le message primitif."

Diese offene Bestimmung des Midrasch und die Benennung einer Traditionslinie von der hebräischen Bibel hin zur jüdischen Literatur hat Blochs Ansatz große Aufmerksamkeit beschert.[54] Ergänzt wurde dies durch Arbeiten des jüdischen Exegeten Isac Leo Seeligmann. Er wies auf analoge Auslegungskonzepte der rabbinischen Literatur hin und fasste diese in einem Aufsatz über die „Voraussetzungen der Midra-

---

48 Vgl. BLOCH, Art. Midrash, 1271–1276 und dazu LEVINSON, Legal Revision, 102f.

49 BLOCH, a.a.O., 1263–1281. Der Artikel geht auf einen Aufsatz zurück, den Bloch im Jahr 1954 in den Cahiers Sioniens 8 veröffentlichte: „Écriture et tradition dans le Judaïsme. Aperçus sur l'origine du midrash." (S. 9–34).

50 Vgl. BLOCH, a.a.O., 1273 (engl. 38).

51 Vgl. BLOCH, a.a.O., 1265f (engl. 31–33); vgl. auch DOCHERTY, Use, 84.

52 Vgl. BLOCH, a.a.O., 1268 (engl. 34).

53 BLOCH, a.a.O., 1271 (engl. 38).

54 Dies wird allein daran deutlich, dass Blochs Artikel aus dem Jahr 1957 in einem von William Scott GREEN herausgegebene Sammelband über „Approaches to Ancient Judaism: Theory and Practice" aus dem Jahr 1978 in englischer Sprache veröffentlicht wurde. Vgl. zur Rezeption auch DOCHERTY, a.a.O., 84f sowie VERMÈS, Scripture, 4–7.

schexegese" zusammen.[55] Seeligmann konzentrierte sich dabei auf vier
Voraussetzungen für eine midraschartige Interpretation:

- – die Wandelbarkeit von Erzählung und Motiv,[56]
- – die Mehrdeutigkeit der Wörter, die zu Assoziationen, Wortspiel
  und Wortgleichklang führen,[57]
- – die Adaption als bewusste Umformung des überlieferten Motivs bzw. Stoffes,[58]
- – das „Erklären-wollen einer abgeschlossenen Schrift",[59] d.h. der
  Wille ein vorliegendes Literaturwerk auszulegen, weil dieses
  als Wort Gottes aufgefasst wird.

Zugleich hob Seeligmann in seinem nach wie vor lesenswerten Artikel
aus dem Jahr 1953 einen Aspekt hervor, der, wie zu zeigen sein wird,
auch für die weitere Analyse von Prov 2 entscheidend ist: die Nachgeschichte alttestamentlicher Texte innerhalb des Alten Testaments und
das „Aufkommen eines Kanonbewußtseins."[60] So hat sich die Midraschexegese, wie Seeligmann betonte, „organisch aus der Eigenart der
biblischen Literatur entwickelt"[61] – ein Votum, dem so auch Renée
Bloch zugestimmt hätte.[62]

Der hier skizzierte Zugang wurde in den USA vor allem in Michael
Fishbanes Konzept einer „innerbiblischen Exegese bzw. Interpretation"
weiterverfolgt.[63] Fishbane bezieht sich in seinen frühen Studien ausdrücklich auf Seeligmann und Blochs Arbeiten und bestimmt im Anschluss an diese seinen Ansatzpunkt:

---

55   So der Titel von Seeligmanns Studie. Ob Seeligmann Roberts Arbeiten kannte, ist
     unklar. Er nimmt auf jeden Fall nicht explizit darauf Bezug; vgl. BAUMANN, a.a.O.,
     59 mit Anm. 12.
56   So die Formulierung von SEELIGMANN selbst: Voraussetzungen, 157.
57   Als Beispiel verweist SEELIGMANN, a.a.O., 157f auf Am 8,2.
58   Zum Begriff SEELIGMANN, a.a.O., 167.
59   SEELIGMANN, a.a.O., 176.
60   SEELIGMANN, a.a.O., 152.
61   Vgl. SEELIGMAN, a.a.O., 151.
62   Vgl. BLOCH, Art. Midrash, 1269f: „Les premiers développements du midrash sont à
     chercher dans la Bible même, et dans la littérature qui s'y rattache: versions, apo-
     cryphes. La littérature postérieure de caractère purement midrashique restera en
     continuité avec la Bible et constitutera par là un lien organique entre la Bible et la lit-
     térature rabbinique."
63   Ein ausführlicher Überblick kann an dieser Stelle nicht gegeben werden. Als frühe
     Arbeiten zum Thema sei beispielhaft auf die Studie von A. GÉLIN aus dem Jahr 1959
     zum Phänomen der „relectures bibliques" und an die von N.N. SARNA aus dem Jahr
     1963 zu Ps 89 hingewiesen. Ein aktueller Überblick findet sich bei B.M. LEVINSON,
     Legal Revision, Kap. 6 (95–181).

"The post-biblical relationship between authoritative texts and their reuse *also* exists in the biblical period. (...) For in the earlier period we can apprehend the later phenomenon in its nascent, pre-canonical modes."[64]

Wie Seeligmann und Bloch setzt Fishbane bei nachbiblischen Phänomen an, das, vor allem in der jüdischen Literatur zu finden ist, und überträgt dies auf die biblische Literatur. Damit verbunden ist eine Unterscheidung im Verständnis von ‚Tora'. Diese kann einerseits „specific authoritative teachings" in der vorkanonischen hebräischen Bibel bezeichnen und andererseits in späterer Zeit den kanonischen Text selbst.[65] Der entscheidende Punkt ist, dass in beiden Fällen die Tora für Lehren steht – um nochmals Fishbane zu zitieren – "whose authority and formulation precede their reuse by Tradition."[66]

In der Folge verdeutlicht Fishbane dies an midrschartigen Auslegungen des Dekalogs und nennt einige Beispiele für Parallelen aus Pentateuchtexten und prophetischer Literatur.[67] Im Kontext dieser Arbeit sind die von Fishbane genannten Parallelen zwischen Dtn 5; 6 und Prov 6 interessant. Denn Fishbane sieht die Weisheitslehre von Prov 6,20–35 durch Dtn 5,6–18 und 6,4–9 beeinflusst. Betrachtet man die von Fishbane tabellarisch aufgestellten Gemeinsamkeiten etwas genauer, so fällt jedoch auf, dass Fishbane mit Versumstellungen operieren muss, um den Gedankengang von Dtn 5 und 6 in Prov 6 nachzuweisen:[68]

Deuteronomium	Proverbien
6,4.6	6,20
6,6	6,22
6,8	6,21
5,9–11	6,34.29
5,16	6,20
5,17 (5,18)	6,32
5,17 (5,19)	6,30–31
5,18 (5,21)	6,25.29

Die Frage ist, ob solche Umstellungen bzw. ein derartig freier Umgang mit dem vorgegebenen Text durch andere Beispiele bestätigt werden kann. Fishbane selbst legt den Akzent eher auf das Phänomen als solches, so z.B. in seinem Artikel über „Innerbiblical Exegesis" aus dem

---

64 FISHBANE, Torah, 275 (Hervorhebung im Original); der Verweis auf Seeligmann und Bloch findet sich auf derselben Seite in Anm. 2.
65 Vgl. a.a.O., 275f.
66 A.a.O., 276.
67 Vgl. z.B. S. 280 mit Parallelen zwischen Ex 34,6–7 und Mi 7,18–20.
68 Vgl. a.a.O., 284.

Jahr 1986, in dem er weitere Beispiele für eine innerbiblische Exegese im Alten Testament benennt, jedoch wenig zur Kriteriologie sagt.[69] Eine Kriteriologie ist jedoch erforderlich, wenn man in Zeiten elektronischer Konkordanzprogramme nicht jede noch so geringe terminologische Übereinstimmung zwischen zwei Texten für signifikant halten will. Oder anders formuliert: Was zeichnet eine Anspielung auf einen anderen Text aus und in welcher Form wird dieser zitiert, sofern man nicht von einem expliziten Zitat ausgeht, was als solches recht leicht zu erkennen ist?[70]

Das Problem wird deutlich, wenn man eine Arbeit heranzieht, die Fishbanes Argumentation zu Prov 6 vorwegnimmt, und eine, die versucht, seine Thesen für Prov 1–9 weiterzudenken. So hat der bereits genannte George Wesley Buchanan in einem Artikel aus dem Jahr 1965 die These aufgestellt, Prov 2,20–7,3 sei eine Auslegung von Dtn 11,18–22 (Parallele Dtn 6,4–9).[71] Buchanan knüpft explizit an André Robert und Renée Bloch an[72] und bestimmt den genannten Abschnitt als einen „midrash" zu den Deuteronomiumstellen. Er benannte damit die These, die gut zwanzig Jahre später Michael Fishbane erneut formulierte, beließ es jedoch beim Aufzeigen allgemeiner terminologischer Gemeinsamkeiten und bot weder eine detaillierte Untersuchung noch weiterführende systematische Überlegungen.

Eine detaillierte Untersuchung findet sich hingegen bei Scott Harris, der an Fishbane anknüpft.[73] Harris versucht in seiner Arbeit über Prov 1–9 aus dem Jahr 1995 den Nachweis zu führen, dass Prov 1–9 eine ganze Reihe von Anspielungen auf ältere Texte, vor allem aus dem Pentateuch und der Prophetie enthält. Nimmt man die Einzelargumentation etwas genauer in den Blick, so ergibt sich ein recht heterogenes Bild. Harris erkennt beispielsweise in Prov 1,10–19 Bezüge zu Gen 37, in Prov 1,20–33 zu Jer 7 und findet in Prov 6,1–19 Anspielungen auf die Rolle Judas in der Josefsgeschichte. Die Bezüge zwischen Gen 1,8–19

---

69 Vgl. z.B. Jes 29,10 mit Nennung der Propheten und Seher, FISHBANE, Exegesis, 6f. Wie bereits betont (s. Anm. 31), ist Fishbane später etwas vorsichtiger geworden, was die Bezüge von Prov 6 zu Deuteronomiumstexten betrifft: Interpretation, 288, Anm. 20.

70 Dies gilt für die Proverbien selbst, wo eine Reihe von Passagen doppelt zitiert wird; vgl. dazu SNELL, Twice-Told Proverbs und Kap. 4.2 dieser Arbeit.

71 Vgl. BUCHANAN, a.a.O., 238f.

72 Wer dabei freilich immer übersehen wird, ist Franz DELITZSCH. Delitzsch war in seinem Sprüchekommentar von 1873 jedoch einer der ersten überhaupt, der auf die Gemeinsamkeiten zwischen den Proverbien und dem Deuteronomium hingewiesen hat; vgl. Spruchbuch, 29, oben Anm. 31 und unten Kap. 3.1.1.

73 Vgl. HARRIS, Proverbs 1–9, 54, Anm. 74.

und Gen 37 sieht Harris besonders durch einen mittelalterlichen rabbinischen Kommentar bestätigt (Midrasch Mischle),[74] jedoch beschränken sich die Gemeinsamkeiten auf eine Reihe recht allgemeiner Wörter, darunter Allerweltsverben wie בוא (Prov 1,10; Gen 37,14) und הלך (Prov 1,11; Gen 37,20)[75], und z.T. recht gewagter Wortverbindungen. So will Harris in seinem Kapitel über die Bezüge zwischen Prov 6,1–19 und der Josefsgeschichte in dem „Gezänk" von Prov 6,19 (מדנים) eine Anspielung auf die „Midianiter" (מדנים) in Gen 37,36 sehen.[76] Insofern verdeutlicht die Arbeit von Harris eher das Problem einer unklaren methodischen Kriteriologie, als dass sie zu weiterführenden Einsichten zu Prov 1–9 führen kann.[77]

Wenn man an dieser Stelle die deutschsprachige Forschung in den Blick nimmt, bevor dann auf neuere englischsprachige Ansätze eingegangen wird, so fällt auf, dass auf André Roberts Ansatz kaum Bezug genommen wird. Eine Ausnahme ist Alfons Deissler, der als Schüler von Robert dessen Methode weiterentwickelte. In seiner Habilitationsschrift über Psalm 119 aus dem Jahr 1951 unterschied er drei „Weisen der anthologischen Bezugnahme", die er von oben nach unten abstufte:[78]

- – die „Analogie" im Sinne der bloßen Reproduktion eines Schriftwortes
- – die „Explikation" von traditionellem Sprach- und Gedankengut
- – die „Transposition" als eine Übernahme von Begriffen in einen anderen literarischen Kontext bzw. eine andere semantische Ebene[79]

Deissler folgte A. Robert und R. Bloch darin, dass er in den anthologischen Bezügen „charakteristische Merkmale einer alttestamentlichen Epoche und ihrer Literatur" sah.[80] Das letztgenannte Kriterium, die „Transposition" bildete für ihn das eigentliche Charakteristikum der anthropologischen Methode.[81] Basierend auf dieser Methode arbeitete Deissler eine ganze Reihe von Bezügen zwischen Psalm 119 und ande-

---

74 Vgl. a.a.O., 61.
75 Vgl. die Liste bei HARRIS, a.a.O., 52f und zur Kritik an Harris KOTTSIEPER, a.a.O., 30f.
76 Vgl. HARRIS, a.a.O., 144.
77 Harris bezieht sich zwar auch auf moderne literaturwissenschaftliche Ansätze (M. Bachtin, M. Sternberg), jedoch entscheidet sich deren Leistungsfähigkeit letztlich am exegetischen Ertrag; vgl. HARRIS, a.a.O., 46–52.
78 DEISSLER, Ps 119, 277.
79 Vgl. a.a.O., 277–280.
80 A.a.O., 25.
81 Vgl. a.a.O., 281.

ren alttestamentlichen Texten heraus, die auch heute noch wertvoll
sind.[82]

Die deutschsprachige Forschung der letzten Jahrzehnte hat zu ähnlichen Ergebnissen geführt, jedoch eine andere Terminologie verwendet. Denn das Konzept einer ,innerbiblischen Schriftauslegung', wie es
mit den Namen Odil Hannes Steck oder Reinhard G. Kratz verbunden
ist, greift letztlich in der Sache den Ansatz André Roberts auf. So haben
Steck, Kratz, aber auch Herbert Donner und Ina Willi-Plein anhand der
Bezüge innerhalb der spätprophetischen Literatur die Leistungsfähigkeit eines Paradigmas aufgezeigt, das in methodischer Hinsicht das
klassische Konzept einer Traditionsgeschichte ausweitet.[83] Es geht nicht
mehr um Bezüge auf mündlicher Ebene, sondern um literarische Be-
zugnahmen zwischen schriftlich vorliegenden Traditionen.[84] Erste Ansätze dazu finden sich bereits in Ina Willi-Pleins Studie über „Vorformen der Schriftexegese innerhalb des Alten Testaments" aus dem Jahr
1971. Sie untersucht darin die Bezüge des Zwölfprophetenbuches zum
Amos-, Hosea- und dem Michabuch und bezieht sich ausdrücklich auf
das von Seeligmann formulierte Programm der „Midraschexegese".[85]
Willi-Plein fragt nach den „formalen und inhaltlichen Prinzipien, die
für die im weitesten Sinne literarische Nachgeschichte, die alttestamentliche Texte im AT erfuhren, bestimmend gewesen sein könnten."[86]

Während Ina Willi-Plein von einer „Midraschexegese" spricht, verwendet Thomas Willi in seiner Studie „Die Chronik als Auslegung" aus
dem Jahr 1972 in Anlehnung an Franz Rosenzweig den Begriff des
„Musivstils". Er versteht darunter die spezifische Verwendung von
Texten der Samuel- und Königebücher in der Chronik.[87] Herbert Donner hat Begriff und Sache in einem Artikel aus dem Jahr 1990 aufgegriffen und unter das Diktum von Jes 34,16 gestellt („forschet in der Schrift
JHWHs und lest"):[88]

> „Es gibt in nachexilischer Zeit das merkwürdige Phänomen der ,schriftge-
> lehrten Prophetie': einer Prophetie, die zwar nach wie vor unter dem An-

---

82 Vgl. dazu unten Kap. 3.2.2. und die jüngste monographische Arbeit zum Thema, die
    Dissertation von Kent A. REYNOLDS: Torah, 27f.
83 Vgl. dazu DONNER, Schrift, 297f und STECK, Jesaja, 224–225.
84 Vgl. dazu die Definition von Traditionsgeschichte bei RÖSEL, Art. Traditionskritik/
    Traditionsgeschichte I, 740 und demgegenüber KRÜGER, Überlegungen, 235–243.
85 Vgl. WILLI-PLEIN, Vorformen, 8.
86 A.a.O., 11.
87 WILLI grenzt sich gerade darin von Robert ab und hält den Begriff „Musivstil" für
    geeigneter als dessen „style anthologique": Chronik, 177f, Anm. 4.
88 DONNER, a.a.O., 202.

spruch göttlicher Vollmacht und Beauftragung steht, faktisch aber nichts
anderes ist als Auslegung vorgegebener Tradition, und zwar einer Tradition, die sich längst in wachsendem Maße in Texten niedergeschlagen hat."
Als Merkmal des Musivstils benennt Donner „die erkennbare Absicht,
den ursprünglichen Kontext des ‚Mosaiksteines' in das Licht des vom
Verfasser geschaffenen neuen Zusammenhangs zu stellen – also Exegese und nicht bloße Wiederholung."[89] Damit ist ein weiteres Kriterium
benannt: der bewusste Aufgriff einzelner „Wörter oder Wortfügungen
aus ihrem Zusammenhang" und deren „Einbau", wie Donner es formuliert, in einen neuen Text.[90]
   Die Beispiele zeigen, dass man an dem Faktum einer innerbiblischen Exegese nicht vorbeikommt, sich jedoch umso mehr die Frage
nach den leitenden Kriterien stellt. Inwiefern lässt sich ein methodisches Instrumentarium beschreiben, das über die klassischen Schritte
der Literar- und Redaktionskritik hinausgeht? Betrachtet man die jüngere Forschung zur schriftgelehrten Prophetie, so sind besonders die
Arbeiten von Odil Hannes Steck und Reinhard Gregor Kratz weiterführend.[91] Beide haben überzeugend nachgewiesen, dass man innerhalb
der prophetischen Literatur mit literarischen Prozessen rechnen muss,
die als eine Form innerbiblischer Exegese erklärt, methodisch jedoch
nicht von einer redaktionskritischen Analyse abgekoppelt werden können.[92] Es handelt sich schlichtweg um einen Paradigmenwechsel, bei
dem die von der älteren Forschung mittels einer literarkritisch-
analytischen Fragestellung isolierten Zusätze zu Texten (im vorliegenden Fall zu den Prophetenbüchern) nun im Sinne einer redaktionsge-
schichtlich-synthetischen Zusammenschau im Blick auf „das Ganze
eines Prophetenbuches" ausgewertet werden.[93] Die Relation literarischer Schichten kann mit komplexen Fortschreibungsprozessen verbunden werden, in denen theologische Neuakzentuierungen vorgenommen werden.[94]

---

89 A.a.O., 204.
90 A.a.O., 202.
91 Vgl. STECK, Abschluß, 21–24; DERS., Jesaja, 224–225; DERS., Prophetenbücher, bes.
    Kap. 2 „Prophetische Prophetenauslegung", 127ff. Vgl. KRATZ, Judentum, 126–156.
92 Vgl. KRATZ, a.a.O., 127.
93 STECK, Abschluß, 22. Vgl. auch KRATZ, Redaktion, 9–11, der auf die Notwendigkeit
    der „redaktionsgeschichtlichen Interpretation" verweist (a.a.O., 10).
94 Dies hat STECK am Beispiel von Jes 34–35 für das Jesajabuch überzeugend nachge-
    wiesen; vgl. DERS., Abschluß, 27–30 und DERS., Heimkehr, 59.

Reinhard G. Kratz hat in Fortführung der Arbeiten von Steck die Methodik weiter geschärft.[95] Er geht dabei zunächst von dem bereits von Steck erkannten Problem aus, dass alle Versuche, das fertige Prophetenbuch zu verstehen, mit der „Schwierigkeit zu kämpfen [haben], daß wir die Kriterien nicht im voraus kennen, unter denen damals erkannt wurde, wie solch ein Ganzes in seiner Zeit gelesen und aufgegriffen werden wollte".[96] In einem programmatischen Artikel aus dem Jahr 2001 bestimmt Kratz die Einzelschritte einer „innerbiblischen Exegese" anhand des *external evidence*. Er verweist auf die „empirische Evidenz", die sich in der Qumranliteratur, aber auch in altorientalischen Texten findet und unterscheidet vier Phänomene: Kommentar (1), Zitat und Nachschrift (2), Textüberlieferung und Übersetzung (3) sowie die Redaktion (4).[97]

Für die diesem Kapitel zugrunde liegende Frage ist besonders das Kapitel zu „Zitat und Nachschrift" weiterführend. Denn die von Steck und Kratz beschriebene „schriftgelehrte Prophetie" bezieht sich zunächst auf die literarischen Prozesse innerhalb eines Prophetenbuches selbst und weniger auf das, was André Robert für die erste Sammlung des Proverbienbuches aufgezeigt hat: der Aufgriff anderer Traditionen, im vorliegenden Fall vor allem der deuteronomisch-deuteronomistischen. Stecks und Kratz Arbeiten sind jedoch insofern für die folgende Analyse von Prov 2 weiterführend, da beide aufgezeigt haben, in welchem Maße theologische Konzepte verändert werden können – und zwar durch redaktionelle Schichten, durch Zusätze und Fortschreibungen. Dies wird – so kann an dieser Stelle bereits festgehalten werden – besonders bei der Kontextanalyse von Prov 2 wichtig, da der einleitende forschungsgeschichtliche Überblick gezeigt hat, dass der Text einerseits diverse Bezüge zu Texten außerhalb des Proverbienbuches aufweist, andererseits aber in einem charakteristischen Verhältnis zu der Sammlung Prov 1–9 steht, was beides von Bedeutung ist für die Frage nach der Komposition und Redaktion des Proverbienbuches.

Kratz benennt in seinem Kapitel zur Schriftbenutzung neben dem expliziten auch das implizite Zitat. Dabei handelt es sich um ein Gedächtniszitat, eine Anspielung oder die freie Formulierung einer bestimmten Textstelle.[98] Dass auf ältere Texte Bezug genommen wird, kann allein schon wörtlichen, oftmals nicht ausgewiesenen Zitaten belegt werden (vgl. Jes 11,2.4f in 1QSb V. 21.24–26 oder Prov 10,2; 11,4

---

95   KRATZ, a.a.O., 9–27 und DERS., Judentum, 126–156.
96   STECK, Prophetenbücher, 29; zitiert bei KRATZ, Redaktion, 12.
97   Vgl. KRATZ, Judentum, 127f.
98   Vgl. a.a.O., 136.

in Tob 4,10). Diese finden sich auch im Proverbienbuch, wo einzelne Verse wörtlich in anderem Zusammenhang zitiert werden, so 14,12 und 16,25; 18,8 und 26,22 oder auch 9,4 und 9,16.[99] Dabei muss jedoch der jeweilige Kontext des gebenden Textes mit berücksichtigt werden.[100]

Diese bereits mehrfach genannte Einsicht wurde von Gerlinde Baumann aufgegriffen und auf Prov 1–9 angewendet. Baumann knüpfte an den Ansatz von André Robert an und verband diesen mit einem erweiterten Begriff der Traditionsgeschichte.[101] Sie konzentrierte sich vor allem auf Anspielungen und auf „Worte und Wortverbindungen in anderen alttestamentlichen Texten".[102] Sie und zeigte darin einen Weg auf, der in der Folge weiter beschritten werden soll.

Ein anderer Ansatz findet sich in der Dissertation von Katrin Brockmöller zu Prov 31,10–31. Brockmöller geht auf die Arbeiten von Robert und Fishbane nicht ein, sondern setzt beim Paradigma der „Intertextualität" an, das sie vor dem Hintergrund literaturwissenschaftlichen Theorien sowie von Arbeiten zu den Klagepsalmen (Ulrike Bail, 1998), zu Gen 22 (Georg Steins, 1999) und Gen 1–11 (Birgit Trimpe, 2000) zu bestimmen versucht. Der Forschungsüberblick bei Brockmöller (Kap. 1 der Arbeit) mündet jedoch eher in eine Problemanzeige ein als in eine konkrete Methodik. Denn die Einsicht, dass „intertextuelle Interpretationen biblischer Texte völlig unterschiedliche Ergebnisse erzielen", vermag kaum zu überzeugen.[104]

1.2.2 Zum Problem der Kriteriologie

Betrachtet man die bisherige Forschung, so fällt eines auf: Die Arbeiten zu den intertextuellen Bezügen in der Weisheitsliteratur und die zur „schriftgelehrten Prophetie" sind parallele Entwicklungen, die letztlich auf ein und denselben Sachverhalt rekurieren: die Bezüge und literarischen Verschränkungen zwischen schriftlich vorliegenden Traditionen. Unklar sind jedoch z.T. die Kriterien, denn woran lässt sich beispielsweise der „bewusste Aufgriff" einer anderen Tradition, von dem Herbert Donner spricht, festmachen? Bereits recht früh wurde auf die Prob-

---

99 Vgl. SNELL, a.a.O., 35. Weitere Beispiele sind 20,16 und 27,13 sowie 22,3 und 27,12. Vgl. dazu auch unten Kap. 4.2.4.

100 Vgl. KRATZ, a.a.O., 137. Dies betont in Weiterführung der Kriterien Roberts auch BAUMANN, a.a.O., 60.

101 Ein ähnlicher Ansatz findet sich auch bei MAIER, Fremde Frau, 72–79.

102 Vgl. BAUMANN, a.a.O., 60, wo sie auf eine mögliche Abstufung bei der Aufnahme älteren Traditionsgutes verweist (Zitat ebd.).

104 BROCKMÖLLER, Frau, 54.

leme einer vorschnellen Parallelsetzung von Texten hingewiesen. So wandte sich Samuel Sandmel in einem Artikel im „Journal of Biblical Literature" aus dem Jahr 1962 gegen die Form der, wie er es bezeichnete, „Parallelomania":[105]

> "Detailed study is the criterion, and the detailed study ought to respect the context and not be limited to juxtaposing mere excerpts. Two passages may sound the same in splendid isolation, but when seen in context reflect difference rather than similarity."

Dies gilt besonders für die nicht explizit gemachten Zitate, d.h. Texte, die vom Verfasser nicht als Schriftzitate ausgewiesen wurden. Devorah Dimant hat dies in einem methodologischen Aufsatz aus dem Jahr 1988 als „compositional use of biblical elements" bezeichnet.[106] Dimant selbst benannte dabei folgende Kriterien:[107]

> "The implicit quotation is one of the most characteristic features of the narrative works in the Apocrypha and Pseudepigrapha. It may be defined as a phrase of at least three words, which stems from a specific recognizable biblical context. When used in compositions, these quotations are not introduced formally, but are interwoven into a new text."

In der Sache entspricht dies der zitierten Aussage von Herbert Donner zur schriftgelehrten Prophetie, wenn er meint, dass bestimmte Wörter und Wortfügungen in einen neuen Text „eingebaut" wurden und diese Form des bewussten Aufgriffs einer Tradition unter den Begriff der ‚Exegese' subsummiert.[108]

Die Frage der Kriterien wurde in jüngerer Zeit von Pancratius C. Beentjes und Michael A. Lyons vorangetrieben. Beentjes hat in seinen Arbeiten zum Sirachbuch und zu den Chronikbüchern aufgezeigt, dass mit dem impliziten Zitat bzw. geprägten Formulierungen nicht nur auf einen alten Kontext Bezug genommen, sondern ein neuer konstruiert wird.[109] So finden sich im Sirachbuch explizite Zitate, die durch entsprechende ‚Marker' eingeleitet sind,[110] ferner strukturelle Bezüge eines Kapitels auf eine bestimmte alttestamentliche Passage sowie charakte-

---

105 SANDMEL, Parallelomania, 2. Vgl. auch SNAITH, Quotations, 1–12.

106 DIMANT, Use, 382.

107 DIMANT, a.a.O., 401.

108 Vgl. DONNER, a.a.O., 204

109 Diese Einsicht findet sich bereits in seiner in niederländischer Sprache abgefassten Dissertation aus dem Jahr 1981 (Jesus Sirach en Tenach) auf S. 207–209.

110 Solche Marker können sein: *halô'* als Einleitung einer rhetorischen Frage (Sir 14,15; 31[34],19; 35[32],15; 37,2; 42,22; 46,3), die Konjunktion *kî* (Sir 5,3b.4b.6c.7c.8b) sowie *hakkatûb* (Sir 48,10c, gefolgt von einem Zitat aus Mal 3,19); vgl. dazu BEENTJES, Canon, 173f.

ristische Wortverbindungen.[111] Interessant ist, dass bestimmte Zitate mit Wortumstellungen arbeiten. So entspricht Sir 48,1b der Passage Mal 3,24, zitiert jedoch, wie Beentjes es bezeichnet, in „reversed order".[112]

Beentjes knüpft damit an eine Beobachtung an, die bereits Moshe Seidl im Jahr 1955–1956 äußerte: Seidl sprach in vier in hebräischer Sprache erschienenen Artikeln zu "Resemblances between the Book of Isaiah and the Book of Psalms" von "chiastic parallels" zwischen Texten.[113] Auch wenn die von ihm genannten 321 Beispiele für chiastische Parallelen nicht alle gleichermaßen überzeugen können, so hat er doch ein Phänomen benannt, das in ganz unterschiedlichen Texten nachweisbar ist und das ein erstes, hartes Kriterium für eine Anspielung auf einen anderen Text darstellt.[114] Beentjes hat eine Reihe von Beispielen für dieses literarische Verfahren aus dem Alte Testament und der Qumranliteratur zusammengestellt.[115] So kann kein Zweifel daran bestehen, dass eine Form der Zitation, bei der eine bestimmte Passage mit veränderter Wortstellung anzitiert wird, als ein Merkmal schriftgelehrter Exegese angesehen werden muss. Diese kann jedoch – anders als Bloch und Deissler meinten – nicht auf die Perserzeit eingeschränkt werden, sondern ist nach vorne offen und reicht weit über die hellenistische Zeit hinaus. Hinzu kommt ein weiterer Aspekt, auf den Beentjes hingewiesen hat: der Leser des Textes. So fasst Beentjes seine Überlegungen wie folgt zusammen:[116]

> "At this moment we can say that in an existing formulation (a sentence, a colon, an established expression, a rare combination of words) the author reverses the sequence. And by this *deviating* model he attains a moment of extra attention in the listener (or the reader), because the latter hears something else than the traditional words."

---

111 Vgl. BEENTJES, a.a.O., 178–180 mit Beispielen. Die These eines „strukturellen Gebrauchs" wurde von D. Patte in einer Dissertation über jüdische Hermeneutik aus dem Jahr 1975 entwickelt (PATTE, Hermeneutic, 186–189.

112 BEENTJES, Quotations, 33.

113 Vgl. SEIDL, Resemblances, 150. Vgl. zum „Seidl'schen Gesetz" auch OTTO, Deuteronomium 1–3, 338 und LEVINSON, Legal Revision, 73 mit Anm. 18.

114 Das überzeugendste Beispiel ist Ps 83,14–16 und Jes 17,13–14; vgl. dazu BEENTJES, a.a.O., 34 und zum Ganzen auch LYONS, Allusion, 245f mit Anm. 3. In der Sache findet sich dies auch in einem Artikel von Shemaryahu TALMON über „The Textual Study of the Bible" aus dem Jahr 1975.

115 Vgl. z.B. für das AT Gen 27,29 und Num 24,9; Lev 26,4b und Ez 34,27a und für Qumran 1QM 11,6–7 und Num 24,17b–19 oder CD 6,17–18 und Ez 22,26; vgl. dazu BEENTJES, a.a.O., 41.

116 A.a.O., 49 (Hervorhebung im Original).

Dies bedeutet, dass nicht nur die Ebene des Autors relevant ist, sondern auch die des Lesers, der womöglich den Bezugstext genauso kannte wie der Autor. Damit bekommt die Anspielung auf einen bestimmten Text eine tiefere Bedeutung, da hier die Perspektive des Autors mit der des Lesers konvergiert. An diesem Punkt setzt die 2009 publizierte Dissertation von Michael A. Lyons an.

Lyons untersucht die Bezüge zwischen dem Ezechielbuch und dem Heiligkeitsgesetz und stellt dabei vor allem die Funktion des Textes für den Adressatenkreis dar.[117] Er greift die Argumentation von Beentjes auf, indem er die These vertritt, dass spezifische Wortverbindungen zwar auf eine intertextuelle Verschränkung hinweisen können, diese jedoch nur gegeben ist, wenn der Kontext eine solche ebenfalls nahe legt.[118]

Was dies konkret bedeutet, hat Bernard M. Levinson in seinen Arbeiten vor Augen geführt. Ein Beispiel hierfür ist die Anspielung in Ez 18,20 auf Dtn 24,16. Es findet sich nicht nur eine terminologische und sachliche Nähe, sondern auch eine theologische Veränderung. Ezechiel gibt den Deuteronomiumstext zur generationenübergreifenden Bestrafung gespiegelt wieder, überträgt jedoch zugleich die Forderung des Deuteronomiums nach individueller Bestrafung, wie Levinson es formuliert, „in die theologische Sphäre."[119] Der Verfasser der Ezechielpassage erweist sich als Schriftgelehrter bzw. als Exeget, der die Schrift, im vorliegenden Fall die Tora, neu auslegt. Das Beispiel zeigt, dass die methodische Suche nach dem Instrumentarium einer innerbiblischen Schriftauslegung zu einer theologischen Frage führt. Es geht um die Aktualisierung von Tradition, speziell von Tora, und einer Form der Exegese älterer kanonischer Texte, die in späterer Zeit neu ausgedeutet und aktualisiert wurden.

> Es würde zu weit führen, an dieser Stelle ausführlich auf die Erkenntnisse der Qumran-Forschung zum Thema einzugehen. So wurde beispielsweise durch die Arbeiten zur Textkritik und Textgeschichte des Jerusalemer "Hebrew University Bible Project" (HUBP) eine breite empirische Basis für

---

117 Vgl. LYONS, Law, 157f. Auf die literaturgeschichtliche Dimension der These von Michael A. Lyons wird hier nicht näher eingegangen. Es erscheint jedoch problematisch, davon auszugehen, dass das Heiligkeitsgesetz im Ezechielbuch vorausgesetzt wird und nicht umgekehrt H auf Ezechielpassagen Bezug nimmt. Vgl. zu letzterem OTTO, Exegese, 56–95 (bes. 94f: Lev 26,3–13 greift auf Ez 34,25–31 zurück) und MÜLLER, View, 207–228 mit einer Untersuchung der prophetischen Bezüge in Lev 26, die weit über das Ezechielbuch hinausgehen.

118 Vgl. BEENTJES, Canon, 180.

119 LEVINSON, Rechtsreform, 173. Vgl. auch DERS., Legal Revision, 64–71 mit weiterführenden Überlegungen.

die Untersuchung von Technik und Hermeneutik schriftgelehrter Arbeit zur Zeit des zweiten Tempels geschaffen. Besonders die Studien von She-maryahu Talmon und Emanuel Tov haben zu wegweisenden Einsichten geführt.[120] Das Paradigma der „rewritten bible" thematisiert den Bereich, der von der alttestamentlichen Forschung oftmals als Textgeschichte be-zeichnet und bisweilen eher der Wirkungsgeschichte des jeweiligen Bibel-textes zugeordnet als in seiner empirischen Bedeutung erkannt wurde. Demgegenüber hat R.G. Kratz kürzlich anhand des Nahumbuches auf die Gemeinsamkeiten und Kontinuitäten zwischen Redaktions- und Textge-schichte hingewiesen und damit einen Weg eröffnet, der noch weiter be-schritten werden müsste.[121] Denn die anhand des hebräischen Textes ge-wonnenen Erkenntnisse erhalten vor dem Hintergrund der Überlieferung des Textes und der in der Textgeschichte erkennbaren Strukturen eine zu-sätzliche empirische Relevanz.

Wenn man an dieser Stelle die bisherigen forschungsgeschichtlichen Ausführungen zusammenfasst, so lassen sich drei Aspekte festhalten. (1) Die Forschung hat, sei es mit oder ohne Bezugnahme auf die Arbei-ten von André Robert, unter ganz unterschiedlichen Bezeichnungen letztlich einen bestimmten empirischen Befund bearbeitet: die literari-schen Bezüge zwischen Texten, die entweder als ,anthologischer Stil', ,Musivstil', ,Midraschstil' oder auch ,innerbiblische Schriftauslegung/ Exegese' bezeichnet bzw. unter das Phänomen der ,Intertextualität' gefasst wurden.[122] (2) Ausgangspunkt für diese These war (nicht nur, aber auch) die Berücksichtigung jüdischer Literatur, in der bestimmte literarische Auslegungsprozesse erkannt wurden, die als spezifisch für die alttestamentliche Literatur – sei es der Perserzeit (Bloch, Deissler) oder der nachexilischen Epoche (Steck, Kratz, Donner, Willi) bis hin nach Qumran (Beentjes) – gelten können. (3) Die Forschung hat sich dabei zunächst auf die Untersuchung der Texte selbst und damit auf den empirischen Befund konzentriert und nicht so stark auf eine Sys-tematisierung des literarischen Bezugnehmens als solchem. Zugleich zeigte sich, dass das hier beschriebene Phänomen in allen Textberei-

---

120 TOV, Scribal Practice und HERBERT/TOV (Hg.), The Bible as Book. Zu Talmon s. Anm. 113.

121 Vgl. KRATZ, Pescher Nahum, 141–145 und WITTE, Orakel, 78f, der dies am Beispiel des Habakukbuches darlegt. Zum Paradigma der „rewritten bible" STONE, Writings (1984), der den Band von 1977 fortführt, in dem R. Blochs Artikel über „Midrash" er-schienen ist, sowie M. SEGAL, Between Bible, 10–28 und die Problemanzeige von M.J. BERNSTEIN, Rewritten Bible, 169–196.

122 Vgl. dazu auch den Überblick bei LYONS, a.a.O., 48–59, der sich auf Begriffe wie ,Intertextualität', ,Anspielung' oder auch ,Zitat' konzentriert. Zum Begriff ,Mi-drasch' s. den hilfreichen Überblick bei CHILDS, Critique, 181–183 mit weiterführen-der Literatur.

chen der hebräischen Bibel (und auch in der Qumranliteratur) zu finden ist und nicht etwa auf Prophetie, Psalmen oder die Weisheitsliteratur eingeschränkt werden kann.[123] Es handelt sich um eine literarische Technik der Anspielung auf andere Texte oder auch Traditionen, die in unterschiedlichen Literaturgattungen und Texten begegnet. Für Prov 1–9 wurde besonders auf die deuteronomisch-deuteronomistische Tradition hingewiesen, wobei die Arbeiten, die sich mit diesen Bezügen befassten (Robert, Buchanan), überwiegend einer Zeit angehörten, als das methodische Instrumentarium einer innerbiblischen Exegese noch nicht in dem Maße geschärft war, wie es durch die genannten jüngeren Studien der Fall ist. So lassen sich im Hinblick auf die zu leistende Untersuchung zwischen Prov 2 und anderen biblischen Traditionen bzw. Texten folgende Aspekte festhalten:[124]

– Neben dem direkten Zitat gibt es die Zitierung mit einer Umstellung der Vershälften, einem Austausch von bestimmten Wörtern durch Synonyme oder auch der Hinzufügung oder Weglassung einzelner Passagen.
– Dies kann in Form einer Modifikation geschehen, bei der das entlehnte Material (Vers, Textpassage) zwar verändert wird, jedoch die Gesamtaussage mit der des Ursprungstextes übereinstimmt.
– Eine weitere Form einer teilweisen Zitierung ist die Inkongruenz, bei der das gemeinsame Material nur teilweise integriert wird und der neue Kontext nicht mit dem ursprünglichen deckungsgleich ist.
– Davon zu unterscheiden ist die konzeptionelle Abhängigkeit, bei der der Leser des Textes die Informationen des Ursprungstextes benötigt, um die des Folgetextes zu verstehen.
– Als letzte Variante ist schließlich auf die interpretative Entfaltung zu verweisen, bei der ein Autor nicht nur Material eines älteren Textes verwendet, sondern dieses breiter entfaltet. Da-

---

123 Für Qumran s. das „Handbuch der Textfunde vom Toten Meer" von A. LANGE und zu den methodischen Implikationen G. BROOKE, Qumran Scrolls, 26–42.
124 Ich beziehe mich hier auf die Ergebnisse von LYONS, a.a.O., 61–67, der in seinen Überlegungen an SCHULTZ, Search, 230f anknüpft, sowie an die Ergebnisse der Untersuchung von SHEPPARD, Wisdom, 101f (s. dazu auch Kap. 5.3 dieser Arbeit). Erst bei der Drucklegung dieser Arbeit wurde ich auf die Studie von Dorothea M. SALZER „Die Magie der Anspielung" aufmerksam, die anhand literaturwissenschaftlicher Theorien ähnliche „formale Beschreibungskategorien" auflistet, vgl. a.a.O., 21–26.

bei kann das Material auch aufgespalten und an verschiedenen Stellen in den neuen Text eingearbeitet werden.[125] Bei diesen Verfahren muss jeweils anhand bestimmter Leitwörter und deren Häufigkeit überprüft werden, ob die untersuchten Texte tatsächlich in einem literarischen Verhältnis zueinander stehen. Dies ist besonders dann der Fall, wenn eine ‚konzeptionelle Abhängigkeit‘ im genannten Sinne postuliert wird. Denn mit der These, dass der Leser eines Textes einen anderen zum näheren Verständnis braucht, begibt man sich auf die Ebene der Rezeptionsästhetik, bei der der Übergang zum subjektiven Empfinden des Exegeten fließend ist.[126]

Wenn man das methodische Setting einer solchen Analyse in dieser Form beschreibt, dann stellt sich jedoch die Frage, ob die bislang gewählten Begrifflichkeiten das Phänomen exakt genug benennen. Denn sowohl die Begriffe ‚Midraschexegese‘ als auch ‚Innerbiblische Schriftauslegung‘ heben als Begriffe einen bestimmten Teil des literarischen Befundes – die jüdische oder die biblische Literatur – hervor und werden der Breite des Phänomens letztlich nicht gerecht.[127] Ein Begriff wie ‚Intertextualität‘ ist aufgrund seiner vielfachen Verwendung und seiner Referenz zu modernen literaturwissenschaftlichen Modellen, die nur bedingt auf antike Texte applizierbar sind, ebenfalls problematisch.[128] Und die Rede von einem „anthologischen Stil" betont nicht das, was nach der bisherigen Argumentation dieser Arbeit als wesentlich erscheint: der Kontext, mithin das Verhältnis größerer Sinneinheiten zueinander, die durch Stichwortverbindungen miteinander verknüpft sind.

---

125 Vgl. Lyons, Allusion, 247f.
126 Vgl. dazu die hilfreiche Problemanzeige bei Lyons, a.a.O., 68 und Schultz, a.a.O., 59.
127 Gleiches gilt für das Paradigma der „rewritten bible", s. dazu oben Anm. 120 und den zitierten Artikel von M.J. Bernstein in Textus 22 (2005), 169–196.
128 Dies hat Lyons, Law, 48–50 überzeugend nachgewiesen (vgl. dazu auch a.a.O., Anm. 2 auf S. 48f). Eine kritische Auseinandersetzung mit dem Konzept der Intertextualität findet sich auch bei Childs, a.a.O., 173–181. Vgl. zudem oben Anm. 74 mit den Anmerkungen zum Ansatz von Scott Harris.

1.2.3. Die ägyptische Weisheitsliteratur
und das Phänomen der ‚textuellen Kohärenz'

Wenn man an dieser Stelle den Blick weitet und zur altorientalischen
Literatur übergeht, so zeigt sich ein interessanter Befund. Denn in der
Literatur des pharaonischen und ptolemäischen Ägypten lassen sich
ganz ähnliche literarische Prozesse nachweisen, wie sie in der alttestamentlichen Wissenschaft unter den Begriffen ‚Midraschexegese', ‚an-
thologischer Stil' oder ‚innerbiblische Schriftauslegung' verhandelt
werden. In der Ägyptologie gibt es mittlerweile eine breite Forschung
zur Rezeption älterer Literatur in der sogenannten Spätzeit und damit
der historischen Periode, die vom 7./6. Jahrhundert bis zur griechisch-
römischen Zeit reicht.[129] Diese Forschung hat mit ganz unterschiedlichen Begrifflichkeiten – sei es ‚Restauration', ‚Renaissance' oder ‚Re-
pristination'[130] – auf einen empirischen, in den Texten selbst nachweis-
baren Sachverhalt hingewiesen, der für die hier diskutierte Frage
höchst aufschlussreich ist. Denn das ägyptische Material belegt, dass
dort mit einem Einzelzitat nicht nur auf einen bestimmten Text angespielt wird, sondern der jeweilige Autor sich auch zu einer vorliegenden schriftlichen Tradition verhält. Das vielfältige Material sei hier
lediglich an dem Beispiel verdeutlicht, das sich für die Analyse von
Prov 2 am besten anbietet: der Weisheitsliteratur.[131] Denn es lässt sich
für die so genannten „Lebenslehren" ein Traditionsstrom nachweisen,
der vom Alten Reich (2700–2200 v. Chr.) bis zur griechisch-römischen
Zeit reicht.[132] Dabei wurden ältere Texte nicht nur weitertradiert, sondern auch aufgegriffen und zitiert.

Für den genannten Zeitraum, das 7./6. Jahrhundert und die 26. Dynastie, lassen sich beispielsweise eine ganze Reihe von Handschriften
älterer Texte nachweisen, so z.B. Abschriften der Lehren des Cheti, des
Ani, des Hordjedef, des Amenemhet und des Amenemope.[133] Diese

---

129 Vgl. dazu ASSMANN, Rezeption, 126.
130 Vgl. z.B. KAHL, Siut, 351, der gegenüber älteren Ansätzen von Hellmut Brunner und
       John A. Wilson den Begriff der ‚Repristination' verwendet. Zum Ganzen auch NEU-
       REITER, Interpretation, 222–242.
131 Ein knapper Überblick zum Material findet sich bei SCHIPPER, Kultur, 315–317, eine
       ausführliche Darlegung der Zitate aus verschiedenen Texten bei GUGLIELMI, Adapti-
       on, 349f.
132 Dies hat Hellmut Brunner in verschiedenen Arbeiten nachgewiesen; vgl. BRUNNER,
       Entlehnung, 17–19; DERS., Zitat, 53; DERS., Djedefhor, 55–64, DERS., Zitate, 112–115
       und den von ihm verfassten Lexikonartikel über „Zitate" im Lexikon der Ägyptolo-
       gie VI, 1415–1420.
133 Vgl. dazu die Zusammenstellung bei VERHOEVEN, Literaturwerke, 259.

Lehren wurden nicht nur einfach in jener Zeit gelesen, sondern auch anzitiert bzw. in neuen literarischen Werken verarbeitet. So hat Hellmut Brunner in einem Artikel aus dem Jahr 1979 über „Zitate aus Lebenslehren" auf Texte aus dem ersten Jahrtausend aufmerksam gemacht, in denen aus den älteren, ‚klassischen' Lebenslehren zitiert wird. Diese Zitate stehen im Kontext eines Zitierverfahrens, das bis in das Mittlere Reich zurückgeht. So finden sich Zitate aus der Lehre des Djedefhor in der Lehre für Merikare (P 127f), in Papyrus Berlin 1197 (Abydos, 11. Dynastie) und dem Grab des Onuris-Cha (Theben 359) bis hin zur Lehre des Anchscheschonqi aus ptolemäischer Zeit.[134] Dabei ist interessant, dass sich nicht nur das Zitat als solches, sondern auch die Umstellung der Satzteile und der Austausch eines Verbes durch ein Synonym nachweisen lassen.[135]

Djedefhor	*Merikare E 127f*
Mache schön dein Haus der Nekropole,	Mache vortrefflich dein Haus des Westens,
mache vortrefflich dein Haus des Westens,	mache schön deinen Sitz der Nekropole,
	durch Gerechtigkeit, durch Ausführen der Ma‍ᶜat

Die Lehre des Merikare zitiert aus der Lehre des Djedefhor, stellt die beiden Satzhälften um und ersetzt bestimmte Ausdrücke durch Synonyme, so z.B. das Wort für „Haus" *pr* im Sinne von Grab durch *ḥw.t*,[136] oder die Bezeichnung der Nekropole als *ḫr-nṯr* bzw. *jmn.tt*. Die weitreichendste Ergänzung ist der Nachsatz „durch Gerechtigkeit, durch Ausführen der Ma‍ᶜat", denn damit wird ein anderer Akzent gesetzt. Während bei Djedefhor der explizite Bezug auf die Ma‍ᶜat fehlt, wird diese bei Merikare zum entscheidenden Maßstab.[137]

Ein ähnliches Bild zeigt sich für die Lehre des Ptahhotep. Die Lehre aus dem Alten Reich (5. Dynastie) wird in anderen Weisheitslehren (Lehre eines Mannes für seinen Sohn, Loyalistische Lehre, Lehre des Amenemope), aber auch in einem nicht-weisheitlichen Texten wie der

---

134 Vgl. die Zusammenstellung der Belege bei BRUNNER, Zitate, 121f.
135 Vgl. GUGLIELMI, a.a.O., 352. Text (Merikare) bei QUACK, Merikare, 77.
136 Vgl. dazu BRUNNER, Djedefhor, 50f mit Gegenüberstellung des hieroglyphischen Textes. Brunner listet insgesamt sieben Textstellen auf, in denen (in jüngeren Texten) jeweils auf eine bestimmte Passage der Lehre des Djedefhor Bezug genommen wird.
137 Vgl. dazu G. FECHT, Vorwurf, 132f.

Traumstele des Pharao Tanutamun aus der 25. Dynastie zitiert.[138] Dabei zeigt die Verwendung in der Lehre des Amenemope, wie man sich die Zitation konkret vorzustellen hat:

Amenemope	Ptahhotep
23,13: Iss nicht dein Brot vor einem Beamten	119: Wenn du einer der Gäste bist am Sitzplatz der 120 Speisetafel eines, der größer ist als du, 121 (dann) nimm, was er gibt, was vor deiner Nase liegt.
23,17 Blicke auf den Teller, der vor dir ist, 23,18 und lass ihn (allein) deine Bedürfnisse stillen.	122 Blicke nicht auf das, was vor ihm ist, 123 blicke auf das, was vor dir ist!

Die Formel „blicke nicht auf das, was vor dir ist" (*dgg=k r ntj m-b3ḥ=k*) aus Ptahhotep 123 wird wörtlich in Amenemope 23,17 übernommen, jedoch durch das eingefügte Wort *q3j* „Teller" in Amenemope konkreter gefasst. Das Thema der Sentenz, die Warnung an den Weisheitsschüler, die Anstandsregeln der gesellschaftlichen Hierarchie zu berücksichtigen, wird nicht allgemein auf den „der größer ist" (Ptahhotep) bezogen, sondern explizit auf den Beamten.[139] Ein vergleichbares literarisches Verfahren zeigt sich bei einer Gegenüberstellung der Lehren des Ani und der Amenemope-Lehre:[140]

Ani	Amenemope
B 20,10 Du sollst auswählen, was zu sagen gut ist, indem das Schlechte in deinem Leib eingesperrt ist.	11,10 Gibt die gute Rede auf deine Zunge, 11,11 indem das Böse in deinem Leib verborgen ist.

Beide Texte fordern vom Weisheitsschüler die gute, d.h. im ägyptischen Kontext die Maᶜat-gemäße Rede und konkretisieren dies durch einen mit *jw* eingeleiteten Umstandssatz, der ähnlich konstruiert ist: *jw t3 ḏḏḥ.t m-ḫt=k* („indem das Schlechte in deinem Leib eingesperrt ist",

---

138 Vgl. BRUNNER, a.a.O., 140–143.
139 Vgl. dazu RÖMHELD, Wege, 72 und SCHIPPER, Lehre, 238f.
140 Vgl. zur Übersetzung QUACK, Ani, 107 mit Anm. 84 und SCHIPPER, a.a.O., 236f mit einer ausführlicheren Untersuchung der Texte. Textausgabe (Amemenmope) bei LAISNEY, L'Enseignement, 112f.

Ani) gegenüber *jw p3 dw ḥ3p m-ḫt=k* („indem das Böse in deinem Leib verborgen ist", Amenemope). Es wird ein anderes Substantiv und ein unterschiedliches Verb verwendet (bei Ani *ḏdḥ* „verhaften, einsperren", bei Amenemope *ḥ3p* „verborgen sein"). Die eigentliche Aussage stimmt jedoch überein.

Dieses literarische Verfahren, bei dem mit Zitaten gearbeitet wird, diese jedoch jeweils neu kontextualisiert werden, findet sich auch bei einem Weisheitstext, der von der alttestamentlichen Forschung bislang kaum beachtet wurde.[141] Es handelt sich um die Weisheitslehre Papyrus Brooklyn 47.218.135. Der Text war in der Ägyptologie seit längerem bekannt, wurde jedoch erst im Jahr 1994 von dem amerikanischen Ägyptologen Richard Jasnow in einer *editio princeps* vorgelegt.[142] Die hieratische Handschrift datiert in die Saitenzeit und damit in die 26. Dynastie.[143] In der narrativen Rahmenhandlung fällt der Name des drittletzten Königs der 26. Dynastie, Apries, der von 589 bis 570 regierte.[144] Es handelt sich bei dem Text um die bislang einzige bekannte ägyptische Weisheitslehre aus dem 7./6. Jh., die in dieser Zeit neu komponiert wurde. Im Hinblick auf die Frage nach Zitaten aus älteren Weisheitslehren sind vor allem die eigentlichen weisheitlichen Sentenzen interessant.[145] Denn darin finden sich nicht nur diverse Anspielungen auf ältere Lehren, sondern auch Gemeinsamkeiten mit den jüngeren demotischen Weisheitslehren, namentlich der Lehre des Anchscheschonqi und der des Papyrus Insinger.[146] Ein erstes Beispiel sind aus

---

141 M.W. findet sich lediglich in der Arbeit von Stuart WEEKS über „Instruction and Imagery in Prov 19" aus dem Jahr 2007 ein Hinweis darauf, jedoch wird der Text von Weeks nicht weiter ausgewertet; vgl. a.a.O., 26, Anm. 50.

142 Vgl. JASNOW, Text, 1–3 und zur Literatur zum Text QUACK, Einführung, 107, Anm. 188. Eine deutsche Übersetzung findet sich bei QUACK, Weisheitstext, 10–19 (mit zahlreichen philologischen Anmerkungen) und in modifizierter Form (jedoch mit weitaus weniger Anmerkungen zur Philologie) bei HOFFMANN/QUACK, Anthologie, 230–238.

143 Vgl. dazu QUACK, Einführung, 107; VERHOEVEN, Literaturwerke, 256–259 und JASNOW, a.a.O., 7, der die Nennung des Apries als „terminus post quem" bezeichnet.

144 Auf Apries folgten noch Amasis (570–526) und Psammetich III. (526–525); vgl. VON BECKERATH, Chronologie, 84–88.

145 Auf die Gesamtkomposition des Textes kann an dieser Stelle nicht eingegangen werden; vgl. dazu JASNOW, a.a.O., 22–35 und den Überblick zum Inhalt bei QUACK, a.a.O., 107–110.

146 Vgl. dazu die Auflistung der Bezüge bei JASNOW, a.a.O., 205–208. Ich behalte mit „Anchscheschonqi" die bekannte Bezeichnung der Haupthandschrift des Textes auf Pap British Museum 10508 bei, obwohl Joachim F. Quack gute Argumente dafür zusammengetragen hat, dass die reale Aussprache des Namens „Chascheschonqi" war; vgl. QUACK, a.a.O., 111.

dem Papyrus Brooklyn[147] sind Anspielungen auf die Lehre des Djedefhor (Altes Reich):[148]

Papyrus Brooklyn 4,8	Djedefhor 6f
Liebe deinen Hausstand,[149] erwähle dir viele Haremsdamen.	Wenn du dich selbst ernähren kannst, gründe einen Hausstand, nimm dir eine tüchtige Frau.[150]

Das Thema ist in beiden Lehren identisch, jedoch wird die Aussage
unterschiedlich ausgestaltet. Insofern wird man nicht von einem wörtlichen Zitat, sondern eher von einer Anspielung ausgehen, bei der ein
Thema aufgegriffen und variiert wird.[151] Gleiches gilt für einen bekannten ägyptischen Weisheitssatz, der sich sowohl in Papyrus Brooklyn als
auch in der Lehre des Anchscheschonqi findet.[152]

Papyrus Brooklyn 4,10[153]	Ancheschonqi 14,7
Der Besitz des Wahrhaftigen vergeht nicht. Ein Räuber vererbt seinem Sohn nicht.	Wer den Besitz eines anderen stiehlt, findet keinen Profit davon.

Es zeigt sich eine sachliche Gemeinsamkeit, bei der jedoch das Thema
(gestohlener Besitz hat keinen Bestand) jeweils unterschiedlich ausformuliert wird. Dies gilt auch für ein Thema, das die Lehre des Papyrus
Brooklyn mit der so genannten ‚Loyalistischen Lehre' aus dem Mittleren Reich und Texten aus dem ramessidenzeitlichen Schulbetrieb verbindet. So thematisiert die Brooklyner Weisheitslehre in Kolumne 6 den
Landarbeiter und seine Tätigkeiten.[154]

---

147 Die von JASNOW, a.a.O., 82 genannte Parallele zu Anchscheschonqi 18,19 „Wer sein
     Haus zu bewohnen liebt, der wärmt sich an seinen Balken" ist hingegen eher locker.
148 Vgl. dazu BURKARD/THISSEN, Einführung, 83f.
149 Das hier verwendete ägyptische Wort pr kann sowohl das Haus, als auch den Haus-
     halt bezeichnen; vgl. JASNOW, a.a.O., 81.
150 Die Übersetzung orientiert sich an LICHTHEIM, Literature, 58; vgl. auch BRUNNER,
     Weisheit, 102.
151 Anders die Literatur zum Thema, die durchweg von einem „Zitat" spricht; vgl. dazu
     JASNOW, a.a.O., 82 und QUACK, a.a.O., 234 mit Anm. 366.
152 Der Vers wird auch in der Lehre des Amenemope 9,16 zitiert.
153 Übersetzung nach QUACK, Weisheitstext, 14.
154 Vgl. zum Zusammenhang FISCHER-ELFERT, Lehre, 402f nach dem sich die Überset-
     zung richtet (für Pap. Brooklyn; vgl. jedoch QUACK, a.a.O., 19).

Papyrus Brooklyn 6,18	*Loyalistische Lehre § 10,1*	*EL § 9,7–8*
Der Bauer ist das Oberhaupt aller Berufe. Ihm dienen sie. Seine Hände sind ihr Lebensodem.	Die Arbeiter sind es, die die Nahrungsmittel produzieren.	Es sind die arbeitenden Leute, die produzieren, was ist. Man lebt von dem, was auf ihren Armen ist.

Die Passage in der Brooklyner Weisheitslehre steht im Kontext anderer Aussagen, die den Bauern hervorheben bzw. auf die Bedeutung seiner Tätigkeit verweisen.[155] Es wird ein spezifisches Thema aufgegriffen, das bereits in einem Weisheitstext des Mittleren Reiches und damit gut 1300 Jahre vor der Abfassung der Brooklyner Weisheitslehre genannt wurde.

Die Beispiele zeigen, dass die Weisheitslehren offenbar über Jahrhunderte, um nicht zu sagen Jahrtausende tradiert und so in das kulturelle Gedächtnis Ägyptens aufgenommen wurden. Zentrale Bedeutung kommt dabei der Schreiberschule zu. So hat George Posener auf drei Ostraka aus dem Schulbetrieb der 25.–27. Dynastie hingewiesen, in denen die Lehre des Amenemope anzitiert wird.[156] Besonders interessant ist eine Schreibtafel aus dem Turiner Museum. Auf dem Objekt mit der Inventarnummer Turin Cat. 6237 findet sich sowohl auf der Vorder- als auch auf der Rückseite (Verso und Recto) eine Abschrift von Amenemope 24,1–25,9. Die Passage ist jedoch nicht gleichmäßig auf Verso und Recto verteilt; vielmehr setzt das Verso mit Am 25,2 ein, in Zeile 9 springt der Schüler zu 24,1 zurück, das dann auf dem Recto bis 25,1 in der richtigen Reihenfolge fortgeführt wird.[157] Der hieratische Text enthält am Rand Zeitangaben (Tag 8, Tag 10, Tag 12 usw.), die darauf verweisen, dass ein Schüler offenbar über mehrere Tage hinweg die Passage abgeschrieben hat, wobei er in der Mitte der Holztafel begann und den Rest des Textes, nachdem auch die Rückseite voll war, auf den Anfang der Vorderseite schrieb.[158]

Die genannten Beispiele verweisen auf ein literarisches Verfahren, bei dem bestimmte Passagen memoriert wurden.[159] Texte wurden im

---

155 So auch in 6,7–8.9.10; vgl. dazu FISCHER-ELFERT, a.a.O., 402.
156 POSENER, Tablettes, RdE 18 (1966), 54–62; RdE 25 (1973), 251f. Posener datiert das Ostrakon Turin 6237 in den Beginn der 27. Dynastie: RdE 18, 59.
157 Vgl. POSENER, a.a.O., 60f und zum Ganzen SCHIPPER, a.a.O., 241.
158 Vgl. POSENER, a.a.O., 55 und LANGE, Weisheitsbuch, 10.
159 POSENER, a.a.O., 56 verweist auf weitere Beispiele, wie z.B. die Lehre des Amenemhet, die in gleicher Weise bei Schreibübungen verwendet wurde (Tablette Brooklyn 16.119).

Schulbetrieb gelesen und ins Gedächtnis übernommen. Zugleich gab es
offenbar eine Art ‚Kanon' von Texten zu bestimmten Themen, die bei
der Ausbildung der Beamten verwendet wurden.[160] Dies bedeutet, dass
mit einem Zitat oder auch einer thematischen Anspielung nicht einfach
nur ein Thema übernommen, sondern auf einen literarischen Diskurs
Bezug genommen wird – man verhält sich gleichsam zu einer schriftlich vorliegenden Tradition.

Jan Assmann hat in seinen Arbeiten zum kulturellen Gedächtnis für
dieses Phänomen den Begriff der ‚textuellen Kohärenz' eingeführt. Er
bezieht sich damit auf einen empirischen Befund, der vor allem in der
ägyptischen Spätzeit zu finden ist und beispielsweise auch in den von
Assmann untersuchten thebanischen Privatgräbern begegnet. Assmann
fand in jenen Gräbern aus der 26. Dynastie (und damit aus einem Zeitraum von 664–525 v. Chr.) zahlreiche ältere Texte, die zum Teil aus
dem Neuen Reich und damit aus dem 13. und 12. Jh. v. Chr. stamm-
ten.[161] Hinzu kamen umfangreiche Textzitate und Anspielungen auf
ältere Texte, die in Form kürzerer Zitate gestaltet waren. Mit dem Begriff der ‚textuellen Kohärenz' bezeichnete Assmann eine Form der
„Auslegung fundierter Texte", man könnte auch sagen, von Texten, die
mit der Zeit eine besondere Bedeutung erlangt haben.[162] Unterschiede
und Gemeinsamkeiten zwischen Texten sind wesentliche Bestandteile
der Herstellung textlicher Kohärenz und gehören zu den Charakteristika „kultureller Mnemotechnik", wie Assmann es formuliert.[163] Vorausgesetzt ist dabei die Existenz eines schriftlichen Traditionsstromes, bei
dem Texte älterer Zeit in den Schreiberschulen der ägyptischen Tempel
tradiert und in jüngerer Zeit verwendet wurden.

Die genannten Beispiele aus der ägyptischen Weisheitsliteratur
verdeutlichen, worin die Leistung des Paradigmas der textuellen Kohärenz liegt.[164] Es geht um das Herausarbeiten literarischer Bezüge, mittels derer in einem Text auf einen anderen angespielt wird und der Text

---

160　Dies gilt auch für die Lehre des Djedefhor, die auf einer Schreibtafel der Spätzeit
　　　belegt ist: Tablette Brooklyn 37.1394 E (dazu POSENER, a.a.O., 62–65). In diesem Zu-
　　　sammenhang ist eine These von Peter der Manuelian interessant, der meint, dass es
　　　in der Spätzeit Musterbücher gab, in denen verschiedene ältere Texte zusammenge-
　　　stellt waren; vgl. DER MANUELIAN, Living, 54. Ähnliches wurde von Erik HORNUNG
　　　für die Unterweltsliteratur postuliert; vgl. DERS., Unterweltsbücher, 20.
161　Vgl. ASSMANN, Sonnenhymnen, XXXIVf.
162　ASSMANN, Gedächtnis, 87.
163　Vgl. a.a.O., 89.
164　Vgl. ASSMANN, Text, 28, der betont, dass jede Überlieferung ein „exegetisches Mo-
　　　ment" hat.

sich zu einer geprägten Tradition verhält.[165] Vor dem Hintergrund des oben genannten Befundes sollte das Modell von Assmann jedoch in einem Punkt weiterentwickelt werden. Denn das Phänomen der textuellen Kohärenz bezieht sich nicht nur auf die Ebene des Autors, sondern auch auf die des Lesers. Wenn in einer Schriftkultur, bei der bestimmte Texte im Schulbetrieb verwendet werden, gleichsam eine Art Kanon von Texten entsteht, dann erhalten die Anspielungen und Zitate des eines Textes auf den anderen eine tiefere Bedeutung. Denn es geht nicht etwa nur um „die direkte Übernahme einer sprachlichen Sequenz", sondern um ein Bezugsschema.[166] So fasst Waltraud Guglielmi ihre Untersuchung zu Zitaten in der ägyptischen Literatur wie folgt zusammen:[167]

> „Besonders vielfältig sind die inhaltlichen Funktionen von Zitaten. Sie ergeben eine ganze Skala von Beziehungen zwischen Vorlage und neuem Text. Die inhaltlichen Funktionen reichen von Erläuterung, Beweis und Bestätigung bis zur Gegenüberstellung, Absetzung und Kritik sowie – in inadäquater Verwendung – bis zur Ironie, Parodie und Satire. Möglicherweise ist damit zu rechnen, daß die Beziehung zwischen Vorlage und neuem Text nicht immer eindeutig ist, sondern bewußt zweideutig konzipiert war."

Gerade wenn man den Kontext mitbeachtet, rückt die Frage in den Mittelpunkt, wo der Autor sich von einem bestimmten Konzept abgrenzt, wo er dieses weiter entfaltet oder wo – um das Argument von Michael Lyons aufzugreifen – der Bezugstext zum Verständnis des neuen Textes erforderlich ist. Gerade wenn an dieser Stelle auch der Leser des Textes mitberücksichtigt wird, kommt jedoch ein Aspekt ins Spiel, der von der älteren, poststrukturalistisch orientierten Literaturwissenschaft oftmals nicht beachtet wurde: die Frage nach der Pragmatik des Textes. Während man in den 1970er Jahren im Gefolge des russischen Formalismus von der ‚Situationsabstraktheit' literarischer Texte ausging und diese im Sinne eines engen Intertextualitätbegriffes eher auf der Ebene der literarischen Texte selbst verorten wollte, rückt in jüngerer Zeit die Frage nach der Funktionalität des Textes wieder in den Mittelpunkt.[168] So ist es das Verdienst des Historikers und Litera-

---

165 Vgl. dazu auch GUGLIELMI, a.a.O., 356–359.
166 Dies hat der Ägyptologe und Kulturwissenschaftler Antonio LOPRIENO in seinem Buch „Topos und Mimesis" nachgewiesen; vgl. a.a.O., 10f.
167 A.a.O., 358.
168 Dies betont Assmann in dem von A. Loprieno herausgegeben Sammelband „Ancient Egyptian Literature" aus dem Jahr 1996 gegenüber seinen eigenen, älteren Arbeiten;

turwissenschaftlers Hayden White, aufgezeigt zu haben, dass historische Narrative nicht nur Vergangenheits-, sondern auch Gegenwarts-
bedeutung haben und gerade in der Kombination der Redefiguren eine
diskursive Ebene eröffnen, die dem Text eine funktionale und pragmatische Bedeutung zukommen lässt.[169] Die Analyse der Querbeziehungen im skizzierten Sinne verhilft damit nicht nur zu einer literaturgeschichtlichen Einordnung des Textes, sondern auch zur Bestimmung
seiner Pragmatik. Denn die Texte sind nicht im luftleeren Raum zu
verorten, sondern in der Lebenswirklichkeit der Menschen der damali-
gen Zeit. Damit führt der hier entwickelte Fragehorizont zu Fragestellungen hin, die in klassisch alttestamentlich-wissenschaftlicher Terminologie unter Begriffen wie dem „Sitz im Leben" (gattungsgeschicht-
lich) und dem „historischen Ort" (entstehungs- und redaktionsgeschichtlich) thematisiert werden.[170]

1.3 Die Fragestellung

Aus den Ausführungen zum Forschungsstand und zur Methodik
ergibt sich eine dreifache Fragestellung. Sie greift bisherige Arbeiten zu
Prov 2 und der ‚innerbiblischen Exegese' auf, führt jedoch darüber
hinaus. Basis für das in der Folge angewendete Verfahren der ‚textuellen Kohärenz' ist die Literalität der Texte. Es wird dezidiert nicht von
einer überlieferungsgeschichtlichen Fragestellung ausgegangen, sondern von einer Form des Umgangs mit Texten, wie er sich am Beispiel
der innerbiblischen Exegese im Alten Testament und außeralttestamentlich in zeitgleicher ägyptischer Literatur sowie in der Qumranliteratur nachweisen lässt. Dabei erscheint der Begriff der ‚textuellen Kohärenz' am geeignetsten, um einerseits das literarische Verfahren zu
charakterisieren, ohne Präjudizierung einer bestimmten Literatur (inn-
erbiblisch, jüdisch), und zugleich auf den Kontext und damit das erwei-
terte Bezugsfeld hinzuweisen: Es geht nicht nur um das Zitat oder die
Anspielung als solche, sondern um deren Kontext und den Bezug zwischen Texteinheiten. Dieses Verfahren der ‚Exegese' älterer Texte lässt
sich, wie es das ägyptische Material beweist, zugleich nicht auf eine
bestimmte Epoche festlegen, sondern bildet offenbar ein Merkmal von

---

vgl. ASSMANN, Kulturelle und literarische Texte, 59–61. Vgl. dazu auch den Überblick bei SCHIPPER, Wenamun, 225–230.

169 Vgl. WHITE, Klio, 93 und für eine ausführlichere Diskussion des Konzeptes SCHIP-
PER, a.a.O., 227–229.

170 Vgl. dazu Kap. 4 dieser Arbeit.

Schriftkulturen. Der historische Ort dessen waren Schreiberschulen, in denen ältere Texte gelesen wurden, darunter auch solche, die im Rahmen einer Kanonisierung gleichsam normative Bedeutung erhielten, und sei es, dass sie zum Kanon der Schulliteratur gehörten.

Die forschungsgeschichtlichen Überlegungen haben zugleich gezeigt, dass in den verschiedenen Forschungsrichtungen der alttestamentlichen Wissenschaft, aber auch der Ägyptologie, letztlich ein vergleichbarer empirischer Befund untersucht wurde. Ganz gleich wie man diesen terminologisch fasst, es wird ein Vorgang greifbar, bei dem jeweils in Form von Anspielungen auf bekannte und z.T. normative Texte die Ebenen des Autors eines solchen Textes und die des Lesers miteinander konvergieren. Dies gilt besonders für die ‚konzeptionelle Abhängigkeit‘, bei der mittels Leitwörtern auf einen bestimmten Text angespielt, dieser jedoch kritisch weitergedacht wird. Verbindet man dies mit der bereits angerissenen Frage nach dem Verhältnis von Weisheit und Tora, so erhalten die bislang in der Forschung diskutierten Bezüge in Prov 1–9 eine andere Dimension. Denn inwiefern – so ist zu fragen – lassen sich diese mit einem Diskurs verbinden, der in jüngerer Zeit von Bernard M. Levinson, Thomas Krüger, Eckart Otto u.a. untersucht wurde und bei dem Gesetzestraditionen in der jüngeren alttestamentlichen Literatur zzm Teil kritisch weitergedacht werden?

Dies hat Konsequenzen für den Aufbau der folgenden Studie. So wird zunächst als Ausgangspunkt der Untersuchung das zweite Kapitel des Proverbienbuches gewählt (Kapitel 2). Im Mittelpunkt steht eine synchrone Textanalyse, bei der nach dem Aufbau des Textes, den inneren Bezügen und dem Gedankengang gefragt wird. Darauf folgt in Kapitel 3 die Untersuchung der Querbeziehungen zwischen Prov 2 und anderen literalen Traditionen. Letztlich geht es dabei um die Anwendung des in Kapitel 1.2 entwickelten methodischen Paradigmas einer ‚Traditionsgeschichte‘ im weiteren Sinne: Welche Formen der textuellen Kohärenz zeigen sich, wo wird auf andere Traditionen angespielt, wo werden Leitwörter und Zentralbegriffe genannt und womöglich semantisch neu zugeordnet? Leitend hierfür ist nicht nur eine lexematische Untersuchung, bei der unter Verwendung der Konkordanz nach Übereinstimmungen gefragt wird. Vielmehr soll die Kumulation der Begriffe, das Auftreten singulärer oder auch theologisch charakteristischer – weil für das Profil der jeweiligen literarischen Schicht zentraler – Termini untersucht werden. Dass ein solches Vorgehen trotz der methodischen Reflexion immer auch die Gefahr in sich birgt, dass der Verfasser einer solchen Studie womöglich mehr sieht als deren Leser, versteht sich von selbst. Allerdings führt an dieser Form der textanalytischen Arbeit kein Weg vorbei, auch wenn immer im Einzelfall kritisch zu prüfen ist, ob eine ‚textuelle Kohärenz' vorliegt oder womöglich nur eine vom Thema vorgegebene sprachliche Gemeinsamkeit.

Die genannten Beobachtungen sollen dazu verhelfen, eine literaturgeschichtliche Verortung von Prov 2 vorzunehmen. Dies kann jedoch nicht nur anhand der ‚externen' Bezüge zu Texten außerhalb des Proverbienbuches erfolgen, sondern muss auch die Bezüge des Kapitels innerhalb der Proverbien berücksichtigen. Denn die bisherige Forschung hat verdeutlicht, dass Prov 2 eng mit den anderen Kapiteln der ersten Sammlung des Proverbienbuches verbunden ist und womöglich sogar als eine Art Inhaltsverzeichnis dient. Gerade vor dem Hintergrund der möglichen Funktion von Prov 2 in Prov 1–9 müssen diese Bezüge genauer in den Blick genommen werden (Kapitel 4). Im Hinblick auf die angedeuteten redaktions- und kompositionsgeschichtlichen Fragen des Proverbienbuches werden dabei auch die Bezüge zu Prov 30f diskutiert, um so einen möglichst breiten literarischen Befund herzustellen, der dann als Grundlage für die weiterführenden Fragen dienen kann. Diese weiterführenden Fragen lassen sich auf zwei Themenkomplexe zuspitzen: Wie verhält sich die Rezeption von ‚Tora' in Prov 2 zu den anderen Anspielungen auf die deuteronomisch-deuteronomistische Tradition im Proverbienbuch und welche Bedeutung hat dies für die Komposition des Sprüchebuches insgesamt? Kapitel 5 dieser Arbeit greift dies auf. Am Ende der Arbeit stehen Fragen, die das generelle Verhältnis von Weisheit und Tora in der nachexilischen Literatur betreffen und die über den eigentlichen Ansatzpunkt, die Einordnung von Prov 2, hinausführen. In einer Hinsicht knüpfen sie jedoch an die Arbeiten von André Robert und seiner Schülerin Renée Bloch an: Beide haben gezeigt, dass der Blick auf die Bezüge zwischen schriftlich vorliegenden Texten – mag man sie als ‚anthologisch', ‚midraschartig' oder anders bezeichnen – eine theologische Entwicklung erkennbar werden lässt, die offenbar die spätere jüdische Literatur mit den Texten der hebräischen Bibel verbindet und die zugleich Auswirkungen auf die Entstehung der biblischen Bücher hat.[171]

---

171 Der letztgenannte Aspekt geht freilich über Robert und Bloch hinaus, steht jedoch im Kontext aktueller Arbeiten zur Redaktions- und Kompositionsgeschichte; vgl. dazu beispielsweise J. Wöhrle für das Zwölfprophetenbuch, R.G. Kratz für den Pentateuch und die Toratradition oder auch die genannten Studien von B.M. Levinson.

2. Textanalyse: Die Lehrrede von Prov 2

2.1 Übersetzung

(1) Mein Sohn, wenn du meine Worte annimmst
und meine Gebote bei dir aufbewahrst,

(2) indem[a] du dein Ohr auf die Weisheit ausrichtest[b]
und[c] dein Herz der Einsicht zuneigst,

(3) [a] wenn du nach dem Verstand rufst,
nach der Einsicht deine Stimme erhebst,

(4) wenn du sie suchst wie Silber
und wie nach (verborgenen) Schätzen nach ihr forschst,

(5) dann wirst du die JHWH-Furcht verstehen
und Erkenntnis Gottes[a] finden,

(6) denn JHWH gibt Weisheit,
(denn)[a] aus seinem Mund (kommen) Wissen und Einsicht;

(7) er bewahrt[a] für die Geradlinigen Umsicht[b] auf,
als Schild für die tadellos Wandelnden,

(8) indem er behütet die Pfade des Rechts
und den Weg seines Getreuen[a] bewahrt;

(9) dann wirst du verstehen Gerechtigkeit und Recht
und Geradheit[a] – jede gute Bahn –,

(10) denn dann kommt Weisheit in dein Herz,
und Wissen wird deinem Verlangen lieblich sein[a],

(11) Besonnenheit wird dich bewahren
und Einsicht dich behüten;

(12) um dich zu erretten vor dem bösen Weg,
vor dem Mann[a], der Verkehrtheiten redet,

(13) die[a] die geraden Pfade verlassen,
um zu gehen auf den Wegen der Finsternis,

(14) die sich freuen, Böses zu tun,
die jauchzen über die Verkehrtheiten des Bösen,

(15) deren Pfade verdreht sind,
und die verkehrt sind in ihren Bahnen;

(16) um dich zu erretten vor der fremden Frau[a],
vor der Auswärtigen, die ihre Worte glatt gemacht hat,

(17) die den Freund ihrer Jugend verlässt
und den Bund ihres Gottes vergisst;

(18)   fürwahr[a], es neigt sich (hinab) zum Tod ihr Haus[b]
            und zu den Rephaim ihre Bahnen;
(19)   alle, die zu ihr gehen, kehren nicht zurück
            und sie erreichen nicht die Pfade des Lebens;
(20)   damit du gehst auf dem Weg der Guten
            und die Pfade der Gerechten bewahrst,
(21)   denn die Geraden werden das Land bewohnen
            und die Untadeligen werden auf ihm übrig bleiben,
(22)   aber die Frevler werden aus dem Land vertilgt
            und die Abtrünnigen daraus herausgerissen werden.

Textanmerkungen:

2a   Unklar ist, ob ל + Inf. hier ein Ziel angibt („so dass") oder einen
            begleitenden Umstand („um zu/indem"). Für ersteres votieren
            Ewald, Schriften, 74; Delitzsch, Spruchbuch, 60; Meinhold,
            Sprüche, 62; Michel, Proverbia, 223, für letzteres Frankenberg,
            Sprüche 25; Gemser, Sprüche, 22; McKane, Proverbs, 214; Plö-
            ger, Sprüche, 22; Müller, Proverbien, 52; Waltke, Proverbs I,
            213; Schäfer, Poesie, 52. Vom Gesamtaufbau her liegt letzteres
            nahe, da das Ziel von V. 1a erst in V. 12–22 erreicht wird.

2b   „Dein Ohr" (אזנך) kann als Objekt oder als Subjekt von קשב
            verstanden werden (als Objekt: Frankenberg, Sprüche, 22;
            Gemser, Sprüche, 22; McKane, Proverbs, 213; Plöger, Sprüche,
            22; Fox, Proverbs, 106; Waltke, Proverbs I, 213; als Subjekt:
            Meinhold, Sprüche, 62; GK § 155 m). In Sir 3,29 ist es Subjekt,
            allerdings kann, wie Müller, Proverbien, 52 betont, in einem
            Satz aus ל + Inf. das Subjekt nicht eigens ausgedrückt werden,
            so dass hier als אזנך Objekt anzusetzen ist.

2c   תטה ist hier parataktisch an V. 2a anzuschließen (Ewald, Schrif-
            ten, 74; Plöger, Sprüche, 22; Baumann, Weisheitsgestalt, 228).
            Anders Müller, Proverbien, 52 und Waltke, Proverbs I, 213 mit
            Verweis auf Prov 5,2.

3a   S. zur Partikel כי unten Abschnitt 2.2.2.

5a   דעת אלהים wird unterschiedlich wiedergegeben. Baumann,
            Weisheitsgestalt, 228; Michel, Proverbia, 223; Meinhold, a.a.O.,
            62; Plöger, a.a.O., 22 übersetzen unter Verweis auf Hos 4,1; 6,6
            mit „Erkenntnis Gottes"; Müller, Proverbien, 53; Fox, Proverbs,
            106; Waltke, a.a.O., 214 und Weeks, Instruction, 182 mit „Wis-
            sen". Ich folge ersteren; vgl. dazu unten Kap. 2.2.2.

6a   Vgl. zur Satzteilfolge Müller, Proverbien, 53, Anm. 1 und Mi-
            chel, Probleme, 219.

7a   Das Ketib (וצפן) verdient hier gegenüber dem stilitisch glatteren Qere (יצפן) den Vorzug, mit Wildeboer, Sprüche, 6; Schäfer, Poesie, 52 gegen Plöger, a.a.O., 23; Waltke, a.a.O., 214, Fox, a.a.O., 114.

7b   Mit Fox, Pedagogy, 239 verstehe ich תושיה als „Umsicht" und nicht, wie oft vorgeschlagen, als „Hilfe" (so schon LXX).

8a   Das Ketib mit dem Singular חסידו ist gegenüber dem Qere חסידיו (Plural) lectio difficilior. Die Gruppenidentität ist vom Text ursprünglich nicht intendiert, sondern wurde erst nachträglich mit diesem verbunden. S. dazu Abschnitte 3.2.1 und 5.3.3 sowie zur textkritischen Entscheidung Fox, a.a.O., 106.115; Weeks, Instruction, 197f, und Schäfer, a.a.O. gegenüber Delitzsch, Spruchbuch, 60; Plöger, Sprüche, 23; Waltke, Proverbs I, 214, die Qere folgen.

9a   Vgl. zur Lesung der Septuaginta und den in BHS genannten Veränderungsvorschlägen Müller, Proverbien, 53; Plöger, Sprüche, 23 und Waltke, Proverbs I, 214.

10a Wie in Prov 1,20; 9,1; 14,6; 29,15 u.ö. stimmen Prädikat (mask.) und Nomen (fem.) nicht überein; vgl. Meinhold, Sprüche, 62, Anm. 4.

12a So wörtlich, auch wenn in Anlehnung an V. 13 gerne Plural übersetzt wird; vgl. Waltke, Proverbs I, 215; Plöger, Sprüche, 23 gegenüber Michel, Proverbia, 233 und Ewald, Schriften, 74. Zum Ganzen auch Weeks, Instruction, 198.

13a Partizip Plural; vgl. 12a und Waltke, Proverbs I, 215, Anm. 17.

16a Vgl. zur LXX-Variante Waltke, a.a.O., 125, Anm. 191 (Lit.!).

18a Ein vorangestellter כי–Satz ist äußerst selten; vgl. Müller, Proverbs, 54, Anm. 1.

18b Der Satz bereitet Probleme, da die feminine Verbform שחה (von שוח „sinken") nicht zum maskulinen Nomen (בית) passt. Entweder wird das Verb verändert (zumeist in שמה oder שתה) oder das Nomen (in נתיבתה oder נבתיבותה). Mit Müller, Proverbien, 54, Anm. 2 (dort auch eine ausführliche Diskussion der möglichen Lesarten) und Maier, Fremde Frau, 85 wird שחה „sich neigen" angesetzt (Verlagerung der Betonung auf die letzte Silbe). Vgl. zum Ganzen auch Waltke, Proverbs I, 215, Anm. 24 und unten die Textauslegung.

2.2 Textanalyse

Wie bereits in dem knappen Abschnitt zur Forschungsgeschichte dargelegt, war der Text oftmals Gegenstand literarkritischer Operationen.
Ausgehend von „inhaltliche(n) Spannungen und Uneinheitlichkeiten"[1]
wurden verschiedene Passagen ausgeschieden, darunter V. 5–8.16–19
oder auch V. 21–22.[2] Die Frage ist jedoch, ob sich die Textbeobachtungen derjenigen, die Prov 2 in verschiedene Schichten unterteilen, auch
anders erklären lassen. In der Folge wird daher bei der Beschreibung
der Textoberfläche angesetzt, um zunächst den Text als solchen zur
Sprache zu bringen, und erst in der Folge nach literarischen Brüchen
gefragt.

2.2.1 Zu Form und Struktur des Textes

Bereits die äußere Form des Textes lässt eine geplante Struktur erkennen. Der Text enthält 22 Verse, die – folgt man einer These von Arndt
Meinhold und David Noel Freedman – den 22 Buchstaben des hebräischen Alphabets entsprechen.[3] Beide haben dafür votiert, Prov 2 analog
zu Prov 31,10–31 als ein Akrostichon zu lesen.[4] Der Unterschied besteht
darin, dass Prov 31 tatsächlich als alphabetisches Akrostichon gestaltet
ist, bei dem jeder der 22 Verse mit einem anderen Buchstaben des hebräischen Alphabets beginnt,[5] während Prov 2 sich nicht streng an den
Buchstaben des Alphabets orientiert. Ein Vergleichsfall liegt in Klgl 5
vor, wo im Gegensatz zu den anderen Gedichten der Klagelieder nicht
die alphabetische Struktur verwendet wurde, der Text sich jedoch an

---

1   So die Formulierung von MICHEL, Proverbia, 235.
2   Vgl. dazu die Überblicke bei CLIFFORD, Proverbs, 46 und FOX, Pedagogy, 236 sowie
     Kap. 1.1 dieser Arbeit.
3   Die These von der akrostichischen Struktur von Prov 2 findet sich m.W. erstmals in
     einem Artikel von Patrich W. SKEHAN aus dem Jahr 1947: The Seven Columns of
     Wisdom's House in Proverbs 1–9, CBQ 9, 190–198, wiederabgedruckt in überarbeite-
     ter Form in DERS., Studies in Israelite Poetry and Wisdom, 1971, 9–14.
4   Vgl. MEINHOLD, Sprüche, 63; FREEDMAN, Proverbs 2, 50; so auch CLIFFORD, Proverbs,
     45. Freedman bietet in seinem Aufsatz aus dem Jahr 1997 eine ausführliche Analyse
     der formalen und metrischen Struktur, die jedoch zugleich die Grenzen eines sol-
     chen Vergleiches aufzeigt.
5   Vgl. BROCKMÖLLER, Frau, 55.

dem Paradigma der 22 Verse orientiert.[6] Wenn man dies auch für Prov
2 ansetzen darf,[7] dann ergeben sich einige weiterführende Fragen.

Ganz gleich, ob man die alphabetischen Akrosticha als eine „Spezialform
der Wort- und Namensakrostichie" betrachtet oder nicht,[8] die Form zielt
auf einen Adressatenkreis ab, der literarisch gebildet ist. Die alphabetische
Struktur kann als eine Erinnerungshilfe für das Memorieren des Textes gelten. Man wird insofern nicht fehlgehen, als „Sitz im Leben" der Akrosticha
die Schule bzw. die weisheitliche Unterweisung anzusetzen. Ignatius Gous
hat im Hinblick auf Prov 31 dafür votiert, einen kognitionswissenschaftli-
chen Ansatz einzubeziehen. Demzufolge erinnere die Form des alphabetischen Akrostichons die Leser an die eigene Lernsituation, als sie im Kin-
desalter das Alphabet lernen mussten und dabei feststellten, dass es in der
ihnen bereits vertrauten Welt der Sprache (sie konnten bereits sprechen,
ohne das Alphabet zu kennen) ein ihnen vorher nicht bekanntes Ord-
nungssystem gibt.[9] Die neuere Forschung tendiert dazu, in der akrostichischen Struktur ein Merkmal der Vollständigkeit oder auch „erschöpfenden
Behandlung des Themas" zu sehen.[10]

Die akrostichische Struktur verweist somit (1) auf eine Lehrsituation,
setzt (2) einen gebildeten Leserkreis voraus und betont (3) das Umfassende des Textes. Genau dies trifft auch auf Prov 2 zu. Der Text bietet
ein sinnvolles Ganzes, dessen „umfassender" Charakter[11] an der
grammatischen Struktur des Textes deutlich wird: Prov 2 besteht de
facto nur aus einem einzigen Satz.[12] Es handelt sich um ein Konditionalgefüge, das nach dem Aufruf „mein Sohn" (בני) mit einer Protasis
(eingeleitet durch אם) beginnt, auf die zwei Apodoseis folgen und drei
Finalkonstruktionen, von denen die ersten beiden identisch aufgebaut
sind (jeweils mit ל + Inf. eingeleitet). Der letzte Finalsatz bildet allein

---

6   Vgl. HILLERS, Lamentations, 161.
7   Vgl. demgegenüber OVERLAND, Structure, 9, Anm. 30, der sich gegen diese Deutung
    wendet und die Verwendung der Buchstaben Aleph und Lamed für zufällig hält.
8   Vgl. dazu BROCKMÖLLER, a.a.O., 55, an der sich der folgende Überblick orientiert,
    sowie zum Ursprung der Akrostichie SEYBOLD, Akrostichie (1999), 80.88f (vgl. auch
    DERS., Akrostichie [2001], 172–183) Ein hilfreicher Überblick mit Diskussion des au-
    ßeralttestamentlichen Materials findet sich bei SOLL, Psalm 119, 5–34. Soll behandelt
    nur die alphabetischen Akrosticha, darunter auch drei Texte aus Qumran (a.a.O.,
    11f).
9   GOUS, Proverbs, 35–51.
10 BROCKMÖLLER, a.a.O., 56.
11 Vgl. MEINHOLD, a.a.O., 63; WALTKE, Proverbs I, 216 („to suggest its completeness");
    FREEDMANN, a.a.O., 50f und FUHS, Sprichwörter, 59.
12 So bereits EWALD, Schriften, 82 und TOY, Proverbs, 31; vgl. auch WILDEBOER, Sprü-
    che, 5; GEMSER, Sprüche, 24f; CLIFFORD, a.a.O., 46 und FOX, Proverbs, 126; anders
    FRANKENBERG, Sprüche, 25.

schon durch seine komplexere Konstruktion einen abschließenden Schwerpunkt des Textes.[13] Er ist mit למען eingeleitet und enthält eine durch כי eingeleitete Begründung. Insgesamt ergeben sich hinsichtlich der grammatischen Struktur sechs Einheiten:

I.	V. 1–4 als Protasis (mit אם eingeleitet)
II	V. 5–8 als erste Apodosis (mit אז eingeleitet)
III	V. 9–11 als zweite, deutlich kürzere Apodosis (auch mit אז eingeleitet)[14]
IV	V. 12–15 ein Finalsatz (eine Zweckangabe, eingeleitet mit להצילך; ל + Inf.)
V	V. 16–19 ein Finalsatz (mit der gleichen Formulierung להצילך)
VI	V. 20–22 der abschließende Hauptfinalsatz, eingeleitet mit למען, und gefolgt von einer durch כי eingeleiteten Begründung

Diese sechs Einheiten weisen, wiederum zunächst rein formal gesehen, eine in sich logische Struktur auf. Der Text zerfällt in zwei jeweils gleich lange Abschnitte: V. 1–11 und V. 12–22.[15] Beide Teile enthalten jeweils drei Strophen, zwei zu vier und eine zu drei Versen. Sie sind in einem regelmäßigen Metrum gestaltet und lassen sich in 11 beziehungsweise 4+4+3 Bikola aufspalten:[16]

A	(11 Bikola)	B	(11 Bikola)
V. 1–4	4 Bikola	V. 12–15	4 Bikola
V. 5–8	4 Bikola	V. 16–19	4 Bikola
V. 9–11	3 Bikola	V. 20–22	3 Bikola

Diese poetische Struktur des Textes[17] ist durch die kunstvolle Komposition der Strophen weiter ausgestaltet. So fällt auf, dass als Anfangsbuchstabe der Strophen in der ersten Hälfte der Buchstabe Aleph steht und in der zweiten Hälfte alle Strophen mit einem Lamed eingeleitet sind.[18]

---

13 SCHÄFER, Poesie, 64 bezeichnet ihn treffend als „Hauptfinalsatz". Vgl. auch MC KANE, Proverbs, 279.

14 Teilweise werden nur V. 9–10 zusammengefasst; vgl. MÜLLER, Proverbien, 54–56 mit einem Überblick zu den Ansätzen.

15 So bereits EWALD, a.a.O., 81. Vgl. auch PARDEE, Parallelism, 70f.

16 Vgl. WALTKE, a.a.O., 217 und CLIFFORD, a.a.O., 45 sowie zum Aufbau von Prov 2 PERDUE, Proverbs, 87f und SCHÄFER, a.a.O., 53f.

17 Vgl. GEMSER, a.a.O., 24; RINGGREN, Sprüche, 18 und OVERLAND, a.a.O., 124, der zurecht darauf verweist, dass eine derart ausführliche Konditionalkonstruktion außergewöhnlich ist.

18 Vgl. MURPHY, Wisdom Literature, 56; CLIFFORD, a.a.O., 45.

Teil 1:
V. 1   אם תקה (בני) (aufgegriffen in V. 3 und 4 אם)
V. 5   אז תבין
V. 9   אז תבין

Teil 2:
V. 12   להצילך
V. 16   להצילך
V. 20   למען

Dieser Befund ist ein weiterer Hinweis für eine Orientierung des Autors von Prov 2 an einer akrostichischen Struktur, da in vielen Akrosticha mit der Lamed-Zeile die „inhaltliche Mitte" bzw. ein „Umschwung im Text" angezeigt wird.[19] Offenbar hat sich der Autor von Prov 2 an zwei Buchstaben des hebräischen Alphabets orientiert, die beide eine besondere Stellung haben: Aleph als Beginn und Lamed als dessen Mitte.[20] Insofern erscheint Prov 2 als ein Text, der eine durchdachte und kunstvoll ausgestaltete Struktur aufweist, die offenbar schon auf formaler Ebene die Besonderheit der Lehre betonen soll. Damit ist zugleich ein Charakteristikum benannt, das den Text insgesamt auszeichnet: die kunstvolle Ausarbeitung, bei der durch einzelne Buchstaben und Wörter diverse Bezüge zwischen den Versen und Abschnitten hergestellt werden.[21]

2.2.2 Der erste Teil (V. 1–11)

Die genannten formalen Elemente durchziehen den ganzen ersten Teil des Textes (V. 1–11). Der Abschnitt ist durch Konjunktionen und Infinitivkonstruktionen unterteilt. So ist V. 2 durch einen finalen Infinitiv V. 1 nachgeordnet, während V. 3–4 – durch ein כי eingeleitet – diesem beigeordnet sind.[22]

---

19 BROCKMÖLLER, a.a.O., 59.
20 Ein ähnlicher Befund liegt evtl. in Sir 24 vor, wo in V. 13 ein Lamed die Mitte des Kapitels anzeigt; dazu SINNOTT, Personification, 120 mit einem Überblick zu den Deutungen und einer Diskussion des griechischen Textes.
21 BROCKMÖLLER, a.a.O., 60f will diese kunstvolle Struktur nicht nur im Gebrauch der Buchstaben Aleph und Lamed nachweisen, sondern auch an dem des Buchstabens Taw. Die graphische Darstellung der Buchstaben (a.a.O., 60), lässt jedoch gerade in der Verwendung des Taw keine vergleichbare sinnvolle Struktur erkennen, wie sie bei Aleph und Lamed gegeben ist.
22 Vgl. MAIER, Fremde Frau, 86, deren Ergebnisse in der Folge aufgegriffen werden.

Die Partikel כי wird oftmals als emphatisches כי interpretiert und entsprechend übersetzt („ja, wenn du nach...").[23] Anneli Aejmelaeus hat in einer Untersuchung zur Partikel im biblischen Hebräisch berechtigte Zweifel an einer solchen Verwendung vorgebracht und dafür votiert, כי analog zu einem ו zu sehen: „Just as ו is used in narration as a universal connective to introduce clauses, כי appears in argumentative types of texts as a kind of argumentative coordinator."[24] Man kann diese Verwendung noch näher spezifizieren, wenn man die Belege betrachtet, in denen ein einleitendes כי mit einem אם kombiniert ist. So findet sich die Funktion als „argumentative coordinator" in Ex 8,17; 9,2; 10,4; 23,22; Lev 21,2; Dtn 11,22 u.ö. Der Gebrauch der Partikel in Prov 2,3 in Verbindung mit אם erklärt sich somit aus dem argumentativen Stil des Kapitels und hebt diesen auf sprachlicher Ebene nochmals hervor (s. dazu unten Kap. 2.3).[25]

Die beiden Sinneinheiten V. 5–8 und V. 9–11 werden jeweils durch die Konstruktion אז תבין eingeleitet,[26] wobei V. 6–8 und V. 10–11 die im einleitenden Satz gemachten Aussagen näher begründen. V. 8a ist, wie schon V. 2a, durch einen Infinitiv untergeordnet. Betrachtet man die verwendeten Begriffe, so fällt auf, dass in V. 1–11 weisheitliche Termini dominieren. Der ganze erste Teil wird von Substantiven des Wortfeldes ‚Weisheit' durchzogen. Es finden sich Zentralbegriffe wie חכמה (V. 2a.6a.10a), תבונה (V. 2b.3b.6b.11b), דעת (V. 5b.6b.10b), מזמה (V. 11a) sowie die Wurzel בין (Nomen בינה in V. 3a; Verb in 5a).[27] Damit werden aus dem Wortfeld ‚Weisheit' Begriffe genannt, die in einem spezifischen Verhältnis zueinander stehen.[28]

Die Wurzel חכם steht oftmals parallel zu בין und ידע (vgl. Dtn 32,39; Hi 32,9; Hos 14,10; Jer 9,11), häufig findet sich auch eine Kombination der Nomen חכמה, דעת und תבונה.[29] Michael Fox hat das Bedeutungsspektrum näher untersucht und die Begriffe wie folgt inhaltlich abgegrenzt:[30] Er unterscheidet zwischen dem „Expertenwissen", das beispielsweise auch der Handwerker haben kann, dem pragmatischen Aspekt des Denkens, der auf bestimmte

---

23 Vgl. DELITZSCH, Spruchbuch, 61; GEMSER, a.a.O., 22; PLÖGER, Sprüche, 22; MEIN-HOLD, a.a.O., 62; MÜLLER, a.a.O., 52.

24 AEJMELAEUS, Function, 205.

25 Dies unterscheidet zugleich das כי in V. 3 von dem כי zu Beginn von V. 6.

26 Vgl. zur gliedernden Funktion dessen PLÖGER, a.a.O., 24.

27 Vgl. dazu auch den Überblick bei MAIER, a.a.O., 88 (Tabelle 2), die jedoch zum Teil recht unpräzise Wortfelder zusammenfasst. So lassen sich die Verben לקח (V. 1a),צפן (V. 1b),קשׁב hif. (V. 2a) und נטה (V. 2b) nicht gleichermaßen unter das Wortfeld „bewahren/schützen" subsummieren.

28 So bereits DELITZSCH, a.a.O., 61.

29 Vgl. MÜLLER, Art. חכם, 928; RINGGREN, Art. בין, 623 und FOX, a.a.O., 37.

30 Vgl. dazu FOX, a.a.O., 32–34.37f und DERS., Words for Wisdom, 149–169. Zum Ganzen siehe auch die nach wie vor erhellende Begriffsdefinition von TOY, a.a.O., 32f.

Handlungen bezogen ist und dem konzeptionellen Denken, das auf eine intellektuelle Einsicht abzielt. Ersteres verbindet er mit dem Begriff חכמה. Dieser bringt, so Fox, zum Ausdruck, „that one may be an ‚expert' in right living and good character".[31] Fox blendet dabei jedoch den theologischen Gehalt des Begriffes aus, der diesem (mindestens in späterer Zeit) zukommt und der auch in den Proverbien seinen Niederschlag gefunden hat.[32] Demgegenüber steht תבונה für den pragmatischen Aspekt. Das Wort zielt auf eine Handlung ab und „bezeichnet oft Geschicklichkeit im Beruf".[33] Im Gegensatz zu בינה kann es auch auf Gott bezogen sein (so in Prov 4,19; Jer 10,12; 51,15; Ps 136,5). Das Wort leitet sich, wie auch בינה, von der Wurzel בין ab, die zunächst „Acht geben, bemerken" bedeutet und oft mit Ausdrücken für „hören" und „sehen" verbunden ist.[34] Während תבונה zumeist in der Weisheitsliteratur zu finden ist, wird das von der gleichen Wurzel abzuleitende Wort בינה vielfach auch außerhalb der Weisheitsliteratur verwendet. Es bezeichnet die „Einsicht" oder auch den „Verstand" und kann in 1 Chr 12,33 auf Zeichendeuter und Astrologen bezogen werden, während es in Dtn 4,6 mit dem Gesetz verbunden ist, das Israels „Weisheit und Einsicht" ist.[35] Der Akzent liegt dabei auf der rationalen Erfassung des Gegenstandes und auf der menschlichen Einsicht. In Jes 27,11 werden die Einwohner der heidnischen Stadt als „unverständig" bezeichnet, so dass hier בינה mit „Verstand" und תבונה mit „Einsicht" wiederzugeben ist.[36]

Dies bedeutet, dass bereits in den Versen 1 und 2 drei Zentralbegriffe weisheitlichen Denkens verwendet werden, die ein Spektrum benennen, das sowohl das Expertenwissen als auch den praktischen und theoretischen Aspekt des Wissens abdeckt. Wie sich der Weisheitsschüler dieses Spektrum zu eigen machen kann, wird in der Protasis (V. 1–4) auf charakteristische Art und Weise ausgeführt.

(1) Mein Sohn, wenn du meine Worte annimmst
und meine Gebote bei dir aufbewahrst,

(2) indem du dein Ohr auf die Weisheit ausrichtest
und dein Herz der Einsicht zuneigst.

Das Aufbewahren/Verwahren der Gebote geschieht mit dem Herzen, das Annehmen der Worte mit dem Ohr. V. 1a und 2a sowie V. 1b und 2b entsprechen einander und betonen zwei Aspekte des Lernens: einen äußeren, der die Aufnahme der Weisheitsrede beschreibt, und einen

---

31 Fox, a.a.O., 33.
32 Vgl. z.B. Prov 3,19f; 8; dazu Schipper, Wissen, 503f. Zum Ganzen Müller, Art. חכם, 941f und zum Ansatz von Michael Fox Abschnitt 3.3.1 dieser Arbeit.
33 Ringgren, a.a.O., 628.
34 Vgl. Ringgren, a.a.O., 621f.
35 Vgl. Ringgren, a.a.O., 627 und zu Dtn 4,6 Kap. 3.1 dieser Arbeit.
36 Vgl. dazu Ringgren, a.a.O., 627f und zu Jes 27,11 Beuken, Jesaja, 407f.

inneren, der dessen Verinnerlichung zum Ausdruck bringt.[37] Die Verse
3–4 setzen den Gedankengang fort, indem nun das Streben nach Weisheit betont wird. Es ist genau die Handlung, die sich aus dem Hören
der Rede (1a.2a) und deren Verinnerlichung (1b.2b) ergibt: das aktive
Rufen (קרא, 3a), das Erheben der Stimme (נתן, 3b), das Suchen (בקש pi.,
4a) und Forschen (חפש, 4b). Bereits die Abfolge der Verben verweist
nicht nur auf einen Parallelismus der Bikola, sondern eine Steigerung
im Wortlaut: Erst wird gerufen und die Stimme erhoben, dann gesucht
und geforscht. Während die Verben in V. 1–3 gleichsam den Weisheitsschüler in einer sitzenden Position beschreiben – er hört die Worte,
nimmt sie an – wird dieser nun selbst aktiv. Aus dem Hören und der
Verinnerlichung der Worte folgt nicht nur das Rufen, sondern auch das
aktive Sich-auf-den-Weg-Machen, mithin das Durchbrechen der rezep-
tiven, statischen Haltung.[38] V. 4 bringt mit der Benennung des Objektes
der Suche den besonderen Wert zum Ausdruck. Das Suchen (בקש pi.)
ist hier nicht im Sinne der Suche nach dem fertigen Metall bzw. Zah-
lungsmittel zu verstehen, sondern mit dem mühevollen Schürfen nach
dem Rohstoff selbst.[39] Dieser Rohstoff wird entsprechend des Parallelismus von V. 4b als „verborgener Schatz" (מטמון) bezeichnet.[40] Beides
verweist darauf, dass hier ein bewusstes zielgerichtetes Tun intendiert
ist, das viel Mühe bereitet.[41] Die Protasis (V. 1–4) entfaltet somit einen
ersten Gedankengang, der in kunstvollen Parallelismen und Wortver-
schränkungen ausgestaltet ist und der eine eigene Dynamik enthält –
vom Hören zum mühevollen und zeitaufwendigen Tun.[42]

Die beiden Apodoseis in V. 5–8 und 9–11 führen diesen Gedankengang fort, indem sie nun konkret beschreiben, was zuvor im Bild des
„Schatzes" nur metaphorisch angeklungen ist: Es geht um das Verstehen (בין) von JHWH-Furcht (V. 5) und Gerechtigkeit (צדק, V. 9). Betrachtet man zunächst die erste Apodosis (V. 5–8), so fällt auf, dass die in der

---

37 Vgl. dazu SCHÄFER, a.a.O., 54f mit einer überzeugenden Analyse der Verse. S. auch
    FUHS, a.a.O., 60, der den Aspekt der „ganzheitliche[n] Ausgerichtetheit" hervorhebt.

38 WALTKE, a.a.O., 219 möchte hier im Anschluss an Plöger eine ‚feminine' Perspektive
    („passive acceptance of wisdom in the ear and heart") von einer eher ‚maskulinen'
    Perspektive („aggressive activity of calling out for it and searching for it") unter-
    scheiden. Ob eine solche Unterscheidung sinnvoll ist, sie jedoch dahingestellt.

39 Vgl. WAGNER, Art. בקש, 755 und WILDEBOER, Sprüche, 25, der aufgrund des Paralle-
    lismus an den Schatzsucher denkt (Jer 41), was im Gesamtgefüge von Prov 2 sach-
    lich richtig ist. Vgl. auch PLÖGER, a.a.O., 25 und FUHS, a.a.O., 60.

40 Vgl. zur Bedeutung von מטמון Gen 43,23; Hi 3,21; Jes 45,3 und Jer 41,8.

41 WILDEBOER, a.a.O., 25 spricht von „der dauernde[n], eifrige[n] Bemühung".

42 Vgl. dazu auch OVERLAND, a.a.O., 124; PERDUE, a.a.O., 88 und ROY YODER, Proverbs,
    24 mit Verweis auf Hi 28,3f.9–11.

Protasis genannte Weisheitsterminologie wieder aufgegriffen, nun aber explizit JHWH zugeordnet wird. Die drei Begriffe חכמה, תבונה und דעת, von denen die ersten beiden bereits in V. 2a bzw. 2b.3b genannt wurden, stehen in einem mit כי eingeleiteten Kausalsatz. Die Bildung, die der Weisheitsschüler erstreben soll, rührt letztlich von JHWH her. Er ist derjenige, der Weisheit gibt, so wie auch andere Güter, sei es Herrlichkeit (Ps 84,12), Ehre (Gen 34,35) oder Stärke und Macht (Dtn 8,18; Ps 29,11).[43] Die Aussage wird durch die Voranstellung des Subjekts (JHWH) zu Beginn von V. 6 besonders betont.[44] Diese gleichsam theologische Determinierung weisheitlicher Zentralbegriffe wird durch die Unterordnung von V. 6 unter V. 5 auf syntaktischer Ebene zusätzlich akzentuiert. So liegt der Schwerpunkt auf dem Verstehen (erneut die Wurzel בין, vgl. das Substantiv in V. 3), das jedoch als Verstehen von JHWH-Furcht und Gotteserkenntnis spezifiziert ist. Der theologische Zentralbegriff יראת יהוה wird hier im Parallelismus durch die Konstruktion דעת אלהים ergänzt, wobei sich auch das neutralere אלהים auf JHWH bezieht.[45]

Die Frage, was דעת אלהים genau bezeichnet, ist nicht leicht zu beantworten. Wenn man zunächst von dem Wort דעת und seiner Verwendung ausgeht, so fällt auf, dass dieses in der alttestamentlichen Weisheit oftmals analog zu חכמה verwendet wird. Gleichwohl ist dieses nicht synonym zu sehen. דעת bezeichnet das Wissen und kommt hinsichtlich seiner Verwendung einer Art Überbegriff gleich.[46] H.W. Wolff hat sich in seinem bekannten Aufsatz „'Wissen um Gott' bei Hosea als Urform von Theologie" dafür ausgesprochen, die Wendung im priesterlichen Dienst zu verorten. Sie bezeichne „die priesterliche Aufgabe der Pflege und Übermittlung eines bestimmten lernbaren und auch vergeßbaren Wissens um Gott".[47] R.G. Kratz hat demgegenüber gezeigt, dass sich ein „Fortschritt der Gotteserkenntnis" zeigt, an dessen Ende die „Erkenntnis des schriftgelehrten Weisen" steht.[48] Der theologischen Bestimmung des Begriffes steht der Versuch von J.L. Mc Kenzie gegenüber, דעת אלהים eher allgemein als Kenntnis und Ausübung

---

43 Vgl. PLÖGER, a.a.O., 25. JHWH als der Geber von Weisheit wird in 1 Kön 3,9 erwähnt, wo vom „hörenden Herz" (לב שמע) die Rede ist. Vgl. auch Hi 35,11; 38,36. Inwiefern dies eine späte Vorstellung ist (MÜLLER, Proverbien, 64, Anm. 7), muss im Kap. 3 geklärt werden.
44 Ein vorangestelltes Subjekt findet sich auch in V. 9; vgl. MAIER, a.a.O., 86 mit Anm. 3.
45 So auch WALTKE, a.a.O., 223. Dies hat Konsequenzen für die Interpretation von V. 17.
46 FOX, a.a.O., 31 bezeichnet es als „the broadest of the wisdom words". Vgl. auch BOTTERWECK, Art. ידע, 496.
47 WOLFF, Wissen, 205; für Prov 2 aufgegriffen von FUHS, a.a.O., 60.
48 KRATZ, Erkenntnis, 304.309.

der traditionellen Moral zu verstehen.[49] Der Parallelismus in V. 5 zwischen
der JHWH-Furcht und דעת אלהים legt jedoch eher eine theologische als eine
rein ethische Bedeutung nahe. Insofern wird der Ausdruck in Prov 2,5 mit
„Erkenntnis Gottes" übersetzt.[50]

In Prov 2,5 dient die Parallelität von JHWH-Furcht und דעת אלהים zweierlei. Zum einen betont der Parallelismus, dass beide Größen auf
JHWH bezogen sind, zum anderen wird durch V. 5 auch das Wort דעת
in V. 6 näher bestimmt. Die דעת erscheint gleichsam ‚religiös eingefärbt'; Weisheit, Wissen („Erkenntnis") und Einsicht kommen aus dem
Mund JHWHs.[51]

Dieser Gedanke wird in V. 7 und 8 näher ausgeführt und mit einem
neuen Wortfeld verbunden: der Wegterminologie. Betrachtet man die
Begrifflichkeit des Kapitels insgesamt, so fällt auf, dass dieses zwei
große Wortfelder enthält: ‚Weisheit' und ‚Weg'.[52] Während ersteres den
ersten Teil (V. 1–11) dominiert, bestimmt letzteres den zweiten Teil (V.
12–22). Interessant ist, dass im ganzen zweiten Teil von Prov 2 kein
einziger weisheitlicher Begriff begegnet[53] und umgekehrt in den V. 1–6
keine Wegterminologie. V. 7f und die zweite Apodosis in V. 9–11 haben
innerhalb des Gesamtgefüges von 2,1–22 eine Art Scharnierfunktion,
indem sie die Wegmetaphorik einführen und (in einem zweiten Schritt)
mit der Weisheitsterminologie verbinden:

Weg/gehen	Weisheit	
		7a
הלך		7b
ארחות		8a
דרך		8b
	בין	9a
מעגל		9b
בוא	חכמה	10a
	דעת	10b
	מזמה	11a
	תבונה	11b

---

49   Vgl. dazu das Referat der Positionen bei BOTTERWECK, a.a.O., 509 und ROY YODER,
     a.a.O., 26.
50   Vgl. dazu auch Textanmerkung 5a in Kap. 2.1.
51   So bereits STRACK, Sprüche, 315f. Vgl. auch FUHS, a.a.O., 60 und dazu unten Kap.
     3.3.1.
52   Vgl. MAIER, a.a.O., 88f; FUHS, a.a.O., 62 und CLIFFORD, a.a.O., 45f.
53   Allein in V. 16a werden die אמרים von V. 1 erwähnt.

Bei den verwendeten Begriffen aus dem Wortfeld ‚Weg/gehen' fällt auf, dass analog zum Wortfeld ‚Weisheit' zentrale Termini verwendet werden. So wird mit dem Begriff דרך das „zentrale Weg-Lexem" des Alten Testaments gebraucht, das eine dementsprechend breite Bedeutung hat.[54] Im Vordergrund steht die Bedeutung als „Lebenswandel", wobei in der Mehrzahl der Fälle der Akzent auf der negativen Bedeutung liegt. Es geht um bestimmte Verhaltensweisen, die als falsch ausgewiesen und dementsprechend kritisiert werden.[55]

Dieser Aspekt wird durch die in Prov 2 verwendeten Begriffe ארח und מעגל näher illustriert. Das Wort ארח „Pfad", das in Prov 2,8 als Pfade des Rechts (ארחות משפט) näher bestimmt wird, ist das zweithäufigste Weg-Lexem im Alten Testament und vielfach in weisheitlicher Sprache belegt.[56] Es bildet ein poetisches Synonym zu דרך. Relativ selten damit verbunden ist das Wort „Bahn/Gleis" (מעגל). Es wird in Prov 2 zweimal gebraucht (V. 15.18) bei nur 13 Belegen im ganzen Alten Testament.[57] In Ps 65,12 wird es im Sinne von „Spur" verwendet und in Ps 17,5 im Sinne des von Gott gebotenen Lebenswandels: „Meine Schritte hielten fest an deinen Bahnen".[58] Alle drei Begriffe sind somit auf das Thema des Lebenswandels bezogen, was für Prov 2,1–11 bedeutet, dass dort in V. 7–9 bereits auf der semantischen Ebene das Thema des zweiten Teils angebahnt wird. Auf der inhaltlichen Ebene wird dies mit dem Thema des „rechten Tuns" entfaltet. Dieses hat in V. 12–22 eine zentrale Funktion, begegnet jedoch innerhalb von V. 1–11 nur in den genannten drei Versen (V. 7–9). De facto werden hier zwei Ebenen miteinander verbunden: JHWHs Lebensordnungen und das rechte Verhalten des Menschen.[59]

Die genannten Bezüge verdeutlichen, dass die bislang untersuchten Abschnitte des ersten Teils der Lehrrede von Kapitel 2 nicht nur eng miteinander verknüpft sind, sondern auch auf den zweiten Teil vorausgreifen. Für die erste Apodosis in V. 5–8 bedeutet diese doppelte Vernetzung (einerseits zu V. 9–11, andererseits zu V. 12–22), dass die Verse nicht aus dem Kontext herausgelöst werden sollten, wie es oftmals getan wurde. Vielmehr wird man die von William McKane u.a. ge-

---

54 Vgl. dazu den Überblick bei ZEHNDER, Wegmetaphorik, 294–296.

55 Vgl. ZEHNDER, a.a.O., 328.

56 Vgl. ZEHNDER, a.a.O., 385. Weisheitliche Belege sind z.B. Hi 13,27; 22,15; 33,11; 34,11; Prov 2,15.20; 4,14; 9,15; 22,25.

57 Vgl. ZEHNDER, a.a.O., 413.

58 Im gleichen Sinne wird das Wort in Ps 23,3 verwendet, wo es Ausdruck der schicksalhaften Lebensführung ist; vgl. dazu ZEHNDER, a.a.O., 417 (Nr. 430).

59 Vgl. FUHS, a.a.O., 62.

nannten Beobachtungen anders deuten müssen. McKane hielt die Verse
für eine am Text orientierte „reinterpretierende" Passage.[60] Er argumentierte dabei mit zwei Ebenen, die im Text zu finden sind, eine mit
Weisheitsvokabular („vocabulary of old wisdom") und eine mit religiös
geprägter, „jahwistischer" Sprache, welche die Terminologie der älteren Weisheit reinterpretiert.[61] Gerade dies könnte jedoch auch auf den
Stil des Autors von Prov 2 zurückgehen und von diesem bewusst intendiert sein.[62] Insofern wird man eher fragen müssen, inwiefern der
Verfasser der Weisheitslehre eine Reinterpretation ganz unterschiedlicher Traditionen bietet und sich hier letztlich ein literarisches Verfahren findet, das als solches nicht literarkritisch ausgewertet werden
kann, sondern mit der Methode der textuellen Kohärenz zu interpretieren ist.[63]

Die Verse 7f führen inhaltlich die Spezifizierung JHWHs als desje-
nigen, auf den alle Weisheit zurückgeht, fort, indem sie Themen anzitieren, die in den folgenden Abschnitten entfaltet werden. Dieser pros-
pektive Charakter wird in der Terminologie greifbar. Die Formel in V.
7a, dass JHWH für den Geradlinigen Umsicht „aufbewahrt" (צפן qal),[64]
ist so zu verstehen, dass JHWH Umsicht für ihn aufhebt – und zwar im
Sinne von צפן qal „verwahren" wie ein verborgenes Gut, das für eine
bestimmte Zeit versteckt wird und damit unzugänglich ist.[65] Auf der
semantischen Ebene wird hier an die Schatzmetaphorik von V. 4 angeknüpft und der Gedankengang von V. 1–4 sinnvoll weitergeführt.[66]
Dabei werden mit den Begriffen ישר und תם zwei weisheitliche Kategorien genannt. Die Wortgruppe תמם bezeichnet „das Richtige, Gutartige,
Gerade, Rechte, wie dies in einer einmaligen Handlung oder in der
gesamten Lebensführung seinen Ausdruck findet."[67] Zumeist werden
damit besonders vorbildliche Menschen charakterisiert, so z.B. Noah

---

60 So MCKANE, Proverbs, 280 in seiner Auseinandersetzung mit Whybrays Literarkri-
    tik; aufgenommen beiSCHÄFER, Poesie, 67; vgl. auch MAIER, Fremde Frau, 91.
61 Vgl. zu diesem Versuch die detaillierte Kritik von WILSON, Sacred, 320–326.
62 Vgl. MCKANE, a.a.O., 281 und PLÖGER, Sprüche, 25 der von einem „Konvergieren
    zweier Betrachtungsweisen" spricht; ähnlich CLIFFORD, Proverbs, 46.
63 Vgl. dazu unten Kap. 2.3.
64 Vgl. Prov 30,5, dazu MAIER, a.a.O., 106.
65 Vgl. zu dieser Bedeutung von צפן qal im Sinne von „verbergen, verstecken" Jos 2,4;
    Hi 14,13; 20,26 (im negativen Sinne, dass Feuer aufbewahrt ist); Ps 27,5 (das Bergen
    durch Gott) u.ö. Vgl. auch FOX, a.a.O., 114.
66 Vgl. zum Zentralbegriff der „Getreuen" (חסידים) unten Kap. 3.
67 KEDAR-KOPFSTEIN, Art. תמם, 696. Vgl. auch TROPPER, Tmym, 297f für synonyme
    Wendungen.

oder in den Psalmen der Typos des Gerechten.[68] Demgegenüber hat die Wurzel ישר eine breitere Bedeutung und bezieht sich auf das Benehmen des Menschen, das als redlich oder auch aufrecht charakterisiert werden kann.[69] Verbal gebraucht bezeichnet die Wurzel das „richtige, redliche, aufrechte, nicht verschlagene und nicht irrende Benehmen" (vgl. Prov 21,8).[70] Beide Begriffe werden auch in Verbindung mit dem „Getreuen" (חסיד, pl. חסידים) verwendet. In Ps 18,26 wird das Wort parallel zum תמים erwähnt und in Mi 7,2 parallel zu ישר.[71] Dabei lässt der Kontext keinen Zweifel daran, dass hier nicht an eine rein ethische Kategorie gedacht ist, sondern an ein Verhalten JHWH gegenüber, das in einer besonderen Beziehung begründet ist.[72]

Die zweite Apodosis (V. 9–11) enthält auf den ersten Blick nicht die theologische Zuspitzung, die in V. 5–8 geradezu hymnisch entfaltet wird.[73] Es finden sich zunächst die bereits genannten weisheitlichen Termini, die auf sprachlicher Ebene an V. 1–4 anknüpfen. Durch das summarische Asyndeton in V. 9b כל מעגל טוב „jede gute Bahn"[74] werden die drei Begriffe in V. 9a (תבין צדק ומשפט) auf die richtige Lebenspraxis bezogen. Liest man den Abschnitt V. 9–11 für sich allein und ohne den Anlauf von V. 1–8, so erscheint dieser gleichsam profan und nicht-theologisch geprägt. Im Gesamtduktus des ersten Teils wird jedoch deutlich, dass eine solche Unterscheidung – hier der theologische Aspekt, dort der nicht-theologische – am Text vorbeigeht; V. 9a (אז תבין צדק ומשפט) ist durch V. 5a bestimmt (אז תבין יראת יהוה).[75] Die Parallelität der beiden Apodoseis reicht bis in die Struktur, konkret die einleitende Phrase אז תבין hinein. Die Frage ist jedoch, ob hier womöglich ein weiteres Charakteristikum für die Arbeitsweise des Autors greifbar wird.[76] Inwiefern werden im Text durch syntaktisch parallele Strukturen unterschiedliche Sichtweisen miteinander verbunden? Im vorliegenden Fall, bei den Versen 5 und 9, scheint dies so weit zu gehen, dass die

---

68 Vgl. Gen 6,9; Ps 15,2; 84,12; 101,2.6; 119,1 und GRUND, Himmel, 268f.

69 Vgl. MAYER/SCHÖKEL/RINGGREN, Art. ישר, 1062.

70 A.a.O., 1062.

71 Vgl. dazu RINGGREN, Art. הסיד, 85.

72 Auf diesen Aspekt wird im Rahmen der traditionsgeschichtlichen Untersuchung noch genauer einzugehen sein; vgl. unten Kap. 3.2.1 und zu den חסידים auch Kap. 5.3.3.

73 Vgl. FUHS, a.a.O., 61 und PERDUE, Proverbs, 90.

74 Vgl. FOX, a.a.O., 115 und DELITZSCH, a.a.O., 63.

75 Vgl. LANG, Lehrrede, 78f, der „diese Nebeneinander von religiöser und nicht-religiöser Ausdrucksweise" als „charakteristisch für die Lehrreden" bezeichnet.

76 Zu dem bereits genannten ersten Charakteristikum, der ‚Reinterpretation', s. oben Kap. 1 mit Anm. 22.

eine Sichtweise die andere näher bestimmt. Der nicht-theologische Aspekt der Bildung, das Gelingen des Lebens und die weisheitlichem Denken entsprechende Lebenspraxis werden durch die theologische Determinierung der Weisheit näher bestimmt. Der Autor tut dies, ohne dem Abschnitt V. 9–11 ein explizit theologisches Gepräge zu geben – es reicht die Parallelität der syntaktischen Konstruktion, um die beabsichtigte Wirkung zu erzielen. Insgesamt zeigt sich ein literarisches Verfahren, bei dem unterschiedliche Aspekte nebeneinandergestellt werden, jedoch durch die dem Text übergeordnete syntaktische (und argumentative) Struktur eine Art Hierarchie der Themen erzielt wird, bei der auch allgemeine ethische Aussagen gleichsam theologisch eingefärbt werden.

Diese Determinierung weisheitlicher Lebenspraxis wird in V. 9–11 auch im Vokabular greifbar. V. 10 benennt mit חכמה und דעת zwei weisheitliche Zentralbegriffe, die als solche nicht theologisch aufgeladen sind.[77] Vor dem Hintergrund von V. 6, wo beide explizit als Gabe JHWHs bezeichnet werden (mit dem Verb נתן konstruiert),[78] erscheinen diese jedoch nun in einem religiösen Licht.[79] Die Wendung, dass Weisheit „in dein Herz kommt" (Verb בוא), knüpft an die Aussage von V. 2 an, nach der das Herz sich der Einsicht zuneigen soll. Die Bewegung im Agieren des Weisheitsschülers, erst das Hören, dann das Verinnerlichen, dann das aktive Suchen, hat hier ein erstes Ziel gefunden. Dies bedeutet zugleich, dass חכמה und דעת, wie Rolf Schäfer treffend formulierte, „zugleich zur ‚guten' Lebenspraxis *und* zu persönlicher Frömmigkeit" führen.[80] Durch die Formulierung in V. 10b ודעת לנפשך ינעם („und Wissen wird deinem Verlangen lieblich sein") wird eine Abfolge von Aussagen eröffnet, die den Nutzen der Weisheit für den Weisheitsschüler betonen. Der Akzent in V. 10b, 11a und 11b liegt dabei weniger auf den Nomina (דעת, מזמה und תבונה) als auf den damit verbundenen Verben: נעם qal wird innerhalb des AT nur acht Mal verwendet. Das Verb findet sich in der Liebespoesie,[81] hat jedoch auch eine königstheologische Bedeutung. Es wird in Ps 27,4 (dort als Substantiv) auf JHWH bezogen und bezeichnet in der Sprache der Psalmen die „Erfahrung der Freude und Schönheit".[82] Mit שמר in V. 11a und נצר in V. 11b finden sich zwei Verben, die mehrfach im weisheitlichen Kontext begegnen.

77　Vgl. dazu FOX, a.a.O., 31–34 (Nr. 2 + 4).
78　Zum Gedanken von JHWH als Geber der Weisheit s. Kap. 3.1.
79　Vgl. FUHS, a.a.O., 62.
80　SCHÄFER, a.a.O., 57 (Hervorhebung im Original).
81　Vgl. Hld 7,7–10a und KRONHOLM, Art. נעם, 502.
82　HARTENSTEIN, Angesicht, 103f (Zitat 104).

Beide bringen in der Regel die Pflicht des Weisheitsschüler zum Ausdruck, die Gebote zu bewahren (in seinem Herzen, נצר in Prov 3,1, vgl.
6,20, mit שמר in 4,4 und 4,21)[83] oder aber sein eigenes Verhalten zu bewahren (Prov 4,13). Interessant ist Prov 3,21, wo analog zu Prov 2,11
das Verb נצר mit dem Nomen מזמה verbunden ist:[84]

> (3,21) Mein Sohn, nicht sollen sie aus deinen Augen weichen,
> bewahre Gelingen und Verstand.

Mit dem Nomen מזמה wird ein Wort verwendet, welches das eigene
Denken des Menschen bezeichnet, gelegentlich auch dessen geheime
verborgene Gedanken.[85] Dementsprechend kann es negativ und positiv
verwendet werden, wobei innerhalb der Proverbien in Kap. 1–9 nur die
positive Bedeutung begegnet.[86]

Vor dem Hintergrund von Prov 3,21 wird die Intention von 2,11
deutlich. Das, was der Weisheitsschüler leisten soll, widerfährt ihm
selbst; Weisheit und Verstand bewahren ihn. Dieser Wechsel vom Subjekt des Handelns zum Objekt wird in allen drei Verben der Verse 10b–
11 ausgedrückt und greift die einleitenden Aussagen der Protasis auf.[87]
Das Verlangen des Weisheitsschülers, der auf die Weisheit hört und
sich von ihr in Bewegung setzen lässt, indem er wie nach einem verborgenen Schatz nach ihr sucht, wird in der Erkenntnis lieblich sein;
Besonnenheit wird ihn bewachen und Einsicht ihn behüten. Es wird
eine Art Kreislauf beschrieben, der jedoch eigene Akzente setzt.[88] Der
in Prov 2,1 entfaltete Gedankengang findet in V. 11 ein vorläufiges
Ende,[89] indem das, was der Weisheitsschüler als Subjekt tun soll, ihm
nun als Objekt widerfährt – er ist gleichsam am Ziel angelangt, nur
dass dieses bislang nicht näher konkretisiert wurde. Vor dem Hintergrund von V. 5–8 besteht kein Zweifel daran, dass letztlich JHWH derjenige ist, der behütet und bewacht. Dies wird wiederum durch die

---

83 Auffällig ist, dass נצר in V. 8 und 11 mit nicht assimiliertem Nun begegnet. Die
    Wurzel erscheint überwiegend in assimilierter Form (vgl. Dtn 32,10; 33,9; Ps 12,8;
    25,21; 32,7), so auch in Prov 3,1, nicht assimiliert hingegen in Prov 5,2; vgl. dazu
    auch DELITZSCH, a.a.O., 63 und 67.
84 Vgl. zur Übersetzung MEINHOLD, a.a.O., 82 mit Anm. 8.
85 Dazu FOX, a.a.O., 34.
86 Vgl. 2,11; 5,2; 8,12 gegenüber der negativen Bedeutung in 12,2; 14,17; 24,8. Die nega-
    tive Bedeutung findet sich auch vielfach im Psalter (z.B. Ps 10,2.4.; 21,12; 37,7) und
    im Sirachbuch (44,4). Vgl. auch Jes 23,20 und 51,11. Dazu PLÖGER, a.a.O., 26 und
    FUHS, a.a.O., 62.
87 Ein vergleichbarer Subjektwechsel (mit שמר gebildet) findet sich in Prov 4,6.
88 Vgl. dazu DELITZSCH, a.a.O., 61: „die Gedankenbewegung dreht sich nur scheinbar
    im Kreise".
89 Vgl. FUHS, a.a.O., 62.

Verben שמר und נצר ausgedrückt, die sowohl in V. 8 als auch in V. 11 begegnen.[90] JHWH behütet (V. 8) die „Pfade des Rechts" und bewahrt den „Weg seines Getreuen". Vor dem Hintergrund dieses Zusammenhangs erscheint nun auch der Weisheitsschüler selbst als ein „Getreuer" (חסיד); die Verbindung von neutralen weisheitlichen Begriffen und theologischer Einfärbung hat hier ihr erstes Ziel gefunden.

Betrachtet man die Argumentation des ersten Teils der Lehrrede von Prov 2 insgesamt, so lässt sich ein dreifaches festhalten. (1) Anders als Teile der bisherigen Forschung dies sahen, erweisen sich die Verse 1–11 als einheitlich. Die Verse 5–8 lassen sich gerade nicht aus ihrem Kontext herauslösen, sondern sind kunstvoll mit diesem verknüpft. (2) Es dominieren im ersten Teil der Lehre weisheitliche Begriffe, allerdings werden diese durch den Bezug auf JHWH religiös eingefärbt. JHWH ist der Geber von Weisheit, so dass die Lehre, die hier durch den Weisheitslehrer vermittelt wird (V. 1), eine theologische Dimension erhält.[91] Dabei sind sowohl die Unterweisung des Weisheitslehrers, als auch das Lernen des Weisheitsschülers und die Bestimmung der Weisheit von JHWH her aufeinander bezogen.[92] (3) Dieser Gedankengang ist in 2,1–11 eindeutig positiv bestimmt. Es findet sich weder eine Antithese, noch eine negative Bestimmung des Nicht-Befolgens der Lehre. Gleichwohl weist die Wegterminologie bereits auf den negativen Aspekt und damit auf den zweiten Teil der Lehrrede hin.

2.2.3 Der zweite Teil (V. 12–22)

Der zweite Teil der Lehrrede von Prov 2 ist syntaktisch eng mit V. 1–11 verbunden. V. 10f regiert die beiden Infinitive להצילך in V. 12a und V. 16a.[93] Diese markieren wiederum zwei Textabschnitte, die in formaler Hinsicht ähnlich strukturiert sind, sich jedoch vom Vorangehenden unterscheiden. Sowohl V. 12b–15 als auch V. 16b–18 stellen Beschreibungen dar, die syntaktisch durch eine Häufung von Nominalsätzen charakterisiert sind. Beide sind durch ein Partizip der Wurzel עזב („ver-

---

90   Vgl. OVERLAND, Structure, 74.
91   Vgl. CLIFFORD, Proverbs, 47, der in Bezug auf den Gedankengang in V. 1–11 betont: "These verses hold in perfect balance divine initiative and human activity".
92   Vgl. FOX, Pedagogy, 242; ihm folgend CLIFFORD, a.a.O., 46. Vgl. auch ROY YODER, Proverbs, 27 und PERDUE, Proverbs, 89, der jedoch den Aspekt der ‚göttlichen Gnade' („divine grace") etwas zu sehr in den Vordergrund stellt.
93   Vgl. DELITZSCH, a.a.O., 64; WILDEBOER, a.a.O., 5; PLÖGER, a.a.O., 26; FUHS, a.a.O., 63 und OVERLAND, a.a.O., 102f.

lassen") in V. 13 und V. 17 aufeinander bezogen. Damit wird ein Wort verwendet, das für die kontextuelle Einordnung von Prov 2 von hoher Bedeutung ist.[94] Gemeinsamkeiten hinsichtlich der Struktur liegen ferner in dem מאיש von V. 12b und dem מאשה von V. 16a sowie dem jeweiligen Agieren vor. Sowohl der Mann von V. 12b als auch die Frau von V. 16a „reden". In V. 12b ist dies durch das Verb דבר ausgedrückt, in V. 16a durch das Substantiv אמריה. Es geht nicht um Handlungen im eigentlichen Sinn, vielmehr wird mit dem Wortfeld „reden" an die אמרים von V. 1 angeknüpft. Der Rede des Weisheitslehrers und ihrem Nutzen, die im ersten Teil (V. 1–11) ausführlich beschrieben wurden, wird nun das Reden des Mannes in V. 12–15 bzw. das der Frau in V. 16–18 gegenübergestellt.[95] Dass dieses Reden schädlich ist, wird allein schon am einleitenden להצילך deutlich. נצל hif. bezeichnet nicht etwa eine drohende Gefahr, sondern einen konkreten Zustand, „aus dem heraus oder von dem weg etwas genommen wird".[96] Die Wurzel selbst kennzeichnet ursprünglich einen Trennungsvorgang, bei dem etwas „herausgenommen" bzw. aus dem „herausgerissen" wird.[97] Die Zustände, aus denen dieses „Entreißen" erfolgt, können Situationen sein, in denen ein Entrinnen noch möglich ist (Ri 8,34; 1 Sam 12,10f u.ö.) oder Situationen, die dies gerade ausschließen. So findet sich das Verb im Sinne des „Rettens aus" der Gewalt von Feinden (Ri 8,34; 1 Sam 12,10f) und der Bedrängnis (1 Sam 26,24; Ps 54,9) oder aber des „Bewahrens vor" dem Tod (Jos 2,13; Ps 31,19; Prov 10,2; 11,4), der Scheol (Ps 86,3; Prov 23,14) oder dem Schwert (Ex 18,4; Ps 22,21).[98] Damit kann zunächst festgehalten werden, dass die Verwendung von נצל hif. in Prov 2,12.16 eine Situation im Sinne eines Zustandes beschreibt, aus dem errettet bzw. vor dem bewahrt wird. Dazu passt die Partizipialkonstruktion in V. 12b (מדבר). Es geht nicht um eine spontan erscheinende Gefahr, sondern um einen andauernden und gerade dadurch so gefährlichen Zustand. Die Frage ist jedoch, ob in V. 12–15 und V. 16–19 eine Situation beschrieben wird, aus der ein Entrinnen noch möglich ist, oder ein Zustand, der dem Tod oder der Scheol vergleichbar ist und aus dem es dann kein Entrinnen mehr gibt. Betrachtet man den Gebrauch von נצל hif., so verweist dieser eher auf letzteres. Denn die

---

94 Vgl. dazu WALTKE, a.a.O., 229 und Abschnitt 3.1 dieser Arbeit mit einer ausführlichen Untersuchung des traditionsgeschichtlichen Hintergrundes.

95 So bereits FRANKENBERG, Sprüche, 27; vgl. auch FOX, Proverbs, 117–119.

96 HOSSFELD/KALTHOFF, Art. נצל, 572. Vgl. auch WALTKE, a.a.O., 228f und FOX, a.a.O., 116f.

97 Vgl. BERGMANN, Art. נצל, 96.

98 Vgl. HOSSFELD/KALTHOFF, a.a.O., 572.

Kombination zwischen dem Hifil und der Präposition מן ist im Sinne des „Herausreißens aus" zu verstehen und bezieht sich in der Regel auf eine existentielle Situation, aus der errettet wird (Ps 86,13; 91;3; 144,7; vgl. Ps 22,21; Ex 18,4).[99] Oftmals ist JHWH derjenige, der errettet (vgl. Dtn 23,15; Jer 1,19; Jes 31,5), jedoch kann auch ein Abstraktum als Subjekt von נצל hif. fungieren. In Prov 10,2 ist es die צדקה, die vor dem Tod errettet (so auch Prov 11,4). In Prov 2 werden die Infinitive von den Begriffen מזמה und תבונה in V. 11 regiert. Insofern kommt hier den weisheitlichen Begriffen eine Aufgabe zu, die sonst mit JHWH verbunden ist: das „Erretten aus" existentieller, dem Tod vergleichbarer Gefahr.[100]

Wenn man, bevor die beiden Abschnitte näher analysiert werden, zunächst die Terminologie des zweiten Teils (V. 12–22) betrachtet, so fällt auf, dass die beiden in V. 7–11 angerissenen Wortfelder „Weg/gehen" und „rechtes Tun" nun breit entfaltet werden. Die Wegmetaphorik findet sich in allen Abschnitten des zweiten Teils und ist mit insgesamt 17 Belegen gegenüber allen anderen Wortfeldern am stärksten vertreten.[101] Das Substantiv דרך „Weg" wird vier Mal verwendet (V. 7b.12a.13b.20a), das Wort ארחות „Pfade" fünf Mal (V. 8a.13a.15a.19a. 20b), das Wort מעגל „Bahn" drei Mal (V. 9b.15b.18b) sowie die Verben הלך „gehen" (V. 7b.13b.20a) und בוא „kommen" (V. 10a.19a) drei bzw. zwei Mal.[102] Allein an diesem statistischen Befund wird deutlich, dass das Reden des איש von V. 12 bzw. die Worte der אשה von V. 17 ein entsprechendes Agieren nach sich ziehen – auch hier führen die Worte, entsprechend des Argumentationsgangs des ersten Teils, zu Handlungen. War es dort ein sich Aufmachen, um die Weisheit zu suchen und damit eine Bewegung auf den zu, von dem die Weisheit kommt, JHWH, so wird in Teil 2 die genau entgegengesetzte Bewegung beschrieben: nicht zu JHWH hin, sondern von diesem weg. Es werden in der Folge mithilfe der Wegmetaphorik Handlungen benannt, die eindeutig negativ sind.

Dies wird bereits in V. 12 durch die Fortsetzung des einleitenden Infinitivs להצילך mit מדרך רע verdeutlicht. Das Wort רע erscheint in den folgenden Versen als ein Leitbegriff, so wie das Wortfeld „Gut-Böse" auf charakteristische Art und Weise mit der Wegterminologie verbun-

99   Vgl. BERGMANN, a.a.O., 96.

100   Vgl. FRANKENBERG, Sprüche, 27f.

101   Vgl. CLIFFORD, a.a.O., 45f.

102   Vgl. auch MAIER, Fremde Frau, 88f.

den wird.[103] Denn nachdem in V. 9b erstmalig von טוב die Rede war, findet sich in V. 12–15 und V. 18–20 eine ganze Reihe wertender Begriffe: רע in V. 12a.14a.14b, ferner die negativ konnotierten Substantive חשך (V. 13b), מות und רפאים (V. 18) und demgegenüber die positiv besetzten Termini חיים und טובים (V. 19b + V. 20a). Der Argumentationsgang der Weisheitslehre erhält mit dem zweiten Teil einen immer stärker dualistischen Zug. Dem Weisheitsschüler wird explizit das Fehlverhalten vor Augen geführt, nachdem der erste Teil geradezu werbend die Vorzüge der Weisheit herausgestellt hat. Damit verbunden ist ein drittes Wortfeld, das ebenfalls in V. 7f erstmals anklingt – das rechte Tun. In den Versen 7–22 findet sich eine ganze Reihe von Substantiven, die rechtes oder auch unrechtes Verhalten ausdrücken. So ist in V. 7a.9b und 21a von den ישרים die Rede (vgl. auch ישר in 13a), in V. 12b und 14b findet sich das Abstraktum תהפכת und in V. 9a und V. 20 der Begriff צדק bzw. die צדיקים. Alle drei Wortfelder werden in V. 12–15 miteinander verbunden. Die Verse weisen eine innere Struktur auf, die bereits an der Terminologie erkennbar ist – die leitende Thematik wird jeweils in unterschiedlichen Begriffen wiederholt: „Weg" (12a, 13b), „Pfad" (13a, 15a), „böse" (12a, 14a.b) und „Verkehrtheit" (תהפכות, 12b, 14b).[104] Alle vier Termini werden im Abschnitt V. 12–15 zweimal verwendet. Mit תהפכות wird ein weisheitlicher Begriff genannt, der im Proverbienbuch mehrfach begegnet (Prov 6,14; 8,13; 10,31f; 16,28–30; 23, 33). In allen Fällen ist an die verkehrte Rede gedacht bzw. auch an die Verkehrtheiten, die das Herz hervorbringt (6,14; 23,33).[105] Es ist somit hier eine falsche Grundhaltung intendiert, die das Denken und Reden bestimmt.[106]

Diese wird in V. 13 weiter ausgeführt, wenn vom Verlassen[107] der „geraden Pfade" (ארחות ישר) die Rede ist. Mit der Wurzel ישר wird ein bereits genannter weisheitlicher Zentralbegriff verwendet. Das Wort ist oft mit der Wegmetaphorik verbunden und kann von seiner Funktion als Prädikat den Typus des „ethisch ausgerichteten Menschen" bezeichnen.[108] Folgt man dem Gedankengang des Textes, so ist in V. 13

---

103 Vgl. dazu die Tabelle bei MAIER, a.a.O., 88 und zum Ganzen PERDUE, a.a.O., 91 sowie FUHS, a.a.O., 63, der betont, dass damit eine Art „Gegenordnung zur Anordnung JHWHs" entfaltet wird.

104 Vgl. WALTKE, a.a.O., 228.

105 Vgl. DELITZSCH, Spruchbuch, 63f; TOY, a.a.O., 42 und FOX, a.a.O., 117.

106 Vgl. auch WEEKS, Instruction, 198, der auf Dtn 32,20 hinweist, „where the ‚generation of perversity' is a reference to Israel's apostasy."

107 Vgl. zum Zentralbegriff עזב Kap. 3.1.1.

108 MAYER/SCHÖKEL/RINGGREN, a.a.O., 1065.

nun von Personen die Rede,[109] welche die geraden Pfade verlassen, um
auf den Wegen der Finsternis zu gehen. Wie für die Weisheitsliteratur
typisch, wird die Finsternis (חשך) in Antithese zur Weisheit gedacht.
Speziell im Hiobbuch erscheint die Finsternis gerne mit dem Schicksal
des Frevlers verknüpft (Hi 5,14; 15,22.23).[110] In Hi 19,8 und 29,3 ist dies
auf den Gerechten bezogen, der durch Finsternis wandelt oder auf
dessen Pfad (ארח Hi 19,8) Finsternis liegen kann. Zugleich ist חשך aber
auch ein poetisches Wort für das Totenreich.[111] Wiederum im Hiobbuch
finden sich einige Belege, die diese Bedeutung auch für weisheitliches
Denken bezeugen (vgl. Hi 15,30; 17,13). Insofern spricht einiges dafür,
dass mit בדרכי חשך in V. 13 bereits auf den Tod (מות) in der Passage
über die Frau, V. 17, angespielt wird. V. 12–15 entfalten somit einen
Gedankengang, der auf das Leben als Ganzes abzielt und einen Habitus beschreibt, welcher dem Ideal der Weisheit diametral entgegenge-
setzt ist.

Betrachtet man die Ausgestaltung dieses Gedankens genauer, so
fällt zunächst der allgemeine Charakter der Aussagen in V. 14f auf. Der
Weg des Bösen von V. 12 wird nicht weiter konkretisiert oder näher
beschrieben. Es geht vielmehr um eine Grundhaltung, die der Botschaft
des Weisheitslehrers gegenübergestellt wird. V. 14 greift das Abstraktum רע von V. 12 auf und verwendet es zweimal. Dem entsprechen
zwei Begriffe des Wortfeldes „sich freuen" in V. 14a (das Adjektiv שמח)
und V. 14b (das Verb גיל). In Prov 10,1; 15,20 (vgl. 17,21) ist es der kluge
Sohn, der dem Vater bzw. den Eltern (Prov 23,24f) Freude (שמח) bereitet, in 2,14 sind es hingegen die Toren, welche Lust am bösen Tun haben.

Prov 10,1:   Ein weiser Sohn erfreut (שמח) den Vater,
ein törichter Sohn ist der Kummer seiner Mutter.

Prov 17,21b: …nicht kann sich der Vater eines Toren freuen (שמח).

Diese „Lust am bösen Tun" wird durch das Verb גיל in V. 14b noch
verstärkt. Das Verb bezeichnet das Frohlocken bzw. Jauchzen. Es wird
sowohl in Bezug auf JHWH als auch im profanen Sinn verwendet.[112] In

---

109 Vgl. zum eigenartigen Plural in 13a (העזבים) Fox, a.a.O., 117 und Fuhs, a.a.O., 63.
110 Vgl. dazu Kap. 3.3.
111 Vgl. Ringgren, Art. חשך, 273 mit Verweis auf 1. Sam 2,9 sowie zum Belegspektrum
    Gesenius[18], 408 und HAL 347f.
112 Vgl. Hab 3,18; Jes 29,19; 41,16 (JHWH) oder auch Jes 16,10 (das Einbringen der Ernte)
    und Jes 9,2b (das Verteilen der Kriegsbeute); zum Belegspektrum Barth, Art. גיל,
    1015–1017.

Ps 97,1.8 bezieht es sich auf das Lob JHWHs und auf das göttliche Gesetz:[113]

> Zion hat es gehört und freute sich,
> und die Töchter Judas jauchzten
> wegen deiner Gesetze, JHWH.

In Ps 9,15 wird mit der Konstruktion der Jubel über JHWHs Hilfe zum Ausdruck gebracht (אגילה בישועתך, vgl. Ps 13,6; 89,17).[114] Prov 2,14b steht diesem Gedanken diametral gegenüber. Der Vers bringt, wie schon an der Wurzel שמח deutlich geworden, die Lust der Übeltäter zum Ausdruck, Böses zu tun. Auch hier ist wieder an einen Habitus gedacht, der gleichsam ‚Herz und Seele' umfasst.[115] Dies wiegt umso schwerer, da der Weg der Übeltäter in V. 15 als verdreht und abwegig bezeichnet wird. Die verwendete Terminologie ist wiederum weisheitlich geprägt. Das Adjektiv עקש in V. 15a bezeichnet in Prov 10,9, 28,6, den verdrehten Pfad (im Sinne des „verkehrten" Weges). Das Verb לוז in V. 15b findet sich in Prov 14,2 ebenfalls mit der Wegmetaphorik und bezeichnet in Prov 3,22 den „Verkehrten" als Gegenüber zum Geradlinigen. In beiden Fällen steht לוז im Kontrast zur Wurzel ישר.

Wenn man den Argumentationsgang in V. 12–15 in den Blick nimmt, so fällt auf, dass V. 14f die Kernaussage von V. 12f exemplifiziert. Im Grunde ist mit dem Verlassen der geraden Pfade und den Wegen der Finsternis in V. 13 bereits alles gesagt, jedoch ist es dem Verfasser der Weisheitslehre offenbar wichtig, diesen Gedanken nochmals aufzugreifen und zu verstärken. Dies geschieht durch das Thema der „Lust am Bösen", die letztlich – ohne dass dies in V. 14f explizit dargelegt wäre[116] – ins Verderben führt. Damit wird bereits das Thema der folgenden zwei Abschnitte vorweggenommen: der Weg ins Verderben, der denjenigen betrifft, der sich das falsche Verhalten im Sinne eines Habitus zu eigen macht.

Der zweite Finalsatz (V. 16–19) weist die gleiche formale Struktur auf wie der erste. Wiederum steht eine Infinitivkonstruktion am Anfang, auf die im zweiten Vers das Wort עזב folgt und die im dritten und vierten mit einer Beschreibung des Geschicks des Unrechttuers fortgeführt wird.[117] Wie V. 12–15 ist auch der Abschnitt über die אשה durch die Wegmetaphorik geprägt, die durch das Wortfeld „Gut-Böse" näher

---

113 Vgl. MÜLLER, Jahwe, 86.
114 Vgl. GESENIUS[18], 213 und HAL 182 mit weiteren Belegen.
115 So WALTKE, a.a.O., 230; vgl. auch FOX, a.a.O., 117.
116 Vgl. CLIFFORD, Proverbs, 48.
117 Vgl. FOX, Pedagogy, 236 und SCHÄFER, Poesie, 65 mit einem Schema zu den inhaltlichen Beziehungen zwischen V. 12–15 und V. 16–19.

spezifiziert wird. Der existentielle, das Leben als Ganzes umfassende Aspekt[118] ist jedoch gegenüber dem vorigen Abschnitt noch stärker ausgestaltet. V. 18 erwähnt den Tod (מות) und die „Rephaim" (רפאים); V. 19 stellt beidem die „Pfade des Lebens" (ארחות חיים) gegenüber. Der Abschnitt erhält dadurch seine Besonderheit, dass die Frau von V. 16 im Gegensatz zum Mann von V. 12 näher bestimmt wird. Es handelt sich um eine אשה זרה, eine „fremde Frau", die analog zu Prov 5,20; 6,24; 7,5; 23,27 auch einfach als „Fremde" (זרה) bezeichnet wird.[119] Wie bei dem Mann in V. 12 ist es zunächst die Rede, die gefährlich ist und vor der errettet werden muss (נצל hif.). Denn die Frau macht ihre Worte „glatt" (חלק hif.).

Die Wurzel חלק I begegnet durchweg im profanen Gebrauch und kann zunächst das „Glattmachen/Glätten" (Hämmern) des Metalls (Jes 41,7) oder auch die (vom Wasser) glatt geschliffenen Steine (1 Sam 17,40) bezeichnen. Auf das Reden bezogen, erhält die Wurzel auch die Bedeutung „schmeicheln", so z.B. bei (falschen) Propheten, die nicht die Wahrheit sagen, sondern das, was schmeichelt (Jes 30,10). Die Wurzel wird auch verwendet, um allgemein das Schmeicheln gegenüber dem Nächsten zum Ausdruck zu bringen (Prov 28,3; 29,5).[120] In Ps 36,3 ist es der Frevler, der sich selbst schmeichelt, in Prov 5,3; 7,5.21 ist es die fremde Frau. In allen drei Fällen, in denen die fremde Frau gemeint ist, wird mit חלק auf die Rede der Frau Bezug genommen. In 5,3 ist es der Mund, der „glatter" als Öl ist, in 7,21 sind es die schmeichelnden Lippen (vgl. auch Ps 5,10), und in 7,5 findet sich exakt jene Verbindung von חלק I und der Wurzel אמר wie in Prov 2,16. Der Text warnt somit vor der Rede der fremden Frau und weniger vor einer konkreten Handlung. Wie schon in V. 12–15 bleiben die Verse recht allgemein und machen keine konkreten Aussagen. Man gewinnt den Eindruck, dass es dem Verfasser von Prov 2 wichtiger war, auf einen bestimmten Kontext anzuspielen, als diesen explizit zu nennen.[121] Dabei wird noch zu prüfen sein, inwiefern gerade beim Thema der ‚fremden Frau' die anderen Lehrreden zur Frauengestalt innerhalb von Prov 1–9 in Prov 2

---

118 Vgl. PERDUE, a.a.O., 91f, FOX, Proverbs, 121 und TOY, a.a.O., 48.

119 Vgl. MEINHOLD, a.a.O., 68.

120 Vgl. SCHUNCK, Art. חלק I, 1012f; WALTKE, a.a.O., 231; FOX, a.a.O., 119 und GESE-NIUS[18], 359.

121 Vgl. dazu Kap. 3.

vorausgesetzt werden. Die terminologische Nähe von 2,16 und 7,5 könnte hier ein erster Hinweis sein.[122]

Eine Anspielung, die zugleich eine Mehrdeutigkeit impliziert, findet sich auch in V. 17. Der Vers dürfte wohl der am häufigsten diskutierte des ganzen Kapitels sein. Was ist mit dem „Gefährten/Freund ihrer Jugend" (אלוף נעוריה) und dem „Bund ihres Gottes" (את ברית אלהיה) konkret gemeint? Die Frage wird dadurch verschärft, dass beide Aussagen im synonymen Parallelismus zueinander stehen, d.h. für den Verfasser von Prov 2 die eine Aussage nicht ohne die andere gedacht werden kann.[123] Setzt man zunächst mit dem אלוף נעוריה von V. 17a ein, so eröffnet sich ein gewisses Spektrum.

In Gen 36,15–19 (1. Chr 1,51–54) wird אלוף analog zum Begriff שר („Fürst") verwendet. Ansonsten bezeichnet das Wort jedoch den „Vertrauten, Freund, Gefährten".[124] Die engste Parallele zu Prov 2,17 stellt Jer 3,4 dar:[125]

> Hast du nicht von da an zu mir gerufen: „Mein Vater, der Gefährte meiner Jugend bist du."

Wie in Prov 2,17 findet sich die Verbindung von אלוף und נעורים. Die Passage wurde für die Erhellung der Bedeutung von V. 17b mehrfach herangezogen, jedoch mit recht unterschiedlichen Ergebnissen. So denken McKane und Waltke aufgrund der Parallelität zwischen אלוף und אב in Jer 3,4 an den Lehrer bzw. den Ehemann als Lehrer der Frau.[126] Demgegenüber betonte bereits Delitzsch, dass hier an eine allegorische Bedeutung gedacht ist.[127] Jer 3,1–5 thematisiert die Untreue Israels gegenüber JHWH und entfaltet dies in einer von Dtn 24,1ff her gedachten Eherechtsthematik.[128] V. 1–5 entfaltet diesen Gedanken am Beispiel der Wiederverheiratung zwischen einem Mann und einer geschiedenen Frau. Dies wird in dem innerhalb der Schriftprophetie verbreiteten Bild

---

122 Vgl. dazu Kap. 4 dieser Arbeit und PLÖGER, a.a.O., 26, der für V. 16–19 festhält, dass hier „fast nur in Stichworten ein Thema angeschnitten wird, das in den folgenden Kapiteln 5–7 eine ausführlichere Begründung findet".

123 Vgl. SCHÄFER, a.a.O., 61.

124 Vgl. Ps 55,14; Prov 16,28; Mi 7,5 u.ö. Vgl. auch Jer 11,19 und GESENIUS[18], 63 sowie HAL, 53f.

125 Vgl. RUDOLPH, Jeremia, 24f.

126 Vgl. MCKANE, a.a.O., 286; WALTKE, a.a.O., 231.

127 Vgl. DELITZSCH, a.a.O., 65 mit Verweis auf die Auslegungsgeschichte.

128 Vgl. dazu RUDOLPH, a.a.O., 49 und FISCHER, Jeremia, 185. Auf die Literarkritik des Kapitels wird an dieser Stelle nicht näher eingegangen. Vgl. dazu SCHMID, Buchgestalten, 279, der überzeugend nachgewiesen hat, dass innerhalb von Jer 3,1–4,2 lediglich die Abschnitte 3,6–11 und 3,14–18 herausgelöst werden können. S. dazu auch die Entfaltung der Gesamtkomposition auf S. 280.

des „Geliebten der Jugend" ausgestaltet.[129] So kann Jer 3,4 nicht einfach im Sinne der neutralen Lehre durch den Vater gesehen werden, sondern ist vielmehr vor dem Hintergrund der Gesamtargumentation in Jer 3,1ff zu lesen und von der Tradition des treulosen Gottesvolks zu deuten.[130] Israel wird neu „als Jhwhs *Söhne* eingesetzt".[131] Eine solche auf das Gottesvolk bezogene Bedeutung legt sich auch für Prov 2,17 nahe, vor allem, wenn man die Formulierung in 17a hinzunimmt.

Die Formel את ברית אלהים שכחה wurde von der Forschung sehr unterschiedlich gedeutet. Gordon Paul Hugenberger hat die Diskussion zu Prov 2,17 zusammengefasst und drei Interpretationsmöglichkeiten benannt. Man kann den „Bund ihres Gottes" entweder (a) als Bund mit einem anderen Gott als JHWH verstehen (so G. Boström, O. Plöger), (b) den Bund auf den Sinaibund und damit auf JHWH beziehen (A. Cohen, D. Kidner, W. McKane) oder (c) darunter den Bund ihrer Hochzeit verstehen (so Hugenberger selbst).[132] Nimmt man jedoch den Wortlaut in den Blick, so verweist dieser durchaus auf eine bestimmte Interpretationsmöglichkeit.

Die Verbindung von שכח mit ברית אלהיה ist innerhalb des AT singulär. Der Begriff ברית findet sich in der Verbindung mit dem Verb sonst nur mit dem Tetragramm bzw. einem Nomen regens oder auch einem Akkusativobjekt, das sich auf JHWH bezieht.[133] Die engste sachliche Parallele für die Verbindung mit dem Verb שכח findet sich in Dtn 4:[134]

> V. 23: Hütet euch, dass ihr nicht vergesst den Bund JHWHs, eures Gottes, den er mit euch geschlossen hat und euch ein Gottesbildnis in irgendeiner Gestalt macht, was JHWH, dein Gott, dir geboten hat.

> V. 31: Denn ein barmherziger Gott ist JHWH, dein Gott. Er wird dich nicht fallen lassen noch vernichten, und er wird nicht vergessen den Bund deiner Väter, den er ihnen (zu)geschworen hat.

---

129 Vgl. Hos 2,17; 3,1; Mal 2,14f und Ez 16. Zu Mal 2 siehe auch unten Kap. 3.3.2.

130 Vgl. SCHÄFER, a.a.O., 61.

131 SCHMID, a.a.O., 281 (Hervorhebung im Original).

132 Vgl. HUGENBERGER, Marriage, 297–302 und ROY YODER, a.a.O., 31 mit Diskussion der Möglichkeiten. WALTKE, a.a.O., 231 denkt ebenfalls an den Hochzeitsbund, so auch GEMSER, a.a.O., 27 und DELITZSCH, a.a.O., 65. PLÖGER, a.a.O., 27 sieht hingegen den Bund mit einem anderen Gott gemeint; WILDEBOER, a.a.O., 7 „den von Gott geordneten Bund."

133 MAIER, a.a.O., 98.

134 Vgl. dazu auch FUHS, a.a.O., 65, der zudem auf Dtn 6,12; 8,11; 14,19 verweist.

Die zwei spät- (bzw. post-)deuteronomistisch geprägten Stellen[135] verweisen deutlich auf das Vergessen des Bundes im Sinne einer Verfehlung am 1. (bzw. 2.) Gebot. Auch in der bereits genannten Passage in Jer 3 findet sich eine ähnliche Formulierung, wenn in V. 21 beklagt wird, dass die Söhne Israels „ihre Wege verdrehen und JHWH, ihren Gott, vergessen (שכח יהוה)".[136] Vor dem Hintergrund der Belege wird deutlich, dass in Prov 2,17 nicht an einen fremden Gott gedacht ist, sondern an den Bund mit JHWH. Dass אלהים in Prov 2 auch JHWH bezeichnet, wurde bereits an dem Parallelismus in 2,4 zwischen JHWH-Furcht und Gotteserkenntnis deutlich.[137] So ist letztlich Arndt Meinhold recht zu geben, wenn er summiert:

> „Wenn es von der ‚fremden Frau' heißt, sie habe den Bund ihres Gottes vergessen, dann ist damit gleichfalls nicht der Ehebund gemeint, sondern ihr Vernachlässigen der durch die Gottesbeziehung des Volkes, in die sie gehört, gegebenen Pflichten."[138]

Die Aussage von V. 17 schildert somit ein Fehlverhalten der Frau, das in der gewählten Terminologie auf das Gottesvolk als Ganzes abzielt, jedoch, wie schon oben konstatiert, wenig konkret ist. Wie im Abschnitt zum (böse handelnden) Mann bleibt der Text merkwürdig verhalten und konkretisiert die Aussage nicht. Es wird offenbar auf einen bestimmten Kontext angespielt. Im Hinblick auf die fremde Frau muss zunächst festgehalten werden, dass sie keine „Ausländerin" ist, sondern eine Frau, die zum Gottesvolk gehört.[139]

V. 18f konkretisiert das Fehlverhalten der Frau im Blick auf die sich daraus ergebenden Konsequenzen.

> Der Masoretische Text in V. 18 bereitet zunächst einige Probleme. So wurde immer wieder betont, dass die (nach dem MT) feminine Verbform שחה hier von einem maskulinen Subjekt (בית) regiert wird. Von den in der Literatur zu findenden Änderungsvorschlägen überzeugt nur der, mit MT und

---

135 Vgl. MAIER, a.a.O., 98f und zu Dtn 4 OTTO, Deuteronomium 4, 196–222; VEIJOLA, 5. Buch Mose, 95 und 107–110 sowie PERLITT, Deuteronomium (BK V), 338f.353f. Zur literarischen Stellung von Dtn 4 vgl. Kap. 3.1.1.

136 Zur literarischen (und literaturgeschichtlichen) Einordnung des Verses s. SCHMID, a.a.O., 287f und FISCHER, Jeremia, 198.

137 Anders BOSTRÖM, Proverbiastudien, 104 und MCKANE, a.a.O., 286. WALTKE, a.a.O., 68 verweist darauf, dass im Proverbienbuch nur dreimal Elohim als Name für den Gott JHWH verwendet wird (2,5; 3,4; 25,2). Vgl. auch TOY, a.a.O., 35, der zudem auf 30,9 aufmerksam macht.

138 MEINHOLD, a.a.O., 69.

139 So auch GEMSER, a.a.O., 25.

LXX שחה als Verb aufzufassen, jedoch ein anderes Subjekt anzunehmen.[140]
שחה wäre dann als 3. Pers. fem. Sg. Qal eines Verbes שוח zu verstehen,[141]
wobei hier an eine Verbform zu denken ist, die den Nominalformen שׁוחה,
שׁיחת, שׁחת zugrunde liegt. Es ist dann zu übersetzen: „sie hat ver-
tieft/gesenkt zum Tode hin ihr Haus". Eine solch singuläre Verwendung
mit einem Hapax Legomenon שוח wird durch die singuläre grammatische
Konstruktion unterstützt. Ein vorangestellter כי-Satz ist im Hebräischen
sehr selten,[142] insofern würde hier eine spezifische Konstruktion vorliegen,
die womöglich als weiterer Hinweis auf die komplexe und elaborierte Ge-
samtanlage des Kapitels dienen kann.

Mit dem Wort מות in V. 18 findet sich ein Schlüsselbegriff der Todesmetaphorik im Alten Testament.[143] In der Verbindung mit den רפאים findet
sich מות nur in Prov 2,18. Die רפאים bezeichnen in narrativen Kontexten
eine vorisraelitische Bevölkerungsgruppe.[144] Das Wort steht jedoch mit
dem ugaritischen *rp'um* in Verbindung und ist vermutlich von der
Wurzel רפא herzuleiten.[145] Es bezeichnet in ugaritischen Texten die
Bewohner der Unterwelt. Klassischer Forschungsposition zufolge handelt es sich dabei um vergöttlichte Könige.[146] In diesem Sinne findet
sich der Begriff auch im Alten Testament. In Ps 88,11 bezeichnet das
Wort die Schatten („Geister") der Toten, in Hi 26,5 die Totengeister, die
in der Unterwelt „zittern" (חיל pol.) und in dem bekannten Spottlied
auf Helel, Jes 14,9, die Totengeister, die aufschrecken.[147] Interessanterweise findet sich auch im Proverbienbuch die Vorstellung von den
רפאים im Sinne der Verstorbenen bzw. der Totengeister:

Prov 9,18: Aber er weiß nicht, dass die Rephaim dort hausen,
in der Tiefe der Scheol ihre Geladenen.

---

140 Vgl. SCHÄFER, a.a.O., 62f, der zugleich einen Überblick zu den Änderungsvorschlä-
   gen bietet. Vgl. dazu auch EMERTON, Note, 153–158 und MÜLLER, Proverbien, 54 sowie LORETZ, Lexikographie, 141f mit Diskussion der Änderungsvorschläge von
   Dahood und Held. S. auch CLIFFORD, a.a.O., 45, Textanmerkung b und zur LXX die
   Ausführungen von COOK, Septuagint, 140.
141 Vgl. WILDEBOER, a.a.O., 7 und demgegenüber UMBREIT, Commentar, 18.
142 Dazu AEJMELAEUS, Function, 197f.
143 Vgl. zu מות KRIEG, Todesbilder, 144f und FUHS, a.a.O., 65f.
144 Vgl. Gen 14,5; 15,20; Dtn 2,11.20 u.ö.; zu den Belegen LIWAK, Art. רפאים, 626.
145 Vgl. TROPPER, Nekromantie, 125 und LIWAK, a.a.O., 632.
146 Vgl. TROPPER, a.a.O., 125f und LIWAK, a.a.O., 629f. Demgegenüber will SCHMIDT,
   Dead, 71–92 die ugaritischen *rp'um* als Krieger im Dienste des Königs sehen, die als
   mythische Heroen verstanden wurden (vgl. auch a.a.O., 267–269).
147 In der Jesajaapokalypse, Jes 26,14, steht das Wort parallel zu den Toten (מתים); vgl.
   dazu BEUKEN, a.a.O., 378 und zum weiteren Kontext SCHOLL, Die Elenden, 125.

Prov 21,16: Der Mensch, der abirrt vom Weg des Verstehens[148], in der Versammlung der Rephaim wird er ruhen.

Die beiden Textstellen belegen, dass die ursprünglich kanaanäische Vorstellung von den Rephaim als Bewohnern der Unterwelt dem Proverbienbuch durchaus bekannt ist.[149] Allerdings ist Brian B. Schmidt darin recht zu geben, dass die alttestamentlichen רפאים über keine eigene Macht verfügen, sondern der Begriff in den poetischen Passagen „only functioned to designate humanitiy's postmortem, weakened existence."[150] Insofern wird man auch vorsichtig darin sein müssen, in der Nennung der Begriffe מות und רפאים in Prov 2,18 eine spezielle Anspielung auf kanaanäische Mythologie sehen zu wollen.[151] Im Argumentationsgang von Prov 2,16–19 dient die spezifische Terminologie von V. 18 vielmehr dazu, den bereits in V. 13 genannten Gedanken der „Wege der Finsternis" nun explizit auf den Tod und die Totenwelt auszuweiten.[152]

Auf struktureller Ebene zeigt sich hier ein interessantes Kompositionsprinzip des Textes. Ein Thema wird zunächst angerissen, dann wieder aufgegriffen und im Laufe der Lehre immer weiter entfaltet. Dies wurde bereits für die Wegmetaphorik erkannt, die in V. 9–11 benannt, jedoch erst in V. 12ff ausführlich entfaltet wird. Prov 2,18 ist somit eher im Horizont der genannten Proverbienstellen sowie in Verbindung mit Prov 1,12 zu deuten, wo vom Verschlingen der Lebenden durch die Scheol die Rede ist.[153] Dabei ist „ihr Haus" (ביתה) nicht als ein Gebäude zu verstehen, sondern genealogisch als Geschlechterfolge, deren Lebenslinie zum Tod hin sinkt.[154]

Der Gedankengang von V. 17f wird in V. 19 in einer Spezifizierung des Vorangehenden weitergeführt. Derjenige, der „zu ihr geht" (באיה) wird nicht zurückkehren. Die Ausleger haben bei dem „Gehen zu einer Frau" gerne an einen sexuellen Akt gedacht und auf Texte wie Gen 6,4;

---

148 Das Verb שכל bedeutet im Hifil „verstehen, einsehen", kann jedoch auch den Erfolg oder das Gelingen bezeichnen; vgl. HAL 1238.

149 Vgl. LORETZ, Lexikographie, 146.

150 SCHMIDT, a.a.O., 269.

151 So aber LORETZ, a.a.O., 147. Ob zudem an dieser Stelle auf den sumerischen Isthar-Hymnus angespielt wird, wie WALTKE, Proverbs I, 233 meint, ist fraglich.

152 Dies ändert sich freilich auf der Ebene der Textgeschichte. In LXX findet sich die Wendung μετὰ τῶν γηγενῶν, die als Verweis auf die Giganten verstanden werden kann, vgl. dazu GOFF, Giants, 149f.

153 Vgl. dazu GULDE, Tod, 80f.

154 Vgl. FUHS, a.a.O., 65.

16,2 oder auch Prov 6,29 verwiesen.[155] Die Art und Weise, wie das Verb בוא konstruiert wird, legt jedoch eine andere Bedeutung nahe. Das „Gehen zu einer Frau" im Sinne des Geschlechtsakts wird immer mit בוא und den Präpositionen אל bzw. ל konstruiert,[156] בוא mit einem direkten Suffix, ohne Präposition, wie in V. 19 konstruiert, kann hingegen das „Einziehen" bezeichnen (in Jos 15,18; Ri 1,14 der jungen Frau bei dem Mann) oder auch den Umgang mit jemandem.[157] Insofern liegt hier kaum eine sexuelle Konnotation vor. Denkbar wäre hingegen auch, dass vor dem Hintergrund der bislang erarbeiteten Argumentationslinie von Prov 2 hier schlichtweg das Sich-in-Bewegung-Setzen gemeint ist. Das בוא von V. 19 würde dann dem Suchen (בקש) und Forschen (חפש) von V. 4 entsprechen und – wie schon bei der positiven Darlegung der Weisheit – sich aus dem Hören der Lehre ein Agieren im Sinne einer zielgerichteten Handlung ergeben.

Diese zielgerichtete Handlung wird in V. 19 durch die Aussage näher spezifiziert, dass durch ein solches Handeln die „Pfade des Lebens" nicht erlangt werden. Damit ist innerhalb der Argumentationsstruktur des Textes die nächste Stufe erreicht. Denn während V. 1–11 positiv formulieren und V. 12–18 durch die Negativbeispiele die weisheitliche Antithese entfalten, ist nun erstmals via negationis davon die Rede, was man nicht erreicht. Es wird erwähnt, was demjenigen entgeht, der nicht den Worten des Weisheitslehrers folgt, sondern denen der frevelhaften Männer und (speziell) denen der fremden Frau. Vor dem Hintergrund der Gesamtargumentation des Textes leitet der Vers zu dem Dualismus der V. 20–22 über, auch wenn er sachlich noch mit dem Abschnitt über die fremde Frau verbunden ist. Mit dem Ausdruck ארחות חיים wird eine Wortkombination verwendet,[158] die eng mit dem Bedeutungsspektrum des Wortes ארח verknüpft ist. Ein Viertel aller alttestamentlichen Belege bezieht sich auf den Lebenswandel.[159] Dabei findet sich jedoch nicht in allen Fällen die Formel vom „Pfad des Lebens".[160] Vielmehr ist diese Formulierung nur in wenigen Textstellen enthalten. Aufschlussreich ist besonders Ps 16,11, wo der ארח חיים dezi-

---

155 Vgl. FOX, a.a.O., 122. WALTKE, a.a.O., 233 denkt an eine Prostituierte.
156 So in den genannten Textstellen, vgl. auch Gen 30,3; 38,8; Dtn 22,13 und GESENIUS[18], 129.
157 In diesem Sinne steht das Verb gerne neben יצא, vgl. Dtn 28,6; 1 Sam 29,6.
158 Vgl. Jes 2,3 und Jes 3,12; Mi 4,2; Ps 25,4; 44,19; 119,15. Zu Ps 119 s. Kap. 3.2.2.
159 Vgl. ZEHNDER, Wegmetaphorik, 391 (Nr. 320).
160 In diesem Punkt müsste der von ZEHNDER, a.a.O. zusammengetragene Konkordanzbefund noch stärker ausdifferenziert werden, da die Formulierung vom „Pfad des Lebens" über die allgemeine Bedeutung „Lebenswandel" hinausgeht.

diert auf JHWH bezogen und als seine Gabe benannt wird. Dabei lässt die Formulierung „Du zeigst mir den Pfad des Lebens" (ידע hif.) an die Unterweisung durch JHWH denken.[161] In Prov 15,24 wird dieser Gedanke im Hinblick auf die Totenwelt, die Scheol, weiter ausgeformt:

> Der Pfad des Lebens (ארח חיים) aufwärts gehört dem Aufrichtigen, damit er entkommt der Scheol unten.

Der Pfad des Lebens führt zu JHWH hin und damit von der „Scheol" weg. Dass dieser Gedanke des Lebenswandels Teil weisheitlicher Unterweisung ist, wird an Prov 4,4 deutlich:

> Da lehrte er mich und sagte zu mir: Nimm dir meine Worte zu Herzen, bewahre meine Gebote und du wirst leben.

Prov 4,4 verdeutlicht den Zusammenhang zwischen der Unterweisung (hier מצות), dem Verinnerlichen der Lehre im Herzen (d.h. im Denken)[162] und dem Weg des Lebens. Verbindet man dies mit Ps 16,11, so ist bei der Konstruktion ארחות חיים nicht einfach nur an den Lebensweg gedacht, sondern an die Unterweisung durch JHWH, die zum „Erreichen der Pfade des Lebens" führt (Prov 2,19).[163]

Mit dem Hauptfinalsatz[164] V. 20–22 wird das Ziel der Lehrrede erreicht. Die Zäsur zum vorangehenden Abschnitt wird zunächst am Personenwechsel in V. 20a deutlich. Es wird wieder der Adressat angesprochen, der in V. 12–19 lediglich in den beiden Infinitiven להצילך (mit Suffix der 2. Person Singular) im Blick war. In V. 20 folgt auf das einleitende למען die 2. Person Singular (Imperfekt, qal) des Verbes הלך. Betrachtet man zunächst das Wortfeld, so fällt auf, dass der Abschnitt allein schon durch die Wegmetaphorik mit den vorangehenden Versen eng verbunden ist. Es finden sich aus dem Wortfeld „Weg/gehen" die Begriffe דרך, הלך und ארחות. Weitere Verschränkungen mit dem Vorangehenden werden durch den Begriff der צדיקים, der auf V. 9a Bezug nimmt, und das Verb שמר erzielt.[165] Es zeigt sich, dass die Verse 20–22 eng mit dem Vorangehenden verbunden sind und kaum als sekundä-

---

161 Vgl. HOSSFELD/ZENGER, Psalmen (1993), 112 und zum Belegspektrum GESENIUS[18], 98.

162 Vgl. zur Herzkonzeption den Exkurs in 3.3.1 und ROY YODER, Proverbs, 25f.

163 Aufschlussreich sind in diesem Zusammenhang auch die Stellen, in denen ארח auf die Unterweisung JHWHs bezogen ist, vgl. Ps 25,4; 44,19; 119,15.

164 Denkbar ist auch, V. 20 nicht als weiteren Finalsatz zu verstehen, sondern als Konsequenz von etwas. Vgl. dazu WALTKE, a.a.O., 233f mit Verweis auf weiterführende Literatur und Ex 10,1; 11,9; Jes 30,1 sowie Jer 44,8.

165 Bei den genannten Begriffen fällt das Verb שמר insofern aus dem Rahmen, als dass die Semantik in V. 20b und V. 8b unterschiedlich ist. Im einen Fall ist es das Bewahren der Pfade der Gerechten durch den Weisheitsschüler (V. 20b), im anderen das göttlichen Bewahren des Wegs des Getreuen (V. 8b).

rer Nachtrag redaktionell ausgeschieden werden können.[166] Der in V.
1–19 entfaltete Gedankengang kommt hier insofern zum Abschluss, als
nun das Gegenüber zwischen denjenigen, die die Weisheitslehre befolgt, und denen, die sich an die Botschaft des törichten Mannes und
der fremden Frau halten, antithetisch zugespitzt wird. Erstere werden
als „Gute" (V. 20a: טובים), „Gerechte" (V. 20b: צדיקים), „Gerade" (V. 21a:
ישרים) und „Untadelige" (V. 21b: תמימים) bezeichnet, letztere als „Frevler" (V. 22a: רשעים) und „Abtrünnige" (V. 22b: בוגדים). Durch die Parallelität der Begriffe in Bezug auf diejenigen, welche die Weisheitslehre
befolgen, wird ein Zusammenhang hergestellt zu den Prädikaten, die
in V. 5–9 von JHWH her definiert werden. Neben dem Gerechten
(Wurzel צדק) werden in V. 7 auch die Begriffe אשרים (V. 21a) und תם
erwähnt (vgl. V. 21b). Dadurch wird ein Zusammenhang zwischen V.
20f und V. 7f hergestellt, bei dem zugleich zum Ausdruck kommt, dass
Gerechtigkeit oder auch untadeliges Verhalten letztlich die Gabe
JHWHs sind. Dieser Zusammenhang wird durch die Semantik der
Begriffe näher illustriert.

> Das Wort תמימים, das zur Wurzel תמם gehört,[167] bezeichnet zunächst etwas
> Fehlerloses bzw. Vollkommenes. Im kultischen Kontext wird das Opfertier
> als תמים im Sinne von makellos bezeichnet (Lev 4,3.23; 5,15.18; 22,21 u.ö.),
> im deuteronomisch-deuteronomistischen Kontext findet sich die untadeli-
> ge Haltung des Menschen gegenüber Gott (Dtn 18,13; 32,4).[168] Ähnlich sind
> auch die Belege in der Weisheit. In Hi 12,4 ist das Wort mit צדק verbunden
> und bezeichnet den Frommen und Gerechten.[169] Dem entspricht Ps 19,8,
> wo die Tora JHWHs als תמים gilt.[170] Mit dem Begriff wird offenbar auf ein
> Bezugsfeld angespielt, in dem es um die Haltung dessen geht, der JHWHs
> Gebote befolgt, wobei Ps 84,12 zufolge dies gerade eine Gabe JHWHs ist.
> Auf der semantischen Ebene wird somit im Wort תמים auf den „Getreuen"
> (חסיד) in V. 8. angespielt. Dabei fällt auf, dass in Ps 84,12 das Wort תמים im
> Zusammenhang mit dem Wort „Schild" (מגן) erscheint, so wie es auch in
> Prov 2,7b der Fall ist.

Mit תמים wird ein Begriff verwendet, der einerseits das der Tora entsprechende Verhalten des Menschen bezeichnet, andererseits jedoch
auf die Gabe JHWHs zurückgeht. Dieser Begriff ist in V. 20–22 in einen
Zusammenhang gestellt, der innerhalb des Proverbienbuches durchaus

---

166 So auch PLÖGER, a.a.O., 28 und demgegenüber MICHEL, Proverbia 2, 236f.
167 Vgl. HAL, 1604 und den in Anm. 67 genannten Artikel von Josef TROPPER.
168 Vgl. auch Jos 24,14; 2 Sam 22,24 und Ps 18,24 im Gegenüber zu עון konstruiert.
169 Vgl. auch Ps 15,2.
170 Vgl. dazu GRUND, Himmel, 222f.

Parallelen hat. So findet sich in Prov 11,5 sowohl das genannte Wort-
spektrum als auch die Wegthematik:

> Die Gerechtigkeit (צדקה) des Untadeligen (תמים) ebnet seinen Weg (דרך),
> aber durch seine Frevelhaftigkeit (רשעה) fällt der Frevler (רשע).

Das Gegenüber von Gerechtem bzw. Tadellosem und Frevler, wie es
Prov 2,20–22 bestimmt, wird hier ganz ähnlich akzentuiert.[171] Dass dieses Gegenüber auch in anderen Leitbegriffen von Prov 2,20–22 ausgedrückt werden kann, belegt Prov 14,19:[172]

> Die Bösen (רעים) müssen sich bücken vor den Guten (טובים) und die Frevler
> (רשעים) an der Tür des Gerechten (צדיק).

Angesichts dieser Bezüge drängt sich der Eindruck auf, dass die Terminologie von V. 20–22 ganz bewusst an die zuvor genannten Wortfelder anknüpft. So schwingt bei den „Guten" (טובים) das Leitwort רע von
V. 12–19 mit.[173] Zugleich zeigt sich, dass mit den Begriffen an beide
Teile von Prov 2 angeknüpft wird, sowohl an V. 1–11 als auch an V. 12–
19. Die Verse 20–22 bilden somit einen durch vielfältige Bezüge konstruierten Abschluss der Gesamtargumentation, der jedoch einige interessante Zuspitzungen enthält.

So fällt zunächst auf, dass die Haltung des Weisheitsschülers nicht
als „weise" oder auch untadelig im ethischen Sinne charakterisiert
wird, sondern vielmehr als ein JHWH gemäßes „frommes" Verhalten.
Der religiöse Aspekt der Verse 5–8, der von manchen Auslegern als
Fremdkörper im Gesamtduktus von Prov 2 gewertet wurde und als
Argument für die Ausscheidung der Verse diente, ist somit eng mit der
Weisheitslehre verbunden.[174] Dieser Aspekt wird in der Antithese zwischen dem Gerechten und dem Frevler und damit in der Verbindung
des ersten und zweiten Teils der Lehrrede entfaltet. Die im Duktus der
Lehre nach und nach entfaltete Antithese gewinnt in V. 21f geradezu
normativen Charakter, wenn nun das Thema des Bewohnens des Landes genannt wird. Dabei ist zunächst auf sprachlicher Ebene interessant, dass das „Bewohnen des Landes" (שכן) parallel zu dem „Darin-
bleiben" (יתר nif.) steht.[175]

---

171 Vgl. auch Prov 11,20, wo diejenigen, „die verkehrten Sinnes sind", als תועבה für
　　　JHWH bezeichnet werden.
172 Vgl. dazu DELITZSCH, a.a.O., 235f; MEINHOLD, a.a.O., 238.
173 Vgl. zu dem Belegspektrum HÖVER-JOHAG, Art. טוב, 329f.
174 Vgl. PERDUE, a.a.O., 86f und FUHS, a.a.O., 67, der von „weisheitliche[r] Glaubensbil-
　　　dung" spricht.
175 Vgl. TOY, Proverbs, 52f und WILDEBOER, a.a.O., 8.

Die Wurzel יתר bedeutet zunächst „übermäßig, überschüssig sein" und hat im Nifal die reflexive Grundbedeutung „sich als überschüssig erweisen, übrig gelassen werden".[176] Interessant sind die Belege, in denen יתר nif. mit ב konstruiert ist. In Jes 4,3 ist das „Übrigbleiben" in Jerusalem (wörtlich: „der Übrigbleibende", הנותר בירושלם) mit dem Gedanken des Restes verbunden. Ähnlich ist auch Ez 14,22, wo ebenfalls יתר nif mit ב begegnet (wie in Prov 2,21 mit direktem Suffix konstruiert: נותרה בה).[177]

Den Gerechten wird in V. 22 in geradezu drastischen Worten das Geschick der Frevler und Abtrünnigen gegenübergestellt. Diese werden vertilgt bzw. aus dem Land herausgerissen. Die beiden verwendeten Begriffe כרת und נסח betonen die Radikalität des Vorgangs. כרת nif. bezeichnet das „Ausrotten" bzw. „Vertilgen" und kann in der geschichtlichen Literatur die Vernichtung von Völkern bezeichnen (Jos 11,21: der Elamiter; Jos 23,4: aller Völker) oder auch von bestimmten Gruppen (1 Sam 20,15: der Feinde Davids; 1 Sam 28,9: der Zeichendeuter und Geisterbeschwörer).[178] In Verbindung mit der Wurzel נסח findet sich כרת nur in Prov 2,22. Es handelt sich somit um einen spezifischen Sprachgebrauch, der, wie die intertextuelle Analyse in Kap. 3 zeigen wird, noch näher eingegrenzt werden kann.

Wenn man an dieser Stelle die bisherige Analyse zusammenfasst, so lassen sich für den zweiten Teil der Weisheitslehre einige Beobachtungen festhalten. Die Verse 12–22 knüpfen nicht nur syntaktisch, sondern auch inhaltlich an V. 1–11 an und sind mit diesen durch zahlreiche terminologische Bezüge verbunden. Im Zentrum stehen dabei die Wortfelder „Weg/Gehen" und „Gut/Böse". Weisheitliche Terminologie findet sich interessanterweise nicht; die Verbindung zu der Bestimmung der Weisheit in V. 1–11 ist allein durch das Gegenüber der Rede des Weisheitslehrers (V. 1) und dem Reden der frevelhaften Männer und der fremden Frau (V. 12.16) hergestellt. Interessant ist, wie im Text die Argumentationsstruktur immer deutlicher herausgestellt wird. Es scheint ein Kompositionsprinzip des Verfassers der Lehrrede von Kap. 2 zu sein, dass dieser ein Thema anreißt, um es dann später weiter zu entfalten. So lässt die Wegterminologie in V. 7–9 das Gegenüber von „richtigem" und „falschem" Weg in V. 12ff anklingen, das in V. 20–22 zugespitzt wird. Das genannte Kompositionsprinzip zeigt sich auch beim Vergleich der Passagen über die frevelhaften Männer (V. 12–15) zur fremden Frau (V. 16–19). In beiden Fällen führt der Weg zum Tod,

---

176 KRONHOLM, Art. יתר, 1082. Zur Grundbedeutung der Wurzel ebd., 1080.

177 Vgl. zum Belegspektrum KRONHOLM, a.a.O., 1083.

178 Vgl. auch Ri 4,24; 1 Sam 20,15 und HASEL, Art. כרת, 361. S. dazu auch unten Kap. 3.2.1.

was dann in V. 18 explizit genannt wird. Dem Gedankengang folgend, markiert V. 19 den Übergang zur dualistischen Spitzenaussage von V. 20–22, indem nun erstmals innerhalb der Weisheitslehre eine Aussage via negationis gemacht wird. Mit den „Pfaden des Lebens" (ארחות חיים) wird dabei ein Ausdruck verwendet, der anhand seines Belegspektrums nicht nur auf JHWH bezogen, sondern auch mit dem Gedanken der Unterweisung durch JHWH verbunden ist. Bereits dies zeigt, dass die Lehre des Weisheitslehrers in Prov 2 eng mit der Lehre JHWHs verknüpft ist. Die Weisheit, die er mitteilt, ist letztlich die Gabe JHWHs (V. 6).[179]

2.3 Zu Komposition und Intention von Prov 2

Die Analyse von Prov 2 hat den Text als ein sinnvolles Ganzes mit einem klaren und wohldurchdachten Aufbau ausgewiesen. Dies lässt sich bis in die Konstruktion der einzelnen Sätze hineinverfolgen und zeigt sich an komplexen Parallelismen, die wiederum zu syntaktischen Eigenheiten führen (Voranstellung von Subjekt oder Objekt). Dabei korrespondiert die formale Struktur als komplexes Konditionalgefüge mit einer durchkomponierten Binnenstruktur. Das mehrfache Auftreten einzelner Satzkomponenten (Protasis dreifach gestaltet, Apodosis zweifach, Finalsatz dreifach) erklärt sich somit aus der kunstvollen Gesamtkomposition des Kapitels.[180] Dem entsprechend die Bezüge zwischen den Einzelabschnitten. Es wird ein Kompositionsprinzip deutlich, bei dem der Verfasser der Lehrrede durch das Anzitieren von Themen und die Parallelisierung bestimmter Passagen einen stringenten Gedankengang entwickelt. Dies ist verbunden mit einer klaren Dramaturgie. Der Text setzt mit einer Beschreibung der Weisheit ein und endet mit dem dualistischen Gegenüber des Bleibens in bzw. des Herausgerissenwerdens aus dem Land. Betrachtet man die Wortfelder, so fällt auf, dass sich nur zu Anfang weisheitliche Terminologie findet und im Laufe des Textes zunehmend die Wegthematik in den Vordergrund rückt. Dies ist verbunden mit einer Zuspitzung der Argumentation. So wird auf den ersten Blick nicht deutlich, dass der Text keinerlei Alternativen benennt. Es gibt für denjenigen, der das Reden der frevel-

---

179 Vgl. WILDEBOER, a.a.O., 6 und STRACK, a.a.O., 319f.
180 Eine mehrfache Protasis findet sich auch in Hi 36,8–12 und in Ps 7,4–5; vgl. MÜLLER, Weisheit, 57 mit Anm. 8. Dies ist zugleich der Grund, weshalb hier von literarkritischen Operationen am Text abgesehen wird.

haften Männer oder auch der fremden Frau der Weisheitslehre vorgezogen hat, keine zweite Chance.[181]

Ein weiterer Aspekt betrifft die Themen selbst. So hat Otto Plöger zu Recht darauf hingewiesen, dass der Text keine „ausführliche Entfaltung" bietet, sondern „knappe Angaben, wie es dem in bestimmte Themen einführenden Charakter von Kap. 2 entspricht".[182] Die weitere Analyse wird diesem Aspekt gesondert nachgehen müssen, da er für die Stellung von Prov 2 innerhalb von Prov 1–9 von Bedeutung ist. Inwiefern setzen die knappen Angaben von Prov 2 und die dort angerissenen Themen die anderen Lehrreden voraus? Ungeachtet dessen, dass diese Frage noch ausführlich behandelt werden soll,[183] wird bereits an dieser Stelle eine zweifache Dimension der Lehrrede von Prov 2 deutlich: einerseits die im Text entfaltete innere Dynamik, andererseits die thematische Verschränkung mit den anderen Lehrreden der ersten Sammlung des Proverbienbuches. Es geht, wie es besonders im zweiten Teil von Prov 2 ausgeführt wird, um ein das ganze Leben umfassendes Handeln, das – sofern man die Formel vom „Haus" in V. 18 generationenübergreifend verstehen darf – bereits in der Gegenwart Zukunftsbedeutung hat.

2.3.1 Die formale Struktur von Prov 2 im Kontext von Kap. 1–9

Die Forschung hat vielfach auf den besonderen Charakter von Prov 2 innerhalb von Prov 1–9 hingewiesen. Dies betrifft zum einen die inhaltliche Botschaft des Kapitels und zum anderen den Duktus der Weisheitslehre selbst. Michael V. Fox hat in einem Artikel zur Pädagogik von Prov 2 den Gedankengang des Kapitels – ganz der formalen Struktur von Prov 2 entsprechend – in einem einzigen Satz zusammengefasst:

> "If you do what I say, you will learn wisdom, which will bring you to fear of God and righteousness, which will protect you and keep you away from wicked men and women and thereby ensure you a long life."[184]

Der Text enthält eine klare Aussage, die in einer komplexen Struktur entfaltet wird, jedoch hinsichtlich ihres Stils zunächst auffällt. Das

---

181 Vgl. CLIFFORD, a.a.O., 48.
182 PLÖGER, a.a.O., 29. Ähnlich FUHS, a.a.O., 63, der von „allgemeinen Begriffen" spricht; vgl. auch ROY YODER, Proverbs, 29.
183 Vgl. dazu Kap. 4 dieser Arbeit.
184 FOX, Pedagogy, 235f. Vgl. DERS., Proverbs, 126; ähnlich ROY YODER, a.a.O., 32.

Konditionalgefüge von Prov 2 ist das einzige dieser Art innerhalb von Prov 1–9. Es dominieren ansonsten Imperative.[185] Während beispielsweise in der ersten großen Lehrrede in Prov 1,8–19 eine ganze Fülle von Imperativen begegnet und dem Weisheitsschüler ein konkretes Verhalten empfohlen wird,[186] bleibt die Lehrrede von Prov 2 demgegenüber recht verhalten. Zugleich fällt auf, dass Prov 2 bei aller Metaphorik in den Versen 12–15 und 16–19 im Hinblick auf die Weisheit selbst gerade nicht in Bildern spricht. Eine Aussage wie sie sich in Prov 1,8f findet, wäre im Gesamtduktus von Kap. 2 somit im doppelten Sinne undenkbar:

> Höre, mein Sohn, auf die Zucht deines Vaters, und verwirf nicht die Weisung deiner Mutter! Denn ein anmutiger Kranz sind sie für deinen Kopf und Ketten für deinen Hals.[187]

Es zeichnet Prov 2 aus, dass sowohl auf diese Form des imperativischen Stils als auch auf eine solchermaßen ausgestaltete Metaphorik verzichtet wird. Dies ist insofern bemerkenswert, als dass alle anderen Lehrreden von Prov 1–9 nicht nur den imperativischen Stil, sondern auch entsprechende Sprachbilder enthalten. Betrachtet man die neun Lehrreden in 1,8–19 (I), 3,1–12 (III), 3,21–35 (IV), 4,1–9 (V), 4,10–19 (VI), 4,20–27 (VII), 5,1–23 (VIII), 6,20–35 (IX) und 7,1–27 (X),[188] so finden sich imperativische Formulierungen in 3,1; 3,21; 4,1; 4,10; 4,20; 5,1; 6,20 und 7,1. Eine ausgestaltete Metaphorik begegnet ebenfalls in allen anderen Lehren, wobei diese durchaus unterschiedlich ausgeformt sein kann. Es finden sich Aussagen, nach der die Weisheit „kostbarer als Korallen" ist (3,15) oder dem Kopf ein „anmutiger Kranz" gegeben wird (4,8, vgl. 1,9).[189] Diese Sprachbilder begegnen interessanterweise lediglich in den ersten Lehrreden, während die letzten Lehrreden ihren Akzent auf die frevlerischen Männer (4,20–27) und die fremde Frau (5,1–23; 6,20–35; 7,1–27) legen.[190]

Vor diesem Hintergrund wirkt Prov 2 geradezu sachlich. Allein in dem Suchen nach Silber und den verborgenen Schätzen von V. 4 klingt etwas von der sonstigen Art und Weise an, über Weisheit zu sprechen. Ansonsten dominiert der durch die syntaktische Form des Konditionalgefüges bedingte argumentative Stil. Man gewinnt den Eindruck,

---

185 So bereits DELITZSCH, a.a.O., 60. Vgl. auch FUHS, a.a.O., 59; FOX, Pedagogy, 234.

186 Vgl. Prov 1,8 und zum imperativischen Stil auch Prov 3,1.7.9.

187 Vgl. zu solcher Bildrede über die Weisheit selbst auch Prov 3,13–20.

188 Zu Aufbau und Gliederung von Prov 1–9 s. FOX, Proverbs, 44f; MEINHOLD, a.a.O., 46 mit Schaubild und unten Kapitel 4. Es wird hier die klassische Zählung beibehalten.

189 Vgl. WALTKE, Proverbs I, 187f.257f.281f.

190 Vgl. dazu auch BAUMANN, Weisheitsgestalt, 259.

dass die bildhafte Rede für den Verfasser nicht erforderlich ist, da seine Botschaft ohnehin im Laufe der Argumentation an Kraft gewinnt. So führt das Befolgen der Worte und Gebote (מצות)[191] dazu, die JHWH-Furcht zu verstehen (V. 6). Die metaphorische Aussage in V. 7, dass JHWH Umsicht bewahrt „als Schild für den tadellos Wandelnden" bleibt als solche nicht im Raum stehen. Vielmehr wird in V. 6f auf einen Zusammenhang zwischen dem Aufrichtigen und dem, der dies nicht ist, angespielt, an den dann die abschließenden Verse 20–22 anknüpfen. Damit korrespondiert die zweite Metapher, die im Abschnitt V. 5–8 erstmals begegnet, der „Weg" (דרך) bzw. der „Pfad" (ארח). Indem hier explizit von den „Pfaden des Rechts" und dem „Weg seines Getreuen" die Rede ist, wird ein Horizont eröffnet, der über die Wegemetaphorik der Verse 12–15 und 16–19 auf die abschließende Antithese von „Gerechtem und Frevler" abzielt. Speziell in den Versen 7 und 8 vollzieht sich ein für den weiteren Verlauf entscheidender Wandel. Während vorher rein positiv und ohne irgendeine Form der Abgrenzung von der Weisheit, der JHWH-Furcht und ihrer Bedeutung gesprochen wurde, nimmt V. 7f die spätere Antithese vorweg. Dies geschieht in Form eines inneren Gefälles: In V. 7a ist von der Umsicht für die „Geradlinigen" (ישרים) die Rede, ein Begriff, der in V. 21a dann wieder aufgegriffen wird. In V. 7b schwingt in dem Bild des Schildes schon der Schutzaspekt und die Abgrenzung von anderem mit, der in dem „Bewahren" von V. 8a aufgegriffen wird. In V. 8b wird durch das Suffix „sein Getreuer" (חסידו) eine bewusste Zuordnung gemacht, die einerseits an die „Geradlinigen" von V. 7a anknüpft, jedoch andererseits eine Abgrenzung intendiert. Es zeichnet die kunstvolle Komposition des Textes aus, dass diese Abgrenzung zunächst nicht weiter ausgeführt, sondern – ganz dem Duktus der Verse 1–4 entsprechend – in positiven Worten die Bedeutung der Weisheit hervorgehoben wird.

In der Folge gewinnt der Text jedoch zunehmend an Verbindlichkeit. Der normative Charakter tritt immer deutlicher zutage. Dementsprechend trifft das eingangs zitierte Diktum von Michael V. Fox den Gesamtduktus von Prov 2 nur bedingt. Denn die spezielle Pädagogik des Kapitels wird im Laufe der thematischen Entfaltung zunehmend exklusiv und mündet schließlich in die schroffe Antithese von V. 20–22 ein. Damit wird eine Position erreicht, die der imperativischen Struktur der anderen Lehrreden in Prov 1–9 durchaus verwandt ist – oder anders formuliert: Prov 2 ist trotz der gewählten konditionalen Form hinsichtlich des Anspruches des Textes nicht weit von den anderen Lehr-

---

191 Vgl. dazu Kap. 3.

reden in Prov 1–7 entfernt.[192] Der Autor von Prov 2 entfaltet kein offenes Konzept, das gleichsam als zu diskutierender Vorschlag im Raum stehen bleibt. Er tritt vielmehr mit dem gleichen normativen Anspruch auf, wie es in den anderen Lehrreden der Fall ist. Dies kann allein daran gesehen werden, dass der Verfasser der Lehrrede keine Alternativen formuliert, die eine Wahlmöglichkeit geben, sondern der Meinung ist, dass derjenige, der sich auf die fremde Frau oder die frevelhaften Männer einlässt, für immer verloren ist.

2.4 Ergebnis: Zur Intention von Prov 2

Die hier vorgelegte Analyse setzte bei der formalen Struktur der Lehrrede ein und nahm von dort ausgehend deren Teilabschnitte in den Blick. Dabei zeigte sich ein kunstvoller Aufbau, der an der äußeren Form festgemacht werden kann und bis zu Stichwortverknüpfungen hineinreicht. Prov 2 weist mit der Orientierung an den 22 Buchstaben des hebräischen Alphabets und der Gliederung anhand von Aleph und Lamed eine Struktur auf, bei der durch die gewählte Form das Umfassende der Botschaft zum Ausdruck gebracht werden soll. Der akrostichische Charakter zielt auf eine Lehrsituation, bei der anhand der Struktur des Alphabets eine Hilfe zum Memorieren des Inhalts gegeben wird. Prov 2 erscheint vor diesem Hintergrund als ein didaktischer Text, der seinen sozio-kulturellen Ort in der Schule bzw. einer Bildungseinrichtung hat. Dies wird im Text durch ein Konditionalgefüge entfaltet, bei dem der Gedankengang als ein Tat-Folge-Geschehen erscheint. Es wäre jedoch ein Fehler, von dem Konditionalis auf eine inhaltliche Offenheit zu schließen. Vielmehr gewinnt die Lehrrede von Prov 2 ihre Kraft aus einer inneren Dynamik, bei der eine Bewegung hervorgerufen wird, die erst in der Schlußsequenz ihr Ziel findet. Dieses Ziel – das Bleiben im Land – ist aber nicht im Sinne eines zukünftig zu erwartenden Handelns zu verstehen, sondern erscheint als logische Folge des gegenwärtigen Agierens.[193]

Das Handeln in der Gegenwart, zu dem die Weisheitslehre eine Anleitung bietet, wird im Text auf kunstvolle und zugleich komplexe Art und Weise beschrieben. Auf der literarischen Ebene geschieht dies durch das Nebeneinanderstellen verschiedener Abschnitte, so bei-

---

192 Vgl. zu dem imperativischen Stil FUHS, a.a.O., 59 und zum Ganzen auch ROY YODER, a.a.O., 35, die in Bezug auf die Lehrrede von Prov 2 resümiert: „the parent's claim is categorical".

193 Vgl. ROY YODER, a.a.O., 34.

spielsweise in V. 5–8 und V. 9–11, bei der verschiedene Sichtweisen miteinander „konvergieren".[194] Besonders greifbar wird dies im ersten Teil der Lehrreden in V. 1–11. Dort stehen Aussagen über die Weisheit denen zum Verhältnis der Weisheit zu JHWH gegenüber. Die Rede des Weisheitslehrers in V. 1 erscheint dabei in die Nähe der Rede JHWHs gerückt, kommen doch Weisheit, Erkenntnis (Wissen) und Einsicht aus JHWHs Mund (V. 5). Selbst wenn hier – entsprechend der weisheitlichen Lehrsituation – ein Weisheitslehrer spricht, so erhält das, was er sagt, doch göttliche und damit normative Autorität. Nur so erklärt sich, dass das Verinnerlichen der Rede und deren Umsetzung in Wort und Tat (V. 2–4) dazu führt, die JHWH-Furcht zu verstehen (בין) und die Gotteserkenntnis zu finden. Was sich hier zeigt, ist ein Zusammenwirken von menschlichem Agieren und göttlichem Handeln.[195] Dabei greifen drei Ebenen ineinander: die Lehre des Weisheitslehrers, das Hören und Suchen des Weisheitsschülers und schließlich das Handeln JHWHs.[196]

Diese Akzentsetzung, die auch in der Auslegungsgeschichte von Prov 2 zu finden ist,[197] hat wiederum Auswirkungen auf die Bedeutung der weisheitlichen Zentralbegriffe in V. 1–4. Denn diese erscheinen vor dem Hintergrund der Textanalyse theologisch eingefärbt, auch wenn diese ‚Färbung' im Rahmen der traditionsgeschichtlichen Analyse erst noch näher untersucht werden muss.[198] Dabei wird in V. 1–4 das Gesamtspektrum weisheitlichen Denkens genannt: die weisheitliche Kompetenz (חכמה), der pragmatische Aspekt (תבונה) und der intellektuelle (בינה). Diese drei weisheitlichen Zentralbegriffe erscheinen in V. 2f zunächst noch als eigenständige Größen, die Gegenstand menschlichen Nachdenkens und Strebens sind, werden jedoch in V. 6 explizit auf JHWH zurückgeführt. Im Argumentationsgang von V. 1–5 wird damit gleichsam die Begründung dafür geliefert, dass die intellektuelle Beschäftigung mit der Weisheit nicht nur zu einer Handlung führt (dem Suchen und Forschen), sondern auch zu einem tieferen Verständnis der

---

194 PLÖGER, a.a.O., 25.

195 So auch CLIFFORD, a.a.O., 47; FOX, Pedagogy, 242 und ROY YODER, a.a.O., 34.

196 Dies findet sich bereits im mittelalterlichen Kommentar des Sa'adja Gaon; vgl. FOX, a.a.O., 242.

197 Vgl. zur Auslegung von Prov 2 bei den Kirchenvätern den Überblick bei WRIGHT, Proverbs, 16–17 mit besonderem Verweis auf Augustin, Origenes und Clemens von Alexandrien.

198 Es liegt auf der Hand, dass allein die Rückführung der Begriffe auf den „Mund JHWHs" ein Thema der deuteronomisch-deuteronomistischen Theologie aufgreift; vgl. dazu unten Abschnitt 3.1.

JHWH-Furcht. Der Weisheitsschüler, der sich ernsthaft um Weisheit bemüht, wird JHWH-Furcht und Gotteserkenntnis finden. Dabei liegt die Funktion der Verse 6–8 darin, das Zusammenwirken von menschlichem Streben nach Weisheit und göttlichem Handeln zu betonen.[199] JHWH bewahrt Umsicht auf, womit ein Ziel des Reflektierens über Weisheit genannt wird: die Schutzfunktion. Die Formel vom Schild und das Verb „aufbewahren" (צָפַן) verdeutlichen, dass sich aus dem Erfassen von Weisheit kein Automatismus ergibt.[200] Es ist der Beistand JHWHs erforderlich.

Ein solches Zusammenwirken von menschlicher Initiative und göttlichem Handeln führt dazu, dass man die Gefahren nicht mehr fürchten muss, denen sich der Weisheitsschüler für gewöhnlich ausgesetzt sieht. Wenn es in V. 11 heißt, dass „Besonnenheit" (מְזִמָּה) dich bewachen und „Einsicht" (תְּבוּנָה) dich behüten wird, dann wirken auch hier das eigene Denken des Menschen und die in V. 6 von JHWH herkommende und damit göttliche תְּבוּנָה zusammen. Sprachlich wird dies durch die Imperative in V. 12 und V. 16 („um dich zu erretten") zum Ausdruck gebracht. Dieses Retten wird in zweifacher Weise exemplifiziert: in Bezug auf die frevelhaften Männer und in Bezug auf die fremde Frau. Dabei zeigt sich ein weiteres Spezifikum: Der Text enthält recht allgemeine Aussagen, die auf den ersten Blick wie eine Offenheit oder gar Nichtfestlegung wirken. So wird beispielsweise bei der Rede vom „Bösen" nicht gesagt, was konkret darunter zu verstehen ist.[201] Vielmehr wird auf die Folge des Tuns und auf den Lebensweg selbst abgehoben. Dieser führt, wie im Abschnitt über die „fremde Frau" deutlich gemacht wird, zum Tod. Zudem ließ die Einzelanalyse erkennen, dass in den knappen Aussagen zur fremden Frau auf Themen angespielt wird, die innerhalb wie außerhalb des Proverbienbuches vorkommen. Gerade hier scheint ein erster Schlüssel zur Lehrrede von Prov 2 zu liegen. Denn die genannte Offenheit erweist sich, wenn man in V. 22 angekommen ist, als eine nur vermeintliche. Sie gilt ausschließlich für denjenigen, der sein Denken entsprechend V. 1–11 einer von JHWH herkommenden Weisheit zuordnet und die Lehre des Weisheitslehrers befolgt. Wenn er dies tut, dann kann ihm so gut wie nichts passieren, dann wird er im Land bleiben und von JHWH geschützt

---

199 Vgl. Roy Yoder, a.a.O., 34f; Delitzsch, a.a.O., 61.
200 Vgl. Fuhs, a.a.O., 61.
201 Vgl. Roy Yoder, a.a.O., 29.

werden.[202] Dabei lohnt sich ein Blick auf diejenigen, die im Text als Vorbilder fungieren. Es sind die ישרים (V. 7.21), der חסיד (V. 8), die צדיקים und טובים (V. 20) sowie die תמימים (V. 21). Auch hier ist es so, dass weisheitliche Begriffe begegnen, jedoch durch den Kontext und die Kombination mit anderen Begriffen wie beispielsweise dem „Getreuen" (חסיד) eine religiöse Ebene erreicht wird, die im Rahmen der traditionsgeschichtlichen Analyse noch weiter auszuloten ist.[203]

Letztlich spiegelt Prov 2 ein erstaunliches Selbstbewusstsein wider, das bereits in der äußeren Form deutlich wird. Das Konditionalgefüge benennt einen klaren und gleichsam unverrückbaren Zusammenhang, bei dem eines zum anderen kommt und das Ergebnis als logische Folge aus dem Vorhergehenden erscheint. Basis dessen ist ein Weisheitsverständnis, bei dem die Weisheit als göttliche Willensbekundung betrachtet wird und gerade nicht als menschliche Qualität. Damit ist zugleich der Punkt benannt, an dem die folgenden Analysen ansetzen müssen. So ist zu klären, in welchem Maße hier nicht nur auf die weisheitliche Tradition selbst, sondern auf andere Texttraditionen angespielt wird und der Text womöglich in einem bestimmten Diskurs zu verorten ist, in dem ihm eine besondere Stimme zukommt. Denn für den Autor von Prov 2 besteht kein Zweifel daran, dass allein seine Lehre zum Verbleib im Land führt und sie damit dem Willen JHWHs entspricht.

Wenn man die Auslegungsgeschichte von Prov 2 in den Blick nimmt, so wurde der Anspruch des Textes immer auch als Problem gesehen. Die jüdischen Kommentatoren des Mittelalters betonten beispielsweise, dass man die Freude an der Weisheit erst nach eingehender Suche und Reflexion erfährt. Sie ist kein Automatismus, sondern muss, wie *Sa'adja Gaon* ausführt, als das Ergebnis eines langen Weges angesehen werden, bei dem man trotz aller Anstrengungen und Mühen den Wert und Nutzen dessen erst erkennt, „wenn man es erreicht hat."[204] Insofern formuliert Prov 2 in seinem Einleitungsteil ein Ziel, das womöglich erst erlangt wird, wenn man das in V. 12–19 genannte Verhalten zeigt. Angesichts dessen liegt der Schluss nahe, dass der Verfas-

---

202 Vgl. FOX, Proverbs, 133, der die Botschaft von Prov 2 auf die Formel bringt: „if you seek wisdom, you *will* find it". (Hervorhebung im Original). Vgl. auch FUHS, a.a.O., 67, der den Gedankengang von Fox aufgreift.

203 Vgl. dazu unten Abschnitt 3.2.1.

204 FUHS, a.a.O., 67. Vgl. auch FOX, Pedagogy, 242 mit Übersetzung der relevanten Passage: "Do not suppose that from the beginning of your inquiry in [wisdom] you will attain its benefit and enjoy it. Rather, be patient, for its beginnings are wearisome, but if you work through them, you will later arrive at lasting satisfaction and joy and happiness." Vgl. DERS., Proverbs, 132.

ser von Prov 2 eine bestimmte Texttradition und eine Reflexion über
Weisheit bereits voraussetzt. Es drängt sich der Eindruck auf, dass Prov
2 ein hochreflektierter Text ist, der eine ganze Reihe von Bezügen enthält – sei es außerhalb oder auch innerhalb des Proverbienbuches. An
diesem Punkt setzt die folgende traditionsgeschichtliche Analyse an,
die im Ergebnis wieder zur Frage der Intention von Prov 2 zurückführen wird, bevor dann die Stellung der Lehrrede von Prov 2 im Proverbienbuch untersucht werden kann.

3. Zur Traditionsgeschichte von Prov 2

Die Analyse von Prov 2 hat gezeigt, dass der Text ein Tat-Folge-Geschehen benennt, bei dem der Weg zum Leben oder der zum Tod zwar erwähnt, jedoch nicht inhaltlich dargelegt werden. Prov 2 enthält – so das Ergebnis der Exegese – eine argumentative Struktur, deren Tiefendimension an einzelnen Begriffen bereits erkennbar wurde, die jedoch als Ganzes erst noch zu erarbeiten ist. In der Folge soll mithilfe der in Kapitel 1 vorgestellten Methode der „textuellen Kohärenz" das traditionsgeschichtliche Gefüge, in dem sich Prov 2 bewegt, ausgelotet und die Stellung der Lehrrede gegenüber anderen alttestamentlichen Traditionen herausgearbeitet werden. Den methodischen Vorüberlegungen entsprechend wird dabei von einem erweiterten Begriff der Traditionsgeschichte ausgegangen, bei dem die Bezüge zu verschrifteter Tradition, d.h. zu Texten im Mittelpunkt stehen. In Fortführung der Textbeobachtungen, aber auch der bisherigen Diskussion zu Prov 2 innerhalb der Forschung sind vor allem drei Traditionsbereiche von Bedeutung: (1) die deuteronomisch-deuteronomistische, (2) späte weisheitlich geprägte Psalmen und (3) spätprophetische, speziell eschatologische Texte, wobei hier auch das Thema der ‚fremden Frau' anzusprechen ist. Alle drei Themen wurden von der bisherigen Forschung bereits mit unterschiedlicher Schwerpunktsetzung erkannt, jedoch noch nicht in ihrer Verbindung zueinander untersucht. In der Folge werden die drei Textbereiche zunächst je für sich in den Blick genommen, um dann in einem zweiten Schritt nach ihrer Bedeutung für das Verständnis von Prov 2 zu fragen.

3.1 Deuteronomische und deuteronomistische Traditionen

Der einleitende Forschungsüberblick hat bereits verdeutlicht, dass seit den Arbeiten André Roberts die Frage nach der Verbindung zwischen der deuteronomisch-deuteronomistischen Tradition und Prov 1–9 diskutiert wird.[1] Letztlich ist jedoch auch Roberts Einsicht aus dem Jahr 1934 nicht neu. So hielt bereits Franz Delitzsch in seinem Sprüche-

---

1   Vgl. dazu oben Abschnitt 1.1 und in jüngerer Zeit S. WEEKS, Wisdom, 29f.

kommentar aus dem Jahr 1873 für den ersten Teil des Proverbienbuches, Kapitel 1–9, fest:

> „Wer hört, um nur eins hier zu erwähnen, in 1,7–c.9 nicht das שמע 5Mos. 6,4–9 vgl. 11,18–21 wiedererklingen? Die ganze Eigenart dieses Lehrdichters ist deuteronomisch."[2]

Für Delitzsch bestand kein Zweifel daran, dass die Verfasser der Texte „ihre verborgenen Wurzeln in dem älteren Schrifttum" haben. Damit benannte Delitzsch jedoch nicht nur eine Perspektive, sondern auch ein Problem.[3] Denn so sehr auch einzelne Bezüge zwischen Prov 1–9 und der deuteronomisch-deuteronomistischen Tradition in der Forschung nach Delitzsch erkannt wurden,[4] so kontrovers wird doch die Frage diskutiert, inwiefern es sich hier um klare Abhängigkeiten handelt oder diese eher durch eine Nähe des Deuteronomiums zu weisheitlichem Denken zu erklären sind.

> Das Buch von Moshe Weinfeld „Deuteronomy and the Deuteronomic School" aus dem Jahr 1972 hat eine breite Wirkung entfaltet, die bis zu dem 2009 erschienenen Proverbienkommentar von Michael V. Fox reicht. Weinfelds Abschnitt über „Deuteronomistic Literature and Wisdom Literature" (Kap. 3 des Buches) ist bis heute die – in den Worten Georg Brauliks – „umfassendste und zugleich profilreichste Auseinandersetzung" zum Thema.[5] Weinfeld selbst hat dazu einige Vorarbeiten vorgelegt und in der Einleitung seines 1991 erschienenen Deuteronomiumkommentars für die Anchor-Bible (in der auch der Proverbienkommentar von M.V. Fox erschienen ist) die These nochmals erneuert.[6] Weinfeld geht von einem starken weisheitlichen Einfluss auf das Deuteronomium aus. Dieses ist dann für Fox das Hauptargument, um die terminologischen Gemeinsamkeiten zwischen den Proverbien und dem Deuteronomium zu erklären.[7] Fox steht

---

2   DELITZSCH, Spruchbuch, 29.

3   A.a.O., 29.

4   Wenn in der Folge das Sigel „deuteronomistisch" verwendet wird, so werden damit Texte bezeichnet, die sich sprachlich und sachlich auf das Deuteronomium beziehen. Norbert Lohfink hat zu Recht die Tendenz der Forschung problematisiert, deuteronomistische Redaktionsschichten in allen möglichen Büchern des Alten Testaments finden zu wollen und dies treffend als „Pandeuteronomismus" bezeichnet (LOHFINK, Bewegung, 317). Vgl. zur Kritik an dem unreflektierten Gebrauch der Bezeichnung „deuteronomisch/deuteronomistisch" auch E. OTTO, Jeremia, 518, Anm. 11 und LOHFINK, a.a.O., 320.

5   BRAULIK, Weisheit, 39.

6   Vgl. WEINFELD, Deuteronomy, 55–57 und 62–65. Zu den älteren Arbeiten s. den Überblick bei BRAULIK, a.a.O., 39f.

7   Vgl. FOX, Proverbs, 79. Interessant ist in diesem Zusammenhang die Argumentation von FOX bei Prov 6,20–22, wo er zwar eine Nähe zu Dtn 11,18–20 konstatiert, diese jedoch für unspezifisch hält: "Prov. 6:20–22 formulates a commonplace of educati-

damit in einer Linie mit Johannes Fichtners Arbeit aus dem Jahr 1933: „Die altorientalische Weisheit in ihrer israelitisch-jüdischen Ausprägung". Fichtner vertrat darin die These, dass in den Proverbien die Begriffe ‚Tora' oder auch ‚Mizwa' nie in „nomistischem", sondern immer in „chokmatischem" Sinne verwendet würden.[8] Davon ausgehend wird in der Forschung die Auffassung vertreten, dass es einen dezidiert nicht-theologischen Gebrauch des Begriffs ‚Tora' gebe, der sich nun nicht etwa aus der theologischen Bedeutung des Wortes ableiten lasse, sondern umgekehrt gerade die Wurzel des Verständnisses von ‚Tora' bilde.[9]

Ungeachtet der Frage nach dem Verhältnis von Weisheit und Tora kann für das Deuteronomium zunächst festgehalten werden, dass Weinfelds These nur in Teilen zutrifft. Denn bei einer ganzen Reihe der von Weinfeld identifizierten, weisheitlich geprägten Texte handelt es sich um redaktionelle Zusätze zum Deuteronomium, die nicht im Sinne Weinfelds interpretiert werden können.[10] Hinzu kommt, dass von „Weisheit" im engeren Sinn überhaupt nur in wenigen Texten des Deuteronomiums die Rede ist.[11] Vor dem Hintergrund der jüngeren Diskussion um das Deuteronomium stellt sich hingegen eine andere Frage. Georg Braulik hat die ansprechende These aufgestellt, dass die weisheitlichen Begriffe im Deuteronomium als eine Art „hermeneutisches Konstrukt" zu verstehen seien. Sie dienten – so Braulik – einer „Hermeneutik der Leitungsämter des Volkes, ferner der Tora und des Gehorsams ihr gegenüber".[12] Die Deuteronomiumstexte – und speziell die redaktionellen Passagen – wären demnach selbst Teil eines Diskurses über das Verhältnis von Tora und Weisheit.[13] In-

---

on." Vgl. auch a.a.O., 951f., wo Fox durchaus differenziert zu Weinfeld Stellung nimmt.

8   FICHTNER, Weisheit, 83; vgl. auch LIEDKE/PETERSEN, Art. תורה, 1033.

9   Vgl. dazu die Argumentation bei LIEDKE/PETERSEN, a.a.O., 1034 und LIEDKE, Gestalt, 195f, der in der elterlichen Unterweisung den Ursprung von ‚Tora' sieht.

10 Vgl. BRAULIK, a.a.O., 65 sowie Abschnitt 3.1.3 dieser Arbeit.

11 Vgl. PERLITT, Deuteronomium (BK V), 66.

12 BRAULIK, a.a.O., 66.

13 Dies gilt auch dann, wenn man Brauliks These des „hermeneutischen Konstrukts" nicht folgen möchte. S. dazu auch Abschnitt 5.3 dieser Arbeit zum Ansatz von Gerald T. Sheppard, auf den sich BRAULIK bezieht (a.a.O., 66). In diesem Zusammenhang müsste dann auch die Datierung von Dtn 4 diskutiert werden. Vgl. hierzu die aufschlußreichen Überlegungen von SCHENKER, Übersetzung, 34, der auf eine enge Verwandtschaft zwischen Platon VII. Brief und Dtn 4,6–8 hinweist. – Die Kritik an Weinfeld ändert nichts daran, dass es in der Sache durchaus Gemeinsamkeiten zwischen Passagen des Deuteronomiums und den Proverbien gibt; vgl. dazu die Studie von RYAN O'DOWD, The Wisdom of Torah, 2009, die zwar in methodischer Hinsicht problematisch ist (dazu RÜTERSWÖRDEN, Rezension, 301f), jedoch einen möglichen Weg aufzeigt. S. auch die älteren Arbeiten von MALFROY, Sagesse, 50f (mit einer Liste weisheitlicher Begriffe im Deuteronomium) und CARMICHAEL, Deuteronomic

sofern muss die Frage nach der Bedeutung von ‚Tora' in den Proverbien und von Weisheit im Deuteronomium neu gestellt werden.[14]

Bei der folgenden Analyse möglicher Gemeinsamkeiten zwischen Prov 2 und dem Deuteronomium wird zunächst bei den Vergleichstexten selbst angesetzt und erst in einem zweiten Schritt geprüft, wo ein Zitat bzw. eine zitathafte Anspielung vorliegt und wo lediglich eine terminologische Nähe.

3.1.1 Die Gebote (מצות), Prov 2,1

Bei der Suche nach Zentralbegriffen der deuteronomisch-deuteronomistischen Tradition wird man bereits in V. 1 fündig. Im Parallelismus zu den „Worten" (אמרים) in V. 1a finden sich in V. 1b die „Befehle" bzw. „Gebote" (מצות). Die Frage ist, inwiefern hier an ein göttliches Gesetz gedacht ist oder sich der Begriff auf ein zwischenmenschliches Verhältnis bezieht. Wenn man vom Wort selbst ausgeht, so muss zunächst festgehalten werden, dass מצוה sich ursprünglich nicht auf eine göttliche Autorität bezieht. Das Nomen leitet sich vom Werb צוה ab und gehört in den Bereich des Rechts.[15] Es bezeichnet dort die Rechtsnorm oder auch das Rechtsurteil und kann dementsprechend in Jer 32,6–14 als juristischer Terminus beim Loskauf eines Ackerfeldes verwendet werden.[16] „Das Wort *miṣwāh* ist an sich autoritativ. Eine *miṣwāh* soll befolgt werden, weil sie von jemandem mit Autorität gegeben wurde."[17] Dies kann beispielsweise der Vater sein (Jer 35) oder auch der König (2 Kön 18,36; Jes 36,21). Dementsprechend bezeichnet das Wort „das Befohlene" oder auch „das Gebot", dem vom Blickwinkel des Angesprochen aus die „Pflicht" oder auch die „Verpflichtung" entspricht.[18] Ausgehend von diesem Verständnis wurde der Begriff in der

---

Laws, 200f, der auf den Zusammenhang zwischen Gesetzestexten und weisheitlichem Denken verweist. Zu letzterem auch BLENKINSOPP, Wisdom and Law, 84.

14 Vgl. dazu unten Kap. 5. Dass es Gemeinsamkeiten gibt, wird allein schon an der Auslegungsgeschichte deutlich. So wird, um nur ein Beispiel zu nennen, bei der Auslegung von Dtn 6,7 in Sifré, XXXIV, 74b die Passage Prov 6,22 zitiert; vgl. BUCHANAN, Midrashim, 233.

15 Vgl. LEVINE, Art. מצוה, 1086 und LIEDKE, Gestalt, 190.

16 Vgl. dazu LIEDKE, a.a.O., 191.

17 Vgl. LEVINE, a.a.O., 1087f und ROY YODER, Proverbs, 24. Vgl. auch 2 Chr 24,21; 30,12; Neh 12,24f sowie Jer 27,4; 36,8; 38,27; 39,11; 51,59. Ein Problem bei Jer 35 ist, dass der Text deuteronomistisch überarbeitet wurde; vgl. dazu LIEDKE, a.a.O., 189.

18 Vgl. BARTH, Nominalbildung, 243, Nr. 161 und zur ursprünglichen Bedeutung des Wortes im Sinne von „Gebot" LIEDKE, a.a.O., 194.

deuteronomistischen Tradition auf Gott, den göttlichen Willen und schließlich die Gebote bezogen. Entscheidend ist dabei der Gedanke des Deuteronomiums, dass die Gesetze und Rechtsnormen auf eine Offenbarung Gottes zurückgehen.[19] In diesem Sinne erscheint der Begriff als zentraler Terminus erstmals in Dtn 1–11.[20] Er wird in Dtn 4,2 („die Gebote JHWHs", מצות יהוה) und in 6,25 („dieses ganze Gebot", כל מצוה הזאת) verwendet und ist hier eindeutig auf die göttlichen Gebote bezogen.[21] מצוה und תורה sind dabei eng miteinander verbunden.[22]

Ausgehend von dieser Bedeutung in der deuteronomistischen Literatur wurde der Begriff מצוה in andere Traditionen übernommen.[23] Neben den Psalmen 19 und 119, auf die noch genauer einzugehen sein wird, ist im Hinblick auf Prov 2 vor allem Lev 26 in seinem Verhältnis zu Dtn 28 interessant.[24] Lev 26 kann als ein erstes Beispiel für ein literarisches Verfahren dienen, das noch von Bedeutung sein wird – die Relecture eines Textes aus dem Deuteronomium bei gleichzeitiger Akzentverschiebung.[25] Streng genommen findet sich in Lev 26 eine Korrektur der priesterlichen Theologie vom Deuteronomium her, weshalb die Priesterschrift hier geradezu „deuteronomisch" erscheint.[26] Ganz im Sinne der deuteronomischen Auffassung wird das Gesetz als von Gott geoffenbart ausgewiesen.[27] Sowohl in Dtn 28 als auch in Lev 26 ist מצוה der bestimmende Begriff. Er wird drei Mal in Lev 26 verwendet (V. 3.13.15) und fünf Mal in Dtn 28 (V. 1.9.13.15.45). In beiden Fällen wird das Befolgen oder der Ungehorsam gegenüber der מצוה mit Segen und Fluch verbunden.[28] Dabei ist sowohl für die priesterliche wie die deute-

---

19 Es ist allgemein bekannt, dass gerade dieser Gedanke das alttestamentliche Recht vom altorientalischen unterscheidet; vgl. zu den sich daraus ergebenden Problemen und hermeneutischen Fragen, die letztlich auch auf die Analyse von Prov 2 zurückwirken LEVINSON, Right Chorale, 32f und unten Kap. 5.1.

20 Vgl. LEVINE, a.a.O., 1091 und FOX, a.a.O., 107.

21 Dtn 6,25 ist vermutlich auf einen späteren Bearbeiter des Kapitels zurückzuführen, der jedoch an die ursprüngliche Intention anknüpft, nach der in V. 5 das „gesetzliche Verständnis ‚dieser Worte' … bereits vorausgesetzt ist", VEIJOLA, Moses Erben, 92.

22 Dazu SCHNIEDEWIND, Textualization, 157.

23 Vgl. dazu LIEDKE/PETERSEN, a.a.O., 1032–1034.

24 Vgl. dazu unten 3.2.

25 Formal wird man dieses im Sinne der in 1.2.2. vorgestellten Kriteriologie als „Inkongruenz" bezeichnen können.

26 Dies hat Norbert LOHFINK herausgearbeitet: Abänderung, 166f. Vgl. auch OTTO, Exegese, 90.

27 Vgl. BRAULIK, Gesetz, 135f; OTTO, a.a.O., 92 und MÜLLER, View, 228.

28 Vgl. LEVINE, a.a.O., 1094 und zu Lev 26 GRÜNWALDT, Heiligkeitsgesetz, 112f. Zum Verhältnis von H und Dtn auch STACKERT, Rewriting, 209–211 und oben Kap. 1.1.2 mit Anm. 116.

ronomisch-deuteronomistische Tradition zentral, dass das Nomen in seiner Pluralform die „Totalität der Gesetze" bezeichnet.[29] Die Frage ist jedoch, ob eine solche Bedeutung der Pluralform von מצוה auch für Prov 2,1b angesetzt werden kann.

Betrachtet man die Verwendung des Begriffes im Proverbienbuch selbst, so legt sich ein solcher Gebrauch nahe, auch wenn er – allein vom Wort מצות ausgehend – nicht zwingend ist.[30] Vielmehr bedarf es weiterer Argumente, um eine Verbindung von Prov 2 zur deuterono-misch-deuteronomistischen Tradition plausibel zu machen.

Im Proverbienbuch findet sich das Wort מצוה insgesamt elf Mal (1,8; 2,1; 3,1; 4,4; 6,20.23; 7,1.2; 10,8; 13,13; 19,16). Dabei dominiert in den älteren Proverbien die singularische Verwendung (13,13; 19,16 gegen-über 10,8 Plural) und in Prov 1–9 die pluralische (Singular nur in 6,20. 23, alle anderen fünf Belege haben den Plural).[31] Interessant ist, dass in Prov 1–9 nicht nur der Plural häufig begegnet, sondern auch die suffi-gierte Form. So beziehen sich 1,8; 2,1; 3,1; 4,4; 7,1f auf die מצות der Lehrperson (nur 6,20 meint das Gebot des Vaters, 6,23 ist die einzige Stelle ohne Suffix in Prov 1–9).

Gerlinde Baumann hat darauf hingewiesen, dass bis auf eine Aus-nahme (Jer 35,18) sich die מצות in ihrer suffigierten Form immer auf JHWH beziehen. Baumann schließt daraus, dass die Verwendung des Begriffes in Prov 1–9 „die Grenze zwischen menschlichen und göttli-chen Geboten überschreiten bzw. verwischen" soll.[32] Die folgenden Ausführungen werden zeigen, dass diese Interpretation einen zentralen Sachverhalt beschreibt, der in Prov 2 an verschiedenen Stellen greifbar wird. Die Sprache changiert gleichsam; sie kann – geht man von ein-zelnen Begriffen aus – sowohl in die eine als auch in die andere Rich-tung gedeutet werden, was zugleich eine exakte Festlegung er-schwert.[33]

Die Problematik einer exakten Bestimmung wird deutlich, wenn man den näheren Kontext in Prov 2 betrachtet. Das Wort מצות von V. 1b steht parallel zu den אמרי „meine Worte" von V. 1a. Der Begriff אמר bezeichnet zunächst allgemein den Spruch, das Wort oder auch die Weisung und kann in Einzelfällen auch das Wort Gottes kennzeichnen

---

29   Vgl. LEVINE, a.a.O., 1094.
30   Vgl. BROWN, Reexamination, 255.
31   Vgl. BAUMANN, Weisheitsgestalt, 295.
32   BAUMANN, a.a.O.
33   Vgl. dazu die Einwände von Michael FOX gegenüber BAUMANN, a.a.O., 79, die je-doch dem generellen Ansatz von Fox geschuldet sind, dazu Anm. 7f in diesem Kapi-tel und unten Abschnitt 3.1.2.

(Jos 24,27).[34] Der Schwerpunkt der insgesamt knapp 50 Belege liegt jedoch im Psalter, im Hiobbuch und in den Proverbien, so dass eine Nähe zur deuteronomistischen Theologie oder der Torathematik zunächst nicht gegeben ist.[35] Eine solche Verbindung wird eher durch Parallelbegriffe hergestellt – z.B. durch תורה in Ps 78,1 –, als dass sie dem Begriff selbst innewohnen würde. Dementsprechend legt das Belegspektrum im Proverbienbuch, insbesondere in Prov 10–24, eine allgemeine Bedeutung nahe. Das Wort אמר wird in Prov 22,21 als „zuverlässiges Wort" verstanden (אמרי אמת) und in 23,12 als Wort der Erkenntnis.[36] Interessant im Hinblick auf Prov 2,1 ist eine Textstelle in Hi 23,12 mit einer ähnlichen Aussage:

> Von den Geboten (מצות) seiner Lippen wich ich nicht ab, in meiner Brust[37] bewahrte ich die Worte seines Mundes auf (צפנתי אמרי פיו).

Wie in Prov 2,1 werden die Nomina מצוה und אמר verwendet sowie das Verb צפן, das jedoch hier auf die „Worte seines Mundes" und damit auf die Worte JHWHs bezogen ist. Interessanterweise ist dies in Hi 23,1–17 mit dem Weg des Frommen verbunden, wobei V. 11 explizit zum Ausdruck bringt, dass sich dieser Weg am Weg Gottes orientiert: „An seiner Fußspur hielt mein Fuß fest, seinen Weg bewahrte ich (שמר) und wich nicht ab."[38] Die Textanalyse zu Prov 2 zeigte, dass gerade im zweiten Teil der Lehre die Wegthematik in den Vordergrund rückt. In Hi 23,12 wird mit dem Verb שמר ein Begriff verwendet, der in der deuteronomistischen Tradition den Gehorsam gegenüber JHWHs Gebot bezeichnet.[39] Hinzu kommt die Formulierung „sein Mund", die – wie zu zeigen sein wird – ebenfalls in deuteronomisch-deuteronomistischen Texten von Bedeutung ist.[40]

Wenn diese Textbeobachtungen zutreffen, dann zeigt sich an dieser Stelle ein interessanter Sachverhalt: Es lässt sich nicht nur eine direkte Linie von Prov 2 zum Deuteronomium nachweisen, sondern auch eine

---

34 Vgl. auch die „göttlichen Worte" von Num 24,4.16; Ps 107,11 und die „Worte des Heiligen" in Hi 6,10; GESENIUS[18], 77.

35 Vgl. WAGNER, Art. אמר, 369.

36 Prov 23,12 erwähnt die „kenntnisreichen Worte"; vgl. MEINHOLD, Sprüche, 389 und FUHS, Sprichwörter, 327f.

37 Vgl. zur Textkritik STRAUß, Hiob, 73 (12a+b) und WITTE, Notizen, 73f. S. auch WITTE, Leiden, 117, der auf die Nähe zu Prov 2,1 verweist (a.a.O., 120, Anm. 243 mit Nennung von Ps 119,11; Prov 2,1; 7,1; Dtn 32,1; Hos 6,5 und Jer 9,19).

38 Zur Intention von 23,2ff s. WITTE, a.a.O., 129.

39 Vgl. LEVINE, a.a.O., 1092 und STRAUß, a.a.O., 79 mit Verweis auf Dtn 30,14 und Jer 31,33.

40 S. dazu Kap. 3.1.2.

breite Texttradition, bei der weisheitliche Texte, mögen sie im Proverbienbuch, im Hiobbuch oder auch an anderer Stelle stehen, sich zu
einer Größe ‚Tora' im Sinne des deuteronomisch-deuteronomistischen
Gesetzes verhalten.[41]

Im Hinblick auf Prov 2,1 und die deuteronomisch-deuteronomistische Tradition kann damit zweierlei festgehalten werden:[42] (1) Das
„Aufbewahren" der Gebote (צפן מצות) ist in dieser Form singulär und
kann als geprägte Formulierung nicht aus der deuteronomisch-
deuteronomistischen Tradition hergeleitet werden.[43] (2) Mit dem Wort
מצוה wird hingegen ein Leitbegriff der deuteronomisch-deuteronomistischen Tradition verwendet, bei dem die hier benutzte Pluralform
darauf deuten könnte, dass damit – ganz dieser Tradition entsprechend
– an die Gesamtheit der göttlichen Gebote gedacht ist.

3.1.2 Das Zuneigen des Herzens (נטה לב), Prov 2,2

Das bisher erarbeitete Bild gilt auch für die Formulierung vom „Zuneigen des Herzens" (נטה לב) in Prov 2,2. Die Weisheitsrede von Prov 2
lässt sich nicht einlinig deuten, sondern eröffnet unterschiedliche Bezugsfelder. Dementsprechend stehen sich auch bei der Interpretation
von V. 2 zunächst zwei Möglichkeiten gegenüber. Zum einen kann die
Wendung als klassische Aufmerksamkeitsformel verstanden werden,
wie sie in den altorientalischen Weisheitslehren mehrfach begegnet.
Speziell in den ägyptischen Lebenslehren finden sich einige Belege, die
zum Teil sogar die Parallelität von „Ohr" und „Herz" enthalten. Zu
nennen sind hier die Lehre des Amenemope und die des Ani:[44]

Amenemope	Ani
(9) Gib deine Ohren, höre, was gesagt wird, (10) gib dein Herz zu ihrem Verständnis. (11) Nützlich ist es, sie in dein Herz zu geben.	(B 15,1) [Siehe, ich sage dir diese] nützlichen Ratschläge, die in deinem Herzen wichtig sein sollen.(15,2) Befolge sie, damit es dir gut geht und alles Übel fern von dir ist.

---

41 Vgl. dazu unten Kap. 5 dieser Arbeit.
42 Interessanterweise finden sich beide Begriffe in den Proverbien nur innerhalb eines
    Verses, der wiederum enge Bezüge zu 2,1 aufweist. So fordert 7,1 dazu auf: „mein
    Sohn, bewahre (שמר) meine Worte, und meine Gebote verbirg bei dir." Vgl. dazu un-
    ten Kap. 4.1 wo diesen Bezügen ausführlich nachgegangen wird.
43 Innerhalb von Prov 1–9 wird מצות auch mit der תורה verbunden (3,1; 6,20.23; 7,2).
44 Vgl. SCHIPPER, Lehre, 234 und zur Bedeutung des Herzens in den Einleitungsab-
    schnitten der ägyptischen Lebenslehren KAYATZ, Studien, 45f.

Vor dem Hintergrund dieser Texte wollen einige Kommentatoren die Aussage in V. 2, das Ohr auf die Weisheit auszurichten und das Herz ihr zuzuneigen, als Aufmerksamkeitsformel verstehen.[45] Zwar findet sich die Parallelität von Ohr und Herz in den ägyptischen Texten, wie auch betont wird, dass es wichtig ist, die Ratschläge ins Herz zu nehmen, aber die Formulierung von Prov 2,2b, das „Herz zuzuneigen" (נטה לב) begegnet gerade nicht in den genannten Lebenslehren.[46]

Die mit der Wurzel נטה hif. gebildete Formulierung ist hingegen in anderen alttestamentlichen Texten vielfach bezeugt. Das Herz zuneigen oder auch „in eine bestimmte Richtung lenken"[47] kann zunächst ganz allgemein bedeuten, sich jemandem zuzuwenden. In 2 Sam 19,15 ist es David, der die Männer Israels derart überzeugte, dass sie ihr Herz ihm zuneigten (נטה hif.), sie „zu ihm hielten" und in der Folge mit ihm in den Kampf zogen. Neben dieser neutralen Bedeutung findet sich die Wendung auch im religiösen Kontext, speziell in der deuteronomisch-deuteronomistischen Literatur. So sind es in 1 Kön 11 Salomos ausländische Frauen, die sein Herz abtrünnig machen. In der JHWH-Rede 1 Kön 11,2 heißt es über die ausländischen Frauen: „Ihr sollt euch nicht mit ihnen einlassen, und sie sollen sich nicht mit euch einlassen, damit sie nicht euer Herz zu ihren Göttern hinlenken (נטה hif.)". Umgekehrt wird in der deuteronomistischen Passage von 1 Kön 8,58 betont, dass JHWH die Herzen zu sich lenken möge (נטה hif.) „um zu gehen auf allen seinen Wegen und zu bewahren (שמר), seine Gebote (מצותיו), seine Satzungen (חקיו) und seine Rechtssätze (משפטיו)." Dieser Gedanke findet sich in positiver Formulierung auch in Ps 119,36, wenn es dort heißt: „neige mein Herz deinen Vorschriften zu".[48] Dabei ist vorausgesetzt, dass die Wendung נטה לב nicht einfach nur auf Aufmerksamkeit abzielt, sondern auf eine daraus resultierende Handlung.[49] Im Falle von Ps 119 ist diese auf die Tora bezogen, was insofern eine Parallele zu Prov 2,2 darstellt, als dass die Konstruktion נטה לב (hif.) in der Regel mit einer Person als Objekt konstruiert wird und nicht mit einem Abstraktum wie etwa der תבונה.[50]

---

45 Vgl. Fox, a.a.O., 110; Waltke, Proverbs I, 221 mit Verweis auf Amenemope und Kayatz, a.a.O., 44.

46 Die Wendung findet sich auch nicht in Prov 22,17, wo vom „Zuneigen" des Ohres die Rede ist; vgl. dazu Meinhold, a.a.O., 378 und Plöger, Sprüche, 267.

47 Vgl. zur Grundbedeutung der Wurzel im hif. Ringgren, Art. נטה, 413.

48 Vgl. Ringgren, a.a.O., 413 und zu Ps 119 unten Abschnitt 3.2.3.

49 Fox, a.a.O., 109.

50 Ein Abstraktum als Objekt findet sich in Ps 49,5 (das Zuneigen des Ohres, vgl. Ps 78,1). Interessant ist auch Ps 141,4, wo vom Zuneigen des Herzens zu bösen Worten

Damit kann zunächst festgehalten werden, dass die Wendung „das Herz zuneigen" (נטה לב) nicht einfach nur im Sinne eines Aufmerksamkeitsrufes zu verstehen ist, sondern auf das weitere Handeln des Angesprochenen abzielt. Auch wenn Prov 2,2 eine Nähe zur klassischen Aufmerksamkeitsformel weisheitlicher Texte erkennen lässt, so weist die Konstruktion durchaus auf die deuteronomisch-deuteronomistische Tradition.[51] Dabei zeigt sich erneut, dass Prov 2 gleichsam zwischen weisheitlicher Sprache und Gesetzesthematik changiert. Letztere markiert eine Tiefendimension, die nur mittels der intertextuellen Analyse herausgearbeitet werden kann. Zum jetzigen Zeitpunkt ist jedoch noch nicht zu entscheiden, inwiefern die hier so bezeichnete „Tiefendimension" des Textes vom Autor absichtlich in seine Lehrrede eingetragen wurde oder eher eine allgemeine theologische Matrix darstellt, die implizit und nicht explizit verwendet wurde.

3.1.3 JHWH, das Gesetz und die Weisheit, Prov 2,6

In Prov 2,6 wird über JHWH gesagt, dass er die Weisheit gibt (נתן) und „aus seinem Mund" (מפיו) Wissen und Einsicht kommen.[52] Die Formulierung ist in zweierlei Hinsicht aufschlussreich, zum einen in Bezug auf den „Mund JHWHs", zum anderen hinsichtlich von תבונה und דעת, die daraus hervorgehen. Die Wendung vom Mund JHWHs findet sich besonders häufig in Texten, in denen von Gottes Gebot, seinem Befehl oder auch seinem Auftrag die Rede ist.[53] Der Ausdruck פי יהוה begegnet sowohl in priesterlicher (Ex 17,1; Lev 24,12; Num 3,16.39.51 u.ö.) als auch in deuteronomisch-deuteronomistischer Literatur (Dtn 34,5; Jos 15,13; 17,4; 19,50; 21,3; 22,9; 2 Kön 24,9).[54] Aufschlussreich ist Dtn 8,3, wo die Formulierung auf das Gesetz bezogen ist:

> So demütigte er dich und ließ dich hungern und gab dir dann das Manna zu essen, das du nicht kanntest und das auch deine Väter nicht kannten, um dich erkennen zu lassen (ידע hif.), dass der Mensch nicht nur vom Brot

---

die Rede ist. Vgl. für einen außerbiblischen Gebrauch auch die Belege in den Arad-Inschriften, Arad 40,4, RENZ, Inschriften 3,22.
51 Vgl. auch die Wendung in Dtn 30,14, nach der das Wort (hier bezogen auf das Gebot) „in deinem Mund und in deinem Herzen ist"; dazu KRÜGER, Gesetz, 4.
52 Vgl. aber WALTKE, a.a.O., 224, der meint, dass es sich um prophetische Terminologie handelt; vgl. Jes 1,20.
53 Vgl. GARCÍA LÓPEZ, Art. פה, 530.
54 Vgl. GARCÍA LÓPEZ, a.a.O.

lebt, sondern dass der Mensch von allem, was aus dem Mund JHWHs (פי יהוה) hervorgeht, lebt.

Vers 3 ist Teil des Abschnittes 8,2–6, der eine theologische Reflexion über die Bedeutung der Wüstenwanderung enthält.[55] Der Text ist geprägt durch die Trias von „Gedenken" (V. 2), „Erkennen" (V. 3.5) und „Bewahren" (V. 6). V. 3 legt den Akzent auf die Gegenüberstellung von dem „Brot" (hier stellvertretend für alle Nahrung) und dem, „was aus dem Mund JHWHs hervorgeht" (פי יהוה). Dabei geht es jedoch nicht um irgendein Wort Gottes (so LXX), sondern um die Gesetze (V. 2, מצות).[56] Im Zentrum steht Gottes Äußerung (vgl. Dtn 23,24; Num 30,13; Jer 17,16), die auf das Gesetz hin zugespitzt wird: „Alles, was aus dem Munde JHWHs hervorkommt, sind … vor allem und über alles seine Gebote."[57] So kann die Formulierung פי יהוה die Anordnung oder auch den Befehl JHWHs selbst bezeichnen (1 Sam 12,14f; 15,24) und in diesen Texten parallel zu מצוה gebraucht werden (1 Kön 13,21).[58] In Dtn 8 wird dies mit dem Gedanken der Unterweisung verbunden. So heißt es in V. 5f:

(5) Darum sollst du in deinem Herzen erkennen (ידע qal), dass JHWH, dein Gott, dich erzieht (יסר pi.), wie ein Mann seinen Sohn erzieht,

(6) und du sollst die Gebote JHWHs (מצות יהוה), deines Gottes, bewahren (שמר), indem du auf seinen Wegen wandelst und ihn fürchtest (ירא).

Die beiden Verse bieten eine Art Kompendium von Weisheit, Geboten, JHWH-Furcht und dem Lebensweg, wie es für die hier vorliegende literarische Schicht des Deuteronomiums charakteristisch ist. Bereits bei der Diskussion der Thesen Moshe Weinfelds zum Verhältnis von Deuteronomium und Weisheit wurde darauf hingewiesen, dass die von ihm herangezogenen Texte oftmals spätdeuteronomistisch sind. Dies gilt auch für Dtn 8,2–6.[59] Der Text steht für eine Position, die ein spezielles Interesse an der Verbindung von Gesetz und Weisheit hat.

---

55 Vgl. VEIJOLA, 5. Buch Mose, 218 und NIELSEN, Deuteronomium, 104f.

56 So VEIJOLA, a.a.O., 220.

57 So die Formulierung von GARCÍA LÓPEZ, a.a.O., 530; ähnlich VEIJOLA, a.a.O.

58 Oftmals wird hier das Verb מרה „widerspenstig sein" verwendet, das in der Wortkombination die Bedeutung hat, „sich einem Befehl zu widersetzen"; vgl. LABUSCHAGNE, Art. פה, 410.

59 OTTO, Deuteronomium, 144, Anm. 140 hält den Abschnitt 8,2–5 für postdeuteronomistisch; VEIJOLA, a.a.O., 211 ordnet den Text seinem Redaktor „DtrB" zu (worin er einem Ansatz von Christoph LEVIN folgt: Verheißung, passim; vgl. auch den Verweis bei VEIJOLA, a.a.O., 4). LEVIN selbst zählt sowohl Dtn 4 als auch Dtn 8 nicht zu seinem „bundestheologischen Deuteronomium", a.a.O., 109. Zur Kritik an der These

In den zitierten Versen 5–6 wird dies mit dem Erkenntnisvermögen des Menschen verbunden. Er soll in seinem Herzen „erkennen" (ידע), dass JHWH ihn erzieht (יסר). Mit der Wurzel יסר wird ein Wort verwendet, das in den Proverbien mehrfach begegnet. יסר kann das Unterweisen einer Person bezeichnen, wird jedoch oftmals im Sinne des Zurechtweisens oder auch des „Korrigierens" verwendet.[60] Gegenüber dem Verb למד (pi.) schwingt bei יסר eher der strafende Aspekt mit. Es geht um die „Zucht" durch den Lehrer.[61]

In Dtn 8,2–6 erklärt sich vom Inhalt her, warum hier יסר und nicht למד steht: Die Mühsal der Wüstenwanderung wird theologisch mit dem Aspekt der Unterweisung durch JHWH verbunden; sie muss damit als Zucht erscheinen. Im Hinblick auf Prov 2 ist dabei wichtig, dass dieser Aspekt des Lehrens mit den Geboten JHWHs und der Wegmetaphorik verbunden wird. Dtn 8,5–6 liest sich fast wie das in Kurzform gefasste Programm von Prov 2. Es geht um die Erziehung durch den Vater (in Dtn 8 auf JHWH bezogen), welche die Gebote (JHWHs) zum Gegenstand hat und mit dem Verstand (dem Herzen) erfasst werden will, was wiederum Auswirkungen auf den Lebensweg hat. Damit verbunden sind jedoch zwei gravierende Unterschiede, die an der Wurzel שמר und dem Begriff der JHWH-Furcht deutlich werden. Während in Dtn 8 das Bewahren der Gebote und die JHWH-Furcht eine Leistung des Weisheitsschülers (und damit Israels) sind, erscheint dies in Prov 2 als eine Leistung der Weisheitslehre bzw. JHWHs. In Prov 2,5 erfolgt aus dem Suchen nach Weisheit ein Verstehen der JHWH-Furcht, so wie JHWH den Weg seines Getreuen bewahrt (V. 7). Im Zusammenhang von Prov 2 erscheint somit das, was Dtn 8 einfordert, als logische Konsequenz aus dem Befolgen der Weisheitslehre. Etwas pointierter formuliert könnte man sagen, dass Prov 2 auf denjenigen reagiert, der sich nach dem Lesen von Dtn 8 fragt, wie er das alles realisieren soll. Dies verweist darauf, dass in Prov 2 auch der Begriff der JHWH-Furcht vom Deuteronomium her seinen tieferen Sinn erhält.

Der Begriff der JHWH-Furcht ist in der Wendung „JHWH fürchten" (d.h. verbal konstruiert wie in Dtn 8,6) geradezu ein Spezifikum der deuteronomisch-deuteronomistischen Literatur. Er weist „sowohl auf der sprachlichen wie semantischen Ebene eine bemerkenswerte

---

einer DtrB genannten Redaktionsschicht vgl. PERLITT, Deuteronomium (BK V/4), 288.

60 Vgl. BRANSON, Art. יסר, 691.
61 Vgl. dazu die Verwendung des Nomens מוסר in Jer 2,30; 5,3, wo mit der Zurechtweisung Schläge verbunden sind.

Einheitlichkeit auf".[62] Inhaltlich ist dies bezogen auf den Bund JHWHs mit seinem Volk, die ברית (vgl. Dtn 5,29, das Herz als Sitz der Gottesfurcht), die eine kultische Dimension haben kann.[63] Demgegenüber ist in der Weisheit die JHWH-Furcht keine Größe, die zwangsläufig auf den Bund oder den Kult anspielt, sondern ein Begriff, der das Wissen um die Gesetze der Welt und die Macht JHWHs zum Ausdruck bringt; die יראת יהוה wird zum „rechten Verhalten".[64] Auch zwischen der Konstruktusverbindung, die mehrfach in der Weisheitsliteratur belegt ist,[65] und der verbalen Konstruktion im Deuteronomium ein sprachlicher Unterschied besteht, so verweist der in Dtn 8,6 genannte Zusammenhang darauf, dass die JHWH-Furcht von Prov 2,5 auf der semantischen Ebene durchaus einen nomistischen Charakter erhält.

Die in Dtn 8 erkannte inhaltliche Linie findet sich auch in Dtn 4. Bei dem vierten Kapitel des Deuteronomiums handelt es sich um einen Text, dem wie Dtn 8 eine Schlüsselfunktion für die Bestimmung des Verhältnisses von ‚Weisheit und Deuteronomium' zukommt.[66] Aufschlussreich sind besonders die Verse 5 und 6:

> (5) Hiermit lehre (למד) ich euch Satzungen und Rechtsvorschriften, wie es mir JHWH, mein Gott, aufgetragen hat, dass ihr sie tut innerhalb des Landes, in das ihr hineinzieht, um es in Besitz zu nehmen.

> (6) Ihr sollt sie bewahren und sie tun, denn das ist eure Weisheit (חכמה) und euer Verstand (בינה) in den Augen der Völker. Wenn sie alle diese Satzungen kennenlernen, werden sie sagen: In der Tat, diese große Nation ist ein weises und gebildetes Volk.

Wie Dtn 8 ist auch das Kapitel 4 nicht aus einem Guss, sondern das Ergebnis eines komplexen literarischen Wachstumsprozesses. Entscheidend ist dabei zunächst, dass das Kapitel als Ganzes nicht wie von der älteren Forschung präferiert, für alt angesehen werden kann, sondern Dtn 4–5 später als Dtn 1–3 zu datieren ist.[67]

---

62 FUHS, Art. ירא, 885.
63 Vgl. FUHS, a.a.O., 889.
64 Vgl. FUHS, a.a.O., 890.
65 Prov 1,7.29; 8,13; 9,10; 10,27; 14,27; 15,33 sowie Jes 11,2.3; 33,6; Ps 19,10; 34,12.
66 Vgl. WEINFELD, Deuteronomy, 305; BRAULIK, Weisheit, 54; KRÜGER, Gesetz, 2f.; HARDMEIER, Weisheit, 226f.
67 Vgl. OTTO, Deuteronomium (FAT), 110; BRAULIK, a.a.O., 55 (Dtn 4,5–8 setzt Dtn 1,9–18 voraus) und VEIJOLA, Moses Erben, 221. Vgl. dazu auch PERLITT, a.a.O., 300f. Dtn 4 muss in seiner vorliegenden Gestalt zu den jüngsten Texten des Deuteronomiums gezählt werden, vgl. KRÜGER, Interpretation, 85.

Innerhalb von Dtn 4,1–40 markieren die Verse 5–8 eine eigene Untereinheit, die in ihrem Kontext eine Sonderstellung einnimmt.[68] Im Mittelpunkt steht die Vorstellung von JHWH als dem Pädagogen Israels, der sein Volk „erzieht".[69] Die in Dtn 4,5a gebrauchte Wurzel למד wird im Pentateuch sonst nicht verwendet, dafür umso häufiger im Deuteronomium. In den späten literarischen Schichten des Deuteronomiums werden die Gesetze als Gegenstand der „Lehre" benannt (4,5; 5,31; 6,1; 11,19) bzw. die Furcht JHWHs als Lernziel (14,23; 17,19; 31,12. 13).[70] JHWH lehrt somit sein Volk, auch wenn der eigentliche Lehrer Mose ist. Dieser übermittelt dem Volk die den Dekalog ergänzenden Satzungen und Rechte (Dtn 4,1.5.14; 5,31; 6,1). Dass Mose Satzungen und Rechte lehrt, findet sich neben 4,1.5.14 noch im Dekalog-Kontext 5,31 und 6,1.[71] Jedoch lassen die Texte keinen Zweifel daran, dass letztlich JHWH der Auftraggeber ist.

In 4,5f werden diese „Satzungen und Rechtsbestimmungen" JHWHs (חקים ומשפטים)[72] als Israels חכמה und בינה bezeichnet. Damit liegen zunächst zwei Spezifika vor, zum einen die Verbindung von JHWH und dem Verb למד, zum anderen der Bezug von Weisheit und Einsicht auf das Kollektiv Israel.[73] חכמה wird im Deuteronomium nur noch in 34,9 erwähnt (Josua wird vom „Geist der Weisheit" erfüllt), בינה findet sich innerhalb von Genesis bis 2. Könige nur an dieser Stelle.[74] Diese Weisheit besteht in der genauen Befolgung des Gesetzes und dem (geschichtlichen) Erinnern an die Begegnung JHWHs mit seinem Volk am Horeb (Dtn 4,9–14).[75] Damit wird ein Gedanke entwickelt, demzufolge sich das Volk Israel von den anderen Völkern dadurch abhebt, dass es in Übereinstimmung mit dem Gesetz lebt.[76] Dies wird entfaltet in einer Lehre, die sich, rein formal betrachtet, durch die Lehr-

---

68 VEIJOLA, 5. Buch Mose, 110f und 221 sowie KNAPP, Deuteronomium 4, 31 halten den Abschnitt für sekundär; anders PERLITT, a.a.O., 310f, der die Sonderstellung von V. 5–8 hervorhebt (allein schon wegen der Wiederholung von Teilen von V. 1 in V. 5).

69 Dtn 4,38; vgl. 8,5 und VEIJOLA, Moses Erben, 221.

70 Vgl. VEIJOLA, a.a.O., 99. Vgl. auch DERS., Thora, 63f.

71 Vgl. PERLITT, a.a.O., 311.

72 Die Bedeutung des Doppelausdrucks ist nicht eindeutig. Vgl. dazu BRAULIK, a.a.O., 56f, der חקים ומשפטים auf das Gesetz bezieht.

73 חכמה und תבונה sind ansonsten immer auf das Individuum bezogen, so z.B. in Jes 11,2 als Attribute des kommenden messianischen Königs; vgl. dazu unten 3.4.

74 Vgl. PERLITT, a.a.O., 311.

75 Vgl. HARDMEIER, a.a.O., 251.

76 PERLITT, a.a.O., 312. Vgl. auch KRÜGER, Gesetz, 3, der auf die wichtige Pointe von Dtn 4 verweist, nach der die besondere Weisheit Israels auch von den anderen Völkern erkannt wird. Vgl. dazu Sir 24,31 und unten Kap. 5.4.

eröffnungsformel in Dtn 4,1 als solche zu erkennen gibt.[77] Bereits bei der Analyse von Prov 2 wurde darauf hingewiesen, dass in Dtn 4 auch die Bundesthematik begegnet. V. 23 betont mit einer vergleichbaren Konstruktion wie Prov 2,17 das Verlassen des Bundes (Verb שכח und ברית Gottes, vgl. 4,31).[78]

Es zeigt sich eine Verbindung zwischen Prov 2 und Dtn 4, die an bestimmten Zentralbegriffen festgemacht werden kann. Vor dem Hintergrund von Dtn 4,5f und der expliziten Nennung von חכמה und בינה erscheinen Weisheit, Erkenntnis und Einsicht in Prov 2,6 „als in die Nähe zu den Geboten JHWHs gerückte Größen".[79] Dieser von Gerlinde Baumann so benannte Zusammenhang wird durch den in Dtn 4 zu findenden Gedankengang von Geboten JHWHs, Lehren, JHWH-Furcht und der Wegthematik noch verstärkt. Es finden sich sowohl bestimmte Leitwörter als auch thematische Übereinstimmungen, die den Schluss nahelegen, dass Prov 2 bewusst auf Dtn 4 zurückgreift.[80] Dabei zeigt sich – ganz gleich, ob man hier eine textuelle Kohärenz ansetzen möchte oder nicht –, dass das Verhältnis von Weisheit und Gesetz sowohl die redaktionellen Zusätze zum Deuteronomium als auch Prov 2 bestimmte. In den untersuchten Deuteronomiumstexten (Dtn 4; 8) werden die Weisheit und das weisheitliche Lernen (durch חכמה und בינה sowie die Verben למד und יסר ausgedrückt) in die Nähe der Gesetze JHWHs gerückt. Die Weisheit erhält hier ein nomistisches Gewand, so wie es auch in Prov 2 der Fall zu sein scheint. Vor diesem Hintergrund stellt sich die Frage, inwiefern Prov 2 (und auch andere Texte von Prov 1–9) mit diesem Diskurs, der in der Redaktionsgeschichte des Deuteronomiums greifbar wird, verbunden werden können.[81]

---

77 Dazu HARDMEIER, a.a.O., 228f.
78 Vgl. SCHÄFER, Poesie, 266 und zum Abschnitt Dtn 4,32–40 VEIJOLA, a.a.O., 114f.
79 BAUMANN, a.a.O., 230.
80 Vgl. dazu auch unten Kap. 5, in dem auf Dtn 6 und 11 und die Verbindung zur Prov 6 eingegangen wird, wo anhand des literarischen Befundes deutlich wird, dass hier eine textuelle Kohärenz vorliegt.
81 Vgl. dazu auch GEMSER, Sprüche, 25, der auf die stilistische Nähe von Prov 2 zu den Reden des Deuteronomiums hinweist, und FUHS, Sprichwörter, 58, der von „dtn Predigtstil" spricht. – Diese Frage kann im Rahmen der vorliegenden Arbeit nicht geklärt werden und wäre Thema einer eigenen Abhandlung, die das Verhältnis von weisheitlichen Texten zu den redaktionellen Zusätzen im Deuteronomium genauer untersuchen müsste.

3.1.4 Die Wegmetaphorik und das Land, Prov 2,12–22

Die letzte in diesem Kapitel zu besprechende Gemeinsamkeit mit deuteronomisch-deuteronomistischem Denken betrifft das Thema der Wegmetaphorik und des Landes. Bei der Einzelanalyse wurde darauf hingewiesen, dass der Abschnitt Prov 2,12–22 durch eine zweifache Infinitivkonstruktion in V. 12 und V. 16 („um dich zu erretten") und einen abschließenden Finalsatz in V. 20–22 strukturiert wird. Die Infinitivform להצילך in V. 12 und V. 16 wird jeweils durch einen Akteur ergänzt (der Mann, die fremde Frau), der etwas „verlässt" (Verb עזב): In V. 13 sind es die „geraden Pfade", in V. 17 ist es der „Gefährte der Jugend".[82] Ausgangspunkt für die Analyse ist zunächst das Verb עזב. Es bezeichnet das Verlassen und wird im Bereich der sozialen Interaktion verwendet, um „das Ende einer Solidaritätsbindung zwischen Mitgliedern einer Gemeinschaft" zum Ausdruck zu bringen.[83] Auf JHWH übertragen, findet sich jedoch eine andere Bedeutung. Es wird, wie bereits Bruce Waltke in seinem Kommentar zu Prov 2 hervorhob, vielfach verwendet „in the law and the prophets for Israel's apostasy from the LORD and his covenant" (vgl. Dtn 29,24; Jer 1,16; 9,12; 31,16).[84] Der Gedanke begegnet insbesondere in deuteronomistischen Texten und bezieht sich auf die Gebote bzw. die Weisung JHWHs, die von Einzelpersonen oder vom Volk schuldhaft verlassen werden (vgl. 1 Kön 18,18; 2 Kön 17,16). Für die Bedeutung des Begriffes in der deuteronomistischen Tradition, aber auch in der chronistischen Überlieferung ist charakteristisch, dass dort, wo vom Verlassen der Gesetze oder des Bundes die Rede ist, letztlich der Treuebruch gegenüber JHWH selbst gemeint ist.[85] Dies wird deutlich an dem bereits erwähnten Text Dtn 28. Das Kapitel über Segen und Fluch bietet diverse Belege für die מצות und für das Motiv des Verlassens (עזב, V. 20) und steht damit Prov 2,20–22 nahe.[86]

82　Vgl. dazu Kap. 2.2.3.

83　Vgl. GERSTENBERGER, Art. עזב, 1205.

84　Vgl. WALTKE, a.a.O., 229.

85　Vgl. GERSTENBERGER, a.a.O., 1206. Vgl. auch Neh 9,17.19.28; 1 Chr 28,9; 2 Chr 12,3; 15,2; 24,20; 32,31.

86　Vgl. FUHS, a.a.O., 66; WALTKE, a.a.O., 235; FOX, a.a.O., 124. BUCHANAN (Midrashim, 229) möchte Prov 2,20 hingegen von Dtn 11,22 her interpretieren, jedoch ist die Parallele zu Dtn 28 weitaus enger.

Dtn 28,1–68[87] schildert im Anschluss an die Bundesverpflichtung (Dtn 26,16–19; 27,9f) die Mitteilung von Segen und Fluch. Der Text setzt ein mit der Formel „wenn du wirklich auf die Stimme JHWHs, deines Gottes, hörst", um dies mit einem Umstandssatz „indem du bewahrst alle seine Gebote" fortzuführen. Dieser enthält mit dem Verb שמר und dem Nomen מצות zwei Zentralbegriffe der deuteronomisch-deuteronomistischen Theologie. Die Formel ist Teil der Segensverkündigung, die V. 1–14 umfasst und auf die eine sehr ausführliche Fluchankündigung folgt (V. 15–68).[88] Es wird der Gedanke entfaltet, dass Israel, sofern es sich an die מצות JHWHs hält, gesegnet wird. Es wird als Volk über alle anderen Nationen gestellt (V. 1), indem es im Land gesegnet ist, das JHWH geben wird (V. 8), und indem es Mensch und Vieh über die Maßen gut geht. V. 13f greift den einleitenden Gedanken nochmals auf und erwähnt die מצות, die beachtet bzw. bewahrt werden sollen (שמר, V. 13), sowie die Worte, die JHWH befohlen hat (V. 14). V. 15 knüpft daran an und leitet zu der Fluchverordnung über.[89]

An diesen inhaltlichen Grundlinien werden zwei unterschiedliche theologische Konzepte deutlich: einerseits der Gedanke der Landgabe als Erfüllung der Väterverheißung, andererseits die Möglichkeit von Landverlust und -enteignung. Die theologische Lösung konnte dabei nicht in der Zurücknahme der Verheißung bestehen – dies hätte das Gottesverhältnis generell infrage gestellt –, sondern in der Hervorhebung des Gesetzes.[90] Dies führte dazu, dass nun die Themen der ברית, des Landes und des Gesetzes in einer Form miteinander konvergieren, wie sie bereits in Dtn 4 erkannt wurde. Leitendes Kriterium ist das deuteronomische Gesetz als Gegenstand der Paränese. Dieser Gedanke findet sich auch in dem Vers von Dtn 28, der eine terminologische und sachliche Nähe zu Prov 2 aufweist.

Dtn 28,63 gehört einer literarischen Schicht an, die innerhalb von Dtn 28 redaktionell ist. Die deuteronomistisch geprägten Verse 62–68[91]

---

87 Auf die Einzelprobleme des Textes kann an dieser Stelle nicht ausführlich eingegangen werden. Vgl. dazu bereits VON RAD, Deuteronomium, 124 und NIELSEN, Deuteronomium, 253f (mit Diskussion der literarkritischen These Hölschers) und 256f (zur Interpretation des Textes durch J.G. Plöger).

88 Vgl. zur Gliederung VON RAD, a.a.O., 124.

89 Vgl. dazu NIELSEN, a.a.O., 254.

90 Vgl. PERLITT, Motive, 104f, dessen Argumentation hier gefolgt wird.

91 Vgl. zum redaktionellen Charakter von Dtn 28,62–68 STEYMANNS, Deuteronomium 28, 377–383; OTTO, Deuteronomium (2000), 119 und zum Ganzen VEIJOLA, Moses Erben, 171–173 mit ausführlicher Diskussion der Ansätze. Dies ist unabhängig davon, ob man mit H.-U. Steymanns und E. Otto Dtn 28,20–44* einem möglichen Urdeuteronomium zurechnet.

führen den Gedanken von V. 20 fort, demzufolge das Verlassen JHWHs
(עזב) als der Primärgrund für den Fluch angegeben wird.[92] Im Zentrum
steht die Vorstellung, dass das Volk schuldhaft JHWH verlassen hat,
der seinerseits treu geblieben ist.[93] Dieses Fluchgeschehen konkretisiert
sich, der deuteronomistischen Landtheologie folgend, in V. 62–68 im
Verlust des Landes (V. 63):

> Und wie JHWH sich an euch gefreut hat, euch gut zu behandeln und euch
> zahlreich zu machen, so wird JHWH sich über euch freuen, euch zu ver-
> nichten und euch zu vertilgen (שמד hif.), und ihr werdet ausgerissen wer-
> den (נסח nif.) von dem Land (אדמה), in das du hineingehst, um es zu er-
> obern.

Vergleicht man diesen Vers mit Prov 2,22, so werden sowohl in der
Sache wie in der Terminologie einige Gemeinsamkeiten erkennbar:

> Die Frevler werden von der Erde vertilgt (כרת) und die Abtrünnigen aus
> ihm [dem Land: ארץ] herausgerissen (נסח hof.).

Es stimmt zunächst die Kernaussage überein, dass diejenigen, die sich
nicht an JHWH (und seine Gebote) halten, vertilgt und aus dem Land
ausgerissen werden. Bei der sprachlichen Gestaltung zeigen sich einerseits Synonyme und andererseits spezifische Wortverbindungen. Für
das „Vertilgen" werden mit כרת und שמד hif. zwei unterschiedliche
Begriffe verwendet, die jedoch ähnliche Bedeutung haben. Die Formulierung des „Ausreißens aus dem Land" ist in beiden Texten gleich
ausgestaltet. Sowohl in Dtn 28,63 als auch in Prov 2,22 wird eine Form
des Verbs נסח verwendet, in der Deuteronomiumsstelle ein Nifal und
im Proverbienvers ein Hofal. Das Verb begegnet insgesamt im Alten
Testament nur vier Mal (Dtn 28,63; Ps 52,7; Prov 2,22; 15,25); in der hier
vorliegenden Bedeutung des Ausreißens aus dem Land findet es sich
nur in Dtn 28,63 und Prov 2,22.[94] Es liegt nahe, hier an ein Zitat aus Dtn
28 zu denken, bei dem die inhaltliche Aussage übernommen und unter
Verwendung synonymer oder verwandter Begriffe ausgeformt wurde.
Dies gilt auch für die Bezeichnung des Landes. Sowohl das in Dtn 28,63
verwendete Wort אדמה als auch das in Prov 2,21f genannte Wort ארץ
sind in der deuteronomisch-deuteronomistischen Landtheologie von

---

92   In dem relativ langen Vers ist dies syntaktisch sehr schön dargestellt durch den
     knappen Relativsatz אשר עזבתי am Ende; vgl. dazu NIELSEN, a.a.O., 258.
93   Vgl. dazu STEYMANNS, a.a.O., 334f.
94   In Ps 52,7 bezeichnet das Verb das Herausreißen aus dem Zelt (V. 7a), in Prov 15,25
     das Einreißen des Hauses der Stolzen; vgl. MEINHOLD, a.a.O., 258f und WILDEBOER,
     Sprüche, 8.

Bedeutung.[95] Insofern zeigt sich in Prov 2,20–22 eine sprachliche und inhaltliche Verbindung zu Dtn 28, die die Vermutung nahelegt, dass der Autor der Proverbienpassage Dtn 28 kannte, mindestens jedoch Kenntnis der in Dtn 28 entfalteten deuteronomistischen Landtheologie hatte.

3.1.5 Zusammenfassung

Die Einzelanalyse zeigte, dass in Prov 2 deuteronomisch-deuterono-mistische Theologumena verarbeitet wurden. Der Text hatte offenbar Anteil an einem Diskurs, der um das Verhältnis von Weisheit und Gesetz kreiste und einen Zusammenhang beschrieb, in dem die Gebote Gottes mit seiner Unterweisung, dem Weg Israels und der JHWH-Furcht verbunden wurden. Dieser Diskurs lässt sich durchweg in den deuteronomistischen und spätdeuteronomistischen Zusätzen zum Deuteronomium nachweisen. Zentrale Bedeutung haben vor allem Dtn 4; 8 und Dtn 28. Dtn 8 formuliert mit der Verbindung von Erziehung und Geboten sowie dem Wandeln auf JHWHs Wegen eine Argumentationsstruktur, die so auch in Prov 2 zu finden ist. Die Lehrrede von Prov 2 wirkt dabei wie eine Art Konkretion des in Dtn 8,3.5.6 entfalteten Programms. Diese Konkretion wird in Prov 2 durch Anspielungen auf Dtn 4 und 28 weiter ausgestaltet. In der Verbindung von חכמה und בינה mit den Geboten (מצות) steht Prov 2 Dtn 4 nahe, durch die Landthematik Dtn 28. Die inhaltliche Linie verläuft dabei über den Begriff der Gebote. Diese werden sowohl in Dtn 8 und 4 als auch in Dtn 28 betont und mit jeweils unterschiedlicher Akzentsetzung entfaltet. Prov 2 enthält demzufolge einen Zusammenhang, der an die genannten deuteronomistischen Texte anknüpft und diese – durchaus auf der Linie des Deuteronomiums – inhaltlich weiterführt. Dies hat jedoch Konsequenzen für das Verständnis der „Worte" und „Gebote" (מצות) des weisheitlichen Lehrers (Prov 2,1). Sie erscheinen vor dem Hintergrund der Deuteronomiumstexte gleichsam nomistisch eingefärbt. Die Botschaft des Weisheitslehres wird in die Nähe der Gebote JHWHs gerückt, was auch an der Formel vom „Mund JHWHs" in V. 6 zum Ausdruck kommt.

Die Einzelanalyse zeigte zugleich, dass sich die Lehrrede von Prov 2 kaum einem einzigen Bezugsfeld zuordnen lässt. Dies wird in dem

---

95 ארץ hat jedoch ein breiteres Bedeutungsspektrum als אדמה (vgl. Dtn 1,8.35; 6,10.18.23; 8,1; 10,11 u.s.). Zur Bedeutung von אדמה für die deuteronomistische Konzeption s. PLÖGER, Art. אדמה, 103 und zu ארץ OTTOSSON, Art. ארץ, 435.

„Zuneigen des Herzens" in Prov 2,2 deutlich. Die Formulierung knüpft einerseits an klassische Lehreröffnungsformeln weisheitlicher Texte an, kann jedoch sprachlich wiederum mit deuteronomistischen Texten verbunden werden. Die Lehrrede von Prov 2 changiert gleichsam zwischen unterschiedlichen Bezugsfeldern, ohne dass diese einander ausschließen. Insofern wird die folgende Analyse zeigen müssen, ob diese Bezugsfelder noch näher bestimmt werden können und wie sich der bereits erkannte Diskurs von Weisheit und Gesetz dazu verhält. Dabei muss zugleich bedacht werden, dass einzelne Texte in ähnlicher Weise wie Prov 2 auf unterschiedliche Texttraditionen Bezug nehmen können und womöglich selbst in einem komplexen Netz von Bezügen verortet werden müssen.

3.2 Weisheitliche Psalmen

Die genannte Frage wird konkret, wenn man Prov 2 im Kontext später Psalmen liest. Denn es ist bekannt, dass Ps 19 und Ps 119 ihrerseits auf einen Diskurs über ‚Weisheit und Gesetz (Tora)' Bezug nehmen und durch dieses Thema auch Bezüge zum Proverbienbuch enthalten.[96] Bevor diese untersucht werden, soll zunächst der Psalm im Mittelpunkt stehen, der in der Diskussion zu Prov 2 bislang am häufigsten genannt wurde. Bereits Crawford H. Toy wies in seinem Proverbienkommentar aus dem Jahr 1899 auf die Nähe zwischen Prov 2 und Ps 37 hin.[97] Toy betonte, wie zahlreiche andere nach ihm, vor allem die Nähe zwischen den abschließenden Versen von Prov 2 und dem Motiv des Psalms, dass es mit denjenigen, die sich nicht an JHWH halten, ein böses Ende nehmen wird.

---

96   Vgl. dazu unten Abschnitt 3.2.2 und 3.2.3.

97   Vgl. Toy, Proverbs, 37f, so auch (zeitlich) vor ihm Delitzsch, a.a.O., 66 und nach ihm Clifford, Proverbs, 49; Plöger, Sprüche, 28 und Michel, Proverbia, 236, die alle jeweils für Prov 2,20–22 eine Nähe zu Ps 37 hervorheben. In der jüngst erschienenen Studie zu Ps 37 von Crisanto Tiquillahuanca (Die Armen werden das Land besitzen, 2008) erscheint dies jedoch nur am Rande (a.a.O., 126).

3.2.1 Psalm 37 – Heil und Unheil

Psalm 37 weist eine akrostichische Struktur auf, bei der sich die 40 Verse an den 22 Buchstaben des hebräischen Alphabets orientieren.[98] Der Psalm ist kunstvoll aufgebaut und durch ein Thema bestimmt, das dem zweiten Teil der Weisheitslehre von Prov 2 und speziell dessen Ende, den Versen 20–22, nahesteht: das Geschick dessen, der sich nicht an den Willen JHWHs hält, gegenüber dem, der diesen befolgt. Dies wird im Psalm in der Antithese zwischen dem „Gerechten" und dem „Frevler" entfaltet.[99]

Die Forschung hat vielfach diskutiert, ob der Psalm einheitlich ist oder der komplexe Aufbau eher für ein literarisches Wachstum spricht.[100] Denn der Psalm enthält keine strenge Argumentationslinie, sondern eher ein Vor- und Zurückschreiten im Gedankenfluss. Dementsprechend sind die drei Aspekte, die das Hauptthema des Psalms konkretisieren, über den Psalm verteilt: (1) die Warnung vor dem Unmut über den erfolgreichen Bösen (V. 1.7b); (2) das Vertrauen auf JHWH, der die Gerechten nicht zuschanden werden lässt, (V. 3.7.19. 22.34) und (3) die Ankündigung, dass es mit den Bösen ein schlechtes Ende nehmen wird (V. 2.10.20).[101] Streng genommen werden alle drei Aspekte bereits in den einleitenden drei Versen entfaltet, jedoch in der Folge unterschiedlich ausgestaltet und mit verschiedenen Formulierungen näher konkretisiert.

Bei dieser Entfaltung des Grundgedankens werden auch weisheitliche Themen angesprochen. V. 1f thematisiert das weisheitliche Ideal dessen, der nicht im Zorn entbrennt, sondern nüchtern bleibt (vgl. V. 7f).[102] V. 16 zitiert einen klassischen Weisheitsspruch, der mit מִן־טוֹב konstruiert ist: „Besser ist das Wenige eines Gerechten als der Reichtum der Frevler und Mächtigen". Der Psalm reflektiert ferner die Lehre vom Tun-Ergehen-Zusammenhang und betont die Verbindung des Gerechten zu „seinem" Gott (V. 31). Dies wird mit der Landthematik verknüpft. So ist der Psalm fast leitmotivisch durchzogen vom Thema des

---

98 Vgl. BRUEGGEMANN, Psalm 37, 251; CRISANTO TIQUILLAHUANCA, a.a.O., 117; HOSS-
     FELD/ZENGER, Psalmen (1993) sprechen von einer „Lebenslehre eines Weisen für die
     Armen".
99 Vgl. dazu SEYBOLD, Psalmen, 155.
100 Vgl. KRAUS, Psalmen I, 439 und AUFFRET, Confiance, 13f mit Diskussion der Ansätze
     und eigenem Vorschlag zur Binnenstruktur des Psalms.
101 Vgl. KRAUS, a.a.O., 439 und AUFFRET, a.a.O., 24.
102 Vgl. HOSSFELD/ZENGER, a.a.O., 229.

Landes als Heilsgabe Gottes an sein Volk.[103] Dieses Thema ist, wie es
der zitierte Vers 16 bereits anklingen ließ, auf den Armen bezogen. Der
Psalm erscheint wie ein „Manifest für den Armen und Besitzlosen".[104]
Im Zentrum steht die Aussage von V. 11a: „Die Demütigen werden das
Land besitzen." Damit verbunden ist eine Umkehrung der Verhältnisse. Während zuvor die Armen von den Frevlern (= den Reichen) verfolgt und mit dem Tod bedroht wurden (V. 14.32), ist es nun der Rei-
che, der sich etwas leiht und von dem Gerechten (= dem Armen) das
Geschuldete erlassen bekommt (V. 21).

Die Forschung ist sich darin einig, dass der Psalm in einem doppelten Kontext verortet werden muss. Er rekurriert einerseits auf eine soziale Situation und enthält andererseits diverse traditionsgeschichtliche
Anspielungen.[105] Rainer Albertz bestimmt den Text im Kontext von Jes
29,17–24; 57,1f; 58,5–9a; 59,1–21 und Ps 94 sowie 109. Er verortet Ps 37
in einer Situation, in der die ärmeren Bevölkerungsschichten von den
Reichen ausgebeutet, drangsaliert und vor Gericht um ihr Recht gebracht wurden.[106] Der traditionsgeschichtliche Kontext des Psalms ist
wesentlich durch die deuteronomisch-deuteronomistische Landtheologie bestimmt. So weist Ps 37 deutliche Bezüge zu Dtn 28 auf und erscheint geradezu als eine Art „Zusammenfassung" der dort entwickelten Verbindung von Land- und Gesetzestheologie.[107]

Wenn man vor diesem Hintergrund nach dem Verhältnis von Prov
2 und Ps 37 fragt, so ist zunächst Vorsicht geboten. Denn offenbar handelt es sich bei Ps 37 um einen Text, der wie Prov 2 auf bestimmte Traditionen reagiert und als eine Form „schriftgelehrter Arbeit" eine Reihe
anderer Texte voraussetzt.[108] Gleichwohl enthält Ps 37 einige Gemeinsamkeiten mit Prov 2, die genauer untersucht werden müssen. Es finden sich als Leitwörter die Begriffe צדיק (Ps 37,6.12.16.17.21. 25.29.32.39;
vgl. Prov 2,9.20), רשע (Ps 37,10.12.14.16f.20f.28.32.34f.38.40; vgl. Prov
2,22), רע (Ps 37,27; vgl. Prov 2,12.14) und דרך (Ps 37,5.7.14.22; vgl. Prov
2,8. 12f.20).

---

103 Vgl. V. 9.11.18.22.27.29.34 und HOSSFELD/ZENGER, a.a.O.
104 So die treffende Formulierung von SEYBOLD, a.a.O., 155.
105 W. BRUEGGEMANN bezeichnet ihn als „a powerful practice of social ideology": a.a.O.,
      239; vgl. auch KAISER, Ideologie, 38f.
106 Vgl. ALBERTZ, Religionsgeschichte II, 540f mit Bezug auf den in Neh 5 beschriebenen
      Konflikt zwischen reichen und armen Bevölkerungsschichten. Ähnlich SEYBOLD,
      a.a.O., 155.
107 Vgl. CRISANTO TIQUILLAHUANCA, a.a.O., 125.
108 Vgl. dazu auch HOSSFELD/ZENGER, a.a.O., 229f, nach denen sich in Ps 37 drei theolo-
      gische Strömungen „vermischen", was auf dessen späte Entstehungszeit verweist
      (evtl. 5. Jh.).

Diese Leitwörter betreffen vor allem den zweiten Teil von Prov 2. Von den neun Belegen fallen zwei auf die Verse 1–11 und sieben auf die Verse 12–22. Der genannte terminologische Befund erhält seinen tieferen Sinn, wenn man die Aussagen von Ps 37 zusammenstellt, die im Hinblick auf Prov 2 von Bedeutung sind:[109]

(3) Vertraue auf JHWH und tue Gutes,
bewohne das Land (שכן ארץ) und halte Treue.

(5) Wälze auf JHWH deinen Weg und vertraue auf ihn, er kann es tun.

(9) Denn die, die Böses tun, werden ausgerottet werden (כרת),
aber die, die auf JHWH hoffen, werden das Land besitzen (ירש ארץ).

(11) Die Demütigen (ענוים) aber werden das Land besitzen (ירש ארץ) und ihre Lust haben an großem Frieden.

(22) Ja, die von ihm Gesegneten werden das Land besitzen (ירש ארץ),
die von ihm Verfluchten werden ausgerottet werden (כרת).

(27) Meide das Böse (רע) und tue Gutes,
dann wirst du wohnen (שכן) auf ewig [im Land]!

(28) Denn JHWH liebt das Recht, und seine Getreuen (חסידים) verlässt er nicht, aber der Same der Frevler (רשע) wird ausgerottet werden (כרת).

(29) Die Gerechten (צדיקים) werden das Land besitzen (שכן ארץ) und auf immer [darin] wohnen (שכן).

Sowohl der lexikographische als auch der inhaltliche Befund entspricht der Antithese zwischen Gerechten und Frevlern von Prov 2,20–22. Mit der Wendung שכן ארץ, „die Erde bewohnen", wird eine Formulierung verwendet, die in der Parallelität zu כרת innerhalb des Alten Testaments nur in Prov 2 und Ps 37 zu finden ist.[110] Allein dies verweist auf eine gewisse Nähe zwischen den beiden Texten. Der exegetische Befund lässt sich jedoch nicht in eine einzige Richtung hin interpretieren.

Dies wird deutlich, wenn man die in Ps 37 mehrfach belegte Wendung ירש ארץ in den Blick nimmt. Es handelt sich dabei um die klassische deuteronomisch-deuteronomistische „Landnahmeformel".[111] Diese findet sich jedoch nicht in Prov 2, so dass in diesem Punkt Ps 37 der deuteronomisch-deuteronomistischen Landtheologie näher steht als der Proverbientext. Gleichwohl lassen sich von Prov 2 sowohl zu Dtn 28 als auch zu Ps 37 Linien ziehen. Prov 2,21a knüpft mit dem שכן ארץ

---

109 Vgl. dazu MAIER, Fremde Frau, 100, deren Zusammenstellung hier gefolgt wird.

110 ירש ארץ findet sich auch noch in Prov 10,30; vgl. MAIER, a.a.O.

111 Vgl. dazu die die klassische Untersuchung von J.G. PLÖGER, Untersuchungen, 60–128. Die Formel ירש ארץ findet sich in Dtn 2,31; 3,12.20; 4,14.47; 5,33; 9,4; 11,31; 30,5.

an Ps 37 an, V. 22b entspricht mit der Verwendung des Verbes נסח Dtn 28. Das Wort כרת in V. 22a erklärt sich wiederum von Ps 37 her. Das Verb כרת wird oftmals im priesterlichen Kontext verwendet, um die Ausrottung von Gesetzesübertretern zu kennzeichnen (Lev 17,10; 19,19; 20,3.5.6.18).[112]

Eine weitere Gemeinsamkeit ist die Erwähnung des (bzw. der) „Getreuen" (חסידים/חסיד) in Prov 2,8 und Ps 37,28.

> Das Wort חסיד wird innerhalb des Alten Testaments 32 Mal verwendet, davon allein 25 Mal im Psalter.[113] Es bezeichnet zunächst den getreuen Anhänger JHWHs und kann dementsprechend auch mit „der Getreue/Treue" wiedergegeben werden. Dies kann derjenige sein, der in der Situation der Anfechtung an JHWH festgehalten hat (so im Mosesegen Dtn 33,8). Diese Gefolgschaft JHWH gegenüber hat 2 Sam 22,26 zufolge ein entsprechendes Handeln JHWHs an seinem חסיד zur Folge; JHWH erweist sich seinem חסיד gegenüber selbst als חסיד (vgl. Ps 18,26).[114] Im Lied der Hanna (1 Sam 2,9) wird dies mit dem „Bewahren" des חסיד durch JHWH näher konkretisiert. Dabei findet sich mit dem Verb שמר genau die Formulierung, die auch in Prov 2,8 begegnet. Interessanterweise ist diese in 1 Sam 2,9 mit dem Kontrast zum Frevler (רשעים) und mit der Licht-Dunkel-Thematik (חשך) verbunden. Ganz ähnlich ist Ps 97,10, wobei dort im Gegensatz zu Prov 2,8 und 1 Sam 2,9 von den חסידים die Rede ist, d.h. der Plural verwendet wird. Diese pluralische Bedeutung dominiert in den Psalmen (30,5; 31,24; 50,11; 79,2; 85,9; 116,15; 132,9; 145,10; 148,14; 149,1.5.9). So verweisen die Texte auf eine Entwicklung von *dem* „Getreuen" zu *den* „Frommen".[115] Ersteres scheint mit dem Singular verbunden, letzteres mit dem Plural. In Mi 7,2 klagt der Prophet, dass es keinen חסיד und keinen Redlichen (ישר) mehr im Lande gebe. In 2 Sam 22,26 (Ps 18,26) wird in Paralelle zum חסיד der Tadellose genannt (תמים). In beiden Fällen geht es noch nicht um eine Gruppenidentität, sondern um den Einzelnen, der sich JHWH besonders verbunden weiß. Demgegenüber ist in den genannten (durchweg späten) Psalmen[116] an eine Gruppe gedacht. Teilweise werden die חסידים mit den Priestern bzw. dem Kult verbunden.[117] So steht das Wort חסידים in 2 Chr 6,41 und in Ps 132,9.16 im Parallelismus zu den כהנים. In Ps 149,1.5.9 ist dies

---

112 Vgl. HASEL, Art. כרת, 362f.
113 Vgl. RINGGREN, Art. חסיד, 84 und GULKOWITSCH, Entwicklung, 11.
114 Vgl. RINGGREN, a.a.O., 84f. Dieses Handeln wird auch in den Psalmen betont, vgl. 4,4; 31,24 und dazu FAUQUET, Type, 102–104.
115 Es handelt sich somit um eine Entwicklung, die genau umgekehrt verläuft, als GULKOWITSCH in seiner Studie zum Begriff aus dem Jahr 1934 angenommen hatte, vgl. a.a.O., 18–23.
116 Vgl. MÜLLER, Jahwe, 88.
117 Vgl. dazu GULKOWITSCH, a.a.O., 18, der an die „Kultgemeinschaft am Tempel" denkt.

auf die Gemeinde bezogen, die in Ps 50,5 näher bestimmt wird: „Versammelt mir alle meine חסידים, die den Bund mit mir geschlossen haben." Gemeint sind diejenigen, die beim Opfer einen Bund schließen, d.h. es ist hier an das Bundesvolk gedacht.[118] Auch wenn man die חסידים kaum ausschließlich mit dem Bundesvolk verbinden kann, so belegen die Texte doch eine Entwicklung hin zu einer Gruppenidentität, die – folgt man jüngeren Studien – sogar für die Redaktionsgeschichte des Psalters von Bedeutung ist.[119]

Vor dem Hintergrund des Belegspektrums lässt sich im Hinblick auf Ps 37 und Prov 2 folgendes festhalten. Der Begriff des חסיד bezieht sich auf den einzelnen „Getreuen", der sich JHWH besonders nahe weiß und durch ein bestimmtes Verhalten charakterisiert ist. Dieses Verhalten kann mit Begriffen näher umschrieben werden, die auch in Prov 2 begegnen. Das Belegspektrum verdeutlicht, dass mit den Kategorien תמים und ישר nicht einfach ein allgemein ethisches Verhalten intendiert ist, sondern eine spezielle Verbindung zu JHWH, aus der dieses Verhalten resultiert. Dies gilt auch für Ps 37, wobei der Begriff dort im Plural begegnet und mit einer Reihe anderer Bezeichnungen verbunden ist: die Armen bzw. die „Demütigen"[120], die von JHWH Gesegneten (Wurzel ברך) und die Gerechten (צדיק). Diese Gruppe wird – der genannten Bedeutung des Wortes entsprechend – in Ps 37,30f explizit mit den Gesetzen JHWHs und seiner Tora in Verbindung gebracht:

> (30) Der Mund des Gerechten murmelt Weisheit (חכמה),
> und seine Zunge spricht Recht (משפט).

> (31) Die Tora (תורה) seines Gottes ist in seinem Herzen,
> so dass seine Schritte nicht wanken.

Die Verse belegen eine interessante Verbindung zwischen der Weisheit, der Gruppe der Gerechten, der Tora und der Wegthematik. Alle Aspekte finden sich auch in Prov 2, wobei das Wort משפט genau in dem Vers begegnet, in dem auch der חסיד genannt wird (V. 8). Vor dem Hintergrund von Ps 37 und den genannten Ausführungen zum Begriff חסיד erscheint auch das textkritische Problem von Prov 2,8b in einem anderen Licht. Denn die dort zu findende Lesart des Qere, die von der Sep-

---

118 Vgl. RINGGREN, a.a.O., 85f; HOSSFELD/ZENGER, Psalmen (1993), 313 und SEYBOLD, a.a.O., 206. Vgl. auch Ps 89; 30,2; 52,11.

119 Vgl. LEVIN, Gebetbuch, 387 und insgesamt dazu Kapitel 5.3.3 dieser Arbeit mit weiteren Ausführungen zum Thema.

120 Das Wort ענוים in V. 11 kann einerseits im Sinne von עניים verstanden oder von ענו „gebeugt, demütig" abgeleitet werden; vgl. SEYBOLD, a.a.O., 154.

tuaginta und der Syriaca gestützt wird (חסידים),[121] könnte darauf verweisen, dass im Zuge der Textgeschichte der „Getreue" von Prov 2,8
(Ketib חסיד), von der Gruppe der „Frommen" her gedeutet wurde. Ps
37 mit seinen Verbindungen zu Prov 2 könnte ein solches Verständnis
gefördert haben.[122]

Der in Prov 2,5–8 und 9–12 entfaltete Gedankengang, dass JHWH
Weisheit gibt, um die Pfade des Rechts zu behüten und den Weg seiner
Frommen zu bewahren (V. 7), damit Weisheit in „dein Herz" kommt,
entspricht der Vorstellung von Ps 37,30f. Nur wird hier die Verbindung
von Weisheit und Tora explizit vorgenommen; der Mund des Gerechten spricht Weisheit und Recht, denn die Tora Gottes ist in seinem Herzen. Damit verbunden ist die Wegthematik („seine Schritte wanken
nicht"), so dass sich in der Summe eine ganze Reihe von Gemeinsamkeiten zwischen Prov 2 und Ps 37 ergibt. Diese Gemeinsamkeiten können nicht, wie oft getan, auf die Antithese zwischen Gerechtem und
Frevler sowie die Landthematik beschränkt werden.[123] Vielmehr reflek-
tieren beide Texte eine Verbindung von Weisheit und Tora, bei der
beide Größen mit der Wegthematik und dem Begriff des חסיד bzw. der
חסידים verbunden sind.

Bei allen Gemeinsamkeiten ist jedoch die Stoßrichtung der Texte
unterschiedlich. Ps 37 richtet sich, will man die These von R. Albertz
und K. Seybold aufgreifen, an eine Gruppe, die arm ist und die in Zukunft das Land besitzen wird. Diese inhaltliche Stoßrichtung hat dem
Psalm in Qumran eine breite Rezeption beschert. Der Text wurde auf
die „Gemeinde der Armen" sowie auf den Priester und den rechten
Lehrer bezogen (4QpPs 37 II,10.19).[124] Demgegenüber ist der Adressatenkreis von Prov 2 sicherlich nicht eine Gruppe von Besitzlosen oder
Armen. Denn während es in Ps 37 um die futurische Aussage geht,
dass die Armen das Land besitzen bzw. darin wohnen *werden*,[125] dominiert in Prov 2 die präsentische Vorstellung, dass die Adressaten der
Lehre im Land wohnen *bleiben*. Auch wenn in Prov 2,21f eine futurische
Dimension mitschwingt,[126] erscheint das, was in Ps 37 von der Zukunft

---

121 Vgl. dazu Kap. 2.1 mit Textanmerkung 8a. GULKOWITSCH, a.a.O., 12 will hingegen in
     Prov 2,8 eine „Textverderbnis" sehen.
122 Bemerkenswerterweise findet sich der Unterschied von Ketib (Singular) und Qere
     (Plural) auch in 1. Sam 2,8. S. dazu auch unten Kap. 5.3.3.
123 Vgl. dazu CRISANTO TIQUILLAHUANCA, a.a.O., 125.
124 Vgl. DJD V, 4Q171. Zudem ist V. 1–4 in 11QPsc und 11QPse belegt sowie V. 7–26.28–
     40 in 4QPsa und 18–19 in 4QPsc, dazu SEYBOLD, a.a.O., 155.
125 Vgl. dazu BRUEGGEMANN, a.a.O., 247.
126 Vgl. dazu unten den Vergleich mit eschatologischen Texten, Kap. 3.3.3.

erwartet wird, aufgrund des Konditionalgefüges als in der Gegenwart realisierbar.

Fasst man die Einzelbeobachtungen zusammen, so zeigt sich zunächst eine sowohl inhaltliche wie terminologische Nähe zwischen Prov 2 und Ps 37. Die Gemeinsamkeiten betreffen nicht nur die abschließenden Verse Prov 2,21f, sondern auch die nomistische Bestimmung der Weisheit. Im Psalm wird diese durch die Nennung der ‚Tora' explizit betont, während Prov 2 zwischen nomistischem und weisheitlichem Bezugsfeld gleichsam changiert. Darüber hinaus zeigt sich auf struktureller Ebene ein interessanter Zusammenhang. Beide Texte enthalten eine charakteristische Verbindung von Weisheit, Tora und Landtheologie, die in allen drei Aspekten auf deuteronomisch-deuteronomistische Theologumena zurückgreift, diese mit dem aus priesterlicher Tradition stammenden Verb כרת verbindet und dem (einzelnen) חסיד bzw. der Gruppe der חסידים zuordnet.

Die unterschiedliche Akzentsetzung der Texte könnte auf methodischer Ebene als Beleg für eine bestimmte Form schriftgelehrter Exegese gedeutet werden, bei der ältere Texte (im vorliegenden Fall Dtn 28) unterschiedlich aktualisiert wurden: in Ps 37 mit einer deutlichen Schwerpunktsetzung auf die Armen und das zukünftige Handeln, in Prov 2 hingegen als ein bereits in der Gegenwart erfahrbares „Bleiben im Land". Damit wird ein Fragehorizont eröffnet, der zu der alten These von André Robert und Alfons Deissler zurückführt: der Umgang mit dem Deuteronomium und der Größe ‚Tora' in nachexilischer Zeit. So muss bei den folgenden Analysen beachtet werden, ob hier womöglich ein spezifischer Diskurs über ‚Tora' und ‚Weisheit' greifbar wird, der charakteristisch ist für eine bestimmte Epoche der alttestamentlichen Literaturgeschichte und bei dem klare Traditionslinien womöglich nur schwer auszumachen sind.[127]

3.2.2 Psalm 119 – Weisheit und Tora[128]

Ps 119 gehört zu den komplexesten Texten des Alten Testamentes überhaupt. Bernhard Duhm ließ sich angesichts des 176 Verse umfassenden Psalms zu der Äußerung hinreißen:

---

127 Vgl. dazu Kap. 1.2.1.
128 Das Thema ‚Weisheit und Tora' findet sich auch in Ps 19. Da dieser Text jedoch jünger als Ps 119 ist, wird zunächst Ps 119 besprochen, bevor auf Ps 19 eingegangen wird. Vgl. zur Abfolge GRUND, Himmel, 289 gegenüber der älteren Forschung: DUHM, Psalmen, 419; GUNKEL, Psalmen, 80 und WEISER, Psalmen, 136.

„Jedenfalls ist dieser ‚Psalm' das inhaltsloseste Produkt, das jemals Papier
schwarz gemacht hat; mit ihm könnte man einen Ketzer eher mürbe machen als mit sämtlichen sieben Bußpsalmen."[129]

Die markanten Worte aus dem Jahr 1922 haben nicht verhindern können, dass sich eine ganze Reihe von Gelehrten mit dem Psalm befasst
und die Sinnhaftigkeit des Textes aufgezeigt hat. Ps 119 gilt mittlerweile als ein besonders kunstvoller Text, der eine Verbindung zwischen
Tora und Weisheit belegt, die letztlich zu Jesus Sirach hinführt, sich
jedoch von der dort vorgenommenen Bestimmung der Weisheit durchaus unterscheidet.[130]

Zentral für Ps 119 ist die Vernetzung verschiedener Traditionslinien, sei es die deuteronomisch-deuteronomistische Theologie oder die
Weisheitstradition.[131] Es ist das Verdienst Alfons Deisslers, in seiner
1951 veröffentlichten Habilitationsschrift zu Ps 119 diese literalen Bezüge herausgearbeitet zu haben. Ganz im Sinne seines Lehrers André
Robert sprach er vom „anthologischen Charakter" des Psalms und benannte eine ganze Reihe von „innerbiblischen Zusammenhängen".[132]
Bevor auf diese näher eingegangen wird, müssen kurz der Aufbau und
die Intention des Psalms dargelegt werden. Denn auch hier hat die
Forschung der letzten zwanzig Jahre zu anderen Einsichten geführt, als
es zu Zeiten von Bernhard Duhm noch der Fall war. Ein Grund hierfür
ist die Bestimmung der Größe Tora.

Jüngere Arbeiten haben gezeigt, dass Ps 119 ein Konzept des Tora-
studiums entfaltet, das zur jüdischen Tradition des Schriftstudiums
hinführt.[133] Der Psalm ist weitaus mehr als ein „buntes Korollarium von
weisheitlichen Sprüchen", wie Gerhard von Rad es formulierte.[134] Er
hat einen planvollen Aufbau mit einem in sich konzisen Gedankenfort-
schritt. Dabei fällt zunächst die akrostichische Struktur auf. Der Psalm
zerfällt, den Buchstaben des hebräischen Alphabets entsprechend, for-

---

129 DUHM, a.a.O., 427f. Das Diktum Duhms hat Forschungsgeschichte gemacht und
    wird immer wieder zitiert; vgl. WHYBRAY, Psalm 119, 31, Anm. 2; HOSSFELD/ZENGER,
    Psalmen (2008), 350; FINSTERBUSCH, Multiperspektivität, 93; REYNOLDS, Torah, 13.
130 Vgl. SCHREINER, Ps 119, 397; HOSSFELD/ZENGER, a.a.O., 353f.357 (mit Verweis auf Sir
    38,24–39,11).
131 Vgl. KRAUS, Psalmen 2, 1000.
132 Vgl. DEISSLER, Psalm 119, 270. Vgl. auch Kap. 1.1 dieser Arbeit und ROBERTs eigene
    Studie zu Ps 119, RB 46 (1937), 182–206.
133 Dies gilt vor allem für die jüngst erschienene Dissertation von Kent REYNOLDS (Tor-
    ah as Teacher). Vgl. auch AMIR, Psalm 119, 4, der den Psalm als „erstes Zeugnis der
    rabbinischen Epoche" wertet.
134 VON RAD, Gerechtigkeit, 230.

mal in 22 Teile mit jeweils acht Versen.[135] Es wird ein Gedankengang entwickelt, der wesentlich dem Thema der Hingabe an die Tora verpflichtet ist. Beide Größen – die Tora selbst und die Haltung des Beters – werden im Text in verschiedenen Begriffsfeldern ausgestaltet. So finden sich für das Wortfeld „Gesetz/Weisung" acht Begriffe, die ungefähr gleich oft verwendet werden: אמרה (Worte), 19 Mal; דבר (Wort), 22 Mal; חק (Satzung), 22 Mal; מצוה (Gebot), 22 Mal; משפט (Rechtsbestimmung), 23 Mal; עדות (Vorschriften), 23 Mal; פקודים (Anweisungen), 21 Mal und schließlich תורה (Weisung) 25 Mal.[136] Diese Begriffe verteilen sich auf die 22 Abschnitte des Psalms, wobei der Akzent deutlich auf dem Wort „Tora" liegt. Es wird – der Schwerpunktsetzung folgend – bereits im ersten Vers des Psalms genannt. Jedoch würde es zu kurz greifen, von den verschiedenen Begriffen für „Tora" darauf zu schließen, dass die Hauptaussage des Psalms darin liegt, das Wesen dieser Tora zu bestimmen. Streng genommen finden sich zur Eigenart der Tora überhaupt keine Aussagen. Es wird weder ein Gebot zitiert noch etwas über eine etwaige Gesetzeskasuistik gesagt.[137] Vielmehr erscheint die Tora als eine Größe, zu der man eine Beziehung aufbauen kann. Es geht dem Psalm um „die Relation des Beters" zur Tora; dies ist der Hauptakzent von Psalm 119.[138]

Diese Beziehung wird in unterschiedlichen Formulierungen ausgedrückt, sei es im Lieben der Gebote (אהב, V. 97.113.119.127.140.160.163. 165.167), im Freude haben daran (שוש, V. 14.16.111.162), im Vertrauen darauf (בטח, V. 42; אמן, V. 66) oder im Verlangen danach (אבה und Derivate, V. 20.40.111.162).[139] Man kann sich die Akzentsetzung gut mit einem Zitat aus Ps 37,30f verdeutlichen:

---

135 Vgl. dazu die ausführliche Analyse von FREEDMAN, Psalm 119, 25–36 (Graphik auf S. 34) sowie WHYBRAY, a.a.O., 31.

136 Vgl. ARNOLD, Einladung, 401f; FREEDMAN, a.a.O., 35; HOSSFELD/ZENGER, a.a.O., 352. Demgegenüber möchte LEVENSON, Sources, 561f, noch die Wegbegriffe דרך „Weg" und ארח „Pfad" als Torabegriff zählen, so dass er insgesamt auf zehn Begriffe kommt. Jedoch sind diese in ihrer Semantik zu unspezifisch und werden zudem in Ps 119 weniger oft verwendet als die anderen Begriffe.

137 Vgl. HOSSFELD/ZENGER, a.a.O., 350 und SEYBOLD, a.a.O., 473.

138 Dies hat Yehoshua Amir herausgearbeitet; vgl. AMIR, a.a.O., 4. So auch SCHREINER, a.a.O., 417. Dass es sich bei dem Psalm um ein Gebet handelt, betonen WHYBRAY, a.a.O., 32 und GRUND, a.a.O., 285. Demgegenüber möchte SOLL, Psalm 119, 116–123 den Psalm als didaktischen Text interpretieren.

139 Vgl. AMIR, a.a.O., 6–8.

„Der Mund des Gerechten bewegt Worte der Weisheit, und seine Zunge redet, was recht ist. Er hat die Weisung seines Gottes im Herzen, seine Schritte wanken nicht."[140]

Was in den 176 Versen von Ps 119 entfaltet wird, liest sich wie eine Explikation dieser beiden Verse. Es geht um den Weg des Gerechten, dem mit dem Beispiel des Beters ein Vorbild gegeben wird.[141] Zentral ist dabei die Aussage des Beters, dass er das Wort JHWHs nicht vergessen wird (V. 16.61.83.93.109.141.153.176).[142] Das Wort JHWHs in Form der Tora und seine Weisung vermögen den Beter zu bewahren und vor Anfeindungen zu schützen.

Dies wird im Psalm im Gegenüber zwischen dem Gerechten und dem Frevler ausgeführt. Mehrfach begegnen als Gegenüber des Beters die רשעים (V. 53.61.95.110.119.155). Der einzige Weg, zu bestehen und nicht von der Erde vertilgt zu werden, ist die Hingabe des „ganzen Herzens" (בכל לב, V. 2) an die Tora sowie die Gottesfurcht.[143] Dem entsprechen die Bitte des Beters, dass Gott ihn nicht verlassen möge (Verb עזב, V. 8), und die Anklänge an die Klagelieder. Der Beter weint vor Kummer (V. 28) und muss Schmach und Schande fürchten (V. 39, vgl. V. 22).[144] Dabei ist bemerkenswert, als was die ‚Tora' im Psalm betrachtet wird. Während in der deuteronomistischen Theologie Gott derjenige ist, der das Gott-Volk-Verhältnis begründet, schildert Ps 119 das Verhältnis des Einzelnen zur Tora.[145] So findet sich der charakteristische Begriff ברית nicht im Psalm, wie auch die Tora als etwas geradezu Dynamisches erscheint.[146] Sie ist zwar einerseits Inbegriff des Verlässlichen und Bleibenden (V. 142), jedoch zugleich eine lebensschaffende schöpferische Macht, die an JHWHs Person gebunden ist (vgl. die häufige Formulierung mit Suffix der 2. Singular „deine Tora") und von der

---

140 Vgl. SCHREINER, a.a.O., 400.
141 Vgl. die Formulierung von Klaus SEYBOLD (a.a.O., 472): „Ps 119 bietet *exercitia spiritualia* für ein Leben nach JHWHs Wort und Willen." (Hervorhebung im Original). Dies ist zugleich der Ansatz der jüngsten monographischen Studie zu Psalm 119: REYNOLDS, a.a.O., 57ff. Vgl. auch ARNOLD, a.a.O., 412.
142 Vgl. WHYBRAY, a.a.O., 31 und DEISSLER, a.a.O., 293f, der die Bedeutung des göttlichen Wortes für den Beter hervorhebt.
143 Vgl. SCHREINER, a.a.O., 405.
144 Vgl. HOSSFELD/ZENGER, a.a.O., 367.
145 Vgl. KRAUS, a.a.O., 998 und AMIR, a.a.O., 11.
146 Vgl. FINSTERBUSCH, Multiperspektivität, 104. Das Fehlen des Begriffes ברית im Psalm wird man vermutlich damit erklären können, dass das Wort auf die Gemeinschaft bezogen ist, während es dem Psalm um den Einzelnen geht; vgl. HOSSFELD/ZENGER, a.a.O., 354.

Wunder ausgehen können (V. 18).[147] Auch wenn in der Haltung zur Tora, dem Bewahren, dem Lieben und dem Nichtvergessen[148] an zentrale deuteronomisch-deuteronomistische Topoi angeknüpft wird (vgl. Dtn 6,7ff und Jos 1,8), erscheint die Tora selbst doch als eine offene Größe, die vom Glaubenden individuell angeeignet werden kann.

Hier wird ein Grundunterschied zu älteren Torakonzeptionen greifbar, der sich aus dem spezifischen Tora-Verständnis der nachexilischen Zeit erklärt, auf das noch näher eingegangen werden muss.[149] So haben gerade jüngere Arbeiten gezeigt, dass das Torakonzept von Ps 119 im Kontext von Ps 1 zu sehen ist.[150] In Ps 1 erscheint die Tora als etwas, das rezitiert werden und an dem man Lust haben kann:

V. 1: Glücklich der Mann, der nicht gegangen ist im Rat von Frevlern…,
V. 2a: sondern der an der Tora JHWHs seine Lust hat
V. 2b: und seine Weisung meditiert (murmelt) bei Tag und Nacht.

Ersteres, die Lust (wörtlich „Gefallen", חפץ) an der Tora, benennt einen emotionalen Aspekt, letzteres einen kognitiven.[151] Diese Tora, die hier deutlich als eine schriftliche Größe gedacht ist,[152] wird durch die Wegmetaphorik und die thematische Entfaltung von Ps 1 auf das ganze Leben bezogen. Sie ist keine statische Größe, sondern eröffnet einen Lebensraum. Im Text wird dies durch die Verbform (הגה Impf.) und die Zeitangabe („bei Tag und bei Nacht") ausgedrückt, die eine „andauernde und intensive Beschäftigung im Blick haben, die man als ‚eine Art Einverleibung' des schriftgewordenen Gotteswortes verstehen kann."[153]

In Ps 119 findet sich ein vergleichbares Konzept. Die Tora erscheint dort durch die Näherbestimmung mit den genannten acht Begriffen als eine Größe, die einen Lebensraum eröffnet, und damit als etwas Dynamisches.[154] Der Unterschied zu Ps 1 liegt jedoch darin, dass der Autor von Ps 119 das Leben in der Tora deutlich konkreter darstellt, als es die metaphorische Sprache von Ps 1 tut.[155] Gerade dadurch, dass das Tora-

---

147 Vgl. KRAUS, a.a.O., 998.
148 Vgl. Ps 119,34.44.55.61.97.113.157.163.165.
149 S. dazu Kap. 5.1.
150 Vgl. SCHREINER, a.a.O., 400 und REYNOLDS, a.a.O., 159f.
151 Vgl. JANOWSKI, Baum, 126f mit weiterer Literatur.
152 Vgl. KRATZ, Tora Davids, 285; JANOWSKI, a.a.O., 127.
153 JANOWSKI, a.a.O., 127, der wiederum eine Formulierung von Jürgen EBACH aufgreift (Freude, 3).
154 Vgl. dazu FREEDMAN, a.a.O., 89, der von der „inexhaustibility" der Tora spricht und FINSTERBUSCH, a.a.O., 103f, die gerade hierin das Spezifische des Psalms sieht.
155 Vgl. WHYBRAY, a.a.O., 36.

konzept von Ps 119 den Lebensweg als Ganzes im Blick hat,[156] wird dieser mit seiner ganzen Ambivalenz geschildert.

Im Psalm wird diese Offenheit des Torakonzeptes einerseits durch die verschiedenen Begriffe und andererseits durch die Näherbestimmung der Tora erzielt. Dabei konvergieren drei Vorstellungen: Zum Einen die Vorstellung eines kosmischen Gesetzes (V. 98–91), bei dem das Wort JHWHs mit dem Himmel verbunden ist (vgl. Ps 19),[157] zum Zweiten das Konzept einer göttlichen Lehre, die dem Beter auf direktem Wege zuteil wird (V. 26–29) und schließlich die Tora im Sinne der Tradition, die über die Lehrer des Beters an diesen weitergegeben wurde (V. 99f).[158] Es macht die Eigenart des Psalms aus, dass letzteres, das Element der ‚Tradition', in vielfacher Hinsicht seinen literarischen Niederschlag gefunden hat. Denn seit den genannten Arbeiten von André Robert und Alfons Deissler ist sich die Forschung darin einig, dass der Psalm vor dem Hintergrund einer ganzen Reihe anderer Texte gelesen werden muss.[159] Es handelt sich um eine Form schriftgelehrter Arbeit, bei der auf andere literale Traditionen Bezug genommen wird.

Im Kontext der Analyse von Prov 2 sind besonders die Bezüge zur deuteronomisch-deuteronomistischen und zur weisheitlichen Tradition von Bedeutung.[160] So wird bereits in V. 2 mit dem „Suchen" JHWHs (דרש qal) „mit ganzem Herzen" (בכל לב) ein zentrales Theologumenon der deuteronomisch-deuteronomistischen Tradition genannt.[161] Die Formulierung in Ps 119,2 entspricht Dtn 4,29 und ist innerhalb des Deuteronomiums mehrfach belegt.[162] In Ps 119 hat die Wendung mit sechs Belegen eine prominente Stellung (V. 2.10.34. 58.69.145). Sie steht im Kontext anderer deuteronomisch-deuteronomistisch geprägter Aussagen wie dem Festhalten (דבק qal) und dem Lieben (אהב). Die Wurzel דבק ist in Ps 119,31 auf die Vorschriften (עדת) bezogen und damit auf eine der Tora vergleichbare Größe. Das „Festhalten an den Vorschrif-

---

156 Dies betont AMIR, a.a.O., 17 und dies macht zugleich das dynamische, nach vorne offene Verständnis von Tora im Psalm aus. Vgl. FINSTERBUSCH, a.a.O., 103.

157 Vgl. LEVENSON, a.a.O., 570 und GRUND, a.a.O., 287.

158 Vgl. LEVENSON, a.a.O., 570.

159 Vgl. HOSSFELD/ZENGER, a.a.O., 357, die den Psalm als ein Zeugnis der „jüdischen Bildungs- und Buchkultur" ansehen.

160 DEISSLER, a.a.O., 274–276 sieht zudem eine Fülle von Belegen zur prophetischen Literatur. Jedoch haben diese zum Teil nicht die Qualität der Bezüge zur deuteronomisch-deuteronomistischen Tradition und müssten jeweils für sich diskutiert werden.

161 Vgl. REYNOLDS, a.a.O., 36; DEISSLER, a.a.O., 89 und LEVENSON, a.a.O., 563.

162 Vgl. Dtn 6,5; 10,12; 11,13; 13,4; 26,16; 30,2.6.10 und zu diesem Topos WEINFELD, Deuteronomic School , 320–365 sowie oben Kap. 3.1.2.

ten" bezieht sich in V. 31 direkt auf JHWH. Es entspricht damit den Formulierungen in Dtn 4,4; 10,20; 11,22; 13,5 und 30,20.[163] In Dtn 10,20 wird das Verb explizit auf JHWH bezogen, so auch in Dtn 11,22, wo es mit den Geboten (מצות) verknüpft, dem Gehen auf JHWHs Wegen und dem Lieben gleichgestellt ist. Letzteres, das Verb אהב, wird in Ps 119 mehrfach genannt (V. 47.97.113.127.132.140.159.163.165.167) und ist deutlich auf die Gebote (מצות, V. 47.127.) oder die Tora (V. 97.113) bezogen.[164] Damit wird ein zentrales Theologumenon des Deuteronomiums anzitiert, das sich bereits in Dtn 6,5 findet.[165] Dtn 6 zufolge konkretisiert sich diese Liebe darin, dass die Gebote und Verbote JHWHs „auf deinem Herzen" sind (V. 7). Ziel der Argumentation ist es, einen Zusammenhang zwischen der Liebe Gottes und der Gegenliebe des Menschen herzustellen, die sich vor allem in dem Gehorsam gegenüber seinen Worten und Geboten konkretisiert.[166] Genau dieser Gedanke prägt auch Ps 119. Es geht um das Halten der Gebote, die entsprechend der gewählten Begrifflichkeit unterschiedlich konkretisiert werden können. Insofern ist Alfons Deissler zuzustimmen, wenn er festhält, dass Texte wie Dtn 4,1–9 und 6,1–7 gleichsam die „heimatliche geistige Luft" des Verfassers von Ps 119 bilden.[167]

Diese Bezüge zur deuteronomisch-deuteronomistischen Tradition[168] werden ergänzt durch Anspielungen auf die Welt der Klagen. So steht z.B. die Formulierung in V. 8 „lass mich nicht gänzlich fallen" (אל תעזבני עד מאד) Ps 27,9; 38,22; 71,9 nahe.[169] Weitere Anklänge an diesen Kontext sind das „errette mich" von V. 94 (ישע hif., vgl. Ps 3,8; 6,5; 7,2; 12,2), das „erlöse mich" in V. 134 (פדה qal, vgl. Ps 25,22; 44,27; 78,42) und die Wendung „lass mich nicht zuschanden werden" in V. 31 (בוש qal, vgl. Ps 25,2.20; 31,2.18). Die vielfältigen Bezüge zur Klageliteratur werden durch das zentrale Motiv der Feinde ergänzt. Diese verspotten (V. 51), verleumden (V. 69) und bedrücken den Beter (V. 78.122) und werden dementsprechend als „Verfolger" (V. 84.157.161) oder „Bedränger" (V.

---

163 Vgl. DEISSLER, a.a.O., 127 und REYNOLDS, a.a.O., 35.
164 In V. 132 bezieht es sich auf den Namen JHWHs. Vgl. dazu FREEDMAN, a.a.O., 90, Anm. 2.
165 Vgl. Dtn 5,10; 7,9; 10,12; 11,1.13.22; 30,6.16.20 und dazu SPIECKERMANN, Liebe, 192f.
166 Vgl. SPIECKERMANN, a.a.O., 193.197.
167 DEISSLER, a.a.O., 271. Dies ist insofern interessant, als Dtn 4 und 6 auch noch auf eine Reihe anderer Texte eingewirkt haben; vgl. dazu unten Kap. 5.1 und 6.2.
168 Es kann an dieser Stelle nicht auf alle Einzelbezüge eingegangen werden; vgl. dazu die nach wie vor wertvolle Zusammenstellung von DEISSLER, a.a.O., 270.
169 Vgl. REYNOLDS, a.a.O., 44, nach dem sich auch die folgenden Beispiele richten.

139,157) bezeichnet.[170] Für die Argumentation von Ps 119 ist dabei entscheidend, dass diese Feinde nicht nur den Beter bedrängen, sondern auch JHWHs Feinde sind. Sie weichen von den Geboten ab (V. 21) und werden vielfach als „Frevler" (רשעים) bezeichnet (V. 53.61.95.110.119. 155). Interessant ist besonders V. 119, wo die רשעים mit der Landthematik verbunden werden: „Als unreines Silber erachtest du alle Frevler im Land, darum habe ich deine Weisungen lieb." Die Verbindung von רשעים und ארץ findet sich auch in Prov 2,22 und damit in einer Passage, für die bereits Querverbindungen zu anderen Texten nachgewiesen wurden. Bevor jedoch auf die Beziehungen zwischen Ps 119 und Prov 2 eingegangen wird, muss kurz das Verhältnis des Psalms zu weisheitlichen Texten allgemein thematisiert werden.

Deissler hat in seiner Studie eine Fülle an Belegen gesammelt und so die Verankerung des Psalms in weisheitlichem Denken nachgewiesen.[171] Dies spiegelt sich beispielsweise an den Verben „einsehen" (בין, V. 27.34.52.73.95.100.104.125.130.144.169), „erkennen" (ידע, V. 75.79.125. 152) und „nachsinnen" (שיח, V. 15.27.48.78.148).[172] Hinzu kommen Belege für die Wegmetaphorik, die sowohl in der Weisheitsliteratur als auch in Ps 119 begegnet, jedoch nicht auf diese eingeschränkt werden kann.[173] Wenn man von dem lexikographischen Befund einmal absieht und sich auf geprägte Formulierungen oder Wendungen konzentriert, so ergeben sich weitere Bezüge. Dabei fällt auf, dass es einerseits Anspielungen auf verschiedene Texte gibt, andererseits aber auch Bezüge, die spezifischer sind und die vor allem zwei Texte betreffen: Prov 8 und Prov 2. Hinsichtlich des Gesamtspektrums sind folgende Gemeinsamkeiten festzuhalten:[174]

(1) Das Partizip von למד pi. findet sich mit der Bedeutung „Lehrer" nur in Ps 119,99 und Prov 5,13.

---

170 Vgl. DEISSLER, a.a.O., 285.

171 Diese Verankerung in weisheitlichem Denken hat dazu geführt, dass der Psalm von Rudolf KITTEL als „Lehrgedicht" bezeichnet wurde, Psalmen, 381. Demgegenüber haben andere den Psalm gerade nicht als Weisheitspsalm bestimmt; vgl. dazu den knappen Literaturüberblick bei SOLL, a.a.O., 116–118.

172 Vgl. DEISSLER, a.a.O., 107f.

173 DEISSLER, a.a.O., 272f nennt eine ganze Reihe von Termini, jedoch sind diese eher durch das Thema des Lebensweges vorgegeben und stiften keine spezifische Nähe zwischen Ps 119 und der Weisheitsliteratur.

174 Vgl. dazu REYNOLDS, a.a.O., 51 und die Zusammenstellung bei HURVITZ, Language, 42–44, 51–54, 58–60, 108–111; 113–116 sowie DERS., Wisdom Vocabulary, 41–51. Ein Maximalbefund findet sich bei DEISSLER, a.a.O., 273, der jedoch kritisch zu überprüfen ist.

(2) Die Formel der „vollkommen Wandelnden" (תמימי דרך) findet sich so in Ps 119,1 und Prov 11,20.

(3) Die Konstruktion „sich entziehen von" (מן + שגה) in Bezug auf die Weisung oder die Gebote findet sich Ps 119,10.21.118 und Prov 19,27.

(4) Die Ehrfurcht (ירא) vor dem Gebot/den Urteilen findet sich in Prov 13,13 und Ps 119,120.

(5) In Prov 6,23 wird das Gebot (מצוה) als Leuchte bezeichnet und die Tora als Licht. Beide Begriffe, נר und אור, werden auch in Ps 119,105 verwendet, wo es heißt: „denn dein Wort ist eine Leuchte für meinen Fuß und ein Licht auf meinem Weg".

Bereits die genannten Beispiele zeigen, dass Ps 119 vermutlich das ganze Proverbienbuch vorliegen hatte.[175] Die Bezüge verteilen sich jedoch nicht gleichmäßig auf die Proverbien, sondern konzentrieren sich auf bestimmte Kapitel. Dazu gehört Prov 8, zu dem Ps 119 eine Reihe von Gemeinsamkeiten enthält:

(1) Die Wendung „Gold und Feingold" findet sich in beiden Texten. In Prov 8,19 sagt die Weisheit: „meine Frucht ist besser als Gold und Feingold", in Ps 119,127 spricht der Beter: „ich liebe die Tora mehr als Gold und Feingold". Es ist das recht seltene Wort פז identisch, während für ‚Gold' die Synonyme זהב und חרוץ verwendet werden.[176]

(2) Die Formel „Freude haben an" (Derivate von שעע) mit einem Abstraktum als Objekt findet sich in Prov 8,30f (auf die Weisheit bezogen) und mehrfach in Ps 119 (V. 16.24.47.70.77.92. 143.177).

(3) Die Wurzel „lieben" אהב in Bezug auf Tora oder Weisheit wird in Prov 8,17 und in Ps 119,47.48.97.113.119.127 verwendet.[177]

(4) Hinzu kommen weitere Begriffe, die summarisch zusammengestellt werden können:[178]

אמת	Prov 8,7	Ps 119,43.142.151.160
ארח	Prov 8,20	Ps 119,9.15.101.104.128
אשרי	Prov 8,32.34	Ps 119,1.2

---

175 Vgl. DEISSLER, a.a.O., 272f.

176 Das Wort findet sich insgesamt neunmal im AT: Hi 28,17; Ps 19,11; 21,4; 119,127; Prov 8,19; Hld 5,11.15; Jes 13,12; Klgl 4,2. Interessanterweise begegnet die Formulierung מזהב ומפז von Ps 119,127 wörtlich auch in Ps 19,11.

177 Vgl. auch Prov 4,6 (dort auf die Weisheit bezogen).

178 Vgl. FREEDMAN, a.a.O., 89, Anm. 1. und den Überblick bei REYNOLDS, a.a.O., 51.

דרך	Prov 8,2.13.22.32	Ps 119,1.3.5.14.26f.29f. 32f.37.59.168
כסף	Prov 8,10.19	Ps 119,72
מעולם	Prov 8,23	Ps 119, 52
ארח	Prov 8,2.20	Ps 119,25.105
כסיל	Prov 8,5	Ps 119,130
צדק	Prov 8,8.15f	Ps 119,7.62.75.106.121. 123.138.142.144.160
שמר	Prov 8,32	Ps 119,4f.8f.17.34.44.55. 57.60.63.67.101.106.134. 136.146.158.167f

Insgesamt stimmen dreizehn Begriffe überein, darunter auch spezifische Wortverbindungen. Geht man von den Begriffen zum Inhalt über, so fällt auf, dass bestimmte Aussagen, die in Ps 119 von der Tora gemacht werden, in Prov 8 auf die Weisheit bezogen sind. Ganz unabhängig von der Frage, ob beide Texte im Sinne einer textuellen Kohärenz zu verbinden sind, erscheinen die Weisheit von Prov 8 und die Tora von Ps 119 als zwei einander gegenübergestellte Begrifflichkeiten. In Ps 119,1 heißt es, „wohl denen, die vollkommen sind auf dem Wege, die gehen in der Tora JHWHs", während in Prov 8,32 die Weisheit sagt: „wohl dem, der meine Wege bewahrt (שמר)". Die Frage, auf die noch ausführlicher einzugehen ist, lautet, inwiefern hier ein Gegenüber von Weisheitskonzept und Torakonzeption greifbar wird, das zunächst als Gegensatz verstanden und womöglich in einem zweiten Schritt miteinander verbunden wurde. Oder anders formuliert: Wenn Ps 119 jünger zu datieren ist als Prov 8, was aufgrund der vielfältigen Bezüge zu anderer Literatur naheliegt,[179] so könnte es durchaus sein, dass in Ps 119 eine Torakonzeption zu finden ist, bei der diese nun jenen Anspruch für sich reklamiert, den zuvor die Weisheit hatte. Das weisheitliche Gepräge des Psalms und die Bezüge zur Weisheitsliteratur könnten dann eine pragmatische Funktion haben. Es soll gezeigt werden, dass die Tora das erfüllt, was die Weisheit für sich beansprucht, nämlich Richtschnur für das Leben zu sein. So wurde bereits oft betont, dass in Ps 119 „die von JHWH geoffenbarte Tora als Quelle der Weisheit und als Wegweisung zu gelingendem Leben" erscheint.[180]

Bei einer solchen Gegenüberstellung zeigt sich jedoch ein gravierender Unterschied. Während die Weisheit in Prov 8 als eigenständige

---

179 Vgl. zur Datierung von Ps 119 HOSSFELD/ZENGER, a.a.O., 357 (4. Jh.) und unten Anm. 214.
180 So die treffende Formulierung von HOSSFELD/ZENGER, a.a.O., 349.

personale Größe erscheint, ist die Tora in Ps 119 nicht personal gedacht.[181] Sie ist Objekt und nicht Subjekt, was zunächst an der Ge-
samtintention liegt: Es geht um die Haltung des Beters zur Tora und
nicht um eine dezidierte Bestimmung dessen, was die Tora genau ist.
Dieser Fragehorizont erhält eine weitere Facette, wenn man Ps 119 mit
Prov 2 vergleicht. Denn auch hier zeigen sich interessante Gemeinsamkeiten:[182]

(1) Die für Prov 2,1 als charakteristisch ausgewiesene Wendung
    vom „aufbewahren/verbergen" (צפן) der Gebote findet sich so
    auch in Ps 119,11 in Bezug auf die Worte (אמרה), die im Herzen
    aufbewahrt sind. Die Aussage stimmt überein, so wie die Gebo-
    te in Prov 2,1 parallel zu den Worten stehen.

(2) Sowohl Ps 119,36 als auch Prov 2,2 enthalten die Wendung vom
    „Zuneigen des Herzens " (נטה לב). In Prov 2 ist es die Einsicht
    (תבונה), der man sein Herz zuneigen soll, in Ps 119 sind es die
    Vorschriften (עדות) und damit ein Begriff, der parallel zu „Tora"
    stehen kann.

(3) Eine eher sachliche als terminologische Gemeinsamkeit liegt in
    Ps 119,72 und Prov 2,4 vor. Das Suchen wie nach Silber und das
    Forschen wie nach einem verborgenen Schatz ist in Prov 2,4 auf
    die Weisheit, die Einsicht und die בינה bezogen. In Ps 119 wird
    dieses Thema auf die Tora hin angewendet, wenn es heißt, dass
    die Tora „deines Mundes besser für mich ist als Gold und Sil-
    ber".

(4) Eine thematische Nähe findet sich auch in Ps 119,1 und Prov
    2,7. Der bereits zitierte Psalmvers lobt diejenigen, deren Weg
    ohne Tadel ist. Demgegenüber ist in Prov 2,7 von dem Schild
    die Rede, den JHWH für den tadellos Wandelnden aufbewahrt.

(5) Hinzu kommt eine Reihe von Begriffen, die in beiden Texten
    belegt sind und die im Kontext bestimmter Themen stehen.
    Dies ist zunächst das Wortfeld „Weg" mit den Begriffen דרך
    und ארח. Beide Begriffe werden in den Texten dazu verwendet,
    das Thema des Lebenswegs auszugestalten.

(6) Damit verbunden ist das Gegenüber von Gerechten und Frev-
    lern. So wurde bereits betont, dass in Ps 119 die Antithese des
    צדק und den רשעים zu finden ist und dass letztere, die Frevler,
    in Ps 119,119 mit der Landthematik verbunden werden.

---

181 Vgl. HOSSFELD/ZENGER, a.a.O., 357.
182 Vgl. dazu REYNOLDS, a.a.O., 52 und zu den Gemeinsamkeiten bereits FRANKENBERG,
    Sprüche, 25f.

(7) Interessant ist schließlich, dass unter den Synonymen der Tora
    in Ps 119 auch die Zentralbegriffe von Prov 2 begegnen: die
    מצות und Worte (אמרה/אמר, 2,1) sowie das Recht (משפט, 2,8).

Bei dem Befund fällt zunächst auf, dass es zwar eine ganze Reihe von
Gemeinsamkeiten gibt, diese jedoch nur in wenigen Fällen spezifisch
sind, so dass man kaum von einer textuellen Kohärenz im engeren
Sinne sprechen kann. Gleichwohl verweisen die Gemeinsamkeiten
darauf, dass beide Texte in einer gewissen Nähe zueinander stehen.
Inwiefern ist diese aber durch den bereits genannten Diskurs zu Weisheit und Tora bestimmt?

Geht man der Frage etwas genauer nach, so fällt auf, dass Ps 119
die in Prov 2 verwendeten Weisheitsbegriffe nicht enthält. Es werden
weder חכמה, noch תבונה oder בינה genannt.[183] Der einzige weisheitliche
Begriff, der in Ps 119 begegnet, ist die דעת, wobei dieses Wort ein recht
breites Bedeutungsspektrum hat und über ‚Weisheit‘ im engeren Sinne
hinausgeht.[184] In Prov 2 dominieren die Weisheitsbegriffe, während in
Ps 119 die Torabegriffe im Vordergrund stehen. Vor dem Hintergrund
der genannten Gemeinsamkeit zwischen Ps 119 und Prov 8 erscheint
dies kaum als Zufall. Man hat den Eindruck, als ob der Autor von Ps
119 einen bewussten Kontrapunkt zu weisheitlichen Texten setzt, indem er das, was dort der Weisheit zugesprochen wird, auf die Tora
bezieht. Dies wird deutlich, wenn man den Gedankengang von Ps 119
mit Prov 2 vergleicht.

Beide Texte setzen mit der Gotteserkenntnis des Herzens ein (לב, Ps
119,2; Prov 2,2). Diese Gotteserkenntnis begründet „ein praktisch-
religiös-sittliches Verhältnis" zwischen dem Menschen und JHWH, das
Auswirkungen auf das ganze Leben hat.[185] In Ps 119,11 ist die Rede
davon, den Spruch in das Herz zu geben, ausgedrückt in der Formulierung „das Herz zuneigen". V. 36 enthält die gleiche Konstruktion wie
Prov 2,2b. Ferner wird diese Form des Befolgens des Willen JHWHs in
beiden Texten mit der Wegemetaphorik ausgedrückt. Es wird ein Lebensweg umschrieben, wobei in Prov 2 der das Leben umfassende Aspekt durch die Todesthematik stärker ausgeformt ist als in Ps 119. Beiden Texten gemein ist ferner das Gegenüber von Gerechtem und Frevler. Der Grundunterschied in der Aussage der Texte lässt sich jedoch an
der Verwendung des Verbs שמר verdeutlichen und damit an einem
Begriff, der seinerseits aus der deuteronomisch-deuteronomistischen

---

183 Dies gilt auch für das Wort מזמה in Prov 2,11, das nicht in Ps 119 verwendet wird.
184 S. dazu oben Kap. 2.2.
185 FABRY, Art. לב; 499 und zur Bedeutung des Herzens oben Kap. 3.3.1.

Tradition stammt.[186] In Ps 119,5 findet sich als Gebetswunsch die Bitte, dass der Weg darauf ausgerichtet ist, das Gesetz zu bewahren (שמר).[187] In Prov 2,8 heißt es hingegen, dass JHWH den Weg seines Getreuen bewahrt (שמר). Durch die Verwendung des Verbs שמר und des Nomens „Weg" (דרך) wird ein Unterschied zwischen den Texten greifbar, der über die Differenz zwischen Tora und Weisheit hinausgeht. Im Psalm erhofft sich der Beter, den Weg JHWHs zu bewahren, in Prov 2 ergibt sich dies gleichsam aus dem Befolgen der Weisheitslehre. JHWH selbst bewahrt den Weg des Getreuen (חסיד). Pointiert formuliert könnte man sagen, dass dort, wo Prov 2 sich sicher ist, Ps 119 gerade das Unverfügbare des gelingenden Lebens betont und die Notwendigkeit hervorhebt, die Tora einzuüben. Denn der Beter von Ps 119 erfährt Anfeindungen und Ungerechtigkeit, er wird unterdrückt und verfolgt (V. 86.121). Demgegenüber erweckt die Weisheitslehre von Prov 2 den Eindruck, dass demjenigen, der sich mit „ganzem Herzen" auf Gottes Weisheit und Gebote ausrichtet, kein Unheil geschehen kann. Zwar gibt es auch die Gefahr der fremden Männer und fremden Frau, aber diese stellen letztlich keine reale Gefahr für den dar, der die Weisheitslehre befolgt. Das, was in Ps 119 von JHWH erbeten wird, erscheint in Prov 2 durch den Weisheitsschüler realisierbar.[188] Wenn die These zutrifft, dass Ps 119 das Proverbienbuch und damit auch Prov 2 voraussetzt,[189] so erhält die für Ps 119 und Prov 8 genannte These der Kontrastierung zwischen Tora und Weisheit eine weitere Facette. Denn dann würde Ps 119 gleichsam gegen ein Weisheitsverständnis Position beziehen, bei dem die Weisheit für sich beansprucht, was die Tora zu leisten vermag. Prov 8 und Prov 2 wären dann von der Perspektive des Verfassers von Ps 119 aus auf einer Ebene anzusiedeln, da beide Texte das geradezu ungeheuerliche Selbstverständnis der Weisheit dokumentieren, das zu leisten, was in der Torakonzeption auf die Zukunft bezogen ist. Dabei geht Prov 2 einen Schritt weiter als Prov 8, da durch die Form der Weisheitslehre (Konditionalis) nun fast eine Art Automatismus, man könnte auch sagen, ein als gesetzmäßig ausgewiesener Tat-Folge-Zusammenhang zwischen dem Befolgen der Weisheitslehre und dem gelingenden Leben beschrieben wird. Gegen diese Gesetzmäßigkeit bezieht Ps 119 Position, indem einerseits die Unverfügbarkeit des

---

186 Vgl. dazu oben Kap. 3.1.
187 Vgl. DEISSLER, a.a.O., 93.
188 Vgl. dazu auch unten 3.3.3.
189 M.E. ist es durchaus möglich, dass der Verfasser von Ps 119 die Weisheitslehre von Prov 2 kannte, so auch REYNOLDS, a.a.O., 78f.

gelingenden Lebens und andererseits die Bedeutung der Tora als Gabe JHWHs betont werden.[190]

3.2.3 Psalm 19 und die Toraweisheit

Der in bislang nur in groben Strichen umrissene Diskurs über das Verhältnis von Weisheit und Tora nimmt mit Ps 19 weiter Gestalt an. Es zeigt sich jedoch, dass dieser Diskurs zunehmend von der Frage wegführt, welcher Text auf die deuteronomisch-deuteronomistische Tradition zurückgreift und welcher nicht. Auch lassen sich manche Querbeziehungen – dies wurde am Vergleich von Ps 119 mit Prov 2 deutlich – nur schwer im Sinne einer textuellen Kohärenz erklären, obgleich es angesichts des Umfangs der ‚schriftgelehrten Exegese‘ in Ps 119 nahe liegt, zu vermuten, dass der Verfasser des Psalms Prov 2 kannte. Offenbar werden in den Texten Positionen greifbar, die in Kenntnis voneinander entwickelt wurden. Die hier praktizierte Form der traditionsgeschichtlichen Analyse verhilft somit zunächst dazu, solche Positionen herauszuarbeiten, wobei diese nicht vorschnell im Sinne einseitiger Verbindungslinien interpretiert werden sollten. Dies gilt auch für Ps 19. Denn der Text steht nicht nur in einem engen Zusammenhang zu Ps 119, sondern bietet für die Bestimmung von Weisheit und Tora einen Ansatz, der über Ps 119 hinausgeht.

Ps 19 wirkt auf den ersten Blick so, als ob er aus zwei Teilen besteht: ein Abschnitt, der die Schöpfung thematisiert, und einer, in dem das Gesetz fokussiert wird.[191] Forschungsgeschichtlich prägend war vor allem der Kommentar von Bernhard Duhm, der in Aufgriff älterer Thesen einen „Psalm 19A" von einem „Psalm 19B" abgrenzte.[192] Das Hauptargument dieser These, die sich bis in jüngere Zeit gehalten hat,[193] sind die unterschiedlichen Themen der Abschnitte V. 2–7 und V. 8–11. Während ersterer die himmlische Herrlichkeit thematisiert, fokussiert letzterer die Tora JHWHs:

---

190 Es kann an dieser Stelle nicht auf die redaktionsgeschichtlichen Implikationen der hier entwickelten These eingegangen werden. Interessant ist jedoch, dass durch die Vorschaltung von Ps 118 die Tora JHWHs nun auch für die Völker gilt; dazu LEUEN-BERGER, Konzeptionen, 371.

191 Vgl. HOSSFELD/ZENGER, Psalmen (1993), 128.

192 DUHM, a.a.O., XIV; vgl. dazu auch SPIECKERMANN, Heilsgegenwart, 62, Anm. 7.

193 Vgl. WEISER, Psalmen, 144; FOHRER, Psalmen, 23 und zur Forschungsgeschichte den Überblick bei GRUND, Himmel, 5f sowie GESE, Einheit, 139f.

V. 2a: Die Himmel erzählen die Herrlichkeit Els.

V. 8a: Die Tora JHWHs ist vollkommen.

Ausgehend von den unterschiedlichen Gottesnamen und den verschiedenen Themen wurden beide Abschnitte unterschiedlichen Verfassern zugeordnet, wobei der dritte Teil des Psalms, in dem erstmals der Beter selbst zu Wort kommt (V. 12–15), in der Regel dem zweiten Teil (V. 8–11) zugeschlagen wurde.[194] Unabhängig davon, ob dies so zutrifft oder man mit der jüngeren Forschung eher davon ausgehen sollte, dass der Psalm einheitlich ist,[195] wird der folgenden Analyse die Endgestalt des Textes zugrunde gelegt.

Geht man von der Endgestalt aus, so ergeben die einzelnen inhaltlichen Abschnitte – mögen sie auch literarisch gewachsen sein – durchaus Sinn. Ansatzpunkt hierfür ist die Verortung des Textes in der spätnachexilischen Literatur. Der Text reflektiert, wie Hartmut Gese, Matthias Albani und Alexandra Grund gezeigt haben, ein Denken, das einen Zusammenhang zwischen dem Sonnenlauf „im Himmel" und dem gerechten Lebenswandel „auf Erden" herstellt.[196] Beide Abschnitte interpretieren sich gegenseitig und sind durch ein „kosmisch-irdisches Entsprechungsdenken weisheitlicher Art" miteinander verbunden.[197] Basis dessen ist ein Denken, in dem die himmlische Ordnung und die irdische Sozialordnung aufeinander bezogen sind. Dabei ist entscheidend, dass V. 7–9 zwar an altorientalische Sonnenkonzepte anknüpft, die Sonne jedoch nicht als eigenständig erscheint, sondern Gott untergeordnet ist.[198] Ganz unabhängig davon, ob in der Übertragung solarer Aspekte auf JHWH ein Spezifikum der Jerusalemer Theologie vorliegt oder nicht,[199] wird man davon ausgehen müssen, dass diese Konzeption in nachexilischer Zeit ausgeweitet wurde. Insofern ergibt sich eine religionsgeschichtliche Linie von der vorexilischen JHWH-Verehrung zum apokalyptisch-henochitischen Gottesglauben der nachexilischen Zeit, bei der das „solare Gerechtigkeitsverständnis" als eine Art Schar-

---

194 Vgl. zu den Gliederungsversuchen – ob einheitlich oder nicht – den Überblick bei WAGNER, Heavens, 247f.

195 Vgl. GESE, a.a.O., 146f und GRUND, a.a.O., Abschnitt C und 327f.

196 Vgl. GRUND, a.a.O., 102; GESE, a.a.O., 146, so auch HOSSFELD/ZENGER, a.a.O., 129. Zur Sonnenmotivik vgl. die ausführliche Analyse von ARNETH, Psalm 19, 84–96

197 ALBANI, Werk, 254. Vgl. dazu auch HOWEL, Psalm 19, 243–250, der ansonsten eine recht eigenwillig Interpretation des Psalms bietet.

198 Vgl. ALBANI, a.a.O., 240f.

199 So ALBANI, Astronomie, 314f; vgl. auch JANOWSKI, Rettungsgewißheit, 190 und den Exkurs bei GRUND, a.a.O., 81–86, deren Ergebnisse hier aufgegriffen werden.

nier fungiert.[200] Es findet sich in Ps 19 eine Konzeption, die direkt zur
Henoch-Literatur hinführt und beispielsweise im „Buch der Träume"
in 1 Hen 83 ihren literarischen Niederschlag gefunden hat. Dort ist der
Gehorsam von Sonne, Mond und Sternen gegenüber dem Gesetz Gottes Anlass zum Lobpreis.[201] Eine solche Verbindung von Weisheit, Sonnenlauf und Tora spiegelt eine spezifische Torakonzeption wider, die
ansatzweise auch außerhalb von Ps 19 belegt ist.[202] Die Verbindung
zwischen Tora JHWHs und himmlischer Ordnung findet sich auch in
Ps 119,89–91 und in Prov 6 und 8.[203] Im Hinblick auf Prov 2 ist vor allem die Bestimmung der Tora im Abschnitt V. 8–11 interessant:[204]

> (8) Die Tora JHWHs ist vollkommen, sie erneuert das Leben.
> Die Bestimmung (עדות) JHWHs ist verlässlich, den Einfältigen macht sie
> weise.
>
> (9) Die Anweisungen (פקודים) JHWHs sind richtig, sie erfreuen das Herz;
> das Gebot (מצוה) JHWHs ist rein, es erleuchtet die Augen.
>
> (10) Die JHWH-Furcht (יראת יהוה) ist makellos, sie besteht für immer.
> Die Rechtsentscheide JHWHs (משפטי יהוה) sind wahr, gerecht sind sie alle-
> samt.
>
> (11) Sie sind köstlicher als Gold und viel Feingold,
> und süßer als Honig und Honigseim.

Der Abschnitt nennt parallel zur Tora fünf andere Begriffe, die durch
den abschließenden Vers 11 miteinander verbunden sind und dadurch
zu Synonymen für die Gebote werden:[205]

V. 8a	תורת יהוה
V. 8b	עדות יהוה
V. 9a	פקודי יהוה

---

200 ALBANI, a.a.O., 315.

201 Vgl. ALBANI, a.a.O., 247; vgl. dazu auch GRUND, a.a.O., 93–100 mit weiteren Beispielen für eine Verbindung zwischen der „Ordnungsinstanz Sonne" und einem „tor-
abezogene[n] Gerechtigkeitsverständnis" (a.a.O., 94).

202 Dies betrifft die Frage der Verbindung zwischen Ps 19 und Prov 6 und auch die nach
der Konzepten von Toraweisheit generell, dazu unten Kap. 5.1 und zum Thema
FISHBANE, Text, 85f. Interessant ist in diesem Zusammenhang auch die These Martin
ARNETHs, nach der die Tora in Ps 19 die Funktion des Königs übernimmt; vgl. a.a.O.,
110.

203 Die Verbindung zwischen Ps 19 und Prov 6,23 findet sich bereits bei Raschi, dazu
ARNDT, Tora, 258.

204 Vgl. zur Gliederung ARNETH, a.a.O., 92; WAGNER, a.a.O., 245 und demgegenüber
KLOUDA, Interplay, 190, der V. 8–12 zusammenfasst.

205 Vgl. ARNETH, a.a.O., 97. MEINHOLD, Theologie, 126 spricht von „Austauschbe-
griffe[n]". Vgl. auch WAGNER, a.a.O., 254f.

V. 9b מצות יהוה
V. 10a יראת יהוה
V. 10b משפטי יהוה

Es erstaunt nicht, dass der Begriff der Tora zu Beginn steht und der nomistisch bestimmte Terminus der משפטים am Ende. Beide Begriffe weisen in die deuteronomisch-deuteronomistische Literatur.[206] Gleichwohl würde es zu kurz greifen, alle Synonyme aus der deuteronomisch-deuteronomistischen Tradition herleiten zu wollen. Das Wort עדות „Vorschriften" weist eher in den priesterlichen Bereich, während פקוד in der hier vorliegenden Bedeutung vor allem in späten Torapsalmen begegnet, so allein 21 Mal in Ps 119 sowie jeweils ein Mal in Ps 103,18, 111,7 und in Ps 19,9.[207]

Die jeweiligen Begriffe erhalten in Ps 19 ihr Spezifikum dadurch, dass sie explizit auf JHWH bezogen sind. Alexandra Grund hat die ansprechende These aufgestellt, dass mit den Begriffen „auf eine Vielzahl von autoritativen Gebots- und Rechtstraditionen Bezug" genommen wird.[208] Die Frage ist jedoch, ob diese nicht nur durch den abschließenden V. 11, sondern auch durch den expliziten Bezug auf JHWH miteinander verbunden werden. Denn gerade die Konstruktusverbindung ist in einigen Fällen recht ungewöhnlich, so beispielsweise bei מצות יהוה in V. 9b und bei משפטי יהוה in V. 10b. Letztere ist in dieser Form innerhalb des Alten Testaments singulär, erstere hat lediglich in 1 Sam 13,13 und Jos 22,3 Parallelen. Insofern wird offenbar nicht nur auf verschiedene Begriffe (und Traditionen) angespielt, sondern diese werden explizit auf JHWH bezogen. Die eigentliche Leistung des Verfassers von Ps 19 besteht somit darin, die genannten Begriffe als synonym, d.h. gleichwertig darzustellen und dadurch ein Spektrum von Gesetzesbegriffen zu eröffnen, das über das Konzept der Tora im engen Sinne hinausgeht. Solchermaßen bestimmt kann nun aber auch die JHWH-Furcht (V. 10a, יראת יהוה) nomistische Bedeutung haben. Sie erscheint nicht mehr als die bekannte weisheitliche Kategorie, sondern als ein Begriff parallel zur Tora.[209]

Die Leistung des Verfassers geht noch darüber hinaus, denn die genannte Parallelität der Begriffe ist nur das eine Spezifikum des Textes. Das andere ist die Näherbestimmung der Begriffe als vollkommen, verlässlich, richtig, lauter, rein oder wahr. Auch diese Wörter benennen

---

206 Vgl. GRUND, a.a.O., 216f. Ähnlich, wenn auch mit anderer Akzentsetzung FISHBANE, a.a.O., 86–88.
207 Vgl. GRUND, a.a.O., 217.
208 A.a.O., 219.
209 Vgl. FUHS, Art. ירא, 892f und oben Abschnitt 3.1.

ein Spektrum, indem sie sonst das göttliche oder menschliche Wort bezeichnen (verlässlich, lauter, wahr, נאמנה, ברה, אמת), auf den Kult verweisen (rein, טהר) oder ethische Qualitäten benennen (vollkommen, richtig, תמם, ישר).[210]

Wenn man vor diesem Hintergrund nun den Blick auf Prov 2 richtet, so fällt Zweierlei auf. (1) Prov 2 enthält mit der JHWH-Furcht (V. 4), den Geboten (מצות, V. 1) und dem Recht (משפט, V. 9) drei der sechs Schlüsselwörter von Ps 19,8–10. (2) Es finden sich zudem in Prov 2 die beiden ethischen Attribute, die in Ps 19 verwendet werden, die Wurzeln תמם und ישר[211]. Von diesen Begriffen wird jedoch nur die JHWH-Furcht in einer Konstruktusverbindung verwendet, die Ps 19 vergleichbar wäre, so wie auch der Kontext differiert. Insofern kann man kaum von einer spezifischen Nähe der Texte oder gar einer textuellen Kohärenz ausgehen. Gleichwohl stellt sich die Frage, inwiefern Prov 2 sich nicht auf einer anderen Ebene mit Ps 19 verbinden lässt. Denn wenn die bislang entfaltete These stimmt, dass Prov 2 auf eine Toratradition anspielt, diese Anspielung jedoch im Gefüge der Weisheitslehre noch mindestens doppeldeutig ist und der Akzent auf der Weisheit selbst liegt, so stellt Ps 19 jene Klarheit her, die der Verfasser von Prov 2 – eventuell bewusst – vermieden hat. Die Weisheit wird von der Tora her definiert. Die Tora ist die eigentliche Größe, die es zu beachten gilt, wobei diese durchaus weisheitlich konturiert sein kann. So basiert das Toraverständnis von Ps 19 letztlich auf einem Grundsatz weisheitlichen Denkens, nach dem die himmlische Ordnung und die irdische Sozialordnung aufeinander bezogen sind.

Diese Textbeobachtungen führen zu der Frage, inwiefern der in der neueren Literatur im Zusammenhang mit Ps 19 und Ps 119 diskutierte Prozess der „Sapientialisierung der Tora" nicht als Teil eines Diskurses gesehen werden muss, bei dem es um ein Gegenüber zweier unterschiedlicher Referenzsysteme geht, die beide gleichermaßen auf ältere, schriftlich vorliegende Traditionen zurückgreifen – Weisheit und Tora.[212]

---

210 Vgl. HOSSFELD/ZENGER, a.a.O., 133. Vgl. dazu auch GRUND, a.a.O., 222f.
211 Prov 2,7 und Ps 19,13f nennen die Gefährdung dieses Lebensweges, vgl. GRUND, a.a.O., 268, Anm. 1060.
212 Vgl. zum Begriff und zur Sache GRUND, a.a.O., 338ff. sowie Kap. 5.2.2, in dem auf die Verbindungen zwischen Ps 19 und Prov 8 eingegangen wird.

3.2.4 Zusammenfassung

Die Analysen dieses Kapitels haben gezeigt, dass Prov 2 im Kontext weisheitlicher Psalmen wie Ps 37, Ps 19 und Ps 119 verortet werden kann. Diese Verortung ist jedoch im Einzelfall sehr unterschiedlich. So zeigte sich für Ps 37 eine deutliche Nähe, die auf eine spezifische Verbindung schließen lässt. Besonders aufschlussreich ist der Vergleich von Prov 2,20–22 mit Dtn 28 und Ps 37. Denn obwohl der Psalm seinerseits auf die deuteronomistische Landtheologie zurückgreift, bietet er doch einige der charakteristischen Begriffe von Prov 2 wie die Wurzel כרת oder das Nomen חסיד. Die Formulierungen von Prov 2,20–22 stehen aber auch Dtn 28 nahe, was darauf schließen lässt, dass Prov 2 auf beide Texte und damit auf Dtn 28 und Ps 37 Bezug nimmt. Interessant ist in diesem Zusammenhang das Torakonzept von Ps 37. Denn im Vergleich mit Ps 119 oder Ps 19 erscheint es als wenig ausgeprägt und geradezu knapp konturiert.

Der Psalm setzt in V. 30f die Tora Gottes mit den Worten der Weisheit (חכמה) gleich und reflektiert noch nicht jene Kontrastierung von Weisheit und Tora, wie sie in Ps 19 und Ps 119 zu finden ist. Dies ergibt, sofern man die anderen lexikalischen Gemeinsamkeiten und aufgezeigten Abhängigkeiten hinzunimmt, eine inhaltliche Linie, bei der Ps 37 am Anfang steht, dann Ps 119 folgt, der vermutlich das Proverbienbuch als Ganzes voraussetzt, und am Ende Ps 19 steht, der seinerseits an Ps 119 anknüpft und eine spezifische Verbindung von kosmischer Ordnung und irdischer Sozialordnung vornimmt. Prov 2 wäre bei dieser Linie entweder zwischen Ps 37 und Ps 119 einzuordnen oder vor Ps 37. Auf methodischer Ebene zeigte sich, dass die Untersuchung der in der Forschung immer wieder genannten Querbeziehungen von Prov 2 zu anderen alttestamentlichen Texten nicht zu zwingenden literarischen Abhängigkeiten führt (obwohl diese in Einzelfällen durchaus gegeben sein können), sondern zu einem traditionsgeschichtlichen Spektrum. Innerhalb dieses Diskurses wurde – offenbar in Aufgriff deuteronomisch-deuteronomistischer Theologie – die Frage des Verhältnisses von Weisheit und Tora diskutiert. Vor dem Hintergrund der bislang untersuchten Texte lassen sich für diesen Diskurs (der auch in den Redaktionen des Deuteronomiums greifbar wird)[213] verschiedene

---

213 Dieser Frage kann im Rahmen der vorliegenden Arbeit nicht weiter nachgegangen werden. Vgl. dazu die weiterführenden Überlegungen von KRÜGER, Gesetz, 9, der (mit Verweis u.a. auf Dtn 4) betont, dass „die Diskussion über das Verhältnis von Weisheit und Gesetz, die im 2. Jh. v.Chr. bei Sirach und Baruch greifbar wird, im

Etappen benennen. So steht, was das Verhältnis von Weisheit und Tora betrifft, Ps 37 für eine Zusammenschau der beiden Größen, Prov 2 hingegen für eine Hervorhebung der Weisheit selbst, die das zu leisten vermag, was die Tora für sich beansprucht, und schließlich Ps 119 und Ps 19 für die genau entgegengesetzte Position: Die Tora tritt an die Stelle einer personifizierten Weisheit, wobei die Tora in Ps 119 noch nicht eine vergleichbar eigenständige Bedeutung wie in Ps 19 hat, wo sie als irdische Größe der kosmischen Welt entspricht. Während Ps 119 die Tora auf JHWH bezieht und das Torakonzept letztlich offen hält, mündet dies in Ps 19 in die Sapientialisierung der Tora ein.

Diese durchaus unterschiedlichen Konzeptionen von Weisheit und Tora konvergieren jedoch in einem Punkt: Alle Texte erweisen sich als Beispiele für eine „schriftgelehrte Exegese". Es sind Texte, die auf schriftlich vorliegende Traditionen zurückgreifen, wobei die deuteronomisch-deuteronomistische an erster Stelle steht. Dies bedeutet, dass hier bei Anwendung des gleichen literarischen Verfahrens eine theologisch unterschiedliche Akzentsetzung greifbar wird. Die Texte sind schriftgelehrte Arbeiten, in denen auf verschiedene Traditionen angespielt wird. Diese beziehen sich – so viel kann bereits jetzt gesagt werden – auf einen Diskurs, bei dem die Größe ,Tora' nun nicht nur unterschiedlich interpretiert, sondern in ihrem Verhältnisses zur Weisheit verschieden bestimmt werden konnte. Dabei zeigte die bisherige Analyse zugleich, dass es sich um einen nachexilischen Diskurs handelt, der – je nach Datierung von Ps 119 und Ps 19 – bis zu Texten wie Ben Sira oder dem Baruchbuch reicht.[214] Inhaltliche Eckpunkte dessen sind neben dem Verhältnis von Weisheit und Tora das Leben des Gerechten (in der Regel mit der Wegmetaphorik beschrieben), seine Gottesbeziehung und das Gegenüber zum Frevler. Um diese Eckpunkte noch etwas genauer zu bestimmen, soll in der Folge der Textbereich in den Blick genommen werden, der bislang noch nicht zur Sprache gekommen ist: die spätprophetische Literatur.

Pentateuch selbst bereits angelegt und vorbereitet ist". S. dazu auch unten Kap. 5.3 und 5.4.

214 Sowohl Ps 119 als auch Ps 19 werden in die frühhellenistische Zeit datiert; vgl. GRUND, a.a.O, 290 und REYNOLDS, a.a.O.,179. Terminus ante quem ist das 3. Jh., in dem die Endredaktion des Psalters anzusetzen ist. Vgl. dazu auch die Überlegungen von LANGE, Significance, 213–217, der den Text zwischen der Mitte des 4. und dem 3. Jh. datiert. Interessant ist auch die Nähe beider Texte zu Ben Sira; vgl. GRUND, a.a.O., 289 und Kap. 5.4 dieser Arbeit.

3.3 Spätprophetische Texte

Mit der spätprophetischen Tradition rückt eine Gruppe von Texten in den Fokus, die klassischerweise mit dem Phänomen der innerbiblischen Schriftauslegung verbunden wird. So hat die Forschung der letzten Jahrzehnte gezeigt, dass Texte aus dem Jeremia-, dem Jesaja- oder auch dem Zwölfprophetenbuch in einem komplexen Beziehungssystem zueinander stehen.[215] Es handelt sich um einen dynamischen Prozess, bei dem bestimmte Teile der Literatur der nachexilischen Zeit auf dieselben Traditionen reagieren bzw. diese weiterdenken. Dem entsprechen die bisherigen Ergebnisse dieses Kapitels. Die untersuchten Traditionen sind keine starren voneinander abgegrenzten Einheiten, sondern zum Teil eng miteinander verwoben. Dabei lässt sich mit der deuteronomisch-deuteronomistischen Tradition ein Referenzsystem benennen, das offenbar in verschiedene Textbereiche gewirkt hat. Diese Wirkung reicht, wie die Forschung seit Langem erkannt hat, nicht nur zur weisheitlichen Literatur und einzelnen Psalmen, sondern auch zu prophetischen Texten.[216] Dementsprechend soll es in der Folge darum gehen, den Horizont weiter abzuschreiten und die bislang erarbeiteten Linien stärker auszuziehen. Dies betrifft die Frage des Verhältnisses von Weisheit und Tora, die Rezeption deuteronomisch-deuteronomistischer Vorstellungen (gerade in Bezug auf die Tora und das Leben in ihr) und schließlich das Gegenüber von Gerechtem und Frevler. Ziel ist es, den literaturhistorischen und theologischen Hintergrund auszuleuchten, vor dem Prov 2 zu lesen ist. Dabei werden auch zwei Themen angesprochen, die in der bisherigen Diskussion zu Prov 2 immer wieder genannt, bislang jedoch in der Analyse ausgespart wurden: die fremde Frau in Prov 2,16–19 und Mal 2,10.14 sowie der „apokalyptisch-eschatologische" Abschnitt von Prov 2,21–22 in seinem Verhältnis zu Texten aus Tritojesaja.[217]

---

215 Vgl. dazu die in Kap. 1.2 dieser Studie genannten Arbeiten von R.G. KRATZ und O.H. STECK sowie für das Zwölfprophetenbuch die beiden Qualifikationsschriften von Jakob WÖHRLE, der überzeugend nachgewiesen hat, dass bestimmte Redaktionen im Zwölfprophetenbuch buchübergreifend sind und damit kompositionsgeschichtliche Bedeutung haben: DERS., „Sammlungen" und „Abschluss".

216 Das Paradebeispiel hierfür ist das Jeremiabuch, für das bereits Wilhelm GESENIUS in seiner Arbeit „Geschichte der hebräischen Sprache und Schrift" aus dem Jahr 1815 auf Gemeinsamkeiten zum Deuteronomium aufmerksam gemacht hat; vgl. dazu WEIPPERT, Prosareden, 4.

217 Auch diese Gemeinsamkeit ist nicht neu, sondern wurde in der Forschung immer wieder diskutiert; vgl. beispielsweise ROBERT in seinem Artikel aus dem Jahr 1935: Attaches, 506f.

3.3.1 Jer 31f und der „neue Bund"

Wenn man mit der Torakonzeption ansetzt und dabei nochmals auf die deuteronomisch-deuteronomistische Tradition zurückgreift, so wäre ein Abschreiten des genannten Horizontes unvollständig, würde man nicht auf Passagen des Jeremiabuches eingehen. Denn der Abschnitt über den „neuen Bund" in Jer 31f, aber auch die Verhältnisbestimmung von Weisheit und Tora in Jer 8,8f ist für eine theologiegeschichtliche Einordnung von Prov 2 äußerst aufschlussreich. Gerade die jüngere Diskussion zur Perikope vom „neuen Bund" hat die Bezüge zum Deuteronomium aufgezeigt und dabei eine Traditionslinie benannt, die von zentralen Passagen des Deuteronomiums ausgeht und bis in spätnach-exilische Zeit reicht.[218] Dies gilt für Jer 31,31–34, aber auch für Jer 32,37–44.[219] Zugleich haben jüngere Arbeiten zum Thema gezeigt, dass die Verbindungslinien zwischen dem Jeremiabuch und dem Deuteronomium von Fall zu Fall kritisch zu überprüfen sind. So hat sich die traditionelle und breit rezipierte These von Winfried Thiel einer „deuteronomistischen Redaktion" des Jeremiabuches als ein zwar hilfreicher, aber letztlich nicht tragfähiger Ansatz erwiesen. Im Jeremiabuch findet sich „deuteronomistische" Sprache im Sinne von Thiels Kriteriologie auch in Texten, die sich nicht mehr an den inhaltlichen Maßstäben des Deuteronomiums orientieren.[220] Diese Erkenntnis betrifft auch die Passagen über den „neuen Bund" in Jer 30f, die von Thiel als „deuteronomistisch" bestimmt wurden.[221] Konrad Schmid hat in einer Studie zu Jer 30–33 den Nachweis geführt, dass in den vier Kapiteln „schriftgelehrte Tätigkeit" vorliegt, bei der die einzelnen literarischen Schichten der Kapitel unter Verwendung vorgegebenen Textmaterials ausschließlich für den literarischen Kontext geschaffen wurden.[222] Die These ist deshalb brisant, da bis heute oftmals die Ansicht vertreten wird, ein auf

---

218 Letztlich findet sich die Beobachtung, dass Jer 31,31–34 ein junger Text ist, bereits bei der älteren Forschung. So bezeichnete DUHM, Jeremia, 255 die Passage als den „Erguss eines Schriftgelehrten". Vgl. auch MOWINCKEL, Komposition, 47, der den Text zu den jüngsten Nachträgen zum Jeremiabuch zählte und dazu den forschungsgeschichtlichen Überblick bei SCHMID, Buchgestalten, 187f.

219 Vgl. zur Verbindung zwischen Jer 31f und Deuteronomiumspassagen THIEL, Redaktion, 25f und 36f. Vgl. auch SCHMID, a.a.O., 70f.

220 Vgl. SCHMID, a.a.O., 347. Eine Kritik der These Thiels findet sich bereits bei POHLMANN, Studien, 16–18 und LEVIN, a.a.O., 63–66. S. dazu auch oben Anm. 1 und den Forschungsüberblick bei MAIER, Jeremia, 34–37.

221 Konkret handelt es sich um Jer 30,1–3 und 31, 31–34; vgl. THIEL, a.a.O., 20.24, der hier seinem Lehrer Siegfried HERRMANN folgt: Heilserwartung, 179–185.195–204.

222 SCHMID, a.a.O., 196.

literarkritischem Wege zu extrahierender Grundstock von Jer 30f könne in die Frühzeitverkündigung des Propheten datiert werden und sei an das ehemalige Nordreich adressiert.[223] Im Hinblick auf Prov 2 ist jedoch – ganz unabhängig von der Spezialdiskussion zu den Texten – zunächst von Bedeutung, dass die beiden relevanten Passagen über den „neuen Bund" in Jer 30–33 einhellig für nachexilisch gehalten werden.[224] Setzt man mit der ersten Passage, Jer 31,31–34, ein, so beschreibt diese insofern ein für das Alte Testament einzigartiges Konzept, als dass die Wortverbindung ברית חדשה nur in Jer 31,31 begegnet.[225] Die Passage weist ein theologisches Konzept auf, das im Hinblick auf die bislang gewonnene Bestimmung der Größe ‚Tora' recht eigene Wege geht:

(31) Siehe, Tage werden kommen, Spruch JHWHs,
da werde ich mit dem Haus Israel und dem Haus Juda einen neuen Bund schließen,

(32) nicht wie der Bund, den ich mit ihren Vätern schloss am Tag, als ich sie bei der Hand nahm, um sie herauszuführen aus dem Land Ägypten,
den sie gebrochen haben, meinen Bund –
wo ich doch Herr bin über sie, Spruch JHWHs.

(33) Sondern dies ist der Bund, den ich schließen werde
mit dem Haus Israel nach jenen Tagen, Spruch JHWHs:
Ich werde meine Tora (תורה) in ihr Inneres geben,
und auf ihr Herz werde ich sie schreiben (כתב),
und ich werde ihnen Gott sein, und sie werden mir Volk sein.

(34) Und nicht mehr werden sie belehren (למד),
einer den anderen und einer seinen Bruder mit den Worten:
„Erkennt JHWH", denn sie alle werden mich erkennen, von ihrem Kleinen bis zu ihrem Großen, Spruch JHWHs, denn ich werde ihre Schuld vergeben und ihrer Verfehlung nicht mehr gedenken.

Im Zentrum steht der Gedanke, dass JHWH selbst die Tora in das „Innere" des Volkes geben wird, so dass dieses die Tora nicht mehr bre-

---

223 Vgl. HERRMANN, Art. Jeremia/Jeremiabuch, 579 und SEYBOLD, Jeremia, 80–91. Die These selbst geht auf Heinrich EWALD zurück, der sie in seinem Werk „Die Propheten des Alten Bundes" aus den Jahren 1867/68 entwickelte: Propheten II, 83f. Die Frage verlangt letztlich eine ausführlichere Diskussion – u.a. der „sprachliche(n) Kennzeichen jeremianischer Autorenschaft" –, die im Rahmen dieser Analyse nicht geleistet werden kann. Vgl. dazu STIPP, Kennzeichen, 177f.

224 Anders ROBINSON, New Covenant, 204 „in substance Jeremianic (not Deuteronomistic)".

225 Die Tradition wird dann im Neuen Testament (Lk 22,10; 1 Kor 11,25) und in Qumran aufgegriffen; vgl. zum Ganzen FISCHER, Jeremia, 171.

chen kann. Dieser Gedanke steht jedoch in deutlichem Kontrast zum Torakonzept des Deuteronomiums, weshalb hier das eingangs genannte Problem einer deuteronomistischen Redaktion des Jeremiabuches brennpunktartig erkennbar wird. Die Passage klingt deuteronomistisch, bewegt sich jedoch nicht mehr auf dem Boden der deuteronomisch-deuteronomistischen Tradition.[226] Vielmehr wird hier ein Konzept entfaltet, das sich zu der Größe Tora im bisherigen Sinne kritisch verhält.

Dieses Konzept lässt sich genauer greifen, wenn man die Passage vor dem Hintergrund von drei anderen Texten liest: dem Schᵉma Israel in Dtn 6,4–9, dem Wort vom Lügengriffel der Schreiber in Jer 8,8f und dem Satz in Jer 17,1, dass die Sünde Judas „auf die Tafel ihres Herzens" geschrieben sei. Alle drei zusammen bilden den Hintergrund, vor dem die Aussage in Jes 31 ihren Sinn erhält. Dabei handelt es sich nicht um direkte wörtliche Übereinstimmungen, sondern um Texte, die gleichsam die Negativfolie für Jer 31 bilden.

Dies betrifft zunächst in Dtn 6,4–9 die Aussage von den Worten (הדברים), die „auf deinem Herzen" sein sollen (על לבבך, V. 6). Dies ist in Dtn 6 verbunden mit dem Gedanken der Unterweisung der nachfolgenden Generation (V. 7, Verb שנן). Während Dtn 6,4–9 ausführlich den Gedanken der Belehrung hervorhebt,[227] fällt dieser in Jer 31 gerade weg. Dort wird es kein gegenseitiges Belehren mehr geben (V. 34, למד pi.), sondern jeder kann JHWH erkennen (ידע). Mit dem Verb למד pi. wird der Terminus Technicus für das Lernen (qal) bzw. Lehren (pi.) verwendet.[228] Auch wenn dieser Begriff nicht in Dtn 6 steht, so verwendet der Verfasser von Jer 31,31 doch einen Zentralbegriff des Deuteronomiums, der Bestandteil eines theologischen Konzepts ist.[229] Der Gedanke, die Tora JHWHs an die nachfolgenden Generationen weiterzugeben, findet sich bereits in Dtn 4 und ist auch sonst vielfach bezeugt.[230] Jer 31,34 grenzt sich davon scharf ab, indem diese Belehrung und damit eines der zentralen Theologumena der deuteronomisch-deuteronomistischen Tradition wegfällt: JHWH selbst schreibt die Tora

---

226 Vgl. dazu HERRMANN, Heilserwartung, 179 und SCHMID, a.a.O., 69, der dies überzeugend herausgearbeitet hat.

227 Vgl. dazu VEIJOLA, 5. Buch Mose, 175 und OTTO, Mose, 471, der darauf verweist, dass in Dtn 6,6–9 der Gedanke vorausgesetzt ist, dass das Bundesvolk schreiben kann.

228 Vgl. dazu KAPELRUD, Art. למד, 577f.

229 Vgl. Dtn 4.1.5.10; 5,1.31; 6,1; 11,19; 14,23; 17,19; 18,9; 20,18 u.ö.

230 Vgl. dazu Kap. 3.1. Demgegenüber steht die Aussage von Dtn 18,9, gerade nicht das zu lernen (למד), was die anderen Völker des Landes tun.

auf die Herzen (כתב). Mit der Formel על לבם wird evtl. auf das על לבבך von Dtn 6,6 Bezug genommen, jedoch zugleich ein Unterschied zu Dtn 6,9 betont. Denn dort soll das Volk selbst die Worte auf die Türpfosten und in die Stadttore schreiben (כתב).[231] Der zentrale Gedanke von Jer 31 bildet somit ein Gegengewicht zu Dtn 6: Nur Gott kann die Tora in die Herzen geben, der Mensch selbst ist dazu nicht fähig, so dass sich in der Konsequenz alle Form der Unterweisung erübrigt.[232]

Es wäre jedoch verfehlt, Jer 31 als eine Kritik an der Tora selbst zu verstehen. Dem Text geht es vielmehr um die Form der Vermittlung. Der Verfasser jener Passage legt den Akzent auf die unmittelbare Handlung JHWHs, dergegenüber alle menschlichen Vermittlungs-instanzen ausscheiden. Damit liegt der Text auf einer Linie mit dem bekannten Wort von Jer 8,8f, das eine interessante Verbindung von Weisheit, Tora und Schriftgelehrten bietet:

> (8) Wie könnt ihr sagen: „Weise sind wir, und die Tora JHWHs ist bei uns!" Fürwahr, siehe, zur Lüge macht der Lügengriffel Schreiber.[233]
>
> (9) Die Weisen sind beschämt, sie sind von Schrecken erfüllt und gefangen. Siehe, das Wort JHWHs haben sie verachtet, und was für eine Weisheit ist ihnen (geblieben?).

Es wurde in der Forschung bereits öfter betont, dass die Passage deute-ronomistischem Denken nahesteht.[234] Der Gedanke, dass der Besitz der Tora ein Unterpfand der Weisheit sei, ist ein prominentes deuterono-mistisches Theologumenon.[235] Dem wird im Text das „Wort JHWHs" gegenübergestellt, wodurch zunächst ein Kontrast entsteht zwischen der prophetischen Verkündigung und einer Weisheit, die auf der Tora JHWHs gründet.[236] Damit wird in zweifacher Hinsicht deuterono-misch-deuteronomistisches Traditionsgut verarbeitet. Zum einen wird der Gedanke von Dtn 4,5f aufgegriffen, demzufolge die mosaischen Rechtssätze und -bestimmungen das Volk Israel zu einem weisen und verständigen Volk machen.[237] Zentrale Weisheitsbegriffe wie חכמה oder

---

231 Vgl. SCHMID, a.a.O., 81 und SWETNAM, Covenant, 113, der zudem auf die rabbinische Interpretation hinweist. S. auch OTTO, a.a.O., 471f.
232 Vgl. ROBINSON, a.a.O., 183 und zur Formulierung dass Gott in das Herz des Men-schen „schreibt", a.a.O., 195f. Demgegenüber spricht FISCHER, a.a.O., 173 hier – recht vorsichtig – lediglich von einer „verschiebenden Akzentuierung".
233 Zur Lesung MAIER, a.a.O., 298 mit Diskussion der Lesarten in Anm. 135.
234 Vgl. WANKE, Weisheit, 96 und RUDOLPH, Jeremia, 62f.
235 Vgl. STIPP, Jeremia, 11.
236 Vgl. WANKE, Jeremia 1, 98 und RUDOLPH, a.a.O., 63.
237 Dazu PERLITT, Deuteronomium, 312f und OTTO, Jeremia, 548, der Dtn 4,5f für post-deuteronomistisch hält.

בינה werden in Dtn 4,5f auf das Volk bezogen. Diese Verbindung zwischen den Lehren des Gesetzes (חקים ומשפטים) und „weise sein", ist – dies zeigte Abschnitt 3.1.3 dieser Arbeit – deuteronomistisch.[238] Zum anderen steht Jer 8,8f mit seiner Hervorhebung des Wortes des Propheten in einer Tradition, die durch das Prophetengesetz von Dtn 18,9–22 bestimmt ist.

In Dtn 18,9–22 wird eine Trennlinie gezogen zwischen der Wortprophetie und anderen Formen der Zukunftsvorhersage wie dem Wolkendeuter, dem Zauberer, dem (Schlangen)Beschwörer und dem Orakelkundigen.[239] Der Akzent liegt darauf, insbesondere Praktiken, die auf menschlicher Mitwirkung bzw. Anwendung technischer Mittel beruhen, als nicht jahwegemäß auszuweisen.[240] All dies wird mit einem Federstrich als „Gräuel" (תועבה) deklariert und im Kontrast dazu das Prophetenamt des Mose betont.[241] Im Zuge dessen werden jedoch Praktiken als illegitim betrachtet, die in anderen Texten durchaus im Auftrag JHWHs geschehen konnten. Man denke nur an den Schadenszauber von Elisa in 2 Kön 2,23–25. Dort wendet sich Elisa den Jungen zu, die ihn als Kahlkopf verspotten, blickt sie an und „verflucht sie im Namen JHWHs" (ויראם ויקללם בשם יהוה).[242] Diesem Verständnis der Befugnisse des ‚religiösen Spezialisten' wird in Dtn 18 mit der Betonung des Amtes des Mose und der Formulierung, dass JHWH sein Wort (דבר) in den Mund des Propheten legen wird, ein Riegel vorgeschoben.[243] Was übrig bleibt, ist das Verständnis des Propheten als Mittler des Wortes Gottes.

---

238 Es handelt sich jeweils um exilisch bzw. nachexilische Texte, die im Gegensatz zu Dtn 6* nicht mit dem eigentlichen Deuteronomium in Verbindung gebracht werden können.

239 Mit der Wurzel כשף (hier im Partizip מכשף verwendet) wird der Terminus Technicus für Schadenszauber genannt; vgl. G. ANDRÉ, Art. כשף, 1984, 375–381 und zu den Begriffen (speziell zum Beschwörer, dem מנחש) SCHMITT, Magie, 110f.

240 Vgl. RÜTERSWÖRDEN, Gemeinschaft, 80 und SCHIPPER, Eherne Schlange, 380.

241 Vgl. die treffende Formulierung von Eckart OTTO, nach der das Prophetengesetz die Prophetie „domestiziert": Deuteronomium, 123. Auf die weiteren literarischen Probleme von Dtn 18 kann an dieser Stelle nicht eingegangen werden. Wichtig ist allein, dass die Traditionslinie vom Dtn zum Jeremiabuch führt und nicht umgekehrt, und beispielsweise Jer 1,9 und 29,15 vom Prophetengesetz abhängen; vgl. OTTO, Prophetie, 267.

242 Die Formulierung des Textes in 2 Kön 2,24 lässt an eine Verfluchung durch bösen Blick denken; vgl. SCHMITT, a.a.O., 288.

243 Die Verse gehören der deuteronomistischen Erweiterung des Textes an (V. 16–20); vgl. RÜTERSWÖRDEN, a.a.O., 80, der einen deuteronomischen Kern des Textes herausgearbeitet hat.

Das Prophetengesetz von Dtn 18 hat eine besondere Bedeutung, weil es das Prophetenverständnis des Alten Testaments in dessen vorliegender, literarischer Gestalt entscheidend geprägt hat. So erscheinen die Propheten überwiegend als Verkünder des Willens Gottes und nicht als religiöse Spezialisten, die, wie es im Alten Orient mehrfach bezeugt ist, über magisch-mantische Fähigkeiten verfügen.[244] Indem in Jer 8,8f sowohl das prophetische Wort als auch das Wort JHWHs (V. 9b) in den Vordergrund gehoben werden, knüpft der Text an eine Traditionslinie an, die vom Prophetengesetz Dtn 18 ausgeht. Die Position von Jer 8,8f greift dabei deuteronomistisches Denken auf, bezieht jedoch gegen ein Toraverständnis Position, das der deuteronomisch-deuteronomistischen Tradition wiederum nahesteht.[245]

Um diese These zu erläutern, ist ein Blick auf die Textkritik erforderlich. Denn sofern man in V. 8b nicht dem Konjekturvorschlag der BHS, sondern dem MT folgt (der durch LXX gedeckt ist)[246], dann verfälschen die Schreiber nicht mit ihrem Griffel die Tora, wie oftmals angenommen wird,[247] sondern der Griffel wendet sich gegen die Schreiber. Die Tätigkeit der Schreiber (ספרים) macht diese somit selbst zu Lügnern.[248] Die Pluralform ist so zu verstehen, dass hier ein ganzer Berufsstand gemeint ist, der von Jeremia kritisiert wird (vgl. 1 Kön 4,3; 1 Chr 2,55; 2 Chr 34,13). Bereits Bernhard Duhm dachte an schriftkundige Männer, die „sich mit geschriebener Thora befassen".[249] Diese müssen nicht, wie bisweilen diskutiert wurde, die Priester (W. Rudolph), die königlichen Ratgeber (J. Schreiner) oder gar die Deuteronomisten (H.-J. Stipp) sein.[250] Vielmehr legt die Verbindung von ספרים und Tora nahe, dass hier an „Schriftgelehrte" gedacht ist, ähnlich den in Esr 7,6.11 genannten „Literaten".[251]

Demzufolge geht es Jer 8,8 nicht um eine Generalkritik an der Verbindung von Weisheit und Tora, sondern lediglich um die Kritik an einer falsch verstandenen Tora. Dieser falschen Tora-Auslegung wird

---

244 Vgl. dazu SCHIPPER, Wissen, 497f.

245 So auch STIPP, a.a.O., 11. Hier zeigt sich zugleich der unterschiedliche Umgang mit der deuteronomisch-deuteronomistischen Tradition, auf den noch näher einzugehen ist.

246 Vgl. dazu MAIER, a.a.O., 298 mit Anm. 135.

247 Vgl. WANKE, a.a.O., 97; RUDOLPH, a.a.O., 60; FISCHER, a.a.O., 329f (mit Textanmerkung 8).

248 So MAIER, a.a.O., 300.

249 DUHM, a.a.O., 88.

250 Vgl. die Zusammenstellung bei WANKE, Weisheit, 96.

251 Vgl. GRÄTZ, Edikt, 107f; WILLI, Juda, 107f und OTTO, Jeremia, 548.

der „recht verstandene *dabar*" gegenübergestellt.[252] Dabei ist vorausgesetzt, dass die „Tora" in Jer 8,8 als eine bereits schriftlich fixierte und damit literarisch vorliegende Größe verstanden wird.[253] Damit wird es jedoch schwer, diesen Text für jeremianisch zu halten, wie es seit Bernhard Duhm gerne getan wird.[254] Es wäre eher von einer nachexilischen Passage auszugehen, wofür auch die Erwähnung der ספרים, der Literaten, spricht.[255] Der Text steht für eine Sichtweise in nachexilischer Zeit, in der eine Verbindung von Weisheit und Tora als dezidiert falsch ausgewiesen und dieser Position das Wort JHWHs gegenübergestellt wird. Die Weisen und damit diejenigen, die meinten, den Sinn der Tora verstanden zu haben, sind blamiert, da offenbar die Tora etwas anderes ist als das, was in der Weisheitstradition unter ihr verstanden wird.

Wenn man dies nun mit Jer 31,34 verbindet, so zeigt sich eine interessante Gemeinsamkeit. In beiden Texten wird nicht gegen die Tora generell Position bezogen, sondern gegen eine bestimmte Form der Unterweisung und Auslegung. Das „Belehren" in 31,34a erscheint dabei auf derselben Ebene wie die Tätigkeit der „Schriftgelehrten" und damit der professionellen Ausleger in 8,8. Die Tora JHWHs (תורת יהוה) ist laut Jer 8,8 gerade nicht bei den professionellen Toraauslegern und bei denen, die in der Nachfolge der deuteronomisch-deuteronomistischen Tradition eine Form der Schriftauslegung betreiben, in der Weisheit und Tora eng zusammengerückt sind.[256] Vielmehr nützt die Weisheit nichts mehr (Jer 8,9), so wie auch das Belehren (Jer 31,34) zu nichts führt, da es JHWH ist, der die Möglichkeit der Toraobservanz herstellt, indem er den Menschen mit einem neuen Herzen ausstattet. Thomas Krüger hat dies treffend als „therapeutischen Eingriff" JHWHs bezeichnet, bei dem JHWH selbst aktiv wird, um den Menschen zu befähigen seine Gebote zu halten.[257] Diese Form der operativen Maßnahme hat jedoch eine spezifische Bedeutung, auf die etwas näher eingegangen werden muss. Denn mit der anthropologischen Kategorie des „Herzens" ist eine theologische Konzeption verbunden, die für den hier dargestellten Zusammenhang entscheidend ist.

252 KLOPFENSTEIN, Lüge, 135.
253 Vgl. dazu den Exkurs bei MAIER, a.a.O., 302–304 sowie SCHNIEDEWIND, Textualization, 164.
254 So DUHM, a.a.O., 88f und RUDOLPH, a.a.O., 63. Anders WANKE, a.a.O., 96.
255 So MAIER, a.a.O., 306.
256 Vermutlich wird es sich dabei um schriftgelehrte Priester handeln; vgl. dazu OTTO, a.a.O., 548 und unten Kap. 5.3.3 zu den möglichen Trägerkreisen.
257 KRÜGER, Herz, 83.

EXKURS: Die Herzkonzeption

Das Herz (לֵב)[258] bezeichnet im Alten Testament nicht einfach nur ein menschliches Organ, sondern vielmehr das Zentrum der menschlichen Person, „das ihre Gefühle und Wünsche, Gedanken und Handlungen von ‚innen' heraus steuert und bestimmt".[259] Die alttestamentlichen Texte weisen jedoch keine einheitliche Vorstellung vom Herzen auf. Vielmehr wird der Begriff dazu verwendet, verschiedene Aspekte des Menschen zu unterscheiden, wie beispielsweise die Innen- und Außenseite, die Vernunft und die Affekte oder aber die moralische, die intellektuelle oder auch emotionale „Zentralinstanz des Menschen".[260] Speziell in der Weisheitsliteratur findet sich die Vorstellung des von seinem Herzen geleiteten Menschen. So z.B. in Prov 16,23, wo das Herz für den Intellekt steht, oder in Prov 14,30, wo Vernunft und Moral gefährliche Affekte in Zaum halten können:[261]

(Prov 16,23) Ein weises Herz macht seinen Mund klug
und auf seine Lippen fügt es Belehrung hinzu.

(Prov 14,30) Ein heiles Herz ist Leben für das Fleisch,
aber Eifersucht (ist) Fäulnis für das Gebein.

Die Idee vom Menschen, der von seinem Herz geleitet wird, bestimmt auch die unterschiedlichen theologischen Konzepte, die in der alttestamentlichen Literatur mit dem Herzen verbunden sind. Dies beginnt bei der Vorstellung der Verstockung des menschlichen Herzens und reicht bis zur Frage nach den Grenzen der Leistungsfähigkeit des Herzens. Der Verstockungsgedanke findet sich in Jes 6,9f. Dort beauftragt JHWH den Propheten, das Herz des Menschen zu verstocken, seine Ohren zu verstopfen und die Augen zu verkleben, so dass der Mensch nicht mehr über seine Sinneswahrnehmungen verfügt und damit über das, was ihm Lebens- und Handlungsorientierung gibt.[262] Die Grenzen des menschlichen Herzens werden in dem bekannten Wort von Prov 16,9 betont: „Das Herz des Menschen plant seinen Weg, JHWH bestimmt seinen Schritt." Was hier als eine Art Tatsachenbeschreibung formuliert wird, hat im Pentateuch und in der prophetischen Literatur

---

258 Zu Begriff und Etymologie vgl. FABRY, Art. לֵב, 415f.

259 KRÜGER, a.a.O., 65f; vgl. KRÜGER, Anthropologie, 104.

260 Auf diesen zentralen Sachverhalt hat KRÜGER, a.a.O., 106.109 aufmerksam gemacht gegenüber anderen Versuchen, das Herz im Sinne eines „ganzheitlichen Menschen" zu verstehen, FREVEL/WISCHMEYER, Menschsein, 33.

261 Vgl. KRÜGER, a.a.O., 109f, an dem sich der folgende Überblick orientiert.

262 Vgl. KRÜGER, a.a.O., 111 und zu Jes 6,9f den Überblick bei BARTHEL, Prophetenwort, 88–93. Im Text wird dies mit Hifil-Formen der Verben שמן, כבד und שעע ausgedrückt; dazu BEUKEN, Jesaja, 176f.

erhebliche theologische Implikationen. Denn es führt zu der Frage, ob man, was das Erfüllen der Gebote betrifft – oder schlichter: des Willens JHWHs – auf sein Herz trauen kann oder nicht. Das Deuteronomium formuliert mit der bekannten Formel, dass der Mensch „mit ganzem Herzen und mit ganzer Seele" lieben soll (בכל לבבך ובכל נפשך)[263] die Vorstellung, dass die Tora JHWHs „beherzigt", d.h. mit menschlicher Einsicht erfasst werden kann.[264] Diese Ausrichtung des Herzens auf JHWH bedeutet zugleich, seine Taten im Herzen zu bewahren (Dtn 4,9.29; 6,6; 8,5) und diese so zur Richtschnur der eigenen Entscheidungen zu machen.[265] Vorausgesetzt ist dabei, dass das Herz des Menschen in der Lage ist, diese Einsicht in Taten und Handlungen umzusetzen.

Genau dies wird jedoch in anderen Texten bezweifelt. Es findet sich eine breite Tradition in der alttestamentlichen Literatur, welche die Grenzen der menschlichen Erkenntnis betont und daraus theologische Schlussfolgerungen zieht. Es wird eine Gegenposition zum deuteronomisch-deuteronomistischen Ideal der ‚Beherzigung' der Tora entwickelt, indem das Befolgen der Tora nun mehr und mehr zu etwas wird, was jenseits menschlicher Erkenntnis liegt und dementsprechend von JHWH selbst ermöglicht werden muss.[266] Dabei sind verschiedene Maßnahmen JHWHs denkbar:

- das fallweise Eingreifen in das menschliche Herz,
- das Erneuern des Herzens,
- der völlige Austausch des alten Herzens durch ein neues Herz.

Wichtig ist vor allem die prophetische Tradition. Denn hier wird nicht mehr davon ausgegangen, dass der Mensch mit seinem Herzen JHWHs Willen erfüllen kann, vielmehr dominiert die Vorstellung, dass das menschliche Herz verändert werden muss, da es widerspenstig (סרר, Jer 5,23), böse (רע, Jer 3,17; 7,24; 11,8; 5,2) und trügerisch ist (עקב, Jer 17,9). Diese Veränderung des Herzens erfolgt entweder durch die Einpflanzung der Tora in das Herz oder durch den völligen Austausch des Herzens. Ersteres könnte man etwas pointiert als eine ‚Implantation'

---

263 Vgl. Dtn 6,5 sowie 4,29; 10,2 und 11,13.

264 Vgl. STOLZ, Art. לב, 865 und FABRY, a.a.O., 445.

265 Vgl. dazu KRÜGER, Herz, 72.

266 Interessant ist in diesem Zusammenhang die Vorstellung vom „bösen Herzen" in Gen 6,5 (8,25); vgl. dazu KRÜGER, a.a.O., 66f und DERS., Anthropologie, 113f. Diese Einsicht findet sich auch in spätdeuteronomistischen Zusätzen zum Deuteronomium wie z.B. Dtn 30,6. Dort wird die Erneuerung des Menschen an JHWHs Handeln gebunden, wenn es heißt „JHWH, dein Gott, wird dein Herz beschneiden", vgl. KÖCKERT, Leben, 69.

bezeichnen, letzteres als eine ‚Transplantation'.[267] Die erste Position findet sich in Jer 31,33, die letztgenannte in Ez 11,19b.20 und 36,26:

> (19b) Ich werde das Herz aus Stein aus ihrem Fleisch entfernen und ihnen ein Herz aus Fleisch geben (20), so dass sie meinen Gesetzen folgen und meine Rechtsentscheide bewahren. Sie werden mein Volk sein und ich werde ihr Gott sein.

> (36,26) Ich werde euch ein neues Herz geben und einen neuen Geist in euer Inneres legen; und ich werde das Herz aus Stein aus eurem Fleisch entfernen und euch ein Herz aus Fleisch geben.

(Exkursende)

Der Überblick zu den unterschiedlichen Herzkonzeptionen verdeutlicht, dass in Jer 31,33 davon ausgegangen wird, das menschliche Herz sei verbesserungsfähig und müsse nicht vollständig ersetzt werden. JHWH selbst pflanzt die Tora in das Herz ein. Ein solcher Vorgang ist erforderlich aufgrund des verdorbenen und bösen Herzens des Menschen. Dies wird in dem dritten Text, der neben Dtn 4 und Jer 8 für Jer 31,33 von Bedeutung ist, explizit betont. So heißt es in Jer 17,1:[268]

> Die Sünde Judas ist aufgeschrieben mit eisernem Griffel. Mit diamantenem Stift ist es eingegraben auf die Tafel ihres Herzens und die Hörner ihres Altars.

In Jer 31 wird dieser Zustand durch das Handeln JHWHs überwunden. Daran knüpft Jer 32 an.[269] Gegenüber Jer 31 wird nun betont, dass der Bund JHWHs nicht mehr nur neu (חדש), sondern auch ein „ewiger Bund" ist (ברית עולם):

> (40) Ich schließe mit ihnen einen ewigen Bund, dass ich mich nicht von ihnen abwenden will, sondern ihnen Gutes erweise. Ich lege ihnen die Furcht vor mir ins Herz, damit sie nicht von mir weichen.

> (41) Ich werde mich über sie freuen, wenn ich Ihnen Gutes erweise. In meiner Treue pflanze ich sie ein in diesem Land, aus ganzem Herzen und aus ganzer Seele.

Sowohl Jer 31 als auch Jer 32 enthalten eine futurische Aussage, die den Bund zwischen JHWH und seinem Volk als Gegenstand eschatologischer Hoffnung ausweist.[270] Das Befolgen des Willens JHWHs wird in Ergänzung zu Jer 31,33 dadurch hergestellt, dass JHWH nicht nur

---

267 Ich greife hier die Begriffe von Thomas KRÜGER: a.a.O., 83f.
268 Vgl. dazu SCHMID, Buchgestalten, 68.
269 Auf den sinnhaften Leseablauf der beiden Stellen verweist SCHMID, a.a.O., 72.
270 Vgl. NIETO, Quiebre, 500f und zu Jer 32 WITTENBERG, Vision, 138.

selbst auf das Herz schreibt, sondern auch die JHWH-Furcht in das Herz des Menschen legt (נתן).

Beide Texte, Jer 31 und Jer 32, können somit einem Diskurs zugeordnet werden, der um die Frage kreist, ob der Mensch die Tora JHWHs erfüllen kann.[271] Dabei wurde Jer 31f offenbar auch durch Dtn 30,1–16* beeinflusst.[272] Dtn 30,6 betont, dass JHWH das Herz der Israeliten beschneiden muss (מול), damit diese JHWH „mit ganzem Herzen und mit ganzer Seele" lieben können. Die Beschneidung und damit die Maßnahme JHWHs schafft die Voraussetzung dafür (im Text durch den Infinitiv לאהבה ausgedrückt), dass Israel das leisten kann, was die deuteronomisch-deuteronomistische Theologie fordert.[273] In beiden Texten wird das Thema des JHWH-Verhältnisses ferner mit der Landthematik verbunden. Dtn 30,5 zufolge wird das Land, das bereits die „Väter" besessen haben, nun wieder zum Besitz gegeben (vgl. Jer 32,41).

Dies alles hat Auswirkungen auf die bislang entwickelten Thesen zu Prov 2 und den Diskurs über Weisheit und Tora. Vor dem Hintergrund der bisherigen Ergebnisse ergibt sich eine Linie, die beim Konzept des Lernens einsetzt und zur Frage der Fähigkeit des Menschen, die Tora JHWHs zu erfüllen, reicht. In Prov 2,5 erschließt sich die JHWH-Furcht demjenigen, der die Weisheitslehre befolgt. Sie ist damit – streng genommen – Gegenstand des weisheitlichen Lehrens und Lernens. Genau dagegen bezieht jedoch Jer 31,34 Stellung, wenn nun auch das Erlangen von JHWH-Furcht ausschließlich JHWH und seinem Handeln zugeordnet wird. Dieser Grundlinie entspricht der Umgang mit dem Thema ‚Land' in Jer 32 und Prov 2. In der Jeremiapassage wird JHWH selbst sein Volk in das Land einpflanzen (נטע בארץ),[274] in Prov 2,21f können diejenigen, welche die Weisheitslehre befolgen, im Land wohnen bleiben. Im einen Fall wird dies ausschließlich von JHWH erwartet, im anderen erscheint es für den Menschen selbst realisierbar, sofern er sich an das Lehrkonzept – konkret, die Lehrrede von Prov 2 – hält.

Dieser Aspekt des Lehrens und Lernens erhält eine interessante Facette, wenn man Ps 119 mit einbezieht und zunächst mit einem lexikographischen Befund einsetzt. Denn wie in Jer 31 wird das Wort למד im

---

271 Dieser Diskurs findet sich bereits im Pentateuch; vgl. dazu KRÜGER, Herz, 65–74; DERS., Gesetz und zum Ganzen OTTO, Scholarship, 178f.

272 Vgl. dazu SCHMID, a.a.O., 72f.

273 Vgl. KRÜGER, a.a.O., 68.

274 Zum futurischen Charakter dieser Aussage s. WITTENBERG, a.a.O., 141 und ROM-SHILONI, Jeremiah, 206.

Psalm verwendet, jedoch überwiegend auf JHWH selbst bezogen. Von
den dreizehn Belegen beziehen sich neun auf das „Lehren" durch
JHWH (vgl. Ps 119,12.26.64.66.68.108.124.135.171).[275] Besonders interessant ist die Aussage in Ps 119, 99, die oben bereits in einem anderen
Zusammenhang diskutiert wurde:

> Mehr als alle meine Lehrer habe ich Einsicht, denn ich sinne über deine
> Weisungen nach.

In dem Vers wird ein Kontrast benannt zwischen den Lehrern (Partizip
Piel von למד) und dem Meditieren des Beters über JHWHs Weisungen.
Durch die anderen Belege von למד in Ps 119 wird deutlich, dass JHWH
selbst als derjenige gilt, der dem Beter die Einsicht und damit die Tora
gibt. Gerade dadurch, dass Ps 119 die Tora mit weisheitlichen Begriffen
näher bestimmt, findet eine Zuspitzung statt, bei der nun die Weisheit
nicht mehr als eigenständige Größe erscheint. Genau dies aber zeigte
sich bei den analysierten Jeremiatexten. Es ergibt sich eine Verbindung
von Ps 119 und Jer 31f (8,8f), der sich Prov 2 gerade nicht zuordnen
lässt. Vielmehr wird man beide Textgruppen – auf der einen Seite Ps
119, Jer 31,f (8,8f) und auf der anderen Prov 2 – unterschiedlichen
Denkweisen zuzuordnen haben, die Größen ‚Tora' und ‚Weisheit' inhaltlich zu bestimmen.

Beide Ansätze führen zu der Frage, wie der Willen JHWHs erfüllt
werden kann. Prov 2 hält dies für möglich, indem auf eine Weisheitslehre gehört wird, die deutlich in die Nähe der Gebote JHWHs gerückt
ist und bei der menschliche Initiative und göttliches Handeln zusammenwirken. In den anderen Textstellen wird demgegenüber die Handlung JHWHs und seine Offenbarung betont. Dies ist in Ps 119 der Fall,
wo das „Lehre mich" auf JHWH bezogen und den menschlichen Lehrern des Beters gegenübergestellt wird. Gleiches gilt für Jer 8,8f, wo
gegen eine Verbindung von Weisheit und Schriftgelehrtentum Position
bezogen und dies mit dem Wort JHWHs kontrastiert wird. Diese Entwicklung, bei der die Erkenntnis JHWHs und die Möglichkeit zum
Befolgen seines Willens immer stärker aus der Fähigkeit des Menschen
herausgenommen und als Gabe JHWH zugeordnet werden, findet ihr
Ziel (und ihren Höhepunkt) in der Verheißung des neuen Bundes von
Jer 31f.

Letztlich muss der beschriebene Gegensatz zwischen Prov 2 auf der
einen Seite und Ps 119 und Jer 31f sowie Jer 8,8f auf der anderen mit
einer anthropologischen Grundfrage verbunden werden: Kann der

---

275 Ps 119,7.71.73.99. Im Grunde sind es zehn Belege, da Ps 119,73 „Gib mir Einsicht,
    damit ich deine Gebote lerne" das Lernen auch auf JHWH bezieht.

Mensch mittels Erziehung die Tora befolgen oder ist dazu eine Maßnahme JHWHs erforderlich? Die Weisheit propagiert ersteres, die
Torapsalmen knüpfen daran an, indem nun JHWH selbst als Lehrer
erscheint, während in Jer 31 gerade jedes Lehren und Lernen ausgeschlossen wird – JHWH pflanzt die Tora in das Herz. Es gibt, wenn
man so will, keine Therapie mehr, sondern eine Operation am offenen
Herzen. Wichtig ist dabei, dass in beiden Fällen an das Deuteronomium angeknüpft wird. Denn dort erscheint die Tora als etwas, das vermittelt werden kann – sofern diese mit der Weisheit verbunden ist.

Dies führt zu einem weiteren Aspekt, der in den bisherigen Exegesen bislang nur angeklungen ist: das Torakonzept. Ist die Tora eine
schriftlich vorliegende Größe, die von Schriftgelehrten interpretiert
werden kann und so zur Erkenntnis Gottes führt, oder ist dies mittels
schriftgelehrter Interpretation gerade nicht möglich?[276] Damit verbunden ist die Frage, inwiefern die im Pentateuch verschriftete Tora Moses
ein zukünftiges Handeln Gottes ausschließt. Dtn 31,9.24 lässt keinen
Zweifel daran, dass mit Mose die Tora verschriftet und damit abgeschlossen wurde, so dass es in der Folge nur noch darum geht, wie
dieser schriftlich fixierte Gotteswille vermittelt werden kann.[277]

Die Frage, die an dieser Stelle zunächst nur angerissen werden soll,
lässt bereits erahnen, in welche Dimensionen man vordringt, wenn
man weisheitliche Texte, wie sie im Proverbienbuch zu finden sind, mit
aktuellen Forschungsergebnissen zur Gestaltwerdung des Pentateuch
und der Größe ‚Tora‘ verbindet.[278] Für die weitere Exegese dieses Kapitels genügt es jedoch zunächst festzuhalten, dass Prov 2 offenbar Teil
eines Diskurses ist, der in Aufgriff zentraler deuteronomisch-deuteronomistischer Theologumena oder auch in Abgrenzung zu ihnen die
Frage nach dem Verhältnis des Menschen zu JHWH und seiner Tora
auslotet und hier – offenbar zu gleicher Zeit und unter Verwendung
der gleichen literarischen Traditionen – diametral entgegengesetzten
Antworten kommt. Dies bedeutet für die Frage nach dem Verhältnis
von Weisheit und Tora, dass diese nicht von Überlegungen zur Anthropologie und der Verfasstheit des Menschen getrennt werden kann.

---

276 Dies hat OTTO, a.a.O., 549, herausgearbeitet. Vgl. auch SCHNIEDEWIND, a.a.O., 160.
277 Vgl. dazu VENEMA, Reading Scripture, 214f und OTTO, Scholarship, 177f.
278 Vgl. dazu unten Kap. 5.

3.3.2 Mal 2 und die „fremde Frau"

Damit ist der Ausgangspunkt für den zweiten Themenkomplex genannt, der in diesem Kapitel untersucht werden soll: die Querbeziehungen des Abschnittes zur fremden Frau in Prov 2 zur prophetischen Literatur. Bereits in der Einzelexegese zu Prov 2,16–19 wurde darauf hingewiesen, dass mit dem „Bund ihres Gottes" in V. 17 vermutlich auf den Bund mit JHWH Bezug genommen wird.[279] Inwiefern bedeutet dies aber, dass auch mit dem Abschnitt über die fremde Frau auf den genannten Diskurs über die Tora angespielt wird?

Die Analyse der Begriffe im Kontext von Prov 2 (speziell V. 4) und von Dtn 4,23.31 und 2 Kön 17,38 hat gezeigt, dass in Prov 2,17 nicht an einen fremden Gott gedacht ist, sondern an den Bund mit JHWH.[280] Bereits André Robert wies in seiner Untersuchung aus dem Jahr 1935 auf Mal 2 hin und benannte damit einen Zusammenhang, an den jüngere Arbeiten zum Thema anknüpfen.[281] Diskutiert werden vor allem Gemeinsamkeiten zwischen Prov 2,16f und Mal 2,14. Zum besseren Verständnis wird auch der einleitende Vers 10 der Maleachiperikope zitiert:[282]

Prov 2,16f	Mal 2,10.14
(16) Um dich zu erretten vor der fremden Frau, vor der Auswärtigen, die ihre Worte glatt macht,	(10) Haben nicht wir alle einen Vater? Hat nicht ein Gott uns geschaffen? Warum handeln wir einer am anderen treulos, um den Bund unserer Väter zu entweihen?
(17) die den Gefährten ihrer Jugend verlässt und den Bund ihres Gottes vergisst.	(14) Ihr aber sagt: Weswegen? Weil JHWH Zeuge ist zwischen dir und der Frau deiner Jugend, an der du treulos gehandelt hast, obgleich sie deine Gefährtin und die Frau deines Bundes ist.

---

279 Die anderen innerhalb der Forschung diskutierten Varianten sind, den „Bund ihres Gottes" entweder (a) als Bund mit einem anderen Gott als JHWH zu verstehen, (b) darunter den Bund ihrer Hochzeit zu sehen oder (c) den Bund auf den Sinaibund und damit auf JHWH zu beziehen, vgl. HUGENBERGER, Marriage, 297–302.

280 Vgl. dazu oben Kap. 2.2.3:

281 Dies gilt für die Arbeit von Claudia V. CAMP, Wisdom, 235.269; vgl. ROBERT, Attaches (1935), 506f.

282 Vgl. dazu MEINHOLD, Maleachi, 173f.

Die immer wieder genannten Gemeinsamkeiten sind die Erwähnung der „Frau deiner Jugend" (אשת נעוריך, 2,14) gegenüber dem „Gefährten ihrer Jugend" (אלוף נעוריה, 2,17), die Nennung des Bundes (ברית) sowie die terminologische Nähe zwischen אלוף „Gefährte" und dem Wort חברת („Gefährtin") in Mal 2,14.[283]

Die Frage, ob hier Gemeinsamkeiten vorliegen, die im Sinne einer textuellen Kohärenz interpretiert werden können, muss vor dem Hintergrund des Gesamtduktus' der beiden Texte beantwortet werden. Bei Mal 2,10–16 handelte es sich um einen Abschnitt, der in zwei Einheiten zerfällt:[284] Thema der ersten Einheit (V. 10–12) ist die Mischehenfrage, Thema der zweiten (V. 13–16) die Ehescheidung.[285] V. 10 formuliert im Aufbau der Perikope die Feststellung, von der alles Weitere her bestimmt wird: „Warum handeln wir einer am anderen treulos, um den Bund unserer Väter zu entweihen?"[286] V. 14 knüpft daran an und formuliert einen Widerspruch der Adressaten sowie eine Entfaltung der getroffenen Feststellung. Der Vorwurf gründet sich darauf, dass JHWH selbst Zeuge ist „zwischen dir und der Frau deiner Jugend".

Der Text wurde lange Zeit als Crux Interpretum angesehen,[287] da unklar war, wie sich die beiden Teile zueinander verhalten und was die eigentliche Textaussage ist. So gab es Stimmen, die den zweiten Teil als sekundär betrachteten, und Versuche, im gesamten Abschnitt zwei literarische Schichten zu finden.[288] Ganz gleich, wie man die sprachlichen Eigenarten von Mal 2 beurteilt, es gilt zunächst zu beachten, dass V. 10–12 und 13–16 durchaus miteinander verbunden sind.[289] Zu nennen sind hier der direkte Anschluss in V. 13a (וזאת שנית תעשו), der einen Zusammenhang zum Vorangehenden herstellt, und der Begriff der ברית, der in V. 10b und V. 14b begegnet. Beides spricht zunächst gegen eine literarische Abtrennung von V. 10–12 von 13–16.

---

283 Beide Begriffe sind synonym zu verstehen; vgl. HUGENBERGER, Marriage, 302. Das Hapax Legomenon חברת ist eine Femininform des von חבר II abgeleiteten Nomens חבר; vgl. dazu Koh 4,10a und Hld 1,7; 8,13 sowie LESCOW, Buch, 99.

284 Vgl. zur Gliederung HILL, Malachi, 222.

285 Vgl. RUDOLPH, a.a.O., 271.

286 Vgl. zum Aufbau MEINHOLD, a.a.O., 185.

287 Vgl. ZEHNDER, Look, 224 und HILL, a.a.O., 222, der Mal 2,10–16 als eine „'notoriously difficult' passage to interpret" bezeichnet und auf zahlreiche ältere Literatur verweist. Dies lässt sich jedoch genauer eingrenzen, da die eigentliche „Crux Interpretum" V. 15 darstellt; vgl. MEINHOLD, a.a.O., 179; RUDOLPH, a.a.O., 270.

288 Vgl. auch DONNER, Vorschlag, 98, der eine poetische (V. 10.11a.13aββ. 14.16a) von einer prosaischen Schicht (V. 11b.12.13aαα.15.16b) unterscheidet. Vgl. dazu auch EISSFELDT, Einleitung, 442, der bereits in Mal 2 sekundäre Zusätze erkennen wollte.

289 Dies aufgezeigt zu haben, ist das Verdienst von ZEHNDER, a.a.O., 229f.

Dem stehen Beobachtungen gegenüber, die auf ein literarisches Wachstum des Textes verweisen. So benennt V. 10.14 mit der Untreue an der Jugendfrau ein eigenes Thema, das erst mit V. 11–13 auf die fremde Frau und die Mischehenproblematik ausgeweitet wird. Verbindet man dies mit den genannten literarischen Beobachtungen, so spricht einiges dafür, V. 11–13 als sekundäre Erweiterung auszuscheiden.[290] Der Grundbestand wäre dann so zu rekonstruieren, dass sich der Verfasser gegen die Treulosigkeit der judäischen Ehemänner gegenüber den in ihrer Jugend geheirateten Ehefrauen richtet.[291] Dieses Thema wird durch die Einfügung von V. 11–13 an die zweite Position gerückt. Die Treulosigkeit der Adressaten manifestiert sich – so die Akzentverschiebung – zunächst an der Mischehenpraxis, die als das Gottesverhältnis gefährdend dargestellt wird.

Mit dem Begriff des „Gräuel" in V. 11 (תועבה) wird ein klassischer Terminus Technicus der deuteronomisch-deuteronomistischen Tradition genannt.[292] Beide Aspekte, die Mischehenproblematik und die Treulosigkeit gegenüber der (judäischen) Ehefrau, sind auf V. 10 rückbezogen und damit auf das Bekenntnis zu dem einen Gott, dem Schöpfer.[293] Damit verbunden ist das theologisch aufgeladene Thema des Bundes (ברית). Das Fehlverhalten in Form der Treulosigkeit gegenüber der Frau hat Auswirkungen auf das Gottesverhältnis, konkret den Bund mit JHWH.[294] Damit ist das zweite Schlüsselwort der deuteronomisch-deuteronomistischen Tradition benannt, denn die Formulierung vom „Bund unserer Väter" in V. 10 lässt keinen Zweifel daran, dass an den Bund zwischen Israel und JHWH gedacht ist (vgl. Dtn 4,31; 7,12; 8,18).[295] JHWH selbst wird in V. 14 als Zeuge genannt, wobei sich dieser Gedanke in der vorliegenden Endgestalt des Textes auf beide Themen und damit auch auf die Mischehenproblematik bezieht.

Wenn man an dieser Stelle auf die Parallelen zwischen der Maleachipassage und Prov 2 eingeht, so muss zunächst eines festgehalten werden: Die engste Parallele für das אשת נעוריך von Mal 2,14 findet sich nicht in Prov 2,17, sondern in der Passage über die fremde Frau in Prov

---

290 Vgl. MEINHOLD, a.a.O., 187. Der Gedanke ist freilich nicht neu und findet sich bereits in J.P.P. SMITHS Kommentar aus dem Jahr 1912 (S. 340); vgl. dazu auch RUDOLPH, a.a.O., 271 und zum Gesamtproblem BOSSHARD/KRATZ, Maleachi, 30f (Anm. 11).

291 Vgl. MEINHOLD, a.a.O., 187. S. auch COLLINS, Marriage, 126.

292 Vgl. dazu HILL, a.a.O., 228 und SMITH, a.a.O., 49.

293 Vgl. zur Bedeutung von ברא RUDOLPH, a.a.O., 273 und HILL, a.a.O., 225.

294 Mit dem Bund ist somit der Bund mit JHWH gemeint; vgl. RUDOLPH, a.a.O., 274 und demgegenüber (mit anderer Position) HUGENBERGER, a.a.O., 339f.

295 Vgl. MEINHOLD, a.a.O., 203 und ZEHNDER, a.a.O., 258.

5,18b.[296] Allerdings ist die Formulierung dort nicht mit der Bundesthematik verbunden. Diese wird in der Kombination mit dem Motiv ‚Frau/Gefährte der Jugend' nur in Prov 2,17 genannt. Ein möglicher intertextueller Zusammenhang läuft somit über zwei Stränge: einerseits über die Formulierung von Prov 5,18b und andererseits über das Thema der ברית. Interessant ist dabei, dass Prov 2,17 mit der Benennung der fremden Frau an die Ausländerin denkt und somit einen Gedanken formuliert, der in der Endgestalt des Textes von Mal 2 zu finden ist, d.h. nach der Einfügung von V. 11–13. Auch wenn für die Datierung von Prov 2 damit zunächst nicht viel gewonnen ist,[297] so führt die hier vertretene Lektüre von V. 17 vor dem Hintergrund von Mal 2,10–16 doch in einem Punkt weiter. Die Problematik von V. 17, dass hier einerseits die fremde Frau gemeint ist, andererseits jedoch das Verhalten zu ihr Auswirkungen auf den Bund mit JHWH hat, erklärt sich vor dem Hintergrund von Mal 2. Denn die Maleachipassage wendet sich in ihrer vorliegenden Endgestalt gerade gegen solche Judäer, welche die eigene Frau verlassen, um Ausländerinnen zu heiraten.[298] Damit rückt der Text in die Nähe der Aussagen zur Mischehenproblematik in Esr 9–10.

Sebastian Grätz hat aufgezeigt, dass dort mit der Wendung כתורה „entsprechend der Tora" (Esr 10,3) auf die Größe „Tora" verwiesen wird, um eine ablehnende Haltung gegenüber Mischehen zu legitimieren.[299] Der Autor der Esrageschichte referiert dabei allgemein auf die Tora, ohne ein konkretes Gesetz zu meinen, und nimmt so Stellung gegen eine Position, die Mischehen als legitim betrachtet. Obwohl in Mal 2 der Begriff der „Untreue" (bzw. des Treuebruchs, מעל), der in Esr 9,2.4; 10,2.6.10 und Neh 1,8; 13,27 als Terminus Technicus zur Verurteilung der Mischehe dient, nicht begegnet, wird man die Position von Mal 2 inhaltlich mit der von Esr 9–10 verbinden können.[300] In beiden Fällen wird eine Kritik an der Mischehe mittels der Tora begründet und als negativ für das Verhältnis zu JHWH gewertet. Maleachi 2 geht dabei einen Schritt weiter, da dort die Mischehenproblematik mit dem

---

296 Vgl. BOSSHARD/KRATZ, a.a.O., 30 (Anm. 11).

297 Vgl. zur Datierung von Mal 2 MEINHOLD, a.a.O., 195, der den Einschub zur Mischehe zeitlich vor Esra/Nehemia ansetzt. Jedoch wird man Mal 2 eher nach Esra/Nehemia datieren müssen.

298 Vgl. ZEHNDER, a.a.O., 258, der meint, dass der Text sich nicht generell gegen Scheidung ausspricht, sondern nur gegen die Fälle, bei denen eine judäische Frau zugunsten einer Ausländerin verlassen wird.

299 Vgl. GRÄTZ, Second Temple, 276, der herausgearbeitet hat, dass hier allgemein auf die ‚Tora' Bezug genommen wird, obwohl kein konkretes Gesetz gemeint sein kann.

300 Anders MEINHOLD, a.a.O., 195, der dies gerade ausschließt.

Gedanken des Bruchs der Tora verbunden und mit dem Begriff des „Bundes" belegt ist.[301]

Dies hat Konsequenzen für die Interpretation von Prov 2. Denn die bei der Exegese von Prov 2,17 schwierig zu deutende Aussage, dass die fremde Frau den „Bund ihres Gottes" vergisst, erhält von Mal 2 her ihren Sinn. Es geht um den Bund mit JHWH und um das Verhältnis zur Tora. Dies bedeutet, dass Prov 2 mit dem Abschnitt 2,16–19 nicht nur auf die Thematik der fremden Frau in Prov 1–9 anspielt, sondern – in einem zweiten, eher indirekten Sinne – auch auf die Frage der Mischehen und die Aussage von Mal 2, die wiederum in Verbindung zu Esr 9f steht.[302]

3.3.3 Eschatologische Texte

Der letzte Themenkomplex, der in diesem Kapitel angesprochen werden soll, betrifft einen weiteren Aspekt, den Prov 2 mit spätprophetischen Texten teilt: das Gegenüber von Gerechten und Frevlern. In Prov 2 ist dies mit dem Thema der Wegemetaphorik verbunden, das in der prophetischen Literatur vielfach begegnet. Hinsichtlich des Gegenübers von Gerechtem und Frevler in den letzten beiden Versen von Prov 2 hat Diethelm Michel in seiner Analyse von Prov 2 auf eine Nähe zu eschatologisch-apokalyptischem Gedankengut hingewiesen und die beiden Verse als sekundären Nachtrag ausgeschieden.[303] Demgegenüber zeigte die Strukturanalyse in Kap 2.2.1 dieser Arbeit, dass die Verse sinnvoll in Gesamtargumentation des Textes eingebunden sind und daher kaum als sekundär ausgeschieden werden können. Gleichwohl hat Michel den Kontext benannt, in dem die beiden Verse zu lesen sind: das für die späte Schriftprophetie typische Gegenüber des Gerechten und des Frevlers sowie die eschatologische Tradition. In der Folge soll erstgenanntes am Beispiel von Tritojesaja und Ezechiel dargestellt werden und letztgenanntes anhand von Jes 11. Dabei wird es vor allem darum gehen, die bereits beim Vergleich mit Ps 37 angerissene Frage der zeitlichen Dimension des Textes genauer zu untersuchen. Denn inwiefern zeigt sich auch hier ein Changieren zwischen unter-

---

301 Auf die Verbindung von Prov 2 und Prov 5 wird noch genauer einzugehen sein; vgl. dazu Kap. 4.1.1.

302 Dass in Fragen der Mischehen unter Verweis auf die Tora auch genau im entgegengesetzen Sinn argumentiert werden konnte, belegt das Buch Rut, vgl. GRÄTZ, a.a.O., 283f.

303 MICHEL, Proverbia, 235–237.

schiedlichen Ebenen, wie es bei der Verwendung deuteromisch-
deuteronomistischer und weisheitlicher Begriffe erkennbar war?[304]

Wenn man mit dem ersten Punkt – dem Gegenüber von Frevler
und Gerechtem – ansetzt, so muss zunächst festgehalten werden, dass
die in Prov 2,21f gewählte Terminologie – der Gegensatz von Frevlern
(רשעים) und Redlichen (ישרים) – in dieser Form nicht in der prophetischen Literatur begegnet.[305] Die Wurzel רשע wird neben 78 Belegen in
den Proverbien selbst und 82 in den Psalmen in der Prophetie knapp 45
Mal verwendet.[306] Als Gegenüber zum Frevler findet sich vor allem der
„Gerechte" (צדיק) und damit ein Wort, das im Alten Testament geradezu als Antonym zu רשע fungiert (vgl. Jes 3,10f).[307] In Prov 2,20f werden
die „Geraden" mit den „Gerechten" (צדיקים) gleichgesetzt, so dass das
Gegenüber von רשע und צדיק als Ausgangspunkt für die folgenden
Beispiele aus Jes 56–66 und dem Ezechielbuch dienen kann.[308] Beide
Bücher konvergieren darin, dass sie das Gegenüber zwischen dem Ge-
rechten oder auch dem Frommen und dem Frevler, respektive dem
Sünder, thematisieren, [309] dieses jedoch unterschiedlich ausgestalten, sei
es durch Hervorhebung der Licht-Finsternis-Thematik oder des (Le-
bens-)Weges.

---

304 In methodischer Hinsicht bedeutet dies, dass die Beobachtungen derjenigen aufgegriffen werden, die Prov 2,21f als sekundären Nachtrag ausscheiden wollen, diese
jedoch nicht literarkritisch interpretiert, sondern mit der Gesamtkomposition des
Textes und den miteinander konvergierenden Ebenen erklärt werden.

305 Der Plural ישרים findet sich in Hos 14,10 in Bezug auf die Wege JHWHs, die als
„gerade" ausgewiesen werden.

306 Der Befund ist damit breiter als RINGGREN, Art. רשע, 678 glauben macht, wenn er
meint, „in der prophetischen Literatur kommt rāšāc auffallend selten vor." Die Belege im Einzelnen: Jes 3,11; 5,23; 11,4; 13,11; 14,5; 26,10; 48,22; 53,9; 55,7; 57,20f; Jer 5,12;
12,1; 23,19; 25,31; 30,32; Ez 3,18f; 7,21; 13,22; 18,20f.23f.27; 21,8f.30.34; 33,8f.11f.14f.19;
Mi 6,10; Hab 1,4.13; 3,13; Zeph 1,3; Mal 3,18.21.

307 Vgl. WALTKE, Proverbs I, 235; RINGGREN, a.a.O., 676. Zu den Belegen für dieses
Gegenüber in den Proverbien vgl. SCOTT, Wise, 146–165.

308 Vgl. zum Gesamtspektrum KOENEN, Heil, 223–252. – In der bisherigen Diskussion
wurde besonders auf eine inhaltliche Nähe zwischen Prov 2 und Tritojesaja hingewiesen; vgl. dazu MICHEL, a.a.O., 237. Das Gegenüber zwischen dem Gerechten und
dem Frevler, verbunden mit den Begriffen צדיק und רשע, findet sich innerhalb des
Zwölfprophetenbuches in Mal 3,18, jedoch trägt die Textstelle nichts zum Verständnis von Prov 2 aus; vgl. dazu MEINHOLD, a.a.O., 342 und 379.

309 Vgl. zu den Gegenbegriffen die nach wie vor grundlegende Studie von FAHLGREN,
ṣᵉdāḳā, 1–77; zu חטאת S. 7–19.

Bei Tritojesaja[310] ist die Antithese des „Gerechten" und des „Frevlers" mit einer Reihe von Themen verbunden, die im Hinblick auf Prov 2 aufschlussreich sind. Es finden sich die Wegemetaphorik, der Dualismus „Licht-Finsternis" und weisheitliche Terminologie. Als Beispiel kann Jes 57,1 dienen. Der Text enthält eine Kombination von Begriffen, die auch in Prov 2 begegnen:[311]

> Der Gerechte (צדיק) geht zugrunde, aber da ist kein Mensch, der es sich zu Herzen nimmt (שם על לב), und fromme Menschen (אנשי חסד) werden dahingerafft; dabei ist keiner, der einsichtig ist (בין); fürwahr, vor dem Bösen (רעה) wird dahingerafft der Gerechte.

Die Begriffe צדיק, רעה, das Verb בין und das Wort חסד finden sich auch in Prov 2.[312] Die Textaussage ist jedoch unterschiedlich, so dass man kaum eine intertextuelle Verbindung im Sinne einer textuellen Kohärenz ansetzen kann. Die Anklage gegen die Volksführer in Jes 57,1f thematisiert den Tod des Gerechten, während Prov 2 gerade dem Gerechten eine Zukunft ankündigt.[313] Gleichwohl gibt Jes 57,1 einen ersten Einblick in eine Thematik, die nicht auf einzelne Texte eingeschränkt werden kann, sondern eher das Charakteristikum einer bestimmten Zeit war. Der Text knüpft an das Thema des Gerechten und Frevlers an, wie es in Ps 34 und Ps 37 begegnet, verbindet dieses jedoch nicht mit der Landthematik.[314] Gleiches gilt für Jes 58,2. Dort wird vom Gottesvolk gesagt, dass es nach Kenntnis der Wege JHWHs strebt:

> Sie suchen mich Tag für Tag, und Kenntnis meiner Wege (ודעת דרכי) erstreben sie; wie ein Volk, das Gerechtigkeit tut und das Recht seines Gottes nicht verlässt, so fragen sie mich um gerechte Rechtsentscheide und erstreben, dass Gott ihnen nahe ist.

In dem Vers finden sich einige Begriffe, die in Prov 2 eine Leitwortbedeutung haben: das Wissen (דעת), die Wegemetaphorik (דרך), der Begriff צדק, das Recht (משפט) und schließlich das Verb עזב „verlassen". Die Formel, das Recht seines Gottes zu verlassen (משפט אלהיו), verweist auf einen zentralen Topos der deuteronomisch-deuteronomistischen

---

310 Vgl. zu möglichen Motivparallelen zwischen Tritojesaja und Prov 1–9 BAUMANN, Weisheitsgestalt, 271f (für Prov 8–9), wobei die dort genannten Parallelen z.T. wenig signifikant sind.

311 Vgl. zur Stelle BLENKINSOPP, Isaiah, 149f.

312 Vgl. Prov 2,5.7.8.12.

313 BLENKINSOPP, a.a.O., 148, denkt an den toten Propheten, während DELITZSCH, Jesaja, 587, allgemein an den Gerechten/Frommen denkt. Vgl. dazu auch STECK, Tritojesaja, 171.

314 Diesen Unterschied übersieht BLENKINSOPP, a.a.O., 150, wenn er die Verbindung zu den beiden Psalmen hervorhebt.

Tradition.[315] Die Aussage von Prov 2,7 nach der JHWH die Pfade des Rechts behütet und den Weg seines Getreuen bewahrt, klingt vor dem Hintergrund von Jes 58,2 fast wie eine Bestätigung der Verheißung aus Tritojesaja. Was dort über diejenigen gesagt wird, die sich zu Gott halten, wird in Prov 2 als JHWHs Handeln gegenüber dem Weisheitsschüler benannt.

Die Abgrenzung von den Frevlern ist in Jes 59 in einer Form ausgestaltet, die eine zweite Verbindungslinie zu Prov 2 enthält:[316]

> (8) Den Weg (דרך) des Friedens kennen sie nicht,
> und auf ihren Bahnen gibt es kein Recht (משפט).
> Ihre Pfade verdrehen sie sich,
> keiner, der darauf geht, kennt Frieden.

Vor dem Hintergrund von Prov 2 fällt die Formel in V. 8bα ins Auge. Die Wendung „ihre Pfade verdrehen sie sich" (נתיבותיהם עקשו להם) ähnelt den „krummen Pfaden" der bösen Männer in Prov 2,15 („deren Pfade verdreht sind und die verkehrt sind in ihren Bahnen"). Mit der Wurzel עקש wird in Jes 59,8 und Prov 2,15 das gleiche Wort verwendet.[317] In beiden Fällen ist ein falsches Handeln gemeint, das sich im Fall von Prov 2,15 gegen die Gemeinschaft richtet.[318]

Ein weiterer Bezug von Jes 56–66 zu Prov 2 besteht in der Bindung der Landzusage an die Gerechten. Dieser Gedanke, der für Prov 2,20–22 zentral ist, findet sich in Jes 60,21:[319]

> Und dein Volk, sie alle sind Gerechte,
> auf ewig besitzen sie das Land.

Das Besitzen des Landes (ארץ) ist an die Gerechten gebunden. Das Heil kommt, wie Klaus Koenen es prägnant formulierte, „nur zu den Gerechten, die Sünder wird Jahwe grausam vernichten".[320] Diese Vernichtung der Sünder markiert für die Gerechten das Anbrechen der Heils-

---

315 Vgl. oben Kap. 3.1.
316 Es ist hier nicht der Ort, auf die komplexe Redaktionsgeschichte von Jes 56–66 (traditionell als „Tritojesaja" bezeichnet) einzugehen. Folgt man dem Modell von O.H. STECK, so können jedoch die hier diskutierten Stellen derselben literarischen Schicht zugeordnet werden: Jes *56–59; 63,1–6 als eine Redaktionsschicht der großjesajanischen Heimkehrredaktion (vgl. STECK, Tritojesaja, 30f. Vgl. dazu auch KRATZ, Kyros, 206–216 und STECK, a.a.O., 160).
317 Vgl. BLENKINSOPP, a.a.O., 188 mit Verweis auf Prov 2,9.15.18; 4,11.26; 5,6.21. Vgl. zur Verbindung von עקש mit der Wegmetaphorik auch Prov 10,9; 11,20; 19,2; 22,5; 28,6.18.
318 Vgl. WALTKE, a.a.O., 230 und für Jes 59,8 BLENKINSOPP, a.a.O., 186. Zum Belegspektrum s. auch Jes 42,16 (unbekannte Pfade), Jes 59,6 (falsch handeln) und Ps 101,4.
319 Vgl. KOENEN, a.a.O., 144f.
320 Vgl. KOENEN, a.a.O., 234 und BLENKINSOPP, a.a.O., 218.

zeit. Das eschatologische Thema wird in Jes 65 weiter ausgeführt. Jes 65,8–9 und V. 11–12 benennen den Gegensatz zwischen denen, die sich zu JHWH halten, und denen, die JHWH verlassen. Erstere werden seine „Berge" erben/besitzen (ירש) und darin wohnen (שכן), letztere werden dem Schwert überantwortet (V. 12). Auch wenn mit der Antithese und den Begriffen ירש und שכן eine gewisse Nähe zu Prov 2,21f vorliegt, darf diese nicht überschätzt werden.[321] Es handelt sich um Gemeinsamkeiten, die eher in der Sache – dem Gegenüber von Frevler und Gerechtem – liegen, als auf eine intentionale Anspielung im Sinne einer textuellen Kohärenz schließen lassen. Gleichwohl erscheinen die in Prov 2,21f verwendeten Begriffe durch diesen Kontext in einem eschatologischen Licht. Es geht vor dem Hintergrund der Texte aus Tritojesaja in V. 21f nicht einfach um ein präsentisches Geschehen, sondern um ein zukünftiges. Dieses wird jedoch durch den Aufbau der Lehrrede von Prov 2 in einen Gedankengang eingebunden, der die präsentische Dimension gegenüber der eschatologischen hervorhebt.

In diesem Sinne ist für das Verständnis von Prov 2 auch eine Passage aus dem Ezechielbuch interessant. Dort findet sich die Verbindung des Themas ‚Gerechter – Frevler' mit der Bund- bzw. Gesetzesthematik. In Ez 18 wird der Gerechte als jemand bestimmt, der in Gottes Satzungen (בחקות) wandelt (V. 9):[322]

> In meinen Satzungen wandelt er und meine Rechte bewahrt er, indem er ehrlich handelt – gerecht ist er, er wird leben, Ausspruch des Herrn JHWH.

Diese Aussage findet sich in dem Disputationswort von Ez 18,1–32[323] über denjenigen, der „gerecht ist und Recht und Gerechtigkeit übt" (משפט וצדקה, V. 5). Die Aussage ist Teil des Unterabschnitts 18,5–17, in dem das Gegenüber zwischen dem Gerechten und demjenigen, der Unrecht tut, dargestellt wird. Dies geschieht zunächst ohne den Begriff רשע, der dann gehäuft in dem folgenden Abschnitt auftaucht (V. 20.21.23.24.27).

Das Wandeln des Gerechten wird durch verschiedene Rechtssätze (V. 10ff; 14ff) näher bestimmt. Diese orientieren sich an den deutero-

---

321 In der Sekundärliteratur wird bisweilen Jes 65,8.9.11.12 in einem Atemzug mit Ps 37 genannt, wenn es um den traditionsgeschichtlichen Hintergrund von Prov 2,21f geht (so MICHEL, a.a.O., 237; GEMSER, a.a.O., 27 mit Verweis auf ROBERT, a.a.O., 63). Die Gemeinsamkeiten zu Jes 65 sind jedoch weitaus geringer als die zu Ps 37; vgl. dazu oben Abschnitt 3.2.1.

322 Vgl. dazu LEVINSON, Rechtsreform, 173 und LYONS, Law, 157f sowie Kap. 1.2.2 dieser Arbeit.

323 Zum Aufbau vgl. ZIMMERLI, Ezechiel, 396 mit Diskussion älterer Ansätze sowie GREENBERG, Ezechiel, 372f.

nomischen Gebotsreihen und dem Dekalog.[324] V. 9 knüpft in seiner
Sprache zudem an das Heiligkeitsgesetz an (Lev 19,15.35),[325] so dass
sich eine ganze Reihe von Bezügen zur Gesetzesthematik ergibt. Dies
bedeutet für die Exegese von Prov 2, dass das Gegenüber von Frevler
und Gerechtem in V. 21f nicht nur als ein Thema spätprophetischer
Texte erscheint, sondern dort mit der Hervorhebung des Gesetzes verbunden ist. Gerecht zu sein, manifestiert sich an einem Lebensweg, der
sich an den Gesetzen orientiert.

Eine Analyse der eschatologischen Texte und ihrer Bedeutung für
Prov 2 wäre unvollständig, würde nicht auch ein Text zur Sprache
kommen, der für eine weitere wichtige nachexilische Tradition steht:
die Herrschaftsverheißung von Jes 11.[326] Der Text enthält eine Reihe
von Zentralbegriffen, die auch in Prov 2 begegnen.[327]

> Der Geist JHWHs wird auf ihm ruhen,
> der Geist der Weisheit (חכמה) und der Einsicht (בינה),
> der Geist des Rates (עצה) und der Stärke (גבורה),
> der Geist der Erkenntnis (דעת) und der JHWH-Furcht (יראת יהוה).

Jes 11,2 belegt exakt die Verbindung von JHWH-Furcht und דעת, die in
Prov 2,5 begegnet, und mit בינה und חכמה zwei Leitbegriffe von Prov 2
(vgl. auch 2,6). Selbst wenn die Gemeinsamkeiten nicht unbedingt im
Sinne einer textuellen Kohärenz gedeutet werden können, so wird die
Akzentsetzung der beiden Texte doch deutlich. Jes 11,2 belegt, dass
Begriffe wie דעת, בינה, חכמה oder auch יראת יהוה als Charakteristika des
zukünftigen Heilsherrschers gelten können.[328] Auch wenn hier zu-
nächst das Bild des idealen Königs im Hintergrund steht, zu dem
Weisheit und Einsicht gehören,[329] so dient die Kumulation der Begriffe
in Jes 11 gerade dazu, den Heilskönig als einen mit Weisheit begabten
Herrscher auszuweisen und seine Sonderstellung hervorzuheben.[330]
Der Text knüpft einerseits an alte davidische Traditionen an, begründet
jedoch die Herrschaft des Messias allein von Gott her.[331] Es geht um ein

---

324 Vgl. ZIMMERLI, a.a.O., 397.

325 Vgl. ZIMMERLI, a.a.O., 406 und GREENBERG, a.a.O., 390, der auf Lev 26,3 verweist.

326 Der Text hat eine bemerkenswerte Wirkungsgeschichte und wird beispielsweise in
     der Qumranliteratur zitiert: Jes 11,2.4f in 1QSb V. 21.24–26; vgl. KRATZ, Exegese, 136,
     Anm. 30.

327 Vgl. FUHS, a.a.O., 60 und WALTKE, a.a.O., 223 mit Anm. 50.

328 Vgl. WILDBERGER, Jesaja, 447.

329 Vgl. DUHM, Jesaja, 105; BEUKEN, a.a.O., 309 und VON RAD, Weisheit 28f.36.

330 Vgl. WILDBERGER, a.a.O., 450.

331 Vgl. WERNER, Jes 9, 266 und BEUKEN, a.a.O., 309.

futurisches Geschehen und nicht um etwas, das in der Gegenwart bereits erfahrbar wäre.

Genau an diesem Punkt setzt jedoch Prov 2 an. Zwar werden auch dort die Wörter חכמה, דעת und der dem Wort בינה verwandte Begriff der תבונה mit JHWH in Verbindung gebracht, jedoch erscheinen diese Qualitäten als etwas, das der Weisheitsschüler selbst erlernen kann. Wenn V. 5 formuliert, dass der Weisheitsschüler die JHWH-Furcht „verstehen wird" (בין), dann erscheinen hier letztlich die Eigenschaften, die in Jes 11 dem endzeitlichen Herrscher zugesprochen werden, für den Weisheitsschüler von Prov 2 als bereits in der Gegenwart realisierbar.

3.3.4 Zusammenfassung

Wenn man den Befund zusammenfasst, so zeigt sich deutlich, dass das Gegenüber des „Gerechten" und des „Frevlers" in Prov 2,21f an ein zentrales Thema der späten Schriftprophetie anknüpft. Es findet sich zwar auch in den Psalmen, so wie auch die Wegemetaphorik in Verbindung mit der Rede vom „Bösen" oder auch dem „bösen Tun" nicht allein auf die Prophetie eingegrenzt werden kann. Jedoch ist die Verbindung der Themen „Gut-Böse", „rechter Weg-falscher Weg" und „Licht-Finsternis" signifikant für die späte Prophetie, vor allem für Tritojesaja. Auch wenn Abhängigkeiten im Sinne einer textuellen Kohärenz nicht aufgezeigt werden konnten, so liegt es doch nahe, die Antithese von Prov 2,21f, aber auch den Abschnitt über die frevelhaften Männer von 2,12–15 vor dem Hintergrund der diskutierten Texte zu lesen.

Dies verhilft dazu, die in der Textanalyse herausgearbeitete Stoßrichtung von Prov 2 noch genauer zu beschreiben. Prov 2 enthält nicht den Zukunftsaspekt, der für die spätprophetischen Texte charakteristisch ist, auch wenn im Lichte von Jes 56–66 die Schlussverse von Prov 2 durchaus eine zukünftige Dimension enthalten. So scheinen im Text zwei Ebenen zu konvergieren: eine eschatologisch-zukünftige, die vor allem an der Terminologie von 2,21–22 festgemacht werden kann, und eine präsentische, welche die Weisheitslehre als Ganzes betrifft. Dies zeigte sich auch beim Vergleich mit Ps 37. Der Landbesitz, der dort einer speziellen sozialen Gruppe (den Armen) für die Zukunft verheißen wird, erscheint in Prov 2 als ein gegenwärtiges Geschehen, oder präziser: als ein „Bleiben" im Land. Diese Akzentsetzung wird noch deutlicher, wenn man die Herrscherverheißung von Jes 11 hinzunimmt. Denn das, was dort mit dem endzeitlichen König verbunden

wird, erscheint nun für jeden realisierbar, der die Weisheitslehre befolgt. Insofern wird gerade im Gegenüber zu Jes 11 ein zweifacher Akzent der Lehrrede von Prov 2 deutlich: zum einen die bereits in der
Gegenwart erfahrbaren weisheitlich-herrscherlichen Qualitäten, zum
anderen die Übertragung eines königlichen Privilegs auf jeden, der der
Weisheitslehre folgt.

3.4 Ergebnis: Prov 2 im Kontext anderer Traditionen

Die vorstehende Analyse hat gezeigt, dass die Weisheitsrede von Prov
2 im Kontext anderer Traditionen verortet werden kann. Es finden sich
deutliche Bezüge zur deuteronomisch-deuteronomistischen Tradition,
zu späten Psalmen mit weisheitlicher Thematik sowie zu spätprophet-
schen, eschatologisch ausgerichteten Texten. Dabei kommt der deuteronomisch-deuteronomistischen Tradition eine besondere Bedeutung
zu. Sie prägt die Weisheitslehre vom Anfang bis zum Schluss. Bereits
der im ersten Vers genannte Begriff der מצות kann vom Deuteronomium her gedeutet werden. Gleiches gilt für die Landthematik in V. 21f.
Jedoch würde es zu kurz greifen, die Lehrrede von Prov 2 ausschließlich im deuteronomisch-deuteronomistischen Kontext zu verorten.
Vielmehr lässt sich der Text nicht einfach einem bestimmten Referenz-
rahmen zuweisen. Die Sprache changiert, indem unterschiedliche Bezugsfelder eröffnet und kunstvoll miteinander kombiniert werden.
Dies zeigt sich im ersten Teil von Prov 2 in der Kombination von weisheitlichen Begriffen mit deuteronomisch-deuteronomistischer Sprache,
aber auch in den abschließenden Versen des zweiten Teils, die eine
eschatologische Dimension mit einer präsentischen Aussage verbinden.
    In V. 1–11 dominieren Weisheitsbegriffe, die einerseits im Kontext
traditioneller weisheitlicher Sprache verortet werden können und andererseits durch bestimmte Redewendungen gleichsam ,deuteronomi-
stisch' eingefärbt werden. Dies zeigt sich beispielsweise in der Formulierung von Prov 2,2b „das Herz zuneigen", die einerseits an die klassische weisheitliche Aufmerksamkeitsformel erinnert, jedoch im vorliegenden Fall mit einem deuteronomisch-deuteronomistischen Vorzei-
chen versehen wird. Dem entsprechen die weiteren Anklänge in Prov
2. So findet sich in dem Verb „verlassen" (עזב) und dem Landaspekt, V.
21f, deuteronomisch-deuteronomistische Sprache, aber in dem für den
zweiten Teil der Lehrrede (V. 12–22) zentralen Infinitiv נצל hif. „um zu
retten" gerade nicht. Dementsprechend erscheint zwar das Grundge-
rüst von Prov 2 deuteronomistisch geprägt, jedoch verweist die Termi-

nologie der Lehrrede darauf, dass in diesen Grundgedanken andere thematische Fäden eingewebt wurden.

Die Analyse der Querbeziehungen zeigte, dass Prov 2 auf Dtn 28 Bezug nimmt und auch Dtn 4 und 8 voraussetzt. Unabhängig von der Frage, inwiefern Dtn 4 und 8 selbst einem Diskurs über das Verhältnis von Weisheit und Tora zugeordnet werden müssen[332], wurde deutlich, dass Prov 2 inhaltlich Dtn 8 nahesteht und davon ausgehend Aussagen von Dtn 4 und 28 aufgreift.

Der Vergleich mit weisheitlichen Psalmen ergab zunächst eine deutliche Nähe zu Ps 37. Prov 2 teilt mit dem Psalm die Landthematik, das Vorgehen gegen die Frevler (ausgdrückt mit dem Verb כרת), den Begriff des חסיד (חסידים) sowie eine Reihe weiterer terminologischer Bezüge. Darüberhinaus verhalf die Analyse dazu, nicht nur die literarische Technik, die in Prov 2 begegnet, zu kontextualisieren, sondern auch das theologische Bezugssystem auszuloten, in dem der Text verortet werden kann. Es ist der Diskurs über Weisheit und Tora. Dieser klingt bereits in Ps 37 an und nimmt in Ps 119 und 19 eine breite Stellung ein. Die beiden Psalmen (Ps 119; Ps 19) erweisen sich als Texte, die einer theologischen Debatte zugeordnet werden können, welche um den Status der Tora und ihr Verhältnis zur Weisheit kreiste. Von zentraler Bedeutung war dabei offenbar das anthropologische Konzept, mithin die Herzkonzeption. So lässt sich die Frage nach dem Verhältnis von Tora und Weisheit in einem ersten Schritt auf die nach den Möglichkeiten des Menschen zuspitzen, mit seinem Herzen, d.h. dem eigenen Verstand, die Weisungen JHWHs umzusetzen.

Die in diesem Zusammenhang untersuchten Texte lassen eine Frontstellung erkennen, bei der die eine Seite dies dezidiert ausschließt und die Ermöglichung der Toraobservanz allein JHWH zuschreibt, während die andere Seite eine Beteiligung des Menschen nach wie vor für möglich hält. Die Analyse der spätprophetischen Literatur hat hier insofern zu einem interessanten Befund geführt, als dass sich offenbar auch diese Texte mit zentralen Passagen des Deuteronomiums auseinandersetzen. So lässt sich die Ankündigung des neuen Bundes in Jer 31 nicht nur mit Jer 8, sondern auch mit Dtn 6 und 30 verbinden und steht ihrerseits im Kontext von Texten aus dem Jeremiabuch, die explizit gegen eine weisheitliche Auslegung der Tora Position beziehen. Vor dem Hintergrund von Jer 8,8 oder auch Jer 32 wird deutlich, dass in Prov 2 nicht nur eine bemerkenswerte Sicht auf die Leistungsfähigkeit

---

332 Vgl. dazu die Vorbemerkungen in Kap. 3.1; BRAULIK, Weisheit, 263f und den in Anm. 213 zitierten Artikel von KRÜGER (Gesetz, 9) mit Überlegungen zu Dtn 4.

des Menschen zu finden ist, sondern auch ein Vertrauen darauf, dass all dies bereits in der Gegenwart umsetzbar ist. Denn auch wenn die abschließenden Verse 21f im Lichte von Tritojesaja eine zukünftige Dimension anklingen lassen, so dominiert in Prov 2 doch der Gegenwartsaspekt. Der Text vertritt eine Art ‚präsentische Eschatologie‘, bei der das, was die spätprophetischen Texte für die Zukunft ankündigen, in der Gegenwart erfahrbar ist. Diese Aussage wird durch den Aufgriff des Themas „Heil den Gerechten, Unheil den Frevlern" aus der spätprophetischen Literatur genauso deutlich, wie durch die terminologische Nähe zu Jes 11.

Insgesamt erhält die Lehrrede von Prov 2 vor dem Hintergrund der in diesem Kapitel herangezogenen Texte ihren tieferen Sinn. Der Text kann in unterschiedlichen Bezugsfeldern verortet werden und erscheint als Teil einer theologischen Debatte, die in der Literatur der nachexilischen Zeit geführt wurde, mag es die Prophetie, die Weisheit oder auch der Psalter sein. In Bezug auf diese Debatte kann an dieser Stelle eines festgehalten werden. Dieser Diskurs wurde offenbar sowohl mit der gleichen Methode als auch unter Verwendung des gleichen Textmaterials geführt: Es zeigt sich in allen Fällen eine Form der innerbiblischen Schriftauslegung, bei der besonders auf das Deuteronomium rekurriert wird.

4. Prov 2 im Kontext des Proverbienbuches

Die bisherige Analyse hat Prov 2 als einen Text ausgewiesen, der eine ganze Reihe von Bezügen zu Texten außerhalb des Proverbienbuches enthält und offenbar Teil eines Diskurses über das Verhältnis von Weisheit und Tora ist. Die Lehrrede von Prov 2 bietet ein Weisheitskonzept, das von der deuteronomisch-deuteronomistischen Tradition her seinen Sinn erhält, zugleich aber zu spätprophetischen Texten und Psalmen in Beziehung steht. Dadurch werden die in Prov 2 verwendeten Weisheitsbegriffe auf recht subtile Art und Weise deuteronomisch-deuteronomistisch eingefärbt, bzw. vom Gesetz her definiert. Die Unterweisung des Weisheitslehrers rückt so in die Nähe der Weisung JHWHs, mithin seiner Gebote. Die weisheitliche Terminologie von Prov 2 und die vor allem im zweiten Teil der Lehrrede angesprochenen Themen führen jedoch nicht nur in die Literatur jenseits des Proverbienbuches, sondern auch in das Proverbienbuch selbst. Inwiefern liegt mit Prov 2 ein Text vor, der womöglich bewusst Themen der vorliegenden Weisheitssammlungen aufgreift, diese jedoch von der deuteronomisch-deuteronomistischen Tradition her neu bestimmt und nun seinerseits eine literarische Funktion für die folgenden Kapitel hat?

Die genannte Fragestellung knüpft an die Diskussion über die Stellung von Prov 2 innerhalb der ersten Sammlung des Proverbienbuches (1–9) an. Bereits die Kommentatoren des 19. Jahrhunderts erkannten die Bezüge zwischen Prov 2 und den anderen Lehrreden von Prov 1–7 und entwickelten davon ausgehend die These, Prov 2 sei eine Art Zusammenfassung von 1–9*.[1] Eine solche These hätte jedoch erhebliche redaktionsgeschichtliche Konsequenzen. Denn es ginge dann nicht mehr nur um das Verhältnis einer einzelnen Lehrrede zu anderen Texttraditionen, sondern um die Komposition und Redaktion von Prov 1–9 insgesamt.

In der Folge wird – dem Ansatz dieser Arbeit folgend – zunächst mit einer Materialerhebung angesetzt und das Bezugsfeld von Prov 2 innerhalb des Proverbienbuches untersucht. Ziel ist es, sowohl die Verbindungslinien von Prov 2 innerhalb der ersten Sammlung des Proverbienbuches als auch die zu anderen Kapiteln der Proverbien herauszu-

---

1   Vgl. dazu Teil 1 dieser Arbeit.

arbeiten (4.1). Der auf diesem Wege erhobene literarische Befund soll in einem zweiten Schritt mit den bislang in der Forschung diskutierten Theorien zur Genese von Prov 1–9 und des Proverbienbuches korreliert werden. Insofern bietet Kapitel 4.2 zunächst einen knappen Forschungsüberblick, von dem ausgehend die Redaktionsgeschichte von Prov 1–9 und ihre Bedeutung für die Komposition des Proverbienbuches in den Blick genommen wird.

4.1 Prov 2 im Kontext von Prov 1–31

In methodischer Hinsicht muss die Untersuchung der Bezüge zwischen Prov 2 und den restlichen Kapiteln des Proverbienbuches bei denselben Fragen ansetzen wie Kapitel 3 dieser Arbeit: Wo finden sich zentrale Begriffe, wo charakteristische Themen und inwiefern lassen sich Bezüge erkennen, die auf eine literarische Abhängigkeit verweisen? Für Prov 2 und die anderen Weisheitstexte des Proverbienbuches ist dies nicht einfach, da bestimmte Themen zum Proprium weisheitlichen Denkens gehören und beispielsweise das Gegenüber des Weisen und des Toren oder auch die Wegmetaphorik zentrale Topoi der Weisheitsliteratur sind.[2] Gleichwohl wird die Einzelanalyse zeigen müssen, wo diese Themen mit einer spezifischen Terminologie entfaltet werden und wo weitergehende lexematische Gemeinsamkeiten vorliegen, die im Sinne einer textuellen Kohärenz interpretiert werden können.

4.1.1 Bezüge in V. 1–4

Innerhalb des ersten Abschnitts von Prov 2, V. 1–4, fällt bereits der erste Halbvers ins Auge. Die Anrede „mein Sohn" (בני) findet sich auch in den anderen Weisheitslehren von Prov 1–9, wird jedoch immer mit einem Imperativ fortgeführt im Sinne „tue dies" oder „tue nicht".[3] Die Formel ist Teil des Aufmerksamkeitsrufes und damit eines der formalen Elemente der weisheitlichen Lehrrede, auf das noch näher einzugehen sein wird.[4] Die Formel kann sowohl mehrfach innerhalb einer Lehrrede begegnen (so in der ersten Rede von 1,8–19 in V. 1.10.15, in

---

2 Vgl. dazu VAN OORSCHOT, Der Gerechte, 234f mit weiterführenden traditions- und sozialgeschichtlichen Überlegungen und SCOTT, Wise, 146–165 mit einem Materialüberblick.

3 Vgl. SCOTT, Proverbs, 37f und OVERLAND, Structure, 71.

4 S. dazu 4.2.

der Rede von 3,1–12 in V. 1 und 11), aber auch nur zu Beginn der Rede stehen (3,21; 4,10; 4,20; 5,1[5]; 6,20; 7,1).[6] Interessant im Hinblick auf Prov 2 sind 4,10 und 7,1. In 4,10 findet sich mit dem „Annehmen meiner Worte" eine wörtliche Parallele zu 2,1a. Die Wendung לקח אמרי („Worte annehmen") begegnet im ganzen Proverbienbuch (wie auch im Alten Testament) nur an diesen beiden Stellen.[7] Liegt hier bereits ein deutlicher Bezug vor, so führt der Vergleich mit Prov 7,1 auf eine andere Ebene. Denn es findet sich in Prov 7,1 eine nahezu identische Formulierung wie in Prov 2,1:[8]

Höre, mein Sohn und nimm' meine Worte an, dann werden zahlreich dir die Lebensjahre sein.	שמע בני וקח אמרי וירבו לך שנות חיים	4,10
Mein Sohn, wenn du meine Worte annimmst und meine Gebote bei dir aufbewahrst.	בני אם תקח אמרי ומצותי תצפן אתך	2,1
Mein Sohn, bewahre meine Worte und meine Gebote bewahre bei dir auf.	בני שמר אמרי ומצותי תצפן אתך	7,1

Sieht man von der unterschiedlichen Grammatik ab – im einen Fall ein Imperativ, im anderen ein Konditionalis – so stimmen 7,1 und 2,1 bis auf das Verb in der ersten Vershälfte überein. Das Verb (לקח) in 2,1 erklärt sich jedoch von der genannten Formel לקח אמרי in 4,10 her. Man könnte somit 2,1 vollständig aus 7,1 und 4,10a herleiten. Dabei fällt auf, dass die Lehrreden in Prov 7 und 4 genau die beiden Themen enthalten, die in Prov 2 zur Konkretisierung der Gesamtargumentation dienen – die frevlerischen Männer (4,10–19) und die fremde Frau (7,1–27). Es ist zu früh, an dieser Stelle weitergehende Schlüsse zu ziehen, jedoch stellt sich die Frage, inwiefern in Prov 2 durch ein bestimmtes Zitationsverfahren auf andere Kapitel von Prov 1–9 angespielt wird und sich Prov 2 damit als ein Text erweist, der einzelne Passagen von Prov 1–9 in schriftlicher Form voraussetzt.

Die genannte Nähe wird vor dem Hintergrund des Gesamtbefundes im Proverbienbuch noch signifikanter. Denn es finden sich zwar

---

5   In der Lehrrede von 5,1–23 wird mit dem ועתה בנים in V. 7 der einleitende Imperativ nochmals aufgegriffen.

6   Vgl. OVERLAND, a.a.O., 79 und zu Prov 3 SCHÄFER, Poesie, 76f, der jedoch noch V. 21 hinzunimmt.

7   Vgl. MÜLLER, Weisheit, 59.

8   Vgl. WILDEBOER, Sprüche, 6 und ROY YODER, Proverbs, 24.

Parallelen für einzelne Motive von Prov 2,1–4, jedoch ist außerhalb von
Prov 1–9 keine vergleichbare Zitation eines einzelnen Verses belegt.
Besonders stark sind die Motivparallelen in 23,12–15.[9]

> (12) Bringe dein Herz zur Zucht (מוסר)
> und dein Ohr zu kenntnisreichen Worten.

> (13) Halte nicht fern vom Knaben die Zucht (מוסר),
> wenn du ihn mit der Rute schlägst, wird er nicht sterben.

> (14) Du schlägst ihn mit dem Stock,
> aber sein Leben rettest du vom Totenreich (שאול).

> (15) Mein Sohn, wenn dein Herz weise geworden ist,
> freut sich auch mein Herz.

Neben der Anrede בני, die außerhalb von Prov 1–9 noch in 19,27,
23,15.19.26; 24,17 und 27,11 begegnet, stimmen verschiedene Aussagen
überein. V. 12 fordert, dass man sein Herz zur Erziehung und das Ohr
(אזן) zu den Worten der דעת bringen solle. Es liegt zwar keine wörtliche
Parallele zu Prov 2,2 vor, jedoch findet sich die sachliche Gemeinsamkeit von Herz und Ohr, die Gegenstand der Erziehung sind bzw. auf
die die Worte ausgerichtet werden sollen.[10] Dazu passt der Gedanke
des „Weise werdens" des Herzens in V. 15. In V. 19 wird dies dahingehend konkretisiert, dass das Weise sein (חכם) mit einem Herzen verbunden ist (לב), das „auf dem Weg geradeaus geht" (ואשר בדרך לבך). Der
Gedanke der Wegthematik wird in 23,14 mit der Errettung vor dem
Totenreich verknüpft. Darin liegt sowohl terminologisch als auch inhaltlich eine Parallele zum zweiten Teil von Prov 2 vor.[11] Das Verb נצל
hif. wird in 2,12 und 15 verwendet, die Totenwelt mit den Begriffen מות
und רפאים in V. 18 genannt. Die Bezüge verdeutlichen, dass Prov 2 an
Vorstellungen anknüpft, die auch andernorts im Proverbienbuch begegnen. Jedoch finden sich hier keine weitergehenden terminologischen Übereinstimmungen, die im Sinne einer textuellen Kohärenz
gedeutet werden könnten.

---

9   Die Abgrenzung von 23,12–35 ist nur nach vorne gesichert. Vgl. MEINHOLD, Sprüche
    II, 389 und demgegenüber FOX, Proverbs, 733, der 23,12–24,22 zu einer Einheit zu-
    sammenfasst. Zum Ganzen auch WALTKE, Proverbs II, 246f. Zur Frage einer mögli-
    chen inhaltlichen Nähe zwischen 23,13–14 und Ahiqar 81f s. SHUPAK, Instruction,
    214f und FOX, a.a.O., 767.

10 Vgl. WALTKE, a.a.O., 251. MEINHOLD, a.a.O., 391 verweist auf 4,20f; HITZIG, Sprüche,
    237 auf die Nähe zwischen 23,14 und 3,27. Zum Ganzen s. auch FOX, a.a.O., 733f, der
    u.a. auch die Parallelen zur Lehre des Amenemope diskutiert und CLIFFORD, Pro-
    verbs, 212 mit Verweis auf Dtn 29,3.

11 Vgl. WALTKE, a.a.O., 252.

Dies ist für Prov 2,2 anders, wenn man nach Bezügen innerhalb der Sammlung von Prov 1–9 fragt:

Indem du dein Ohr auf die Weisheit ausrichtest (und) dein Herz der Einsicht zuneigst.	להקשיב לחכמה אזנך תטה לבך לתבונה	2,2
Mein Sohn, auf meine Weisheit richte dich aus, meiner Einsicht neige dein Ohr zu.	בני לחכמתי הקשיבה לתבונתי הט אזנך	5,1

Prov 2,2 und 5,1 bieten nicht nur einen vergleichbaren Gedankengang, sondern entfalten diesen in derselben Terminologie. Der Wendung „um dein Ohr auf die Weisheit auszurichten" in 2,2a entspricht in 5,1a „auf meine Weisheit richte dich aus". Ferner ist die Aufforderung „(indem) du dein Herz der Einsicht zuneigst" in 2,2b analog zur Formulierung in 5,1b. Es stimmen lediglich zwei Wörter nicht überein: die Anrede בני in 5,1a und das לב in 2,2. Folgt man der Klassifizierung, die Daniel C. Snell in seiner Untersuchung zu „Twice Told Proverbs" aufgestellt hat, so liegt hier die Wiederholung eines Verses mit einer Wortumstellung und zwei unterschiedlichen Wörtern vor.[12] Die unterschiedlichen Begriffe lassen sich jedoch leicht erklären. Da 5,1 den Beginn einer Lehrrede markiert, setzt der Vers mit בני ein, während in 2,2 ein Gedanke fortgeführt wird, so dass das Verb (קשב im Infinitiv) an den Anfang gestellt und mit אזנך ein neues Subjekt eingeführt wird.[13] Die Rede vom Herzen in 2,2 erklärt sich vom Duktus der Lehrrede her und dem in V. 2 entfalteten Gedanken der Zuwendung zur Weisheit mit Ohr und Herz.[14]

Dies bedeutet, dass sich die ersten beiden Verse von Prov 2 auf die jeweils einleitenden Verse von drei Lehrreden zurückführen lassen, die nach klassischer Zählung[15] sechste (4,10–19), achte (5,1–23) und zehnte

---

12 Vgl. SNELL, Twice-Told Proverbs, 37 (Nr. 1.2). Daniel C. Snell hat in seiner gleichnamigen Untersuchung alle Zitate innerhalb des Proverbienbuches zusammengestellt und klassifiziert. Vgl. zu den Implikationen dessen für das literarische Verfahren innerhalb des Proverbienbuches Kap. 4.2.4.

13 Vgl. dazu WALTKE, Proverbs I, 306f, der einzelne Gemeinsamkeiten nennt, jedoch nicht die Parallelität der Verse selbst.

14 Vgl. dazu Kap. 2.2.2.

15 Auch wenn in der Folge die These entfaltet wird, dass Prov 2 als sekundärer Zusatz zu den anderen Lehrreden in Prov 1–7 zu sehen ist, wird hier der Einfachheit halber die klassische Zählung beibehalten, s. dazu MEINHOLD, Sprüche, 46; FOX, a.a.O., 45f und WALTKE, a.a.O., 12f.

(7,1–27). Darüber hinaus werden in 2,1 mit dem Bezug auf 4,10 und 7,1 die beiden Themen anzitiert, welche die Lehrreden insgesamt und den zweiten Teil von Prov 2 konkret bestimmen: die frevelhaften Männer und die fremde Frau.[16]

Der Befund wird komplexer, wenn man zu 2,3 übergeht. Denn dort findet sich ebenfalls eine wörtliche Anspielung, jedoch nun nicht auf eine der weisheitlichen Lehrreden von Prov 1–7, sondern auf die Rede der personifizierten Weisheit in Prov 8,1:[17]

Wenn du nach dem Verstand rufst, nach der Einsicht deine Stimme erhebst.	כי אם לבינה תקרא לתבונה תתן ולך	2,3
Ruft nicht die Weisheit, und erhebt nicht die Einsicht ihre Stimme?	הלא חכמה תקרא ותבונה תתן קולה	8,1

In 2,3 muss die Form תקרא als 2. Singular interpretiert werden („wenn du nach dem Verstand rufst"), in 8,1 erscheint die gleiche Konsonanten- und Vokalfolge jedoch durch die andere Einleitung als 3. feminin Singular: „Ruft nicht die Weisheit". Damit ist eine Akzentverschiebung verbunden. Im einen Fall ist die Weisheit Subjekt (sie selbst ruft), im anderen Objekt. Die Gemeinsamkeiten sind so eng, dass eine textuelle Kohärenz angenommen werden muss. Dabei liegt die Vermutung nahe, dass in 2,3 auf 8,1 Bezug genommen wird und nicht umgekehrt. Denn die bisherige Analyse der ersten drei Verse lässt auf ein bewusstes literarisches Verfahren schließen. Offenbar wird in Prov 2,1–3 auf den jeweils ersten Vers eines anderen Weisheitstextes angespielt, mag es eine der Lehrreden in Prov 1–7 sein oder die der personifizierten Weisheit in Kap. 8. Dieser Befund erhält dadurch seine Bedeutung, dass das Weisheitsgedicht von 8,1–36 üblicherweise einer anderen literarischen Schicht als die Lehrreden in Kap. 1–7 zugeordnet wird.[18] Gleiches gilt für das Rufen der Weisheit in 1,21, das auch mit der Verbalform תקרא gebildet ist, wodurch im Lesefluss von Kap. 1 und 2 ein Gegenüber zum Rufen des Weisheitsschülers in 2,3 entsteht.[19]

Vor dem Hintergrund der bisherigen Textbeispiele stellt sich die Frage, ob womöglich auch V. 4 auf einen anderen Abschnitt des Pro-

---

16 S. dazu unten Kap. 4.1.5.
17 Vgl. dazu auch SNELL, a.a.O., 40 mit insgesamt zehn Beispielen für diese Form der Wiederholung eines ganzen Verses mit vier oder mehr unterschiedlichen Wörtern.
18 Vgl. dazu den forschungsgeschichtlichen Überblick in Kap. 4.2.1.
19 Vgl. PERDUE, Proverbs, 89 und ROY YODER, Proverbs, 25.

verbienbuches Bezug nimmt, so dass dann eventuell die ganze Einleitung von Prov 2 mit anderen Kapiteln zitathaft verknüpft wäre. Wenn man die Terminologie in V. 4 betrachtet, so weist das „Suchen" zwar über Prov 2 hinaus, jedoch nicht auf ein spezielles Kapitel. Das in 2,4 verwendete Verb בקש (pi.) wird in Kap. 1–9 nicht verwendet, dafür umso häufiger in Kap. 10–31.[20]

Die innerhalb des Alten Testaments vielfach belegte Wurzel bezeichnet oftmals Gott als den Gesuchten.[21] In 14,6 ist es der Hochmütige (לץ, vgl. Ps 1,1) der vergeblich nach Weisheit sucht, in 15,14 ist es das Herz des Verständigen und in 18,15 das Ohr der Weisen (חכמים), die nach דעת suchen.[22] Innerhalb von Prov 1–9 wird das Suchen hingegen mit שחר ausgedrückt und nicht mit בקש (vgl. Prov 1,28b; 7,15b und 8,17b).[23] Die Sache und somit das Suchen nach etwas findet sich auch in Prov 1–9, wird jedoch anders formuliert als in 2,4. Dazu passt, dass der Gegenstand des Suchens, das Silber (כסף) innerhalb von Prov 1–9 negativ gesehen wird.

Das Suchen nach Silber (כסף) ist innerhalb des Proverbienbuches ohne Beispiel. Wenn jedoch in Prov 2,4 das Suchen nach Weisheit mit dem Suchen nach Silber gleichgesetzt wird, so widerspricht diese positive Konnotation von Silber dem sonstigen Gebrauch von כסף in Prov 1–9. So heißt es in 3,13f, dass חכמה und תבונה besser als Silber und Gold sind (vgl. auch 8,10.19).[24] Prov 2 setzt hier einen eigenen Akzent und bietet eine Aussage, die in dieser Form innerhalb der Proverbien singulär ist.[25]

Für V. 1–4 kann somit festgehalten werden, dass in dem Abschnitt einerseits an den klassischen weisheitlichen Aufmerksamkeitsruf angeknüpft wird, andererseits jedoch Verbindungslinien vorliegen, die über die Lehrreden von Prov 1–7 hinausgehen, sei es die wörtliche Übereinstimmung zum Weisheitsgedicht von 8,1 oder die thematische Nähe zu

---

20 Prov 11,27; 14,6; 15,14; 17,9.11.19; 18,1.15; 21,6; 23,35; 28,5; 29,10.26.

21 Vgl. WAGNER, Art. בקש, 768.

22 Zu den Querbezügen zwischen 15,14 und 14,33 vgl. SCORALICK, Einzelspruch, 227f und zu 18,15 WALTKE, a.a.O., 81 sowie SCHERER, Wort, 248f.

23 Vgl. dazu BAUMANN, Weisheitsgestalt, 101. In allen drei Fällen ist das Suchen mit dem Verb מצא als Ausdruck des Findens verbunden.

24 Vgl. zu dem Beleg in 7,20 (Geldbeutel) WALTKE, a.a.O., 381f.

25 In Hi 3,21 ist davon die Rede, dass die Elenden den Tod suchen wie verborgene Schätze (mit einer ganz ähnlichen Formulierung wie in Prov 2,4b); so bereits DELITZSCH, Spruchbuch, 61 und SEYRING, Abhängigkeit, 11.16, der diese Parallele als erste seiner Liste „sprachlicher Gemeinsamkeiten" nannte und von da aus die weitreichende These aufstellte: „Der Verfasser der Sprüche Cap. 1–9 hat das Buch Hiob nicht nur gekannt, sondern auch benutzt" (a.a.O., 6).

Passagen aus Prov 10–31 (konkret aus den Sammlungen 10,1–22,16 und 22,17–24,22).[26] Letztere sind, wie es das Beispiel von V. 4 zeigte, eher allgemeiner Natur und liegen nicht auf der Ebene konkreter Zitate, wie es bei den Versen 1–3 der Fall ist. Gerade bei den Anspielungen in diesen Versen stellt sich die Frage, inwiefern die Einleitung von Prov 2 vor dem Hintergrund anderer Texte gebildet wurde, zu denen neben den Lehrreden von Prov 1–7 auch Kap. 8 gehört.

4.1.2 Bezüge in V. 5–8

Anders als bei V. 1–4 finden sich in V. 5–8 keine zitathaften Anspielungen auf andere Weisheitslehren. Stattdessen haben einzelne Begriffe Parallelen innerhalb der ersten Sammlung, während andere auf Prov 10–31 vorausgreifen. Der zentrale Begriff in V. 5, die JHWH-Furcht (יראת יהוה), begegnet auch in dem berühmten Diktum in 1,7 und 9,10 von der JHWH-Furcht, die der Anfang der Weisheit ist.[27] Die JHWH-Furcht wird auch in 10,27; 14,27, 15,33; 19,23; 22,4 und 31,30 genannt und mit der Todesthematik (14,27) oder dem gelingenden Leben (19,23) verbunden.[28] Der Parallelismus in 2,5 mit דעת אלהים ist singulär; die einzige, etwas entfernte Parallele liegt in 9,10 vor, wo im Parallelismus zur JHWH-Furcht die „Erkenntnis des Heiligen" (דעת קדשים) steht.[29] Unter den Belegen ragt 3,7 heraus, da sich dort die Aufforderung findet, JHWH zu fürchten und den Bösen zu fliehen (ירא את־יהוה וסור מרע). Es ist die einzige Stelle innerhalb der Lehrreden von Prov 1–7, in der das Thema der JHWH-Furcht anklingt.[30] Allein dies schafft eine gewisse Nähe zwischen 3,7 und 2,5.

Arndt Meinhold hat im Hinblick auf die Stellung von Kapitel 2 innerhalb der zehn Lehrreden die alte, bereits genannte These von Prov 2

26   Zur Einteilung des Proverbienbuches s. Kap. 4.2.1.

27   Es handelt sich um ein fast wörtliches Zitat, das an zwei prominenten Stellen der ersten Proverbiensammlung steht. In 1,7 ist es das Motto des ganzen Buches, in 9,10 steht es zwischen der antithetisch konstruierten Rede der beiden Frauengestalten. Im einen Fall steht דעת, im anderen חכמה. Dazu PLÖGER, Sprüche, 13 und LANG, Frau Weisheit, 118.

28   Interessant ist der Gedanke von 15,33, dass die Gottesfurcht zur Weisheit erzieht. Vgl. dazu MEINHOLD, a.a.O., 262, der die redaktionelle Funktion des Verses betont und zum Gesamtspektrum der JHWH-Furcht im Proverbienbuch von ROY YODER, a.a.O., 6–8.

29   Vgl. zur singularischen Übersetzung und zur Bedeutung dieser Aussage WALTKE, a.a.O., 441 mit weiterer Literatur in Anm. 76 und unten Kapitel 5.2 mit Anm. 144.

30   יראת יהוה wird noch im Weisheitsgedicht von Prov 1,29 erwähnt sowie in 8,13.

als „Inhaltsverzeichnis" der verbleibenden neun Lehrreden aufgegriffen. Eine der verschiedenen Parallelen sah Meinhold zwischen 2,5–8 und 3,1–12. Er knüpfte damit an Hermann L. Strack an, der 2,1–11 mit 3,1–26 verbinden wollte.[31] Wenn man die Bezüge genauer betrachtet, so ist der Sachverhalt komplexer, als die Argumentation der Forschung auf den ersten Blick vermuten lässt.

Thema der Lehrrede von 3,1–12 ist das rechte Gottesverhältnis, das nach einer Einleitung (1–4) in einem Hauptteil (V. 5–10) und einem Schluss (V.11f) entfaltet wird.[32] V. 5 benennt die Kernaussage: Man soll auf JHWH vertrauen, wobei dieses in V. 7 mit dem Fürchten JHWHs, dem Ehren (V. 9) und der Zucht JHWHs (מוסר יהוה, V. 11) konkretisiert wird. Mit dem Begriff der JHWH-Furcht wird in 2,5 zwar ein Terminus Technicus des Gottesverhältnisses im Rahmen weisheitlichen Denkens aufgegriffen, jedoch anders entfaltet. Die in Prov 2 folgenden Aussagen, dass es JHWH ist, der Weisheit gibt (2,6) und aus dessen Mund Erkenntnis und Einsicht kommen, finden sich in Kapitel 3 gerade nicht, obwohl beide Texte, wie zu zeigen sein wird, deuteronomisch-deuteronomistische Sprache aufgreifen.[33] Auch macht 3,1–12 einen qualitativen Unterschied zwischen der menschlichen Weisheit und JHWH, auf den man allein vertrauen soll (3,5):

(5) Vertraue auf JHWH mit deinem ganzen Herzen,
aber auf deine Einsicht (בינה) stütze dich nicht.

(6) In all deinen Wegen (דרך) erkenne ihn.
Dann wird er deine Pfade (ארח) ebnen.

Dieser Unterschied wird in V. 6 mit der Wegmetaphorik und den Begriffen דרך und ארח entfaltet, die auch für Prov 2 von Bedeutung sind.[34] Angesichts dessen hat Meinhold durchaus etwas Richtiges gesehen, wenn er sowohl in 3,1–12 als auch in 2,5–8 „das rechte Gottesverhältnis" thematisiert sieht.[35] Dieses wird in beiden Texten (Prov 2 und 3) anhand des qualitativen Unterschieds zwischen menschlicher und göttlicher Weisheit entfaltet, jedoch in Prov 2 und 3 verschieden akzentuiert. In Prov 2 erscheint die JHWH-Furcht als ein Ergebnis, man könnte fast sagen, als logische Folge des Suchens nach Weisheit, während Prov

---

31 Vgl. MEINHOLD, a.a.O., 43 und STRACK, Sprüche, 313.315.
32 Zur Gliederung vgl. FOX, a.a.O., 141f; SCHÄFER, Poesie, 78f und MÜLLER, Weisheit, 155.
33 Vgl. dazu unten Kap. 5.1.
34 Vgl. dazu oben Kap. 2.2.
35 Vgl. MEINHOLD, a.a.O., 63 und 72.

3 den imperativischen Charakter – auch durch den Begriff der „Zucht"
(מוסר) – betont.

Davon ausgehend ergibt sich eine interessante Linie von Kapitel 1
über Kapitel 2 zu Prov 3, die man an der Bedeutung der JHWH-Furcht
festmachen kann. Im Gesamthorizont von Prov 1–9 formuliert Kapitel 1
mit der Rede von der JHWH-Furcht als Anfang der Weisheit in 1,7
gleichsam eine These, auf die Prov 2 reagiert – und zwar genau im entgegengesetzten Sinn. In Prov 1 ist die JHWH-Furcht der Anfang der
Weisheit, in Kapitel 2 erschließt sich die JHWH-Furcht durch das Hören auf die Weisheit, und zwar – aufgrund des Konditionalgefüges –
als eine logische Folge des Ausrichtens auf die Weisheit und des Suchens nach ihr.[36] Pointiert formuliert steht im einen Fall die JHWH-
Furcht am Anfang von allem, während im anderen diese sich aus dem
Suchen nach Weisheit ergibt. Prov 3 liegt dann wieder auf der Linie
von Prov 1. Diese Akzentverschiebung wird noch von Bedeutung sein,
wenn es um die redaktionsgeschichtliche Stellung von Prov 2 geht.
Eines wird jedoch bereits hier deutlich: Im Zusammenhang von Prov 1–
9 dominiert das Verständnis der JHWH-Furcht, wie es in 1,7 grundgelegt und mit 9,10 nochmals nachdrücklich betont wird.[37]

Innerhalb der weiteren Terminologie von 2,5–8 sind zwei Begriffe
von Bedeutung: die ישרים in 2,7 und die „Pfade des Rechts" in 2,8
(ארחות משפט). Die Gruppe der ישרים wird innerhalb von Prov 1–9 noch
in 3,32 genannt, wo es heißt, dass die Redlichen JHWHs Vertraute sind
(סוד).[38] Jenseits von Prov 1–9 findet sich das Wort als Personengruppe
in Kapitel 11, 12, 14, 15, 16, 21 u.ö., wobei der Begriff oftmals im Kontrast verwendet wird, sei es in der Antithese zum Treulosen (בגדים,
11,3.6), zum Frevler (רשעים, 11,11; 12,6; 14,11; 15,8; vgl. 21,18f), zum
Toren (אויל, 12,15; 14,9), zum Faulen (עצל, 15,19) oder zum Unehrlichen
(איש וזר, 21,8).[39] Bei der Wegterminologie fällt die Wendung ארחות משפט
ins Auge. Die Wegthematik ist zwar eng mit weisheitlichem Denken
verknüpft,[40] jedoch ist die Formulierung von den „Pfaden des Rechts"
(ארחות משפט) in 2,8 auffällig. Die Konstruktusverbindung findet sich

---

36 Zur besonderen Didaktik von Prov 2 s. Fox, Pedagogy, 241–243.
37 Vgl. zu dieser literarischen Funktion des Themas „JHWH-Furcht" Roy Yoder,
a.a.O., 6 und Waltke, a.a.O., 180f.
38 Zur Bedeutung des Begriffs in 3,31–35 vgl. Schäfer, a.a.O., 102f.
39 Eine absolute Stellung findet sich in 16,17, wo von der „Straße der Aufrechten" die
Rede ist; vgl. dazu Meinhold, a.a.O., 273 und Plöger, a.a.O., 193.
40 Vgl. dazu den Überblick bei Zehnder, Wegmetaphorik, 385–401 mit zahlreichen
Belegen. Erstaunlicherweise fasst er jedoch Prov 17,23 und 2,8 nicht zusammen, obwohl die Formulierungen identisch sind (a.a.O., 390, Beleg Nr. 301).

innerhalb der Proverbien nur noch in 17,23, wo in einem Abschnitt über die misslungene Erziehung davon die Rede ist, dass der Frevler (רשע) Bestechungen annimmt, um die „Pfade des Rechts" zu beugen (נטה hif.).[41] In der Sache wird auf Rechtssätze des Pentateuch angespielt,[42] in denen es um das Beugen des Rechts im Gerichtsverfahren geht (Ex 23,2) bzw. um das Annehmen von Bestechungsgeld (Dtn 16,19, analog zu Prov 17,23).

4.1.3 Bezüge in V. 9–11

Die Einzelanalyse zeigte, dass V. 9–11 den Gedankengang von V. 5–8 – teilweise unter Aufgriff der Begrifflichkeit – fortführt und nicht von diesen getrennt werden kann.[43] Im Hinblick auf mögliche Verbindungslinien zu Prov 1–31 sind vor allem zwei Aspekte interessant: das Verb נצר in V. 8 und 11 und das Verstehen von Gerechtigkeit, Recht und Geradheit in V. 9.

Das Verb נצר wird innerhalb von Prov 2 in einem zweifachen Sinne verwendet: in V. 8 in Bezug auf JHWH, der behütet, und in V. 11 auf die Einsicht bezogen, die ihrerseits den Weisheitsschüler behütet. Innerhalb der Proverbien wird das Verb ansonsten dazu verwendet, um den Weisheitsschüler aufzufordern, die Lehre zu behüten (in seinem Herzen, 3,1; vgl. 3,21; 5,2 mit דעת als Objekt, 6,20). Ein Abstraktum als Subjekt ist relativ selten. In 13,5 behütet die Gerechtigkeit (צדקה) die „Tadellosigkeit des Weges".[44] Im Gegenüber zur צדקה in V. 5a wird in V. 5b die Frevelhaftigkeit (רשעה) genannt. Beide erscheinen als Subjekte verschiedener Verben in 13,5 „wie selbständige Wesen, die ihrerseits handeln können."[45] Ganz ähnlich ist 20,28, wo Güte und Treue den König behüten.[46] Mit JHWH als Subjekt findet sich das Verb in 22,12, wo die Augen JHWHs die דעת behüten.

Vor dem Hintergrund der genannten Textstellen sind die Gemeinsamkeiten zu Prov 4 aufschlussreich. Das Verb נצר wird in 4,6.13. und

---

41 Vgl. zu dieser Bedeutung von נטה hif. RINGGREN, Art. נטה, 414. Zu Prov 17,21–28 s. auch MEINHOLD, a.a.O., 294; WALTKE, Proverbs II, 61f und FRANKENBERG, Sprüche, 103f.

42 Vgl. FOX, Proverbs, 635 und WALTKE, a.a.O., 61 (Dtn 24,17; 27,19).

43 Vgl. dazu Kap. 2.2.

44 Zu dieser Übersetzung von תם דרך s. MEINHOLD, a.a.O., 217 und WALTKE, Proverbs I, 546 gegenüber FOX, a.a.O., 563 („whose way is innocent").

45 MEINHOLD, a.a.O., 219.

46 Zum Ausdruck חסד ואמת siehe unten Kap. 5.2.1.

23 verwendet. Während die letzten beiden Stellen den Weisheitsschüler dazu auffordern, etwas zu bewahren (in 4,13 die מוסר, in 4,23 das לב), enthält 4,6 eine 2,11 vergleichbare Aussage:

Verlass sie nicht, dann wird sie dich bewahren, liebe sie, dann wird sie dich behüten.	אל תעזבה ותשמרך אהבה ותצרך	4,6
Besonnenheit wird dich bewahren und Einsicht dich behüten.	מזמה תשמר עליך תבונה תנצרכה	2,11

Die Aussage von 4,6 bezieht sich auf חכמה und בינה in V. 5.[47] Die Parallele zu 2,11 besteht nicht nur in den beiden Abstrakta als Subjekt von נצר, sondern auch in der Verwendung des Verbs שמר. Auch wenn hier kein Zitat wie bei Prov 2,1 und 7,1 oder 2,2 und 5,1 vorliegt, so zeigt sich doch eine spezifische Verbindung, im vorliegenden Fall zwischen Prov 2 und 4, die deutlich über die Bezüge zu anderen Texten hinausgeht.[48]

Ein noch deutlicherer Fall der textuellen Kohärenz liegt in 2,9 vor. Denn die Trias צדק ומשפט ומישרים findet sich wortwörtlich in 1,3:[49]

Um anzunehmen einsichtig machende Zucht, Gerechtigkeit und Recht und Geradheit.	לקחת מוסר השכל צדק ומשפט ומישרים	1,3
Dann wirst du verstehen Gerechtigkeit und Recht und Geradheit – jede gute Bahn.	אז תבין צדק ומשפט ומישרים כל מעגל טוב	2,9

Die Abfolge der Begriffe צדק, משפט und מישרים ist in dieser Form singulär; sie findet sich im ganzen Alten Testament nur an diesen beiden Stellen.[50] Vor dem Hintergrund der bereits diskutierten Gemeinsamkeiten zwischen 7,1 und 2,1; 5,1 und 2,2 sowie 8,1 und 2,3 stellt sich die Frage, ob hier ein literarisches Verfahren greifbar wird, bei dem bestimmte Wortverbindungen bis hin zu ganzen (oder auch Halb-) Versen aufgegriffen und neu eingebettet werden – im einen Fall vom Au-

---

47   So bereits TOY, Proverbs, 87 und DELITZSCH, a.a.O., 83. Vgl. auch CLIFFORD, a.a.O., 61.

48   Vgl. dazu MÜLLER, Weisheit, 58f.

49   Vgl. PERDUE, a.a.O., 91 und ROY YODER, a.a.O., 26.

50   Die Wortfolge צדק ומשפט findet sich auch in Ps 89,15; 97,2 (in umgekehrter Reihenfolge in Ps 119,121). Vgl. dazu DELITZSCH, a.a.O., 45 und a.a.O., 62f.

tor von Prov 2 und im anderen (sofern die Abhängigkeit in die andere
Richtung zu denken ist) vom Verfasser von Kapitel 1.[51] Interessant ist in
diesem Zusammenhang auch das Element, das sich nicht aus 1,3 erklären lässt – die „gute Bahn" מעגל טוב. Das Wort מעגל wird innerhalb der
Proverbien nur in Kapitel 2, 4,11.26 und 5,6.21 verwendet, wobei von
den insgesamt sieben Belegen allein drei auf Kapitel 2 fallen (V.
9.15.18). Die engste Parallele für die Konstruktusverbindung מעגל טוב
findet sich in 4,11, wo von der „rechten Bahn" (מעגלי ישר) die Rede ist.
JHWH leitet auf dem Weg der Weisheit (בדרך חכמה) und auf rechter
Bahn (4,11b).[52]

Wenn man an dieser Stelle einen Schnitt macht und die bisherigen
Einzelbeobachtungen zu den Querbeziehungen zwischen Prov 2 und
dem restlichen Proverbienbuch zusammenfasst, so zeigen sich in quali-
tativer Hinsicht zwei unterschiedliche Formen der Bezüge: einerseits
Zitate bzw. zitathafte Anspielungen, andererseits Themen und Formulierungen, die zum Teil an bestimmten Begriffen festgemacht werden
können. Ersteres betrifft ausschließlich Prov 1–9, letzteres findet sich
sowohl in 1–9 als auch den weiteren Proverbiensammlungen, konkret
in 10,1–22,16 und 22,17–24,22.

4.1.4 Bezüge in V. 12–15

Der zweite Teil der Lehrrede konkretisiert die allgemeinen Aussagen
des ersten Teiles in Bezug auf die frevelhaften Männer (V. 12–15), die
fremde Frau (V. 16–19) und das Geschick des Gerechten im Kontrast zu
dem des Frevlers (V. 20–22). Die Einzelanalyse verdeutlichte bereits,
dass mit Begriffen wie dem „Retten" (נצל hif, V.12.16) und dem Wort
תהפכות (V. 12) Ausdrücke verwendet werden, die mehrfach im Proverbienbuch begegnen.[53] Vor dem Hintergrund der These von Prov 2 als
„Inhaltsverzeichnis" von Prov 1–9 muss jedoch untersucht werden,
inwiefern die Abschnitte 2,12–15 und 2,16–19 innerhalb der ersten
Sammlung (Kap. 1–9) nochmals aufgegriffen werden. So wollten Hermann L. Strack und Wilhelm Frankenberg 2,12–15 mit 3,27–4,27 und
6,1–19 in Verbindung bringen, während Arndt Meinhold 2,12–15 mit
1,8–19 und 4,10–27 verknüpfte.[54] Betrachtet man die Einzelbezüge, so

---

51　Vgl. dazu unten Abschnitt 4.3.
52　Vgl. zu den Bezügen MÜLLER, a.a.O., 59, der daraus weitreichende Schlußfolgerun-
　　gen zieht. Zur Gemeinsamkeit zwischen 2,9 und 4,11b s. auch DELITZSCH, a.a.O., 85.
53　Vgl. dazu Kap. 2.2.3.
54　Vgl. STRACK, a.a.O., 315; FRANKENBERG, a.a.O., 3 und MEINHOLD, a.a.O., 43.

erscheinen die Gemeinsamkeiten zwischen 2,12–15 und 1,8–19 recht allgemein. Sie bestehen lediglich im Thema „Warnung vor frevlerischen Männern". Der Gesamtduktus ist grundverschieden, da in 1,8–19 auf geradezu drastische Art und Weise die Hauptgefahr dargestellt wird, die der Weisheitslehrer für seinen Schüler sieht: rücksichtslos reich werden zu wollen.[55]

In 1,10 wird mit den „Sündern" (חטאים) ein theologischer Begriff verwendet, der in 2,12–15 gerade nicht vorkommt.[56] Zudem findet sich in 1,8–19 keines der Leitwörter von 2,12–15. Gleichwohl stimmt der Grundgedanke überein, nachdem die frevlerischen Männer auf den falschen Weg leiten, der zum Tod führt. Mit der Nennung des Begriffs שאול in 1,12 wird dabei durchaus auf das Wortfeld des zweiten Teils der Lehrrede von Kap. 2 angespielt, wo in Bezug auf die fremde Frau vom Tod (מות) und den רפאים die Rede ist (V. 18).[57] Auch die weitere Ausgestaltung der Lehrrede von Kap. 1 ist singulär und unterscheidet sich hinsichtlich der Lexeme derart von Prov 2, dass die These einer Verbindung beider Texte auf recht schwachen Füßen steht. Es zeigt sich eine gewisse inhaltliche Nähe bei nicht-literarischer Abhängigkeit.

Gleiches gilt für die von Strack postulierte Verbindung zwischen 2,12–15 und 6,1–19.[58] Diese beschränkt sich auf die terminologische Nähe durch den Gebrauch von נצל nif. in 6,3.5. Das Thema sowie die Durchführung bis hin zur Stilistik unterscheiden sich jedoch von 2,12–15. In Kapitel 6,1–19 geht es um denjenigen, der für seinen Nächsten gebürgt hat. Dies wird in Form eines Tiervergleiches im Bild der Ameise (V. 6) und mit einer Zahlenreihe („sechs sind es, die JHWH hasst", V. 16a) entfaltet.[59] Man wird mit der bisherigen Forschung zum Proverbienbuch eher davon ausgehen müssen, dass 6,1–19 ein Zwischenstück in Prov 1–9 ist, das Kap. 10-22 und nicht den anderen Kapiteln der ersten Sammlung nahe steht.[60]

Gegenüber den diskutierten Verbindungen zu Prov 6 sind die zur Lehrrede von 4,10–27 signifikanter. Es findet sich eine Reihe terminologischer Gemeinsamkeiten: Dem דרך רע in 2,12 entspricht der דרך רעים in 4,14 sowie der דרך רשעים in 4,19. Beide Einzelwörter דרך und רע finden

---

55   Vgl. MEINHOLD, a.a.O., 52 und FOX, a.a.O., 92–94, der in Aufgriff einer Beobachtung von R. van LEEUWEN (Proverbs, 114) an einen jugendlichen Adressatenkreis denkt. So bereits DELITZSCH, a.a.O., 48.

56   Zur Bedeutung von חטאים s. WALTKE, a.a.O., 189f mit weiteren Belegen.

57   Zur Bedeutung von 1,12 s. PLÖGER, a.a.O., 16 und WALTKE, a.a.O., 192.

58   Vgl. STRACK, a.a.O., 313.317f.

59   Vgl. dazu auch unten Kap. 4.2.4.

60   Vgl. dazu WALTKE, a.a.O., 325; FOX, a.a.O., 210; MEINHOLD, a.a.O., 107.

sich auch in 4,11.14.19.26 (דרך) und in 4,14.27 (רע); das Wort דבר aus 2,12 wird in 4,20 verwendet. Das Wort ארח von 2,13 findet sich in 4,14.18 und עקש und מעגל (2,15) in 4,24 bzw. 4,11.[61] In beiden Fällen wird ein bestimmtes Thema unter Verwendung gleicher Begriffe entfaltet. Dies bedeutet zugleich, dass die lexematischen Gemeinsamkeiten zwischen Prov 2 und Prov 4 nicht überschätzt werden dürfen, da das Thema der Warnung vor den frevlerischen Männern in Verbindung mit der Wegthematik eine bestimmte Terminologie evoziert.[62]

4.1.5 Bezüge in V. 16–19

Die ‚fremde Frau‘ gehört zu den Themen, die Prov 2 eng mit der Sammlung Prov 1–9 verbinden. Durch die in jüngerer Zeit veröffentlichten Arbeiten von Christl Maier und Gordon P. Hugenberger ist das Thema der אשה זרה mittlerweile gut aufgearbeitet, so dass in der Folge lediglich einige Grundlinien genannt werden sollen.[63] Neben 2,16–19 wird die fremde Frau in 5,1–23; 6,20–35; 7,1–27 und 9,1–6.13–18 erwähnt. Der Begriff אשה זרה findet sich explizit in 2,16; 5,3.20; 6,24 und 7,5.[64] Von diesen Belegen fällt besonders 7,5 auf, der in enger Beziehung zu 2,16 steht:[65]

Um dich zu bewahren vor der fremden Frau, vor der Auswärtigen, die ihre Worte glatt gemacht hat.	לשמרך מאשה זרה מנכריה אמריח החליקה	7,5
Um dich zu erretten vor der fremden Frau, vor der Auswärtigen, die ihre Worte glatt gemacht hat.	להצילך מאשה זרה מנכריה אמריה החליקה	2,16

Wenn man beachtet, dass der einleitende Infinitiv in 2,16 durch die Parallelkonstruktion mit 2,12 verursacht ist, wird deutlich, dass hier ein

---

61 Vgl. dazu auch die Liste bei MÜLLER, a.a.O., 59 und die Tabelle unten.
62 Dies ist zugleich das Gegenargument gegen die weitreichenden redaktionsgeschichtlichen Schlußfolgerungen von MÜLLER, a.a.O., 68–73.
63 Vgl. dazu oben Kap. 2.2.
64 Vgl. dazu MAIER, Fremde Frau, 4.
65 Ansatzweise bereits bei FOX, a.a.O., 241. S. auch WALTKE, a.a.O., 370, der jedoch die wörtliche Gemeinsamkeit genauso wenig wie Fox verdeutlicht.

wörtliches Zitat vorliegt.[66] Eine weitere, ähnliche Formulierung findet
sich in der Passage zur fremden Frau in 6,24:

Um dich zu bewahren vor der Frau von Bosheit, vor der Glattheit der Zunge einer Fremden.	לשמרך מאשת רע מחלקת לשון נכריה	6,24

Mit לשמרך wird die gleiche Verbalform wie in 7,5 verwendet. Ferner
stimmt die inhaltliche Aussage überein – man soll vor der „fremden
Frau" bewahrt werden.[67] In 7,5 ist davon die Rede, dass sie ihre Worte
„glatt macht"; in 6,24 wird vor der „Glattheit der Zunge" der Fremden
gewarnt.[68] Es zeigt sich ein bemerkenswertes System von Bezügen,
wobei die zwischen Prov 2 und Prov 7 eine andere Qualität haben als
die zu Kap. 6. Denn in dem abschließenden V. 27 finden sich Formulierungen, die wiederum einem Vers aus Prov 2 entsprechen:

Wege der Scheol sind ihr Haus, sie führen hinab zu den Kammern des Todes.	דרכי שאול ביתה ירדות אל חדרי מות	7,27
Fürwahr, es neigt sich (hinab) zum Tode ihr Haus und zu den Rephaim ihre Bahnen.	כי שחה אל מות ביתה ואל רפאים מעגלתיה	2,18

Die Formulierung in 7,27 enthält das gleiche Thema wie 2,18. Ferner
stimmen die Begriffe מות und ביתה überein. Bemerkenswert ist dabei die
Bedeutung von ביתה. In der Einzelexegese wurde darauf hingewiesen,
dass die Erwähnung des „Hauses" in 2,18 recht eigenartig ist und im
Kontext Probleme bereitet.[69] In 7,27 macht jedoch die Erwähnung des
בית Sinn. Es wird als Haus der Frau eingeführt, durch dessen Fenster
sie schaut (7,6) und aus dem sie herausdrängt (7,11). Dieses Haus wird
im Gedankengang des Kapitels dem Haus des Mannes gegenübergestellt (7,19).[70] Inwiefern aber bedeutet dies, dass mit der eigenwilligen

---

66   Dies betont bereits HITZIG, Sprüche, 17 mit der knappen Formulierung „der 16. Vers
        kehrt C. 7,5 zurück."
67   Letztlich ist die Nähe zwischen 6,24 und 7,5 größer als die zwischen 6,24 und 2,16.
        Gegen SNELL, a.a.O., 40.
68   Dazu PLÖGER, a.a.O., 69f, der auch auf 5,3 verweist.
69   Vgl. dazu oben 2.2.3.
70   Vgl. TOY, Proverbs, 154; MEINHOLD, a.a.O., 124f und FOX, a.a.O., 248.

Formulierung von 2,18 auf das Leitwort „Haus" von Prov 7 angespielt wird? Erklärt sich die schwierige Konstruktion in 2,18 letztlich durch eine textuelle Kohärenz? Die Vermutung ist nicht so leicht von der Hand zu weisen, da die Bezüge zu Kap. 7 so stark sind, dass man davon ausgehen muss, dass der Verfasser von Prov 2 Kap. 7 kannte. Die Abhängigkeitslinie verläuft dabei nicht von Prov 2 zu Prov 7, sondern ist so zu erklären, dass Prov 2 auf Prov 7 zurückgreift und durch ein Anzitieren zentraler Verse beim Leser den als bekannt vorausgesetzten Abschnitt über die fremde Frau abruft. Denn mit V. 1.5.27 werden zentrale Verse von Kapitel 7 anzitiert:

Prov 7	Prov 2
(1) Mein Sohn, bewahre meine Worte, und meine Gebote verbirg bei dir.	(1) Mein Sohn, wenn du meine Worte annimmst,und meine Gebote bei dir verbirgst.
(5) um dich zu bewahren vor der fremden Frau, vor der Auswärtigen, die ihre Worte glatt gemacht hat.	(16) um dich zu erretten vor der fremden Frau,vor der Auswärtigen, die ihre Worte glatt gemacht hat,
(27) Wege der Scheol sind ihr Haus, sie führen hinab zu den Kammern des Todes.	(18) Fürwahr, es neigt sich (hinab) zum Tod ihr Haus und zu den Rephaim ihre Bahnen.

Der Gedankengang stimmt überein, die Ausgestaltung ist jedoch unterschiedlich. Während Prov 7 eine klare inhaltliche Aussage bietet,[71] enthält Prov 2 mit dem „Gefährten der Jugend", dem „Bund ihres Gottes" sowie der Hervorhebung der „Pfade des Lebens" eine komplexere Struktur. Vor dem Hintergrund von Prov 7 wird diese jedoch mit Leben gefüllt: Was in Prov 2 noch abstrakt erscheint, erfährt durch Prov 7 seine Konkretion.

Dies zeigt sich auch, wenn man die anderen Texte zur fremden Frau in Prov 1–9 hinzunimmt. Der Abschnitt über die fremde Frau in Prov 2 scheint die anderen Lehrreden zum Thema vorauszusetzen und durch bestimmte Leitwörter auf diese anzuspielen. In der Rede über die fremde Frau von Kap. 5 ist dies mit dem Begriff des „Pfads des

---

71 Vgl. FOX, a.a.O., 252–262 mit einem Überblick zu den Interpretationsansätzen.

Lebens" verbunden (ארח חיים). 5,1–23 spricht von der „Fremden" (זרה
V. 3), deren Mund glatt ist (חלק)[72] und deren Pfade zum Tod führen.[73]

(5,5) Ihre Füße gehen hinab zum Tod (מות),
die Unterwelt (שאול) erreichen ihre Schritte.

(5,6) Den Pfad des Lebens (ארח חיים) beachtet sie nicht,
es schwanken ihre Bahnen, sie weiß (es) nicht.

Mit dem Pfad des Lebens in 5,6 (ארח חיים) findet sich dieselbe Konstruktion wie in 2,19.[74] Es stimmt ferner der Gedanke des Wegs zum Tod überein (beide Male מות). Interessant im Hinblick auf 2,16–19 ist auch 5,18. Dort heißt es im Kontrast zum Weisheitsschüler: „Deine Quelle sei gesegnet, und freue dich an der Frau deiner Jugend". Mit der אשת נעור liegt eine interessante Parallele vor zu dem „Gefährten ihrer Jugend" (אלוף נעוריה) in 2,17. Das Wort נעורים findet sich im Proverbienbuch nur an diesen beiden Stellen, so dass hier von einer Leitwortverbindung auszugehen ist.[75] Dies ist insofern interessant, als dass sich bei der Analyse der traditionsgeschichtlichen Bezüge gerade zeigte, dass mit dem „Gefährten der Jugend" in 2,17 auf JHWH angespielt wird (vgl. Hi 31,18). Nimmt man diesen Bezug ernst, so stellt sich jedoch die Frage, ob hier nicht das gleiche literarische Verfahren greifbar wird, das sich bereits für die weisheitlichen Zentralbegriffe in 2,1 zeigte: Begriffe, die innerhalb der Weisheitsliteratur eine gleichsam ‚neutrale', nicht theologische Bedeutung haben, werden durch intertextuelle Bezüge theologisch eingefärbt. Dabei konvergieren zwei unterschiedliche Bezugsfelder, die offenbar bewusst zueinander in Beziehung gesetzt werden.

Dies gilt auch für die Bezüge zu den verbleibenden Abschnitten zur „fremden Frau" in Prov 1–9. Es finden sich in 2,15–19 zentrale Aspekte der Lehrrede von Kapitel 6 und der Rede von „Frau Torheit" in Kapitel 9. In 6,24 ist ebenfalls von der „Zungenglätte" (Nomen חלקה) der Fremden die Rede, und es wird vom „Weg des Lebens" (דרך חיים) gesprochen.[76] In der Rede von „Frau Torheit" (אשת כסילות) in 9,13–18 findet sich auch die Wegterminologie (9,15, „die ihre Pfade gerade ma-

---

72 Dazu WALTKE, a.a.O., 308 und ROY YODER, a.a.O, 26, die auf den Zusammenhang von 5,3 und 2,16–19 verweist. S. auch DELITZSCH, a.a.O., 101 und PLÖGER, a.a.O., 69f.
73 Vgl. zur Übersetzung MAIER, a.a.O., 110; MEINHOLD, a.a.O., 99 und die Analyse von FOX, a.a.O., 192f.
74 Dazu WALTKE, a.a.O., 310 und 104f (mit einem Überblick zum Thema).
75 Weitere Belege sind Hi 13,36 und 31,18. Vgl. zu Prov 5,18 FOX, a.a.O., 202, der auch auf Mal 2,14 verweist (so auch WALTKE, a.a.O., 321). Dazu oben Kap. 3.3.3.
76 Vgl. WALTKE, a.a.O., 352; PLÖGER, a.a.O., 69f und FOX, a.a.O., 230f.

chen" (המישרים ארחותם) sowie der Gedanke, dass die, die ihr folgen, in der Unterwelt sind.[77]

> (9,18) Aber er weiß nicht, dass die Rephaim dort sind,
> in den Tiefen der Scheol die von ihr Gerufenen.

Vor diesem Hintergrund wird nochmals deutlich, dass das eigentlich Neue in dem Abschnitt über die fremde Frau in Prov 2,15–19 die Aussage in V. 17 ist, bei der das Verlassen des Gefährten ihrer Jugend mit dem Vergessen des Bundes mit Gott gleichgesetzt wird. Die anderen Motive bis hin zu einzelnen Formulierungen erklären sich aus den Texten zur fremden Frau in Prov 1–9. Auch wenn das Thema der fremden Frau über Prov 1–9 hinausreicht und für die Einzelmotive von Prov 2,16–19 Parallelen in Prov 10–22 vorliegen,[78] die Kombination dieser Motive begegnet nur in den Passagen der fremden Frau in Prov 5; 6 und 7. Dabei fällt auf, dass die Aussagen in 2,16–19 (bis auf V. 17) sich aus dem Motivkomplex der fremden Frau herleiten lassen, wobei in literarischer Hinsicht eine besondere Nähe zu Kapitel 7 (und mit Abstrichen zu Kapitel 5) vorliegt. Die terminologischen Übereinstimmungen erwecken den Eindruck, als ob 2,16 aus 7,5 und 2,18 aus 7,27 übernommen und die Passage durch Bezüge zu 5,1–23 und 6,20–35 angereichert wurde. Dabei zeigt sich ein literarisches Verfahren, bei dem einzelne Verse – in Kapitel 7 sind es die thematischen Eckverse – zitiert und neu kontextualisiert werden.

4.1.6 Bezüge in V. 20–22

Bevor auf das literarische Verfahren als solches näher eingegangen wird, müssen noch kurz die abschließenden Verse 2,20–22 untersucht werden.

Der Abschnitt 2,20–22 ist durch die Antithese zwischen dem Gerechten und dem Frevler gekennzeichnet. Er steht, wie die Kontextanalyse zeigte, der deuteronomisch-deuteronomistischen Tradition nahe. Die Terminologie verweist zugleich in das Proverbienbuch und da wiederum über Prov 1–9 hinaus. Die Formulierung von den „Pfaden

---

77　Vgl. dazu WALTKE, a.a.O., 443–446 und MEINHOLD, a.a.O., 158f.

78　Der Gedanke, dass der Mund der Fremden (פי זרות) eine Grube ist, findet sich in 22,14. 15,24 benennt das Gegenüber zwischen dem „Pfad des Lebens" (ארח חיים) und dem Scheol. Ganz ähnlich ist 12,28, wo es heißt, dass der Pfad der Gerechtigkeit (ארח צדקה) zum Leben führt und der Weg (דרך) der Abtrünnigen zum Tod (מות); vgl. dazu PLÖGER, a.a.O., 247. Zu den Rephaim als Schicksal dessen, der vom rechten Weg abirrt (21,16), vgl. oben Abschnitt 2.2.3 und MEINHOLD, a.a.O., 355.

der Gerechtigkeit" in 2,20 (ארחות צדיקים) findet sich innerhalb der Proverbien noch in 8,20 und in 12,28. In 8,20 ist es die Weisheit selbst, die
auf dem „Pfad der Gerechtigkeit" (ארח צדקה) und auf den „Steigen des
Rechts" geht.[79] 2,20 spricht dies hingegen dem Weisheitsschüler zu.

In 12,28 findet sich die Formulierung vom Pfad der Gerechtigkeit
(ארח צדקה), auf dem Leben ist. Dieser Gedanke wird in 10,2 und 11,4
dahingehend konkretisiert, dass Gerechtigkeit vom Tod rettet.[80] Hinsichtlich der Gesamtaussage steht 11,3–8 besonders Prov 2,20–22 nahe.
Die Rede über das „Geschick als Folge des Verhaltens" in Kapitel 11[81]
setzt mit dem Zentralbegriff der „Redlichen" (ישרים) ein, der auch in
2,21 begegnet. Entgegen 2,21, wo dieser Gruppe das Bewohnen im
Land zugesagt wird, nützt ihnen in 11,3–8 ihr Besitz gerade nicht (יעל
hif.); vielmehr rettet die Gerechtigkeit vor dem Tod.

(4) Nicht nützt Besitz am Tag des Zorns,
aber Gerechtigkeit rettet vom Tod.

(5) Die Gerechtigkeit des Tadellosen ebnet seinen Weg,
aber durch seine Frevelhaftigkeit fällt der Frevler.

V. 5 konkretisiert diesen Gedanken antithetisch mit den Begriffen תמים
und רשע. Beide Begriffe werden in 2,21f verwendet, um das Gegenüber
zu beschreiben zwischen dem, der die Weisheitslehre befolgt, und dem,
der dies nicht tut und vernichtet wird.[82] 11,6 führt den Gedankengang
fort, indem betont wird, dass es „die Gerechtigkeit der Redlichen" (צדק
ישרים) ist, die rettet.[83]

Die Bezüge zu Prov 8,20 und 11,3–5 machen die Akzentsetzung von
2,20–22 deutlich. Was in 8,20 von der personifizierten Weisheit gesagt
wird,[84] bezieht sich in 2,20–22 auf den Gerechten und damit auf den
Weisheitsschüler, der die Lehre befolgt. Dieser wird im Gegenüber
zum Frevler und unter Verwendung einer Terminologie charakterisiert,
die auch in Prov 11 zu finden ist. Während jedoch in 11,4 jeglicher Besitz negiert wird, gilt dem Weisheitsschüler von Prov 2 die Verheißung
des Bleibens im Land. Dieses wird mit dem Verb שכן ausgedrückt,
wodurch sich eine interessante Verbindung zum letzten Vers von Kapi-

---

79   Vgl. BAUMANN, Weisheitsgestalt, 107f.
80   Dazu MEINHOLD, a.a.O., 216. Die zweite Vershälfte von 12,28 ist schwierig; vgl. dazu
     die Lösungsansätze von FOX, a.a.O., 560 und WALTKE, a.a.O., 543f.
81   So MEINHOLD, a.a.O., 186.
82   Vgl. FOX, a.a.O., 532 mit weiteren Belegen.
83   Vgl. WALTKE, a.a.O., 487; DELITZSCH, a.a.O., 179.
84   Vgl. dazu BAUMANN, a.a.O., 107–109 mit ausführlicher Diskussion des Wortfeldes. S.
     auch unten Kapitel 4.2.5.

tel 1 ergibt. In 1,33 heißt es: „Wer aber auf mich hört, wird sicher wohnen (שׁעַן) und ruhig vor dem Schrecken des Unglücks sein."[85] Zugleich
wird der in der traditionsgeschichtlichen Analyse herausgearbeitete
eschatologische Anklang in Prov 2,21f durch die Bezüge zu 11,4 verstärkt.[86] Denn die Formel vom „Tag des Zorns" (יום עברה) in 11,4 trägt
im Lichte prophetischer Texte deutlich eschatologische Züge, auch
wenn sie durchaus „irgendeinen Tag des Unglücks" bezeichnen könnte.[87]

4.1.7 Zusammenfassung

Das untersuchte Material belegt sowohl Beziehungen von Prov 2 zu
anderen Texten aus Prov 1–9 als auch zum weiteren Kontext des ganzen Proverbienbuches. Diese Bezüge sind teilweise durch die Themen
hervorgerufen, zum Teil aber auch so spezifisch, dass mit der Möglichkeit einer Abhängigkeit gerechnet werden muss. Ersteres zeigt sich für
das Proverbienbuch als Ganzes. Prov 2 greift sowohl in der Sprache als
auch in der Bildwelt auf eine breite weisheitliche Tradition zurück.[88] So
findet sich das Gegenüber von Gerechtem und Frevler, verbunden mit
der Todesthematik bzw. dem Weg zum Leben in 11,3–8. Die Passage ist
mit 2,20–22 durch einige Zentralbegriffe verknüpft. Ferner findet sich
der Gedanke von 2,1 in 23,12–35, der Zentralbegriff der ישׁרים mehrfach
in 10,1–22,17 und die Thematik der fremden Frau in 16,18–20. Die Gemeinsamkeiten gehen z.T. deutlich über eine rein thematische Nähe
hinaus und betreffen charakteristische Terminologie.

Eine solche Terminologie oder zumindest thematische Übereinstimmungen
erscheinen mir erforderlich, um eine Verbindung zwischen zwei Texten
anzusetzen. Dies betrifft die von David Noel Freedmann geäußerte These
einer Verbindung von Prov 2 mit dem Kapitel über die „Frau der Stärke"
in 31,10–31.[89] Die Gemeinsamkeit beschränkt sich auf die formale Struktur
– im einen Fall ein nicht-alphabetisches Akrostichon, im anderen ein Akro-

---

85   So bereits Friedrich W.C. UMBREIT im Jahr 1826: Commentar, 13.20.

86   Vgl. dazu oben Kap. 3.3.3.

87   Dies betont MEINHOLD, a.a.O., 187 zu Recht (vgl. Jes 10,3; Ez 7,19f; Zeph 1,14–18).
     Dies bedeutet, dass Prov 11,4 genauso changiert wie Prov 2,21f.

88   Dies gilt auch für die Begriffe, die in Prov 4 zu finden sind. Achim MÜLLER (a.a.O.,
     58f) hat diese zusammengestellt und davon ausgehend auf eine spezifische Abhän-
     gigkeit zwischen Prov 2 und 4 schließen wollen. Die Begriffe können jedoch allen-
     falls als quantitativer Befund dienen und haben nicht die Qualität der aufgezeigten
     Bezüge zu Prov 5,7 und 8.

89   Vgl. FREEDMAN, Proverbs 2, 47.

stichon, das in jedem Vers mit einem anderen Buchstaben des hebräischen Alphabetes beginnt (31,10–31). Abgesehen davon, dass Prov 2 keine im strengen Sinne akrostichische Stuktur enthält (auch wenn sich der Text an den 22 Buchstaben orientiert), so gibt es auf der inhaltlichen oder auch thematischen Ebene keine Nähe zu Prov 31.

Gegenüber den thematischen Bezügen von 2,1–22 zu Prov 10ff sind diejenigen innerhalb von Prov 1–9 gänzlich anderer Natur. Denn es finden sich nicht nur thematische Gemeinsamkeiten, sondern auch geprägte Formulierungen und Zitationen einzelner Verse:

2,1		אמרי ומצותי תצפן אתך	בני אם תקח
	7,1	אמרי ומצותי תצפן אתך	בני שמר
	4,10a	אמרי	שמע בני וקח
2,2		תטה לבך לתבונה	להקשיב לחכמה אזנך
	5,1	לתבונתי הט אזנך	בן לחכמתי הקשיבה
	4,20	לאמרי הט אזנך	בני לדברי הקשיבה
2,3		לתבונה תתן קולך	כי אם לבינה תקרא
	8,1	ותבונה תתן קולה	הלא חכמה תקרא
2,9		צדק ומשפט ומישרים　כל מעגל טוב	אז תבין
	1,3	צדק ומשפט ומישרים	לקחת מוסר השכל
2,16		מנכריה אמריה החליקה	להצילך מאשה זרה
	7,5	מנכריה אמריה החליקה	לשמרך מאשה זרה
2,18		ואל רפאים מעגלתיה	כי שחה אל מות ביתה
	7,27	ירדות אל חדרי מות	דרכי שאול ביתה

Der Überblick verdeutlicht, dass in Prov 2 zwei Kategorien literarischer Anspielungen unterschieden werden müssen: zum einen charakteristische Wortverbindungen, zum anderen Zitate aus anderen Texten. Ersteres betrifft vor allem Kap. 4, letzteres Kap. 5 und 7. Dass es sich im einen Fall um einen eher quantitativen Befund handelt und im anderen um einen qualitativen, wird bereits in 2,1 deutlich. 2,1 entspricht 7,1, enthält jedoch das לקח אמרי aus 4,10a. 2,2 übernimmt die Formulierung von 5,1, bei Umstellung der Wörter und somit Anwendung eines Verfahrens, das für das Proverbienbuch nicht ungewöhnlich ist.[90] Demge-

---

90　Vgl. dazu SNELL, a.a.O., 15–22 und Kap. 1 dieser Arbeit („inverted quotation").

genüber finden sich zwar auch terminologische Gemeinsamkeiten mit 4,20, der Vers selbst steht jedoch 5,1 näher als 2,2. Die Verse sind bis auf die Substantive (in 5,1 חכמה und תבונה, in 4,20 אמר und דבר) identisch.[91] Eine terminologische Verbindung liegt auch in 2,9 und 1,3 vor. Die in dieser Form innerhalb des Alten Testaments singuläre Verbindung von צדק ומשפט ומישרים verknüpft beide Texte miteinander. Gegenüber diesen terminologischen Übereinstimmungen fallen die Bezüge zu Kapitel 7 heraus. Die Übersicht zeigt, dass Prov 2 zentrale Verse aus Kapitel 7 übernimmt, die dem Abschnitt zur fremden Frau in 2,16–19 eine Struktur geben, die dann unter Rückgriff auf die Lehrreden von 6,20–35 und 5,1–23 weiter ausgestaltet wird.

Auffallend ist ferner das Anzitieren einzelner Verse in Prov 2,1–3. Es wird auf zwei Weisheitslehren und die Rede der personifizierten Weisheit Bezug genommen. Dass jeweils der erste Vers der Kapitel zitiert wird, kann kaum ein Zufall sein. Vielmehr stellt sich die Frage, inwiefern hier nicht eine bewusste Bezugnahme vorliegt. Gleiches gilt für die aufgezeigte terminologische Nähe zwischen 2,9 und 1,3. Beides hätte jedoch erhebliche redaktionsgeschichtliche Konsequenzen, da sowohl die These von Prov 2 als Inhaltsverzeichnis der Lehrreden von Prov 1–9 modifiziert werden müsste als auch die zum Verhältnis zwischen den Lehrreden und der Einleitung des Proverbienbuches, Prov 1,2–7.

Damit rückt die eingangs genannte Frage nach der Stellung von Prov 2 innerhalb von Prov 1–9 in den Mittelpunkt. Denn wenn Prov 2 mehr ist als ein Inhaltsverzeichnis zu den Lehrreden von Prov 1–7, wird zwangsläufig die Frage nach der Entstehung von Prov 1–9 virulent. Diese kann jedoch nicht losgelöst werden von der Kompositionsgeschichte des Proverbienbuches als Ganzem, so dass sich ausgehend von den genannten literarischen Beobachtungen ein recht breiter Fragehorizont ergibt.

---

91 Demgegenüber besteht die Gemeinsamkeit zu 4,21 nur im Thema und nicht mehr in signifikanter Terminologie, weshalb dieser Bezug nicht in die Liste aufgenommen wurde.

4.2 Zur Komposition von Prov 1–9 im Kontext des Proverbienbuches

Für die Bearbeitung dieses Fragehorizontes ist es erforderlich, sich zunächst den Stand der Forschung zu vergegenwärtigen, um dann eine eigene These zur Komposition von Prov 1–9 zu entwickeln.

4.2.1 Bisherige Ansätze zur Redaktionsgeschichte

Die Frage der Redaktionsgeschichte des Proverbienbuches reicht bis in die Anfänge der historisch-kritischen Forschung zum Alten Testament zurück.[92] Es war Johann Gottfried Eichhorn, der in einer „Einleitung in das Alte Testament" aus den Jahren 1780–83 erstmals die Kapitel 1–9 vom übrigen Proverbienbuch abtrennte. Er hielt Prov 1–9 für „eine eigene kleine Schrift", ging jedoch von einem einzigen Verfasser aus, der die Kapitel geschaffen hat.[93] Diese Sichtweise änderte sich rund 40 Jahre nach Eichhorn mit dem Proverbienkommentar von Ernst Bertheau. Aufgrund der zahlreichen Wiederholungen in Prov 1–9 sowie der formalen, aber auch inhaltlichen Unterschiede einzelner Abschnitte votierte er dafür, „dass uns in diesem Theile kein aus einem Guss entstandenes Werk vorliegt, sondern eine Sammlung von Ermahnungen verschiedener Spruchdichter."[94] Damit war das Tor geöffnet für weitergehende literarkritische Untersuchungen zu Prov 1–9 und für unterschiedliche redaktionsgeschichtliche Modelle. So folgte Franz Hitzig im Jahr 1858 Bertheau zwar darin, dass er Prov 1–9 für nicht einheitlich hielt, schied jedoch nur einige Passagen aus (3,22–26; 6,1–19; 8,4–12.14–16; 9,7–10) und wertete den Rest als einen sinnvoll komponierten Text, der auf einen einzigen Verfassern zurückgeht.[95] Parallel dazu wurde weiterhin die These von der Einheitlichkeit von Prov 1–9 vertreten. Franz Delitzsch argumentierte in seinem Proverbienkommentar aus dem Jahr 1873, Prov 1–9 sei das Werk eines „hochbegabte(n) Verfas-

---

92   Es kann an dieser Stelle kein ausführlicher Forschungsüberblick gegeben werden. Vgl. dazu die Darstellungen von Rolf SCHÄFER (Poesie, 255.269); Achim MÜLLER (Proverbien, 1–20) und den breit angelegten „Survey of Modern Study" von R. Norman WHYBRAY (so der Untertitel seines Proverbienbuches von 1995).

93   EICHHORN, Einleitung, 580. Eichhorn vermutete ferner, dass der Verfasser (er spricht von dem „Sammler") mit diesem ersten Teil des Provernienbuches „auf die folgenden Abschnitte habe vorbereiten wollen", a.a.O.

94   BERTHEAU, Sprüche, XXII.

95   Vgl. HITZIG, a.a.O., 3.

ser(s)", der sich in seinem Stil „an den salomonischen Sprüchen" orientiert habe. Delitzsch meinte, dass Prov 1–9 vor allem vor dem Hintergrund von 10,1–22,16 komponiert wurde und hat damit eine These formuliert, die bis heute vertreten wird.[96]

Ein etwas anderes Modell findet sich bei Carl Steuernagel, der in seiner Einleitung in das Alte Testament aus dem Jahr 1912 lediglich 2,5–8 und 9,7–10 als sekundär ausschied und für den Rest einen einzigen Verfasser annahm. Dieser habe jedoch auf bereits vorliegende Spruchsammlungen zurückgegriffen. Letztlich findet sich bei Steuernagel ein Argument, das auch in der Folge immer wieder genannt wurde: die unterschiedlichen Weisheitsbegriffe. Steuernagel konstatierte in den Einzelmahnungen „rein natürliche Klugheitserwägungen", während „der allgemeine Weisheitsbegriff des Verfassers wesentlich religiöser Art ist."[97] In der Folge wurde gerne eine theologische von einer nicht-theologischen Weisheit unterschieden und dies auch zum Kriterium für literarkritische Entscheidungen gemacht.[98] Dabei spielt letztlich eine bestimmte Vorstellung von der Entwicklung weisheitlichen Denkens eine Rolle. Man ging davon aus, dass es zunächst eine nicht-theologische Erfahrungsweisheit gab, die dann theologisiert wurde.[99] Bei der Genese des Proverbienbuches wurde dies so umgesetzt, dass die Sprüchesammlung 10,1–22,16 für alt und Prov 1–9 für jung gehalten wurden.

Diese These wurde auch auf die Genese von Prov 1–9 angewendet. So entwickelte Roger N. Whybray in seiner Monographie „Wisdom in Proverbs" aus dem Jahr 1965 ein Schichtenmodell für die erste Sammlung des Proverbienbuches, in dem er zwischen den eigentlichen Weisheitslehren und literarischen Zusätzen unterschied. Erstere seien untheologisch und reflektierten eine profane Weisheit, letztere dokumentierten eine Theologisierung der Weisheit.[100] Whybray brachte zugleich ein Argument in die Diskussion ein, das bis heute Beachtung findet: die formgeschichtliche Analogie zwischen den Lehrreden in Prov 1–9 und ägyptischen Weisheitslehren.[101] Whybrays literarkritisches Verfahren,

---

96   Alle Zitate bei DELITZSCH, a.a.O., 28. Vgl. dazu BAUMANN, Weisheitsgestalt, 264, die meint, dass die Kapitel „nicht als eigenständiges Buch existierten, sondern als Einleitung des Proverbienbuches fungierten".
97   STEUERNAGEL, Einleitung, 684f.
98   Dies gilt beispielsweise für die Forschung zu Prov 2. Vgl. dazu oben Kap. 2.2.1.
99   Vgl. z.B. PERDUE, Sword, 86f mit einem knappen Forschungsüberblick.
100   Vgl. WHYBRAY, Wisdom, 72–76 und den eigenen Forschungsüberblick, Survey, 64f.
101   Vgl. WHYBRAY, Wisdom, 53f. Vgl. auch MCKANE, Proverbs, 51–109, der ähnlich argumentiert, und KAYATZ, Studien, 17–24.

innerhalb der von ihm rekonstruierten zehn Weisheitslehren die Passagen auszuscheiden, die seines Erachtens nicht zu einer Lehrrede passen, hat zwar vielfältige Kritik erfahren, seine These von der Unterscheidung zwischen den weisheitlichen Lehrreden und den anderen Abschnitten in Prov 1–9 setzte sich jedoch durch.[102] Die Frage war eher, ob die Verbindung der Lehrreden mit den anderen Passagen zu dem vorliegenden Endtext von Prov 1–9 sinnvoll ist oder nicht. So bezeichnete Bernhard Lang in seiner Studie aus dem Jahr 1972 die Kapitel als ein „unsystematisch kompiliertes Stück Schulliteratur ohne planvollen Aufbau, ohne gedankliche Einheit und ohne inhaltlichen Fortschritt".[103] Der Satz wird gerne zitiert und dient in der Sekundärliteratur geradezu als Paradebeispiel für eine Position, die jeglichen planvollen Aufbau von Prov 1–9 ablehnt und von der man sich tunlichst abzugrenzen habe.[104] Lang argumentierte jedoch genauso mit ägyptischem Vergleichsmaterial wie Whybray und McKane. Er setzte nur bei einem anderen Befund an.

Während Whybray und McKane die klassischen ägyptischen Lebenslehren wie z.B. die Lehre des Ptahhotep, des Amenemhet, des Cheti oder die Lehre des Amenemope mit den Lehrreden in Prov 1–9 parallelisierten, zog Lang die demotische Lehre des Anchscheschonqi heran.[105] Basierend auf einer These von S.R.K. Glanville aus dem Jahr 1955, nach der es in den Lehren des Anchscheschonqi „keinerlei systematischen Aufbau" gebe und die Ausführung „recht zufällig" sei,[106] postulierte B. Lang dies auch für Prov 1–9. Er folgte darin einer These von Werner Fuss, der im Sirachbuch einen „akkumulativen" Stil erkennen wollte, bei dem verschiedene Quellen und Stücke kombiniert wur-

---

102 Dies war u.a. auch darin begründet, dass Christa KAYATZ in ihren 1965 veröffentlichten „Studien zu Proverbien 1–9. Eine form- und motivgeschichtliche Untersuchung unter Einbeziehung ägyptischen Vergleichmaterials" unabhängig von Whybray zu ganz ähnlichen Ergebnissen kam; dazu WHYBRAY, Survey, 65 und zum Ganzen auch den Forschungsüberblick bei HARRIS, Proverbs, 7–21. Whybray selbst hat seinen Ansatz mittlerweile modifiziert, rechnet jedoch immer noch mit umfangreichen Überarbeitungen in den zehn Lehrreden: Composition, 26.

103 LANG, Lehrrede, 28.

104 Vgl. FOX, a.a.O., 322; MÜLLER, a.a.O., 11; SCHÄFER, a.a.O., 258. Demgegenüber stellt PLÖGER, a.a.O., 3f Langs Position korrekt dar, so auch BAUMANN, a.a.O., 251f.

105 Vgl. LANG, a.a.O., 27. Die beiden demotischen Lehren des Papyrus Insinger und des Anchscheschonqi werden zwar auch bei WHYBRAY genannt (Wisdom, 53), jedoch stützt er sich in seiner Argumentation letztlich auf die klassischen Lebenslehren, von denen sich die demotischen Texte deutlich unterscheiden; vgl. dazu QUACK, Einführung, 111.

106 GLANVILLE, Instructions, XIII: „there is no orderly organization in 'Onchsheshonqy's Instruction". Vgl. auch LANG, a.a.O., 26.

den.[107] Lang ging somit nicht von einem völlig planlosen Aufbau von Prov 1–9 aus, sondern von einer bestimmten Form spätweisheitlicher Texte, die – so seine These – in einem akkumulativen Stil gehalten sind.[108] Als Gewährsmann für das ägyptische Material diente Hellmut Brunner, der für die ramessidenzeitliche Schulliteratur zu folgendem Ergebnis kam:[109]

> „In der Regel haben Lehrer diese Texte, wohl oft aus dem Gedächtnis, aus überlieferten Anthologien für die Schüler zusammengestellt. Dabei kommt es ihnen weder auf Gedankentiefe noch auf Konsequenz der Ausführung an; vielmehr gewinnt man den Eindruck, daß der Meister einen gewissen Umgang für die Aufgaben brauchte und nun in seinem Gedächtnis oder auch in seinen alten Papieren kramte, bis er genügend Stoff beisammen hatte. Willkürlich werden die Teile aneinandergefügt: Ermahnungen zum Fleiß; Lob des Beamtenstandes und Spott über die anderen Berufe."

In der Folge findet sich genau die Argumentation, die auch bei Whybray, McKane oder Kayatz begegnet: Lang unterscheidet zehn Lehrreden, die er in 1,8–19; 2,1–22; 3,1–12; 3,21–35; 4,1–9; 4,10–19; 4,20–27; 5,1–23; 6,20–35 und 7,1–27 findet.[110]

Bernhard Lang ist somit nicht weit entfernt von der klassischen Position, setzt jedoch auf einer anderen Ebene an, indem er für die vorliegende Endgestalt von Prov 1–9 eine bestimmte literarische Form postuliert, die seines Erachtens auch in ägyptischen Texten begegnet. Letztlich findet sich damit ein doppelter Verweis auf ägyptische Weisheitstexte – einerseits die Lebenslehren, die als analoge Gattung zu den Lehrreden von Prov 1–9 gelten, andererseits die Schulliteratur, die eine Art Florilegium aus Schul- und Weisheitsliteratur bildet. Ersteres wurde in der Forschung der letzten 30 Jahre vielfach vertreten, letzteres hingegen kaum.[111] Bevor auf die komparatistische Frage nach möglichen Vergleichstexten in der altägyptischen Literatur eingegangen wird, muss kurz der aktuelle Diskussionsstand zu Prov 1–9 skizziert werden.

---

107 Vgl. Fuss, Tradition, 281.

108 Vgl. Lang, a.a.O., 28 mit Verweis auf ramessidische Schultexte.

109 Brunner, Erziehung, 17f.

110 Vgl. Lang, a.a.O., 29 und dazu den Forschungsüberblick bei Harris, a.a.O., 10–15 (zu Kayatz) und 15–21 (zu McKane) sowie den Literaturüberblick bei Whybray, Composition, 12f mit Anm. 4f.

111 Der einzige Vertreter der jüngeren Forschung, der sich mit der ramessidischen Schulliteratur auseinandersetzt, ist Achim Müller (a.a.O., 286f). Paul Overland diskutiert in seiner unveröffentlichten Dissertation aus dem Jahr 1988 hingegen die Lehre des Amenemope (Exkurs „Amenemope and Structure in Proverbs"; S. 329–353).

Die These von Lang, Prov 1–9 als ein im akkumulativen Stil gehaltenes Werk zu interpretieren, hat sich letztlich nicht durchgesetzt.[112] Vielmehr wurde versucht, auf der Ebene des Endtextes doch eine Systematik herauszuarbeiten. Otto Plöger formulierte in seinem Proverbienkommentar aus dem Jahr 1984 den Ansatz, der dann 1991 von Arndt Meinhold aufgegriffen wurde und weithin Beachtung fand: Prov 2 wird als eine Art Inhaltsverzeichnis von Prov 1–9 gelesen und zwischen den Weisheitsreden und bestimmten „Zwischenstücken" unterschieden. Was bei Plöger noch recht knapp und kursorisch beschrieben ist, wird von Meinhold ausführlich dargelegt.[113] Er unterscheidet zehn Lehrreden, vier Weisheitsgedichte und zwei von ihm so bezeichnete „Zwischenstücke" (3,13–20; 6,1–19). Prov 2 benennt dabei das Lehrprogramm, das in der Folge entfaltet wird. Insofern erweist sich für Arndt Meinhold Prov 1–9 als eine „kunstvolle Komposition" mit einem „durchdachten Aufbau".[114]

Die Position von Meinhold bildet den Hintergrund für die aktuellen Entwürfe von Michael V. Fox, Gerlinde Baumann, Achim Müller, Christl Maier und Rolf Schäfer.[115] Alle setzen jeweils bei der Frage nach der Entstehung von Prov 1–9 an. Fox folgt Meinhold, indem er auch zwischen zehn Weisheitslehren und bestimmten Zwischenstücken („interludes") unterscheidet.[116] Anders als Meinhold differenziert er jedoch nicht zwischen den Zwischenstücken und den Weisheitsgedichten, sondern zwischen den zehn Lehren, den „interludes", kleineren Einfügungen und LXX-Zusätzen.[117] So ergibt sich folgendes Bild:

---

112 Langs These wird von WHYBRAY übernommen, der sich deutlich von der Position Meinholds und Plögers abgrenzt, a.a.O., 28.

113 Vgl. PLÖGER, a.a.O., 4–7 und demgegenüber MEINHOLD, a.a.O., 43–47 mit Tabelle auf S. 46, die einen exakten Überblick zum Aufbau von Prov 1–9 gibt.

114 MEINHOLD, a.a.O., 43; vgl. auch DERS., Vierfaches, 56.

115 Auf die Modifizierungen, die R. Norman Whybray an seinem eigenen Ansatz vorgenommen hat, wird an dieser Stelle nicht weiter eingegangen, da dieser gegenüber dem Erklärungsmodell von Meinhold deutlich zurückbleibt; vgl. WHYBRAY, a.a.O., 26f.

116 Dies wird wiederum von Bruce K. WALTKE in seinem Proverbienkommentar aufgegriffen: Proverbs I, 11 mit Anm. 6. Waltke zählt jedoch 3,13–20 zur Lehre von 3,21–35 und nicht als Zwischenstück.

117 Vgl. dazu FOX, a.a.O., 323f.

Meinhold			Fox			
Lehrrede	Weisheits-gedicht	Zwischen-stück	Ten Lectures	Interlu-des	Minor Insertions	LXX Additi-ons
1,8–19			1,8–19			
	1,20–33			1,20–33		
2,1–22			2,1–22			
3,1–12			3,1–12		3,3a	3,16a.22a
		3,13–20		3,13–20		
3,21–35			3,21–35			
4,1–9			4,1–9			
4,10–19			4,10–19			
4,20–27			4,20–27		4,27a.27b	
5,1–23			5,1–23			
		6,1–19		6,1–19	6,8a–8c.11a	
6,20–35			6,20–35			
7,1–27			7,1–27			7,1
	8,1–36			8,1–36		8,21a
	9,1–6			9,1–6. 11.13–18		9,10a.12a –12c.18a–d
		9,7–12				
	9,13–18					

Die tabellarische Darstellung zeigt, dass beide Ansätze in wesentlichen Punkten übereinstimmen. Die Unterschiede zwischen den Modellen bestehen lediglich darin, dass Fox stärker textkritisch ausdifferenziert und die von Meinhold als „Zwischenstücke" und „Weisheitslehren" unterschiedlich angesetzten Abschnitte auf einer Ebene ansiedelt, d.h. mit einer Redaktionsstufe weniger rechnet. Er geht von einem Grund-text aus, der dann in einem ersten Schritt ergänzt wurde und auf den nur noch kleine Zusätze folgen. Die Redaktionsgeschichte von Prov 1–9 umreißt Fox wie folgt:[118]

> "The present essay argues that there is a considerable cohesiveness in Prov 1–9, but it is not the result of single authorship. The authorship was, in a sense, collective, the work, perhaps, of several generations. The process de-scribed here is not simply the assembling of earlier texts by a later redactor,

---

118 FOX, a.a.O., 323.

but a process of growth, in which later authors read, learned from, and elaborated the themes of the earlier texts."

Vergleicht man die Argumentation von Michael V. Fox mit der von Bernhard Lang, so zeigt sich, dass Fox letztlich nicht weit von Langs Sichtweise entfernt ist. Nur dass er nicht wie dieser von einem Autor ausgeht, sondern eher von einem Prozess, der über Generationen reichte. Den Ausgangspunkt bildeten die zehn Lehrreden, die als Einleitung für Kapitel 10–29 gedacht waren und auf einen einzigen Autor zurückgehen.[119] Die fünf „interludes" – von Fox auch als „poems" bezeichnet – wurden eventuell von verschiedenen Autoren ergänzt, gleiches gilt für die kleineren Einfügungen.[120]

Die aktuellen Positionen schließen an diese Diskussion an, wobei aufgrund des Publikationsdatums des ersten Teils des Proverbienkommentars von Michael Fox (2000) die Arbeiten von Maier (1995), Baumann (1996), Schäfer (1999) und Müller (2000) lediglich auf Meinhold reagieren und nicht auf Fox. Während Christl Maier in ihrer Dissertation zur „fremden Frau" die redaktionsgeschichtliche Frage eher streift,[121] modifiziert Gerlinde Baumann die These Meinholds in zwei Punkten. Anders als dieser hält sie 9,13–18 nicht für ein Weisheitsgedicht, da dort keine Rede „von oder über die Weisheitsgestalt" vorliege.[122] Ferner schlägt sie den von Meinhold (und auch von Fox) als „Zwischenstück" ausgeschiedenen Abschnitt 3,13–20 der Lehrrede von 3,1–12 zu und sondert in gleicher Weise nicht 9,7–12 aus, sondern ordnet dies 9,1–6.13–18 zu. [123] Kapitel 9 habe die Funktion, zu Kapitel 10ff überzuleiten und sei als späterer Zusatz zu sehen. Baumann setzt diese überleitende Funktion auch für das Zwischenstück 6,1–19 an. Der Abschnitt sei ohne Parallelen zu Prov 1–9, enthalte dafür aber zahlreiche

---

119 Vgl. Fox, a.a.O., 930f, wo er die in Teil 1 seines Kommentars entwickelte Sicht konkretisiert und zu recht präzisen Aussagen zur Redaktionsgeschichte des Proverbienbuches kommt.

120 Vgl. Fox, a.a.O., 323.

121 Maier geht von den Lehrreden aus und rechnet mit einer Überarbeitungsschicht, die jedoch nicht für die Frage der Gesamtkomposition von Prov 1–9 ausgewertet wird; vgl. Fremde Frau, 252f.

122 Baumann, a.a.O., 254.

123 Vgl. a.a.O., 254–256. Dieser Vorschlag im Hinblick auf 3,13–20 macht deutlich mehr Sinn als der von Waltke, die Verse als Anfang einer Lehrrede zu bestimmen, die von 3,13–35 reicht (Waltke, a.a.O., 11). Die Lehreröffnungsformel findet sich in 3,13 gerade nicht, so dass jenes Element fehlt, das den einzigen formalen Zusammenhang der Lehrreden darstellt.

Gemeinsamkeiten zu 10–31.[124] Beide Texte, 6,1–19 und 9,7–12, sind somit „auf dem Hintergrund älterer Mahnreden gestaltet" und wurden erst spät in Prov 1–9 eingefügt.[125] Gleiches gilt für 1,1–7, so dass Baumann einen Kern herausarbeitet, der von 1,8–8,36 reicht (ohne 6,1–19) und der aus zehn Lehrreden und zwei Reden der Weisheitsgestalt besteht. Dieser Kern wurde dann im Zuge der Verbindung mit Kap. 10–31 nach vorne (1,1–7) und hinten (Kap. 9) erweitert sowie um 6,1–19 ergänzt.[126] Baumann geht wie Fox davon aus, dass die Lehrreden ursprünglich nicht selbständig waren, sondern im Hinblick auf Kap. 10ff komponiert wurden und somit eher eine „literarische Funktion" haben als einen konkreten „Sitz im Leben".[127] Bei der Verbindung der Lehrreden mit Kap. 10ff – so Baumann – wurden dann die Zwischenstücke eingefügt. Ein solches Verfahren verweist jedoch darauf, dass die Lehrreden ursprünglich selbstständig waren und erst in einem zweiten Schritt mit Kap. 10–31 verbunden wurden. Im Zuge dessen wurden dann auch die Zwischen- und Rahmenstücke 1,1–7, 6,1–19 und 9 eingefügt.

Gegenüber Meinhold und Baumann bieten die beiden Arbeiten von Rolf Schäfer und Achim Müller die weitreichendsten Neuerungen. Beide kommen zu einander entgegengesetzten Ergebnissen, die jedoch darin übereinstimmen, dass sie die bisherige kompositionsgeschichtliche Theorie von den zehn Lehrreden mit möglichen Zwischenstücken oder Ergänzungen ablehnen. So geht Rolf Schäfer in seiner Tübinger Dissertation „Die Poesie der Weisen" von zwölf Lehrgedichten aus und rechnet mit einer theologisierenden redaktionellen Überarbeitungsschicht.[128] Schäfer ordnet den Lehrgedichten im Unterschied zur bisherigen Forschung auch Teile von Kap. 8 und 9 zu, zählt 3,1–35* als eine einzige weisheitliche Lehrrede und scheidet alle Erwähnungen JHWHs bzw. theologisierende Teile als redaktionell aus.[129] Daraus ergibt sich für Prov 1–9 folgende Redaktionsgeschichte:

Die erste Stufe bilden die zwölf Lehrgedichte zusammen mit der Einleitung (Prov 1,1–4.6), die vermutlich als eigenständige Schrift exis-

---

124 Die Warnung vor der Bürgschaft (6,1–15) begegnet in 22,26f. Die Schilderung des Faulen (6,6–11) entspricht 24,30–34; vgl. BAUMANN, a.a.O., 256 und unten Kap. 4.2.3.

125 BAUMANN, a.a.O., 256.

126 Vgl. dazu die tabellarische Darstellung der Ergebnisse bei BAUMANN, a.a.O., 258.

127 Dies ist der Hauptunterschied zu Maier, die jedoch im Vergleich zu Baumann interessante sozialgeschichtliche Überlegungen anstellt: a.a.O., 259–266.

128 Vgl. SCHÄFER, a.a.O., 259f.

129 Der Abschnitt 6,1–19 wird von ihm, Meinhold folgend, als Zwischenstück betrachtet; vgl. SCHÄFER, a.a.O., 251f.

tierten. Dieses Textkorpus wurde in drei Bearbeitungsstufen erweitert, zunächst durch Zwischenstücke (3,13–18; 3,27–30; 6,1–2; 6,6–11; 6,12–15; 6,27–35; 9,7–9.12), dann durch eine theologische Neuinterpretation, bei der das Weisheitsgedicht 8,1–4.22–35* sowie verschiedene Zusätze eingearbeitet wurden, darunter auch 2,5–9.16–19. In formaler Hinsicht ist diese Redaktionsstufe durch die Verwendung des Tetragramms gekennzeichnet. Die letzte redaktionsgeschichtliche Stufe hat dann einzelne kommentierende Zusätze wie z.B. 1,5.22aβ.b oder auch 4,7; 5,7.14.27 in den Text eingefügt.[130]

Wie Schäfer rechnet auch Achim Müller mit einer komplizierten Redaktionsgeschichte.[131] Müller rekonstruiert als ältesten Kern von Prov 1–9 eine Weisheitslehre, die neben 4,1–27 [5,21–22] auch die Passage 6,1–19 umfasste und damit einen Abschnitt, der mit Verweis auf seine Querbeziehungen zu Prov 10ff von der Forschung bislang für redaktionell gehalten wurde.[132] Dieser Grundbestand wurde um 2,1–4.9–15.20 erweitert. Der Hauptteil von Prov 1–9 wird von ihm einer „formativen Redaktion" zugeordnet, die 1,7–33*; 2,5–8.16–19; 3,13–18.21–35; 4,1–9; 5,1–13.20; 6,20–35; 7,1–27 und 8,1–21.32–36 umfasste. Hinzu kommen spätere Ergänzungen, wie ein „allegorisches Examen" (u.a. 9,1–6.13–18), ferner Zusätze, die auf eine „Frömmigkeits-Gruppe" zurückgehen (u.a. 1,29–30; 6,33; 9,10), und „verschiedene Erweiterungen".[133] Zur letztgenannten Gruppe gehört auch die Passage 2,21–22, die Müller seinem Lehrer Michel folgend als „apokalyptischen Nachtrag" aus Kap. 2 ausscheidet.[134]

Wenn man den Forschungsüberblick zusammenfasst, so ergeben sich fünf Problemhorizonte:

(1) Inwiefern kann an der These der zehn Lehrreden festgehalten werden, und zwar in dem Sinne, dass es eine Komposition gab, die alle Lehrreden umfasste und sich stilistisch an der Gattung der ägyptischen Lebenslehren orientierte?

(2) Wie kann das Verhältnis zwischen den Weisheitsreden und den so genannten ‚Zwischenstücken' bestimmt werden sowie zu

130 Vgl. dazu die Übersicht zur Redaktionsgeschichte bei SCHÄFER, a.a.O., 263–265 und 272–293 (mit graphischer Darstellung und Übersetzung des Textes).
131 Müller knüpft darin an Beobachtungen seines Lehres Diethelm MICHEL an, der in Prov 2 verschiedene Redaktionsstufen erkennen wollte, die den Text zu einem „Dokument der Geschichte der Weisheit" machen: Proverbia, 243.
132 Vgl. MÜLLER, a.a.O., 301f.
133 Vgl. dazu die Gesamtübersicht zur Redaktionsgeschichte von Prov 1–9 bei MÜLLER, a.a.O., 321.
134 Vgl. dazu MICHEL, a.a.O., 236–238 und Müller, a.a.O., 67f.

den Passagen, die innerhalb von 1–9 oftmals als sekundär ausgeschieden wurden (die Weisheitsgedichte, darunter Prov 8, die
Abschnitte 6,1–19, 3,13–20 und Kapitel 9)?

(3) Wie ist das Verhältnis zwischen 1–9 und 10–31 zu bestimmen,
wenn einzelne Kapitel der ersten Sammlung deutlich an Themen und Formulierungen von 10–31 anknüpfen? Bedeutet dies,
dass die Lehrreden von Prov 1–9* von vornherein im Hinblick
auf 10–31 komponiert wurden, oder handelt es sich um ein eigenständiges Korpus?

(4) Inwiefern ist es möglich, für die Endredaktion von 1–9 eine
sinnvolle Komposition nachzuweisen, und welche Bedeutung
kommt dabei Prov 2 zu?

(5) Und schließlich muss ein Aspekt mitberücksichtigt werden, der
in den Arbeiten zu Prov 1–9 zum Teil nur anklingt: die Verbindung der Rahmenpartien in Prov 1 und 9 mit Kap 30f, speziell
die Rolle der Frau, sei es Frau Weisheit, die fremde Frau oder
die „Frau der Stärke" von Prov 31,10–31.[135]

Der genannte Fragehorizont soll in der Folge so bearbeitet werden,
dass zunächst mit der Frage nach der Gattung der weisheitlichen Lehrrede eingesetzt wird, um davon ausgehend die Redaktionsgeschichte
von Prov 1–9 und die Stellung von Prov 2 zu untersuchen.

4.2.2 Die zehn Lehrreden und die ägyptischen Lebenslehren

Ein wichtiger Ausgangspunkt für die Bestimmung der Genese von
Prov 1–9 ist die These von den zehn Lehrreden. Der Begriff der „weisheitlichen Lehrrede" geht auf Otto Eißfeldt zurück und wurde durch
Bernhard Lang in die deutschsprachige Forschung eingeführt.[136] Basis
dessen waren inhaltliche und formale, den Aufbau betreffende Gemeinsamkeiten innerhalb der Lehrreden von Prov 1–9, für die drei
Merkmale charakteristisch sind:[137]

---

135 Vgl. dazu MÜLLER, a.a.O., 317; WHYBRAY, a.a.O., 159–162 und CAMP, Wisdom, 186–
      191, die speziell auf die Gemeinsamkeiten bei der Charakterisierung der Frau auf-
      merksam gemacht hat.

136 Vgl. EISSFELDT, Maschal, 36f in Anm. 12; LANG, Lehrrede, 29 und den Überblick bei
      MÜLLER, Art. Lehrgedicht.

137 Vgl. LANG, a.a.O., 31–34; vgl. WHYBRAY, Composition, 13 und DERS., Wisdom, 34f.
      Demgegenüber geht KAYATZ, Studien, 76f bei ihrem Vergleich mit ägyptischen Leh-
      ren von Prov 8 und 1,20–33 aus.

1) die Anrede an den Schüler mit der Aufforderung zum Hören („mein Sohn")
2) der Hauptabschnitt mit der eigentlichen Lehre (oftmals im Imperativ gestaltet)
3) der Schluss mit Hinweisen auf die Folgen des weisen oder unweisen Verhaltens

Diese Charakteristika finden sich bereits in Walter Baumgartners Untersuchung zu den „literarischen Gattungen in der Weisheit des Jesus Sirach" aus dem Jahr 1914.[138] Baumgartner ordnete Texte wie Sir 2,1–18, 3,1–16 oder 6,5–17 der Gattung des „Lehrgedichts" zu und verwendete damit einen Begriff, der mittlerweile als Obergattung der „Lehrrede" und des „Spruchgedichtes" gilt.[139] So hat Achim Müller in Fortführung der bisherigen Diskussion die von Baumgartner, Lang und anderen[140] erarbeiteten formalen und inhaltlichen Charakteristika wie folgt spezifiziert:[141]

> 1) Es handelt sich bei der Lehrrede um eine an den Schüler adressierte Lehre, die (2) explizit als Anrede markiert ist, (3) eine dreiteilige Struktur aufweist mit Proömium, Hauptteil und Schluss, (4) bei der das Proömium neben dem Adressaten in der Regel die Aufforderung zum Hören oder zur Aufmerksamkeit beinhaltet, (5) der Hauptteil begründete Mahnungen (Appell) enthält und (6) der Schluss als ‚Wahrspruch/Gnome/Sentenz' gestaltet ist.

Diese Struktur lässt sich am besten in den zehn Lehrreden von Prov 1–7 nachweisen.[142] Als Vergleichstexte werden ferner die „Lehrgedichte" bei Jesus Sirach und die Elihureden im Hiobbuch genannt sowie außeralttestamentlich die ägyptischen Lebenslehren. So verweisen R. Whybray, Christa Kayatz und William McKane auf die Lehren des Ptahhotep, des Ani, des Amenemope und die Lehre für Merikare, die alle der Gattung der *sb3j.t* zuzurechnen sind.[143] Betrachtet man die Texte genauer, so ergibt sich ein recht komplexes Bild. Denn sowohl innerwie außeralttestamentlich lässt sich keine einheitliche Textgattung mit

---

138 BAUMGARTNER, Gattungen, ZAW 23 (1914), 161–198, hier: 163.

139 Vgl. BAUMGARTNER, a.a.O. Zum Gebrauch als Obergattung s. MÜLLER, a.a.O.

140 In diesem Zusammenhang muss die These von W. McKane genannt werden, der im Anschluß an Kayatz eine internationale Form der „Lehrrede" postulierte, die sowohl in ägyptischen als auch assyrischen Texten begegne; vgl. MCKANE, a.a.O., 6–8 und zur Kritik daran SCOTT, a.a.O., 15–21 und WEEKS, Instruction, 10, Anm. 15.

141 Vgl. MÜLLER, a.a.O. und MÜLLER, Formgeschichte, 90.

142 Vgl. WHYBRAY, Composition, 15, der zugleich betont, dass Prov 2 aufgrund des nicht-imperativischen Stils herausfällt.

143 Vgl. WHYBRAY, Wisdom, 53f; KAYATZ, a.a.O., 17–24; MCKANE, a.a.O., 51–109.

einem vergleichbaren Aufbau nachweisen, sieht man von der auch in der klassischen Rhetorik verwendeten Unterscheidung von Einleitung, Hauptteil und Schluss oder von dem eher allgemeinen Aufmerksamkeitsruf einmal ab.[144]

Bereits Bernhard Lang hat darauf hingewiesen, dass die formale Nähe der Lehrreden des Proverbienbuches zu den ägyptischen Weisheitslehren eher gering ist.[145] Hinzu kommt, dass der Begriff der „Lebenslehre" (sb3j.t) in sich vielschichtig ist. Die Bezeichnung findet sich sowohl in den Lehren des Ptahhotep, des Ani, des Amenemhet, des Cheti u.ö., als auch bei einer königlichen Unterweisung an Beamte (Amarna-Zeit) und in einer göttlichen Rede. Hinzu kommt das Onomastikon des Amenemope, das wie eine ägyptische Weisheitslehre beginnt, jedoch in der Folge eine enzyklopädische Liste enthält, die von den Namen einzelner Götter über bestimmte Naturphänomene bis hin zu Getränken und Gebäudeteilen reicht.[146] Angesichts dieses Befundes bestimmt Nili Shupak die sb3j.t zurecht als „a literary genre covering a variety of compositions, which differ from each other in form and content but all share a common aim – to transmit knowledge".[147]

Es geht somit bei der sb3j.t um die Vermittlung von Wissen, die sich in der Regel so vollzieht, dass ein Wissender bestimmte Wissens- und Bildungsinhalte an einen Nicht- bzw. Weniger-Wissenden, oftmals einen Angehörigen einer jüngeren Generation, weitergibt.[148] Dies bedeutet, dass man mit weitergehenden Thesen zu einer Gattung sb3j.t vorsichtig sein muss. Es scheint eher die Textpragmatik zentral zu sein – es soll Wissen vermittelt werden – als ein konkret bestimmbares Gattungsformular, das dann mit Inhalten gefüllt wird.

Dies zeigt sich bei den klassischen ägyptischen Lebenslehren. Die Verbindung zwischen den Texten besteht in der genannten Textpragmatik, die ihrerseits durch die jeweilige Einleitung der Lehren hergestellt wird.

---

144 Zu diesem dreiteiligen Aufbau s. PLÖGER, Sprüche, 23 und SCHÄFER, a.a.O., 252. Zur Kritik an der These eines einheitlichen Aufbaus der ägyptischen Texte vgl. WEEKS, a.a.O., 10f.

145 Vgl. LANG, a.a.O., 27.

146 Vgl. dazu GARDINER, Onomastica, 1* und SCHIPPER, Israel, 1159.

147 SHUPAK, Wisdom, 32.

148 Dies hat WEEKS überzeugend herausgearbeitet: a.a.O., 30.

Lehre des Ptahhotep:[149]

(42) Beginn mit den Versen wohlgestalter Rede,
(43) die formuliert hat der Fürst und Graf (...)
(47) als Unterweisung (*sb3j.t*) der Unwissenden in Wissen
(48) und in der Regelhaftigkeit der wohlgestalteten Rede,
(49) zum Nutzen für den, der zuhören wird,
(50) zum Schaden für den, der sie nicht beachtet."

Lehre eines Mannes für seinen Sohn:[150]

(1,1) Beginn der Unterweisung (*sb3j.t*), die ein Mann für seinen Sohn verfaßt hat.
(2) Höre meine Rede, übergehe nicht meine Worte. Wende dein Herz nicht ab von dem, was ich dir zu sagen habe.

Lehren des Ani:[151]

(B 15,1) [Siehe, ich sage dir diese] nützlichen Ratschläge, die in deinem Herzen wichtig sein sollen.
(15,2) Befolge sie, damit es dir gut geht und alles Übel fern von dir ist.[152]

Lehre des Amenemope[153]

Beginn der Lehre (*sb3j.t*) für das Leben,
(III,9) Gib deine Ohren, höre, was gesagt wird,
(10) gibt dein Herz zu ihrem Verständnis.
(11) Nützlich ist es, sie in dein Herz zu geben,
(12) schädlich ist es für den, der sie nicht beachtet.

Die Texte beginnen – bis auf die Lehren des Ani – mit der klassischen Formel „Beginn der Unterweisung/Lehre (*sb3j.t*)". Diese Formel wird weitergeführt durch einen Aufmerksamkeitsruf, die Betonung der Nützlichkeit für das eigene Leben oder auch durch einige allgemeine Aussagen zur Bedeutung der Weisheit. Die Texte belegen letztlich kein Gattungsformular, auch wenn sie sich in eine Einleitung, einen Haupt-

---

149 pRisse 5,6–8; vgl. dazu JUNGE, Lehre, 189, nach dessen Übersetzung sich der oben zitierte Text richtet.
150 Textausgabe: FISCHER-ELFERT, Lehre, 24, nach dem sich auch die Übersetzung richtet.
151 Zitiert nach der Handschrift B, dazu QUACK, Ani, 84–86 mit Umschrift und Übersetzung.
152 Die gleiche Sentenz findet sich nochmals in Ani B 18,4f; vgl. QUACK, a.a.O., 99.
153 Textausgabe LAISNEY, Enseignement, 46f. mit ausführlichem Kommentar.

teil und einen Schluss gliedern lassen. Dies bedeutet für die zehn Lehrreden von Prov 1–7 folgendes:[154]
Die Vergleichspunkte zu den ägyptischen Lehren bestehen in der Einleitung des Textes, der Höraufforderung sowie in der oben genannten Pragmatik: Es soll Wissen vermittelt werden. Dies geschieht in einer formalen Struktur, die das ‚Kompetenzgefälle‘ zwischen Weisheitslehrer und Weisheitsschüler im Bild der väterlichen Lehrrede entfaltet. Insofern gibt es zwar eine Nähe der israelitischen Lehrreden zu den ägyptischen, diese kann jedoch nicht im Sinne einer Abhängigkeit gedeutet, sondern sollte eher auf einer struktur- und funktionsanalogen Ebene verhandelt werden. Inwiefern dies auch den historischen Ort der Lehren betrifft, wird derzeit kontrovers diskutiert.

Stuart Weeks hat kürzlich angezweifelt, dass die ägyptischen Lebenslehren als Schultexte gedacht waren. Er verweist zwar darauf, dass die Texte ab dem Neuen Reich auch im schulischen bzw. edukativen Bereich verwendet wurden, unterscheidet davon jedoch deren ursprüngliche Funktion. Diese definiert er in Anknüpfung an Ergebnisse der ägyptologischen Literaturwissenschaft der 1980er und 90er Jahre als *belles lettres*, d.h. als Texte, die hinsichtlich ihrer Beziehungen zu anderen Texten untersucht werden können, jedoch keinen spezifischen „Sitz im Leben" haben.[155] Weeks ist darin Recht zu geben, dass die weisheitlichen Lehren des Mittleren und frühen Neuen Reiches ein hohes literarisches Niveau haben, jedoch stellen sich zwei grundlegende Fragen: Zum einen muss die generelle Funktion der ägyptischen Literatur diskutiert werden, zum anderen die Quellenlage. Weeks knüpft an die literaturwissenschaftliche Forschung innerhalb der Ägyptologie an (R. Parkinson, J. Baines, J. Assmann), die in Aufgriff von Paradigmen des russischen Konstruktivismus vor allem am Sitz eines Textes in der Literatur interessiert war. Die Frage ist jedoch, in welchem Maße die ägyptischen Texte wirklich „situationsabstrakt" waren, wie es die Vertreter dieser Forschungsrichtung meinen.[156] So ist beispielsweise Jan Ass-

---

154 Es kann an dieser Stelle keine ausführliche Untersuchung der Gattung der ägyptischen Lebenslehre und des Aufbaus der Texte erfolgen. Gleiches gilt für die altttestamentlichen Texte, die klassischerweise der Gattung der Lehrrede zugeordnet werden. Ein wichtiger Punkt wäre eine formgeschichtliche Untersuchung, bei der nicht nur die Lehrreden aus Prov 1–7, sondern auch Passagen der Elihureden (Hi 33–35) und das Material aus dem Sirachbuch herangezogen werden. Dabei müsste dann in einem zweiten Schritt überprüft werden, wie sich diese Form zu den Lehrreden des Deuteronomiums verhalten, auf die in der Forschung bisweilen im Kontext von Prov 2 aufmerksam gemacht wurde; vgl. GEMSER, Sprüche, 25 und FUHS, Sprichwörter, 58. Vgl. als einen ersten Versuch dazu WEEKS, a.a.O., 1–32.
155 Vgl. WEEKS, a.a.O., 30f. Weeks bezieht sich dabei vor allem auf die Arbeiten seines ägyptologischen Lehres Richard Parkinson; vgl. a.a.O., 16 (Anm. 29f), 17 (Anm. 32f).
156 So die bekannte Formulierung von Jan ASSMANN, Der literarische Text, 126 und DERS., Kulturelle und literarische Texte, 62 mit Anm. 24.

man von einer solchen radikalen Position mittlerweile abgerückt und gesteht den Texten zu, einen sozio-historischen Ort zu haben, oder um es in klassischer Terminologie auszudrücken – einen „Sitz im Leben".[157] Damit verbunden ist die zweite Anfrage an Weeks: Die These, dass die Weisheitslehren ursprünglich nicht in den Schulen verwendet wurde, erklärt sich dadurch, dass aus der Zeit vor dem Neuen Reich bislang kein Material gefunden wurde, das eine solche Verwendung belegt. Hier wird letztlich mit einem Quellenstand argumentiert, der sich mit jeder Ausgrabung und jedem neuen Textfund ändern kann. Was dies konkret bedeutet, wird an kürzlich publizierten Ergebnissen der Grabung in der Felsnekropole in Assiut deutlich. Dort wurden in einem Grab aus der 11. Dynastie Graffiti gefunden, in denen die späteren Besucher des Grabes die Anfänge von Lebenslehren, aber auch des Nilhymnus und der Prophezeiung des Neferti zitiert haben.[158] Dieses Verfahren, bei dem offenbar die Anfänge von Texten memoriert wurden, spricht für die Existenz von Schulen, und zwar im vorliegenden Fall bereits für die Zeit vor dem Neuen Reich.

4.2.3 Zu Aufbau und Zusammenhang der zehn Lehrreden

Wenn man vor dem Hintergrund des Genannten die zehn Lehrreden von Prov 1–9 in den Blick nimmt, so zeigt sich, dass diese durchaus eine bestimmte literarische Form erkennen lassen. Diese ist – ähnlich den ägyptischen Weisheitslehren – durch die jeweilige Einleitung charakterisiert und nicht etwa durch eine vergleichbare Abschlussformel.

Eine Abschlussformel im Sinne von „so sind" findet sich bei der ersten Lehrrede (1,19), bei der dritten Lehrrede (3,12) sowie bei der siebten, neunten und zehnten Lehrrede (5,21–23; 6,33f; 7,34f, in allen Fällen eingeleitet mit כי), ein Abschlussspruch findet sich in der vierten Lehrrede (3,35 „Ehre werden die Weisen erben...") sowie in der sechsten Lehrrede (4,18–19 mit einer antithetischen Formulierung: Gerechte – Frevler), während die fünfte und siebte Lehrrede keine Abschlussformeln im eigentlichen Sinn enthalten (4,8–9 führen das Thema von 4,4–7 fort, 4,27 das von 4,23–26).[159]

---

157 Vgl. ASSMANN, Kulturelle und literarische Texte, 61. Vgl. dazu auch den eigenen Forschungsüberblick: SCHIPPER, Wenamun, 223–237.

158 Vgl. VERHOEVEN, Lehre, 88. Es handelt sich um die Anfänge des Nilhymnus, der Lehre Amenemhets I., der Lehre des Cheti, der Lehre eines Mannes für seinen Sohn, der loyalistischen Lehre und der Prophezeiung des Neferti. Zur Datierung des Befundes und den Konsequenzen für die Diskussion um die so genannte „loyalistische Lehre" vgl. a.a.O., 97. – Zur Bedeutung des Zitierens der Anfänge von Weisheitstexten s. unten Abschnitt 4.2.4.

159 Vgl. dazu MÜLLER, Art. Lehrgedicht mit einem detaillierten Aufbau von 4,10–19.

Das Element, das die Lehrreden in formaler Hinsicht verbindet, ist somit die Aufmerksamkeitsformel zu Beginn. Diese begegnet in den Lehrreden von Prov 1–7 in zwei unterschiedlichen Formen:[160] zum einen als Aufforderung zum Hören (1,8; 4,1; 4,10; 5,1), zum anderen als Mahnung, das Gebot des Lehrers zu beachten bzw. die weise Haltung zu bewahren (3,1.21; 4,20; 6,20; 7,1).[161] Ersteres ist mit den Verben שמע „hören", אזן hif. „hinhören", קשב hif. „aufmerken" oder der Konstruktion נטה אזן „sein Ohr neigen" gebildet, letzteres mit den Verben נצר „behüten", שמר „bewahren" bzw. vergleichbaren Konstruktionen. Bereits Achim Müller verwies darauf, dass die rhetorische Funktion einer Redeeröffnung nur im ersten Fall gegeben ist, während die zweite Formulierung die Mahnung zum Bewahren der Rede beinhaltet und damit die Rede als solche voraussetzt.[162] Dieser Punkt wurde von Müller nicht weiter beachtet, hat jedoch erhebliche Konsequenzen für den Zusammenhang der Lehrreden. Denn offenbar gibt es Lehrreden, die aufgrund ihrer Einleitung andere voraussetzen. Dies zeigt sich, wenn man die Einleitungen der Lehrreden tabellarisch zusammenstellt:[163]

Höre, mein Sohn, auf die Zucht deines Vaters, und verwirf nicht die Weisung deiner Mutter!	שמע בני מוסר אביך ואל תטש תורת אמך	1,8
Mein Sohn, meine Weisung vergiss nicht, und meine Gebote bewahre dein Herz!	בני תורתי אל תשכח ומצותי יצר לבך	3,1
Mein Sohn, nicht sollen sie aus deinen Augen weichen, bewahre Gelingen und Besonnenheit!	בני אל ילזו מעיניך נצר תשיה ומזמה	3,21
Hört, Söhne, auf die Zucht des Vaters, und hört genau hin, um die Einsicht zu erkennen!	שמעו בנים מוסר אב והקשיבו לדעת בינה	4,1
Höre, mein Sohn, und nimm meine Worte an, dann werden dir die Lebensjahre zahlreich sein!	שמע בני וקח אמרי וירבו לך שנות חיים	4,10

---

160 Die Aufmerksamkeitsformel wird auch gerne als „Lehreröffnungsformel" oder auch als „Aufmerksamkeitsruf" bezeichnet. Ersteres geht auf WOLFF, Hosea, 122f zurück (vgl. auch KÖHLER, Deuterojesaja, 110–113 „Zweizeugenruf"), letztere findet sich bei RÖMHELD, Weisheitslehre, 13. Vgl. auch HARDMEIER, Texttheorie, 303.

161 Vgl. MÜLLER, Proverbien, 292 und WHYBRAY, Composition, 13.

162 Vgl. MÜLLER, a.a.O., 292.

163 Vor dem Hintergrund der bisherigen Erkenntnisse zu Prov 2 wird diese Lehrrede zunächst nicht berücksichtigt und erst im zweiten Schritt gefragt, wie sie sich in den Zusammenhang der anderen Lehrreden einfügt.

Mein Sohn, auf meine Worte höre genau, meinen Reden neige dein Ohr zu!	בני לדברי הקשיבה לאמרי הט אזנך	4,20
Mein Sohn, auf meine Weisheit höre genau, meiner Einsicht neige dein Ohr zu!	בני לחכמתי הקשיבה לתבונתי הט אזנך	5,1
Bewahre, mein Sohn, das Gebot deines Vaters, und verwirf nicht die Weisung deiner Mutter!	נצר בני מצות אביך ואל תטש תורת אמך	6,20
Mein Sohn, bewahre meine Worte und meine Gebote verbirg bei dir!	בני שמר אמרי ומצותי תצפן אתך	7,1

Es zeigt sich eine ganze Reihe von Bezügen.[164] Die erste Lehrrede setzt mit dem Aufmerksamkeitsruf ein, „Höre, mein Sohn, auf die Zucht deines Vaters und verwirf nicht die Weisung deiner Mutter" (1,8). Die Einleitung der Lehrrede von 3,1 knüpft daran an, indem das Leitwort תורה aufgegriffen wird: In 1,8 steht es in der zweiten Vershälfte, in 3,1 in der ersten. Die Einleitung von 3,21 „Mein Sohn, nicht sollen sie aus deinen Augen weichen" bezieht sich ihrerseits auf 3,1. Von der Sache und auch von der Grammatik her greift der Plural ילזו die Begriffe תורה und מצות von 3,1 auf. In 3,21 wird dies mit der Formel „bewahre Gelingen und Besonnenheit" weitergeführt, in der das Verb נצר aus 3,1b aufgegriffen wird. Dies bedeutet, dass die von der Forschung immer wieder als kompliziert genannte grammatische Struktur von 3,21 von dem hier benannten Zusammenhang her ihren Sinn erhält. Der Plural ילזו, dessen Subjekt nicht klar ist,[165] bezieht sich auf die Begriffe תורה und מצות von 3,1.

4,1 greift mit der Formel „Hört, Söhne, auf die Erziehung des Vaters" auf 1,8a zurück,[166] nur dass in 4,1a die Wendung von 1,8a im Plural steht. Sie wird in 4,1b näher spezifiziert: „Und hört genau hin, um Einsicht zu erkennen". 4,10 greift dies auf, indem die Worte angenommen werden sollen, und nennt einen ersten positiven Nutzen dessen:

---

164 Vgl. dazu ROY YODER, a.a.O., 11 und SCHÄFER, a.a.O., 78, der in Anm. 298 auf Gemeinsamkeiten zwischen 1,8f; 6,20f und 3,1f aufmerksam macht.

165 Bereits FRANKENBERG, a.a.O., 33 wies darauf hin, dass man schwer die beiden Nomina von 3,21b als Subjekt von 21a nehmen kann. TOY versucht das Problem zu lösen, indem er die beiden Halbverse umstellt und mit 21b einsetzt (a.a.O., 73). Vgl. auch SCHÄFER, a.a.O., 97, der unterschiedliche Lösungsmodelle diskutiert, den hier benannten Zusammenhang jedoch nicht sieht.

166 Vgl. SCHÄFER, a.a.O., 105 und ROY YODER, a.a.O., 11.

„dann werden dir die Lebensjahre zahlreich sein". Das Nomen „Worte" אמר von 4,10a wird in 4,20b wieder aufgegriffen und mit einer Formulierung kombiniert, die so in 5,1 begegnet. Dem Satz „Mein Sohn, auf meine Worte höre genau; meinen Reden neige dein Ohr zu" von 4,20 entspricht in 5,1 das „Mein Sohn, auf meine Weisheit höre genau; meiner Einsicht neige dein Ohr zu".[167] Es sind lediglich die Wörter דבר und אמר in 4,20 durch חכמה und תבונה in 5,1 ersetzt. In 6,20 wird schließlich die Formulierung von 3,1 anzitiert und der Halbsatz von 1,8 wörtlich übernommen: „Bewahre, mein Sohn, das Gebot deines Vaters, und verwirf nicht die Weisung deiner Mutter".[168] 7,1 greift das מצות von 6,20 auf und knüpft an das אמר von 4,10.20 an.[169] Mit dem „Verbergen der Gebote" wird zugleich auf 3,1 angespielt, wo gesagt wird, dass man diese im Herzen bewahren soll.

Die Bezüge und Verschränkungen zwischen den neun Lehreröffnungen lassen einen sinnvollen Aufbau der Lehreröffnungsformeln erkennen. Vater und Mutter als Geber der Weisheit werden am Anfang sowie gegen Ende genannt, das formale Element des Aufmerksamkeitsrufes („höre") und die Mahnung zum Bewahren der Rede lösen einander in dem Sinne ab, dass die Lehrrede mit einem Aufmerksamkeitsruf einsetzt (1,8), gefolgt vom zweimaligen Aufruf zum Bewahren der Lehre (3,1; 3,21), einem vierfachen Aufmerksamkeitsruf (4,1; 4,10; 4,20; 5,1) und am Ende die Aufforderung zum Bewahren der zuvor erfolgten Lehre steht (6,20; 7,1). Der Intention der beiden Eröffnungsformeln entsprechend, setzt die Folge der Lehreinleitungen mit dem Aufmerksamkeitsruf ein und endet mit der Aufforderung, die erfolgte Lehre zu bewahren. Dabei wird durch die Verdopplung der Elemente eine Dynamik erzielt,[170] in deren Mittelpunkt der imperativische Aufmerksamkeitsruf steht und damit das Element, das auch die ägyptischen Weisheitslehren prägt. Mittels dieser formalen Struktur wird ein Gedankengang entfaltet, demzufolge Vater und Mutter Zucht (מוסר) und Tora geben und der Weisheitsschüler die Tora nicht vergessen und die Gebote im Herzen bewahren soll. 4,1 setzt mit dem Zitat aus 1,8 nochmals an und spezifiziert die Erziehung dahingehend, dass man

---

167 Diese Beobachtung findet sich bereits bei FRANKENBERG, a.a.O., 41. Vgl. auch WALTKE, Proverbs I, 306: „The typical introductory address ... and the admonitions ... repeat the introductory admonition of the preceding lecture (4:20)."

168 Vgl. dazu FOX, a.a.O., 228 und CLIFFORD, a.a.O., 80.

169 Vgl. dazu das Schaubild bei MÜLLER, a.a.O., 120.

170 Diese Elemente sind ein einziger Aufmerksamkeitsruf, gefolgt von der zweimaligen Aufforderung zur Bewahrung, dann ein vierfacher Aufmerksamkeitsruf, gefolgt von der zweimaligen Aufforderung zur Bewahrung.

Einsicht kennenlernt. 4,10 weitet dies auf die Lebenszeit aus, womit in der Abfolge der Einleitungen erstmals ein konkreter Nutzen genannt ist. 4,20 und 5,1 führen dies in fast identischen Formulierungen weiter, während 6,20 mit seinem Aufgriff von 1,8 den Schluss einleitet, an dessen Ende mit 7,1 das Verbergen der Gebote im Sinne des Verinnerlichens der zuvor genannten Lehrreden steht. Alle Eröffnungsformeln sind durch das בני miteinander verbunden (jeweils im Singular, nur in 4,1 Plural).[171] Auch wenn sich kein Gedankengang in dem Sinne ergibt, dass in den Lehreröffnungsformeln ein Thema einheitlich entfaltet würde, so sind die Übereinstimmungen und Bezüge doch bemerkenswert. Wie aber ist dieser Befund zu interpretieren, sofern man die Gemeinsamkeiten nicht für zufällig hält?[172]

Vor dem Hintergrund der Detailbeobachtungen und der Überlegungen zu den ägyptischen Weisheitslehren liegt die Vermutung nahe, dass die Lehrreden auf einen Verfasser zurückgehen, der diese anhand der Lehreröffnungsformel gebildet hat. Die neun Lehrreden erweisen sich dahingehend als eine Einheit, dass sie alle mit einer Lehreröffnungsformel einsetzen, bei der sich die Verwendung der Aufforderung zum Bewahren der Worte bzw. der Lehre gerade aus dem Zusammenhang der Lehrreden ergibt. Dies wird in den Lehrreden unterschiedlich konkretisiert. Die Lehren setzen mit den Frevlern ein, um dann in Kap. 5–7 auf die fremde Frau zu sprechen zu kommen.[173]

Die erste Lehrrede beginnt mit der Warnung vor den frevelhaften Männern, die als Sünder (חטאים) bezeichnet werden. V. 12 zufolge führt das Verhalten der Männer zum Tod; es wird die Scheol genannt und damit ein Begriff, der auch in den Passagen zur fremden Frau begegnet.[174] Zugleich wird mit den zentralen Begriffen דרך (V. 15) und ארח (V. 19) die Wegthematik eingeführt.[175] Diese Wegthematik wird in der Lehre von 3,1–12 aufgegriffen, jedoch auf das Verhältnis zu JHWH bezogen. Die Aussage von V. 4: „Dann wirst du Gunst und gutes Ansehen finden in den Augen Gottes und der Menschen" kann dabei geradezu als Motto der Lehrreden gelten. V. 5ff betont die Beziehung zu JHWH, dem man vertrauen (V. 5) und den man fürchten soll (V. 7).

---

171 Dazu STRACK, Sprüche, 322.
172 Die bisherige Forschung hat, obwohl eine Fülle an Literatur zu Prov 1–9 erschienen ist, diesen Zusammenhang m.W. bislang nicht untersucht. Vgl. für erste Ansätze in diese Richtung die in Anm. 164 genannten Arbeiten von Roy Yoder und Schäfer.
173 Vgl. BAUMANN, a.a.O., 259.
174 Vgl. MAIER, Fremde Frau, 119f und 209.
175 Vgl. WALTKE, a.a.O., 193.196 und zum Ganzen MEINHOLD, a.a.O., 52–54.

Die Lehrrede von 3,21–35 konkretisiert das Verhalten gegenüber anderen Menschen. Wenn Gelingen und Besonnenheit bewahrt werden (V. 21), kann der Weisheitsschüler in Ruhe schlafen (V. 24a: „Wenn du dich niederlegst, brauchst du nicht zu erschrecken") und muss den Schrecken vor der „Verwüstung durch Frevler" (V. 25) nicht fürchten.[176] Die Lehrrede von 4,1–9 betont die Bedeutung der Weisheit, die man wie eine Frau erwerben soll, und verlässt die theologische Ebene der vier ersten Lehrreden. Von JHWH oder einer Rückbindung der Weisheit an JHWH ist nun nicht mehr die Rede. 4,10–19 knüpft insofern daran an, als dass der „Weg der Weisheit" in V. 11, auf den der Weisheitsschüler gewiesen wurde, auf das Lob der Weisheit in 4,1–9 anspielt. Die Wegthematik wird hier in Bezug auf die frevelhaften Männer ausgestaltet, womit das Thema der ersten Lehrrede (1,8–19) wieder aufgegriffen wird. 4,20–27 betont das Lob der Worte der Lehrperson und das richtige Ausrichten der Körperteile (Herz, Mund, Lippen, Augen, Lider, Fuß, V. 23–26).[177] Darauf folgt die erste Lehrrede zur fremden Frau (5,1–23) und damit das Thema, das die folgenden Lehrreden bestimmt (6,20–35 und 7,1–27). Diese sind hinsichtlich ihrer Ausgestaltung sehr ausführlich und mit ihrer reichen Bildsprache elaborierter als die ersten Lehrreden.[178]

Es lässt sich somit in der Abfolge der Lehrreden durchaus eine inhaltlich sinnvolle Struktur erkennen, die von einer Bindung der Weisheit an JHWH über das Lob der Weisheit als solcher zur Konkretisierung des „Weges" führt, sei es in Bezug auf die frevelhaften Männer oder in Bezug auf die fremde Frau.[179] Dies spricht dafür, dass die neun Weisheitslehren in Prov 1–9* auf eine Hand zurückgehen.[180] Sie sind durch die Lehreröffnungsformeln miteinander verbunden, die eine sinnvolle inhaltliche Abfolge ergeben. Es zeigt sich jedoch kein roter Faden in dem Sinne, dass ein Thema zu Beginn entfaltet und dann immer weiter entwickelt würde. Vielmehr zeichnen sich die Lehrreden

---

176 MÜLLER, a.a.O., 169 bezeichnet den Text als „ethische Unterweisung" und verweist damit auf den inneren Zusammenhang zwischen 3,21–26 und 27–35, den PLÖGER, a.a.O., 39.41 nicht sieht. Vgl. auch MEINHOLD, a.a.O., 82f, der 3,21–35 als eine Lehrrede versteht.

177 Die Lehrrede enthält nicht das Thema der „Warnung vor der Art der frevlerischen Männer", das MEINHOLD ihr geben will (a.a.O., 96); vgl. BAUMANN, a.a.O., 257.

178 Vgl. dazu FOX, a.a.O., 237.252.

179 Vgl. dazu auch WALTKE, a.a.O., 12f, dessen konzentrische Struktur jedoch etwas konstruiert wirkt.

180 So auch WALTKE, a.a.O., 12 mit Diskussion des Ansatzes von Fox, der gerade dies ablehnt.

dadurch aus, dass sie zwar einen Gedankengang enthalten, dieser jedoch unterschiedlich ausgestaltet wird.

4.2.4 Prov 2 als Inhaltsverzeichnis der Lehrreden

Bei der Analyse der Lehrreden wurde bewusst Prov 2 ausgeklammert. Denn die bisherigen Exegesen haben verdeutlicht, dass sich die Lehrrede von Kap. 2 in zweifacher Hinsicht von den anderen Lehrreden unterscheidet. Der Text ist (1) als Konditionalis und nicht im imperativischen Stil gestaltet und beinhaltet (2) mehrere Themen und nicht eines. Als drittes Argument kommt hinzu, dass Prov Weisheitsgedicht von Prov 8 Bezug nimmt. Inwiefern aber liegt hier ein bewusster Vorgang vor, bei dem das Zitat der ersten Zeile einer Lehrrede so zu verstehen ist, dass diese als Ganzes vorausgesetzt wird?

2,1		ומצותי תצפן אתך	אמרי	בני אם תקח
	7,1	ומצותי תצפן אתך	אמרי	בני שמר
2,2		תטה לבך לתבונה	לחכמה אזנך	להקשיב
	5,1	לתבונתי הט אזנך	קשיבה	בני לחכמתי
2,3		לתבונה תתן קולך	תקרא	כי אם לבינה
	8,1	ותבונה תתן קולה	תקרא	הלא חכמה

Bereits in Kapitel 1.2.3 dieser Arbeit wurde auf Papyri und Schreibtafeln aus dem 1. Jahrtausend v. Chr. hingewiesen, auf denen ältere Weisheitslehren zu finden sind. Die Objekte aus dem Schulbetrieb der Zeit belegen, wie Texte gelernt und memoriert wurden. So enthält eine Schreibtafel aus dem Turiner Museum (Turin Cat 6237) eine Passage aus der Lehre des Amenemope (24,1–25,9). Diese Passage ist jedoch nicht gleichmäßig auf beide Seiten der Tafel verteilt. Vielmehr lässt der in hieratischer Schrift geschriebene Text erkennen, dass an bestimmten Tagen bestimmte Abschnitte der Lehre aufgeschrieben wurden.[181] Der Schüler hatte über mehrere Tage hinweg Passagen der Lehre kopiert.

Dieses Verfahren fand offenbar auch in der Form Anwendung, dass speziell die Anfänge der jeweiligen Weisheitslehren notiert wurden. So enthält ein weiteres Ostrakon aus dem Turiner Museum (Turin Suppl.

---

181 Der Text enthält am Rand Zeitangaben, Tag 8 (Vs. Z. 8), Tag 10 (Vs. Z. 11); Tag 12 (Vs. Z. 12), Tag 16 (Vs. Z. 17) usw.; vgl. dazu POSENER, Tablettes (1966), 60f.

4661) nur den Titel der Lehre des Amenemope und eine Schreibtafel aus dem Louvre lediglich deren erste drei Zeilen.[182] Interessant ist in diesem Zusammenhang ein Graffito aus dem Tempel Ramses III. aus Medinet Habu, in dem nur die erste Zeile der Lehre des Amenemope zitiert wird.[183] Zu diesem Befund passt das bereits genannte Material aus einem Felsgrab in Assiut, das kürzlich von Ursula Verhoeven veröffentlicht wurde. Denn dieses belegt die Anfänge von sechs ägyptischen Texten, darunter vier Weisheitslehren im engeren Sinn:[184]

Lehre des Amenemhet	§ 1a–2e
Lehre des Cheti	Kap. 1–6
Loyalistische Lehre	§ 1,1–4,9/1,1–2,7
Lehre eines Mannes für seinen Sohn	§ 1,1–1,4

Der Befund verdeutlicht, dass die Anfänge von Weisheitslehren memoriert wurden, wobei das Material für die Lehre des Amenemope belegt, dass es sich dabei auch um Kapitelanfänge handeln konnte.[185] Offenbar gab es ein Lektüreverfahren, bei dem die Weisheitslehren anhand der Anfänge bzw. ihrer ersten Zeilen gelernt wurden. Wenn man dieses Verfahren auch für das antike Israel ansetzen darf,[186] dann hätte man einen Schlüssel für die Deutung des oben genannten literarischen Befundes. Denn dann wäre der Bezug zwischen Prov 2 und den anderen Texten so zu deuten, dass der Verfasser der Weisheitslehre von Kap. 2 auf ein Lektüreverfahren Bezug nimmt, bei dem Weisheitslehren anhand ihrer Kapitelanfänge erlernt wurden. Die Zitate in Prov 2,1–3 wären dann so zu verstehen, dass hier jeweils auf die ganzen Lehren Bezug genommen wird und diese gleichsam die Folie bilden, vor deren Hintergrund Prov 2 zu lesen ist.[187] Vorausgesetzt ist dabei ein Schulsystem, bei dem sowohl der Autor wie der Leser eines Textes einen be-

---

182 Vgl. POSENER, Tablettes (1973), 251f.

183 Vgl. EDGERTON, Medinet Habu, pl. 10; Nr. 30.

184 Vgl. VERHOEVEN, a.a.O., 88. Die Loyalistische Lehre wird zweimal anzitiert, zudem finden sich auch die Prophezeiung des Neferti (§ Ia–IIIe) und der Nilhymnus (§ 1,1–V,8). S. auch oben Anm. 158.

185 Vgl. dazu SCHIPPER, Lehre, 241 mit weiterer Literatur.

186 Auf die Diskussion zur Existenz von Schulen in Israel kann an dieser Stelle nicht eingegangen warden; vgl. dazu den Überblick bei KOTTSIEPER, Weisheit, 220–225 und VAN OORSCHOT, Weisheit, 61f. M.E. lässt das hier diskutierte Material keinen Zweifel daran, dass die behandelten Texte in der ‚Schule‘ bzw. – präziser formuliert – in gelehrten Kreisen studiert wurden. Vgl. dazu auch LEMAIRE, Sage, 165–181.

187 Hier wird deutlich, worin sich die im Rahmen dieser Arbeit angewendete Methode der „textuellen Kohärenz" von bisherigen Ansätzen einer „innerbiblischen Exegese" unterscheidet. Es geht um das Anzitieren ganzer Texte, die in einem einzelnen Vers enthalten sein können.

stimmten Kanon an Texten kannte. Dies bedeutet zugleich, dass diese
Texte für einen recht kleinen Kreis von Literaten geschrieben wurde,
die sich in der Literatur auskannten und die Anspielungen bzw. ‚Ein-
spielungen' anderer Texte erkennen konnten. Dies wäre dann zugleich
eine Erklärung für die in der Sekundärliteratur vielfach gemachte Beobachtung, dass die Weisheitslehre von Prov 2 so wenig konkret ist.[188]
Prov 2 setzt die Lehrreden als Ganzes voraus, so dass sich die Wirkung
des Kapitels nur vor dem Hintergrund der neun Lehrreden entfaltet.
Oder anders formuliert: Prov 2 kann so wenig bildhaft und konkret
sein, weil die anderen Lehrreden in 1–7 die Konkretion liefern.

Bei diesen Bezügen fällt jedoch Dreierlei auf. Prov 2 nimmt (1) in
seiner Einleitung nur auf zwei der verbleibenden neun Lehrreden explizit Bezug, zitiert (2) diese in anderer Reihenfolge (erst Prov 7, dann
Prov 5) und greift (3) mit 8,1 über die Lehrreden hinaus. Jeder Versuch,
die andere Reihenfolge zu einem redaktionsgeschichtlichen Kriterium
zu machen, muss jedoch beachten, dass sich diese auch durch das besonders enge Verhältnis zu Prov 7 erklären könnte:

2,1		ומצותי תצפן אתך	אמרי	בני אם תקח
	7,1	ומצותי תצפן אתך	אמרי	בני שמר
2,2		תטה לבך לתבונה	לחכמה אזנך	להקשיב
	5,1	לתבונתי הט אזנך	קשיבה	בני לחכמתי
2,3		לתבונה תתן קולך	תקרא	כי אם לבינה
	8,1	ותבונה תתן קולה	תקרא	הלא חכמה
2,16		מנכריה אמריה החליקה	מאשה זרה	להצילך
	7,5	מנכריה אמריה החליקה	מאשה זרה	להצילך
2,18		ואל רפאים מעגלתיה	מות ביתה	כי שחה אל
	7,27	ירדות אל חדרי מות	ביתה	דרכי שאול

Man gewinnt den Eindruck, als ob der Autor von Prov 2 seine Lehre
geschrieben hat, nachdem er Prov 7 und damit die letzte der Lehrreden
gelesen hatte. Insofern erklärt sich die andere Reihenfolge und die
Nennung von 7,1 an erster Stelle aus dem besonders engen Verhältnis
von Prov 2 zu Kapitel 7.

---

188 Vgl. PLÖGER, a.a.O., 29; WHYBRAY, a.a.O., 16; ROY YODER, a.a.O., 29.

Eine derartige Bedeutung von Prov 7 wird durch einen Qumranbeleg bestätigt. Der als „Wiles of wicked woman" bekannte Text 4Q184 knüpft an Prov 7 an und nicht etwa an die anderen Passagen zur fremden Frau in Prov 1–9. Der vermutlich nicht essenische Text[189] beschreibt eine Frauengestalt, die eine Gefahr für den frommen Mann darstellt. Der Text tut dies mit einer ganzen Reihe von Bezügen, die sowohl sprachlich wie sachlich an die Charakterisierung der fremden Frau in Prov 7 anknüpfen. Dies ist beispielsweise die verführerische Rede der Frau (Prov 7,5.21: חלק; vgl. 4Q184, Z 2.17: חלקות), ihr Auftreten auf den Stadtplätzen (Prov 7,12: ברחבות; vgl. 4Q184, Z. 12: ברוחבות) oder auch das Wort ערש („Bett, Lager") in Prov 7,16 und 4Q184, Z. 5.[190] Analog zu dem in Prov 2 beobachteten Verfahren werden die von Prov 7 übernommenen Aussagen durch Passagen anderer Texte zur fremden Frau ergänzt, so z.B. in 4Q184, Z. 10f durch Prov 5,5.[191]

Was aber trägt dieser Befund aus für die Frage der Komposition von Prov 1–9 insgesamt, gerade wenn mit 2,3 auf das Weisheitsgedicht von 8,1 Bezug genommen wird? Bedeutet dies, dass man sich den Vorgang so vorstellen muss, dass ein Verfasser womöglich die neun Lehrreden vor sich liegen hatte, nach deren Lektüre unter Verwendung der Eckverse von Prov 7 und diverser anderer Anspielungen und Bezüge seine eigene Lehrrede verfasst hat und dabei auch Prov 8 berücksichtigte?

4.2.5 Prov 8; 6; 3; 1 und 9 im Kontext des Proverbienbuches[192]

Die Frage führt zu den Abschnitten von Prov 1–9 hin, die bislang noch nicht untersucht wurden: dem Weisheitsgedicht in Prov 8, der Einheit 3,13–20, dem von der Forschung seit langem als Zwischenstück erkannten Kapitel 6,1–19 und schließlich der Rahmung der ersten Sammlung mit 1,1–7.20–33 und 9,1–18.[193] In der Folge sollen diese Kapitel im Hinblick auf ihre Verzahnung mit Prov 1–9* und 10–31 untersucht werden. Dabei kann es nicht darum gehen, eine ausführliche Exegese der jeweiligen Texte zu bieten; vielmehr soll in Aufgriff der bisherigen Forschung zum Proverbienbuch die literarische Stellung der Texte unter-

---

189 HARRINGTON, Approaches, 34 ist recht vorsichtig. LANGE, Weisheitstexte, 10 mit Anm. 43 schließt eine essenische Herkunft des Textes hingegen aus.
190 Vgl. dazu JONES, Wisdom's Pegagogy, 76. S. auch CRAWFORD, Lady Wisdom, 360, die 4Q184 als "a pastiche of allusions to Proverbs 1–9" bezeichnet.
191 Dies geht bei der Analyse von Jones über die Pädagogik von Prov 7 und 4Q184 etwas unter; vgl. demgegenüber BAUMGARTEN, Seductress, 138.
192 Prov 1,1–7.20–33; 3,13–20; 6,1–19; 8,1–36; 9,1–18.
193 Vgl. dazu das Schaubild in Kap. 4.2.1 mit den Gliederungen von M.V. Fox und A. Meinhold.

sucht werden, um von da aus die Komposition und Redaktion von Prov 1–9 in den Blick zu nehmen.

> Die in der Folge untersuchten Abschnitte setzen jeweils eigene inhaltliche Akzente. Prov 8 enthält die bekannten Ausführungen der personifizierten Weisheit. Prov 3,13–20 betont den besonderen Wert der Weisheit und fällt durch die Schöpfungsthematik (V. 19f.) auf. 6,1–19 hat nicht ein einziges Thema, sondern zerfällt inhaltlich in verschiedene Teilabschnitte (das Verhältnis zum Nächsten in V. 1–5, ein Wort über den Faulen in V. 6–11, gefolgt vom Nichtigen, V. 12–15, und einem Zahlenspruch in V. 16–19). Der Abschnitt 1,1–7 bietet schließlich die Eröffnung des Proverbienbuches mit Überschrift und Motto, wobei 1,20–33 die personifizierte Weisheit, die den Unerfahrenen warnt, in den Mittelpunkt stellt. 9,1–18 greift dieses Thema auf und stellt „Frau Weisheit" nun die personifizierte Torheit gegenüber. Er enthält zwei Weisheitsgedichte (V. 1–6. 13–18) und ein Zwischenstück (V. 7–12).

Vor dem Hintergrund der bisherigen Analyse stellt sich bei Prov 8 die Frage, ob das Kapitel in einem Atemzug mit den Lehrreden von Prov 1–7* verfasst wurde oder seinerseits die Lehrreden voraussetzt. Folgende thematische und sprachliche Bezüge zu Prov 1–7 finden sich:[194]

- das Finden der Weisheit (מצא = 8,9b.17b.35a = 3,13a)
- das Neigen zu ihr oder Hören auf sie (8,32a שמע = 5,1f נטה)
- die Liebe zur Weisheit (8,17.21 אהב = 4,6 אהב)[195]
- der Vergleich mit Kostbarkeiten (8,10f.19 [Gold, Silber, Edelsteine] = 3,14 mit dem seltenen Begriff חרוץ wie in 8,10.19)
- das Preisen ihrer Wege (8,20.32 = 3,17)
- die Gabe von Reichtum und Ehre durch die Weisheit (8,18 = 3,16 עשר)

Betrachtet man die Bezüge genauer, so fallen besonders die zum Abschnitt 3,13–20 auf. Es findet sich eine Reihe von Begriffen, die innerhalb von Prov 1–9 nur an diesen beiden Stellen begegnen: das Finden der Weisheit (Verb מצא) in 8,9b.17b.35a und 3,13a, das recht seltene Wort für Gold (חרוץ) in 8,10.19 und 3,14 (gedanklich fortgeführt in 3,15) sowie das Wort für Reichtum (עשר) in 8,18 und 3,16. Diese terminologische Nähe wird durch das Thema des Preisens der Wege der Weisheit in 8,20.32 ergänzt, das auch in 3,17 angesprochen wird. Eine wichtige thematische Verbindung zwischen Prov 8 und dem Abschnitt 3,13–20 liegt in 3,19f vor:

---

194 Vgl. dazu BAUMANN, a.a.O., 249 und WALTKE, a.a.O., 404f.

195 BAUMANN, a.a.O. nennt auch 7,4, jedoch ist der Wortlaut dort anders zu verstehen als im Sinne der Liebe, dazu unten Kap. 5.2.1.

(19) JHWH hat mit Weisheit die Erde gegründet,
mit Einsicht hat er den Himmel aufgestellt.

(20) Durch seine Kenntnis sind Urwasser,
und Wolken träufeln Tau.

3,19f ist innerhalb des ganzen Proverbienbuches die einzige Stelle neben Prov 8, in der auf die Weltschöpfung angespielt wird.[196] Die zwei Verse in Kap. 3 setzen jedoch einen anderen Akzent als Prov 8. In Prov 8,22–31 ist die Weisheit Mittlerin. Sie ist bei der Weltschöpfung anwesend und erscheint auf einer Ebene zwischen JHWH und den Menschen.[197] Solchermaßen bestimmt, hat die in Prov 8 genannte Weisheitsgestalt ein Wissen um die Weltordnung, das sowohl die kosmische als auch die menschliche Ordnung umfasst. In Prov 3,19 erscheint die Weisheit hingegen deutlicher als Vermögen bzw. Fähigkeit.[198]

Die Verse spielen mit der Nennung der Trias von Himmel (V. 19b), Erde (V. 19a) und Urwasser (V. 20) auf die Schöpfung an. Damit werden die Grundbausteine des altorientalischen Weltbildes genannt. Insofern ist hier nicht etwa an Teilaspekte, sondern an die Schöpfung als Ganzes gedacht.[199] Im Zentrum steht das schöpferische Handeln JHWHs, womit der Text Ps 104,24 und Hi 38,37 nahe steht.[200] Welche Bedeutung kommt aber der Weisheit zu? Die Frage entscheidet sich an der Interpretation der בחכמה in V. 19a. Wenn man mit Ernst Jenni ein „b mit Abstraktbegriff" ansetzt, das bei Verben des Hervorbringens das Mittel bezeichnet,[201] dann wäre חכמה hier keine personale Größe, sondern würde das kunstfertige Wissen des Schöpfers bzw. ein „Vermögen oder eine Fertigkeit" bezeichnen.[202] Die Weisheit erscheint als „konstruktives Prinzip"[203] und nicht personal wie in Prov 8, auch wenn der personale Charakter der Weisheit in 3,19f durchaus anklingt.[204]

Für das Verhältnis von Prov 8 und Prov 1–9 bedeutet dies, dass Prov 8 dem Abschnitt 3,13–20 näher steht als etwa Kap. 4 oder 5. Es

---

196 Die Bezüge in Prov 14,31, 17,5; 22,2 (vgl. 29,13) machen keine Aussagen über die Weltschöpfung, sondern ziehen aus der Geschöpflichkeit des Menschen ethische Schlußfolgerungen; vgl. dazu KRÜGER, Gott, 169–178.

197 Vgl. BAUMANN, a.a.O., 151.250. Vgl. zur Mitterrolle der Weisheit in Prov 8 MEINHOLD, a.a.O., 147 und HITZIG, a.a.O., 76.

198 Vgl. zum folgenden SCHIPPER, Wissen, 503.

199 Vgl. SCHÄFER, a.a.O., 86, anders PLÖGER, a.a.O., 37.

200 Dazu BAUMANN, a.a.O., 237f mit weiteren Belegen.

201 JENNI, Präpositionen, 142.

202 Mit MEINHOLD, a.a.O., 81 gegen BAUMANN, a.a.O., 238.

203 So die Formulierung Gerhard VON RADs: Theologie, 461.

204 Dazu MEINHOLD, a.a.O., 81f.

findet sich für jeden Vers von 3,13–20, ausgenommen V. 18, eine direkte sprachliche oder thematische Entsprechung in Prov 8.[205] Demgegenüber begegnen keine vergleichbaren Bezüge zu den neun Lehrreden. Daraus folgt, dass Prov 8 offenbar unabhängig von den neun Lehrreden verfasst wurde und in Verbindung zu dem oftmals als „Zwischenstück" bezeichneten Abschnitt 3,13–20 steht.

Der hymnisch gestaltete Abschnitt 3,13–20[206] zerfällt in einen Teil, in dem der Wert der Weisheit für den Menschen beschrieben wird (V. 13–18), und einen Teil, der den Wert der Weisheit für Gott hervorhebt (V. 19f).[207] Beides knüpft an die Lehrrede von 3,1–12 an, in der das Gottesverhältnis im Mittelpunkt steht.[208] Liest man 3,13–20 vor dem Hintergrund von 3,1–12, so wird der Gedankengang der Lehrrede durchaus sinnvoll fortgeführt. Bereits 3,5 benennt einen qualitativen Unterschied zwischen der menschlichen und der göttlichen Weisheit, auf den dann 3,13–20 so antwortet, dass dargelegt wird, was diese ‚göttliche' Weisheit auszeichnet.[209] Der Abschnitt gibt somit von Prov 8 herkommend eine Erläuterung zu 3,1–12. Aufgrund der unterschiedlichen Akzentuierung der Weisheit liegt es nahe, diesen Abschnitt einer Redaktion zuzusprechen, die sich um eine Verbindung von Prov 8 mit den Lehrreden bemühte und dabei einen anderen Akzent setzte als Prov 8.

Damit ergibt sich für die Redaktionsgeschichte von Prov 1–9 zunächst folgendes: Am Anfang standen die neun Lehrreden als ein eigenständiges Korpus, das nach vorne und hinten sowie in der Mitte erweitert wurde. So hat ein Redaktor Prov 2 vorgeschaltet sowie Prov 8 angefügt. Dabei fügte er vermutlich auch das Stück 3,13–20 ein. Denn dieses enthält, wie auch alle anderen bislang diskutierten Passagen nur wenig bis kaum Gemeinsamkeiten zu Prov 10ff. Prov 2 benennt zwar Themen, die in der Spruchsammlung begegnen, diese thematischen Verbindungen haben jedoch nicht die Qualität der zitathaften Anspie-

---

205 Vgl. FUHS, a.a.O., 79, der besonders die Gemeinsamkeiten mit 3,13.14f.18 hervorhebt.

206 Vgl. FUHS, a.a.O., 77 und PLÖGER, a.a.O., 36, der etwas vorsichtiger von einem „hymnische[n] Gepräge" des Abschnittes spricht.

207 Vgl. MEINHOLD, a.a.O., 78 und FOX, a.a.O., 160.

208 WALTKE, a.a.O., 250 möchte hingegen 3,13–19 als ersten Teil der Lehrrede von 3,21–35 sehen, was jedoch kaum Sinn macht, da die Einleitungsformel erst in V. 21 begegnet. Dies gilt auch für den Vorschlag von GEMSER (a.a.O., 29), 3,13–26 als eigene Lehrrede zu verstehen, zumal er die Zäsur in V. 21 selbst sieht und meint, dass „die letzten 3 Strophen (21–26) … vielleicht ursprünglich selbständig gewesen sind".

209 Zum Zusammenhang vgl. FOX, a.a.O., 160f und WALTKE, a.a.O.

lungen innerhalb von Prov 1–8*.[210] Dieser Befund ist insofern aussage-
kräftig, als dass die verbleibenden Stücke von Prov 1–9, der Rahmen in
Kap. 1 und 9 sowie das Zwischenstück 6,1–19 diese Bezüge aufweisen.
Speziell 6,1–19 belegt dies, denn dort ist der Befund genau umgekehrt
zu Prov 2: Der Abschnitt enthält zitathafte Anspielungen auf Prov 10–
31 und lediglich thematische Bezüge zu Prov 1–9. Es zeigt sich somit,
dass die von der Forschung zusammengetragenen doppelt bezeugten
Verse im Proverbienbuch (die so genannten „Twice-Told Proverbs")
redaktionsgeschichtliche Bedeutung haben.[211]

Prov 6,1–19 zerfällt in vier Unterabschnitte mit jeweils eigener
Thematik.[212] 6,1–5 benennt das Thema des Unvorsichtigen, 6,6–11 den
Faulen, 6,12–15 den Nichtigen und 6,16–19 den „Ausbund an Schlechtigkeit". Alle vier Themen sind eng mit Kap. 10–31 verbunden. Das
Thema des Unvorsichtigen wird am Beispiel der Bürgschaft dargelegt,
das auch in 11,15; 17,18; 20,16 (= 27,13) und 22,26f begegnet.[213] Die Verse 6–11 benennen mit dem Faulen ein Thema, das sonst an keiner anderen Stelle in Prov 1–9 angesprochen wird, dafür aber in 10,4f.26;
12,11.24.27 u.ö. begegnet. Das Bild der Ameise in V. 6ff findet sich innerhalb der Proverbien nur noch in 30,25:[214]

Sie beschafft sich im Sommer ihre Nahrung, sammelt zur Erntezeit ihre Speise.	תכין בקיץ לחמה אגרה בקציר מאכלה	6,8
Die Ameisen, kein starres Volk, sie beschaffen sich im Sommer ihre Nahrung.	הנמלים עם לא עז ויכינו בקיץ לחמם	30,25

---

210 Solche Gemeinsamkeiten bestehen zum Passus über Herz und Ohr in 23,12–35; dem
 Abschnitt über den „Mann der Verkehrtheiten" in 16,17–30 und der Passage über
 die Folge des Verhaltens in 11,3–8.
211 Dies für das ganze Proverbienbuch zu untersuchen, muss Gegenstand einer anderen
 Studie sein. Vgl. zum Materialbefund die Studie von SNELL: Twice-Told Proverbs.
212 Zur Gliederung s. MEINHOLD, a.a.O., 108; GEMSER, a.a.O., 37; FUHS, a.a.O., 114 und
 PLÖGER, a.a.O., 60f. Demgegenüber unterteilt WALTKE, a.a.O., 328 nur in drei Einheiten (6,1–5.6–11.12–19), nimmt jedoch an, dass der letzte Unterabschnitt aus zwei ursprünglich unabhängigen Strophen zusammengesetzt wurde (V. 12–15 + 16–19), so
 dass er letztlich auch auf vier Abschnitte kommt.
213 Dies ist Forschungskonsens; vgl. MEINHOLD, a.a.O., 109; FOX, a.a.O., 213 und WALT-
 KE, a.a.O., 331.
214 Vgl. MEINHOLD, a.a.O., 111; FOX, a.a.O., 217; FUHS, a.a.O., 119 und SNELL, a.a.O., 49.

Die Phrase תבין בקיץ לחמה aus 6,8a stimmt bis auf die andere Verbalform des Verbes כון mit 30,25b überein. Eine noch engere Parallele findet sich in 6,10f:[215]

Ein bisschen Schlafen, ein bisschen Schlummer, ein bisschen Verschränken der Hände, um zu ruhen.	מעט שנות מעט תנומות מעט חבק ידים לשכב	6,10
Ein bisschen Schlafen, ein bisschen Schlummer, ein bisschen Verschränken der Hände, um zu ruhen.	מעט שנות מעט תנומות מעט חבק ידים לשכב	24,33
Und schon kommt schnell[216] deine Armut, und dein Mangel wie ein bewaffneter Mann.	ובא כמהלך ראשך ומחסרך כאיש מגן	6,11
Und schon kommt schnell deine Armut, und dein Mangel wie ein bewaffneter Mann.	ובא מתהלך רישך ומחסריך כאיש מגן	24,34

Es handelt sich um das einzige Beispiel im ganzen Proverbienbuch, bei dem zwei aufeinanderfolgende Verse wörtlich zitiert werden.[217] Der Weisheitsspruch von 24,33 wird in 6,10 exakt übernommen. Gleiches gilt für 24,34 in 6,11.

V. 33f bildet innerhalb des Kapitels 24 eine Einheit mit V. 30–34, die das Thema des faulen Mannes (V. 30a) enthält.[218] Der „Nichtige" von 6,12–15 wird auch in 16,27, 19,28 und 24,22a erwähnt.[219] Es handelt sich dabei gleichermaßen um ein Thema, das primär außerhalb von Prov 1–9 begegnet. Der Abschnitt über den „Ausbund an Schlechtigkeit" (V. 16–19) ist formal durch das Element des Zahlenspruchs gestaltet, das innerhalb des Sprüchebuches als gestaffelter Zahlenspruch nur noch in 30,15–33 begegnet und damit genau in dem Abschnitt, den 6,6 anzitiert. Zugleich finden sich aber auch thematische Verschränkungen von 6,1–19 zu den Lehrreden von Prov 1–7*.[220] Die deutlichste liegt in dem

---

215 So bereits DELITZSCH, a.a.O., 110; vgl. auch SNELL, a.a.O., 36.
216 Die Formel כמהלך ist schwierig. MEINHOLD, a.a.O., 107 denkt an den „Marschierer" (vgl. FOX, a.a.O., 210: „vagabond"); FUHS, a.a.O., 120 übersetzt „wie ein rüstig zuschreitender Wanderer"; ich folge PLÖGER, a.a.O., 60f mit Textanmerkungen 11a.
217 Vgl. dazu die Listen bei SNELL, a.a.O., 35–59.
218 Zur Abgrenzung von 24,30–34 s. MEINHOLD, Sprüche, 411.
219 Die von SNELL, a.a.O., 49 genannte Gemeinsamkeit von 6,15a und 24,22a ist letztlich recht vage und hat nicht die Qualität der anderen genannten Bezüge.
220 Vgl. bspw. DELITZSCH, a.a.O., 103f, der eine ganze Reihe von Bezügen nennt, die jedoch bei genauerem Hinsehen kaum geeignet sind, die These zu untermauern,

Thema der frevlerischen Männer vor. Dieses wird, sofern man 4,1–9 dazu zählt, in acht Textstellen behandelt: in 1,10–14; 2,12–15; 3,21–35; 4,1–9; 4,10–19; 4,20–27, 5,21–23 und schließlich 6,1–19.[221] Obwohl 6,1–19 den inhaltlichen Zusammenhang der Lehrreden über die fremde Frau in Kap. 5, 6 und 7 unterbricht,[222] passt das Stück durchaus hinter die Lehrrede von 5,1–23. Bereits Ferdinand Hitzig verwies auf die sprachlichen und thematischen Gemeinsamkeiten zwischen 6,1–5 und dem Schluss von Kap. 5.[223] Kap. 6 knüpft an das im Kontext etwas sperrige Ende der achten Lehrrede in 5,21–23 an, in dem vom Frevler die Rede ist. Liest man 6,1–19 als Folge von 5,1–23, so wirkt der Abschnitt zudem wie eine Veranschaulichung der in 5,23 genannten „Menge seiner Selbstklugheit".[224]

Dies bedeutet für das Zwischenstück 6,1–19 zweierlei: Die wörtlichen Zitate betreffen durchweg Passagen außerhalb von Prov 1–9, während zu den anderen Abschnitten der ersten Sammlung lediglich thematische Anspielungen sowie Stichwortverbindungen vorliegen. Erstere betreffen das Thema der frevelhaften Männer, letztere den Anschluss an 5,1–23. Dies spricht dafür, den Abschnitt 6,1–19 mit der bisherigen Forschung als redaktionellen Zusatz zu bestimmen, der nachträglich zwischen die achte und neunte Lehrrede eingefügt wurde.[225] Durch diesen Zusatz sollte das Thema der törichten Männer stärker akzentuiert und ein Übergang zu den folgenden Spruchsammlungen geschaffen werden. Denn die zitathaften Anspielungen zeigen deutlich, dass 6,1–19 nicht nur die Abschnitte 10,1–22,16 und 22,17–24,22 des Proverbienbuches voraussetzt, sondern auch die Spruchsammlung von 24,23–34 und das Kapitel 30.[226] Inwiefern aber bedeutet dies, dass die Verbindung zwischen Prov 1–9* und dem Rest des Proverbienbuches erst im Rahmen der Gesamtredaktion des Buches durchgeführt und 6,1–19 bei dieser Buchredaktion eingefügt wurde?

Prov 6,1–19 stamme vom gleichen Verfasser wie die Lehrreden (vgl. FUHS, a.a.O., 114).

221 Diesen Zusammenhang hat MEINHOLD, Sprüche, 109 überzeugend herausgearbeitet.

222 Dies betont PLÖGER, a.a.O., 62.

223 Vgl. HITZIG, a.a.O., 47. Auch wenn DELITZSCH, a.a.O., 104 meint, „die Berührungen sind nicht hervorstehend", so zeigt sich doch mit MEINHOLD, a.a.O., 108 eine Form der thematischen Verschränkung, die kaum zufällig ist. Anders FOX, a.a.O., 226, der Delitzsch folgt.

224 MEINHOLD, a.a.O., 108. Vgl. auch WALTKE, a.a.O., 328, der treffend von einem „appendix to the father's Lecture 8" spricht.

225 Vgl. FOX, a.a.O., 324; WALTKE, a.a.O.; CLIFFORD, a.a.O., 72f; PLÖGER, a.a.O., 62.

226 Zur Abgrenzung von 24,23–34 als eigene Einheit s. MEINHOLD, Sprüche II, 409 und FOX, a.a.O., 5.

Um diese Frage zu beantworten, müssen die verbleibenden Abschnitte von Prov 1–9 in den Blick genommen werden, konkret die Rahmenkapitel 1 und 9. Setzt man mit Kap. 9 ein, so weist bereits der erste Vers auf einen vergleichbaren Befund wie in 6,1–19. Es findet sich eine wörtliche Parallele zu Prov 10–27:[227]

| Die Weisheit hat ihr Haus gebaut, sie hat ihre sieben Säulen ausgehauen. | חכמות בנתה ביתה
חצבה עמודיה שבעה | 9,1 |
| Die Weisheit der Frauen hat ihr Haus gebaut, aber die Torheit reißt es mit ihren Händen ein. | חכמות נשים בנתה ביתה
ואולת בידיה תחרסנו | 14,1 |

Der jeweils erste Halbvers weist deutliche Gemeinsamkeiten auf.[228] In 9,1 findet sich lediglich nicht die Näherbestimmung der Weisheit als „die Weisheit der Frauen" von 14,1 (חכמות נשים).[229] Bei חכמות liegt die gleiche Konsonantenfolge vor, jedoch mit unterschiedlicher Vokalisation, da im einen Fall eine Konstruktusverbindung zu finden ist und im anderen ein absoluter Gebrauch.[230] Wenn die Aufnahme so zu denken ist, dass 9,1 auf 14,1 Bezug nimmt und nicht umgekehrt, dann wäre dies ein Hinweis darauf, dass auch das Rahmenkapitel 9 vor dem Hintergrund von Prov 10ff gebildet wurde.[231]

Das Kapitel selbst zerfällt in drei Teile, von denen der erste (9,1–6) und der letzte (9,13–18) zwei einander entgegengesetzte Frauengestalten porträtieren.[232] Im ersten Fall ist es Frau Weisheit, im zweiten Frau Torheit. Beide erscheinen an einem hoch gelegenen Ort (V. 3.14), um von dort aus den Vorbeigehenden ihre Botschaft mitzuteilen. Diese Botschaft, die nach einer Einleitung (V. 1–3; V. 13–15) erfolgt, ist in beiden Passagen identisch:

---

227 Vgl. SNELL, a.a.O., 45; WALTKE, a.a.O., 431.583. Die Gemeinsamkeit zu 24,3 ist hingegen nicht so eng, obwohl auch hier das Bauen des Hauses und die Weisheit genannt werden; vgl. MAIER, a.a.O., 229.

228 So bereits von HITZIG, Sprüche, 82 gesehen; vgl. WALTKE, a.a.O., 431; FOX, a.a.O., 297 und ROY YODER, a.a.O., 104.

229 Dabei handelt es sich vermutlich um eine spätere Hinzufügung; vgl. PLÖGER, a.a.O., 166 und MAIER, a.a.O., 229.

230 Der Plural חכמות wird auch in Prov 1,20 verwendet; vgl. dazu WALTKE, a.a.O., 197 mit Anm. 1 und MAIER, a.a.O., 217.

231 Bereits FRANKENBERG, Sprüche, 61 sah in Kap. 9 eine „Einleitung zum Folgenden, Ca. 10ff". S. auch CLIFFORD, a.a.O., 102.

232 Vgl. MAIER, a.a.O., 217; BAUMANN, a.a.O., 200; CLIFFORD, Proverbs, 101; MEINHOLD, Sprüche, 150f mit Darstellung des Aufbaus.

Wer einfältig ist, entferne sich hierher. Wem es an Verstand mangelt, zu dem spricht sie	מי פתי יסר הנה חסר לב אמרה לו	9,4
Wer einfältig ist, entferne sich hierher. Wem es an Verstand mangelt, zu dem spricht sie	מי פתי יסר הנה וחסר לב ואמרה לו	9,16

Die Aussage „wer einfältig ist…" hat in beiden Weisheitsgedichten eine unterschiedliche Akzentsetzung. Im ersten ist sie auf die Weisheit bezogen, die ihr Haus gebaut hat (V. 1) und ruft (V. 3). Im zweiten bezieht sie sich auf „Frau Torheit" (V. 13), die ebenfalls ruft (V. 15). Durch das Zitat, welches den Inhalt des Rufes der Weisheit bzw. der Torheit kennzeichnet, wird eine Antithese geschaffen zwischen dem Rufen der Weisheit und dem der Torheit.[233] Dabei erscheint nicht etwa die eine Frauengestalt der anderen übergeordnet. Vielmehr bringt das Zitat in 9,4 und 9,16 zum Ausdruck, das beide Frauen auf einer Ebene angesiedelt sind.

Gegenüber den zitathaften Anspielungen zu Prov 10ff sind die Querbezüge der beiden Abschnitte Prov 9,1–6 und 13–18 zu Prov 1–8 rein thematischer Natur. In 9,18 begegnet die aus 2,18f, 5,5 und 7,26f bekannte Todesmetaphorik.[234] Das Thema des „Lebens" und des Weges der „Einsicht" (בינה) von 9,6 greift 2,3 und 2,18 auf. Analog zu Prov 2 nimmt die Wegmetaphorik sowohl in der Rede der Weisheitsgestalt (9,1–6, דרך) als auch in der von Frau Torheit (9,13–18) eine zentrale Rolle ein.[235] Die Formulierung in 9,15 „die ihre Pfade gerade machen" (המישרים ארחותם) knüpft an die Zentralbegriffe ארח und ישר von Prov 2 an.[236] Daneben gibt es Anspielungen auf die anderen Ich-Reden der Weisheit sowie auf das Thema der „fremden Frau". Die Weisheit erscheint in 1,20 und 8,1–3 ebenfalls an öffentlichen Plätzen, so wie auch die Lebensthematik in 8,35 mit dem Finden der Weisheit verknüpft ist.[237] Einzelne lexematische Bezüge liegen zu den Lehrreden über die fremde Frau in Kap. 5, 6 und 7 vor.[238] Daran anknüpfend werden in der

---

233 Vgl. PLÖGER, a.a.O., 106; ROY YODER, a.a.O., 103; CLIFFORD, a.a.O., 103, der zu Recht darauf hinweist, dass die Einladungen der beiden Frauengestalten nicht exakt symmetrisch aufgebaut sind.

234 Vgl. MAIER, a.a.O., 217; WALTKE, a.a.O., 446 und bereits DELITZSCH, Spruchbuch, 159.

235 Vgl. dazu die Auflistung der Begriffe bei MAIER, a.a.O., 219.

236 Vgl. dazu oben Kap. 2.2.

237 Vgl. MEINHOLD, a.a.O., 155.

238 Vgl. dazu die Liste bei MAIER, a.a.O., 230 und WALTKE, a.a.O.; 443–445.

Septuaginta nach 9,18 vier Verse eingefügt, die nach 5,15–17 und 6,25 gebildet sind.[239]

Die genannten Aspekte verweisen darauf, dass die antithetisch konstruierten Passagen zu Frau Weisheit bzw. Frau Torheit in 9,1–6 und 9,13–18 nicht nur vor dem Hintergrund von Prov 10ff gebildet wurden, sondern auch Prov 1–8* voraussetzen. Bei den Bezügen zur ersten Sammlung fallen die zu Prov 2 und die zu den anderen Ich-Reden der Weisheit besonders auf.[240] Wörtliche Zitate aus Prov 1–9 finden sich in den beiden Abschnitten nicht. Dies ist insofern von Bedeutung, als dass der verbleibende Abschnitt von Kap. 9, V. 7–12, solche wörtlichen Zitate bietet.

Der Abschnitt enthält Einzelsprüche, die auch für sich alleine stehen könnten und die als Folge kleiner formaler Sprüche „auf engstem Raum" ebenfalls auf Prov 10–29 verweisen.[241] 9,7–12 hat offenbar eine ganz ähnliche literarische Funktion wie 6,1–19. Auffallend sind besonders die wörtlichen Parallelen zu zwei Texten aus Prov 1–9: in 9,11 zu 4,10 und in 9,10 zu 1,7:

Denn durch mich werden deine Tage zahlreich, und man wird dir Lebensjahre hinzufügen.	כי בי ירבו ימיך מות ויוסיפו לך שנות חיים	9,11
Höre, mein Sohn, und nimm meine Worte an, dann werden dir die Lebensjahre zahlreich sein.	שמע בני וקח אמרי וירבו לך שנות חיים	4,10

Die Aussage in 9,11 knüpft sachlich an die Lehreinleitung in 4,10 an. Die Wortkombination לך שנות חיים findet sich in dieser Form lediglich in 9,11; 4,10 und 3,2. In Verbindung mit der Form ירבו ist sie nur in 9,11 und 4,10 belegt.[242] Dies spricht für eine enge Verbindung zwischen den Versen und verweist darauf, dass 9,11 vor dem Hintergrund von 4,10b gebildet wurde.

---

239 Dazu TAN, Foreignness, 130–132.

240 Auf die traditionsgeschichtlichen Bezüge zu anderen alttestamentlichen Texten kann an dieser Stelle nicht eingegangen werden. Vgl. dazu MAIER, a.a.O., 227f, die auf terminologische und sachliche Gemeinsamkeiten zwischen der Bankettszene 9,1–6 und Jes 65,11–15 aufmerksam macht.

241 Vgl. FUHS, a.a.O., 167 und ROY YODER, a.a.O., 103. Auf diese Abfolge kleinster Einheiten verweist auch die Textgeschichte. So enthält eine hebräische Handschrift (Kennicot, Nr. 166) nicht V. 9–10 und eine andere (Nr. 45) nicht V. 10–12 (dazu PLÖGER, a.a.O., 104). Vgl. auch MEINHOLD, a.a.O., 156 mit einem Schema zum Aufbau (V. 7–9.10f.12).

242 Vgl. MAIER, a.a.O., 218.

Interessant sind auch die Gemeinsamkeiten zu Prov 1. Diese betreffen diverse terminologische Übereinstimmungen sowie die Aussage von 9,8f, dass der Weise und Gerechte durch seine Weisung die Belehrung anderer weiterführen kann (1,5).[243] Die engste Parallele liegt mit 9,10 vor, der das Motto des Buches von 1,7 aufgreift:

Der Anfang der Weisheit ist JHWH-Furcht und Kenntnis des Heiligen Einsicht.	תחלת חכמה יראת יהוה ודעת קדשים בינה	9,10
JHWH-Furcht ist der Anfang des Wissens. Weisheit und Zucht verachten die Selbstklugen.	יראת יהוה ראשית דעת חכמה ומוסר אוילים בזו	1,7

Es stimmen der Grundgedanke und die Formel von der Gottesfurcht als Anfang der Weisheit (in 9,10 חכמה, in 1,7 דעת) überein.[244] Wenn man das Zitat wiederum redaktionsgeschichtlich auswerten darf, so wurde offenbar bewusst am Ende von Prov 1–9 nochmals das Eingangsmotto zitiert. Durch die Verwendung der Formel „Kenntnis des Heiligen" (דעת קדשים) in 9,10 wurde jedoch noch ein weiterer Bezug geschaffen. Die im Proverbienbuch nur zwei Mal belegte Wendung findet sich noch in 30,3. In 2,5 wird parallel JHWH-Furcht die „Erkenntnis Gottes" (דעת אלהים) und damit eine ähnliche Formulierung verwendet.[245]

Wenn man bedenkt, dass V. 10 nicht nur das Zentrum des Zwischenstückes 9,7–12, sondern auch das von Kap. 9 in seiner vorliegenden Form bildet, so sind diese Bezüge zu Kap. 1 und 30 kaum zufällig.[246] Vielmehr scheinen hier zwei Linien ausgezogen zu werden, die bis an den Anfang und an das Ende des Proverbienbuches reichen.

An dieser Stelle muss kurz auf eine These von Patrick W. Skehan eingegangen werden. Skehan wollte die in Prov 9,1 genannten „sieben Säulen" (עמודיה שבעה), auf denen die Weisheit ihr Haus gebaut hat, mit der Struktur des Proverbienbuches verbinden. Diese These, die Skehan erst auf den

---

243 Vgl. MAIER, a.a.O., 218, die in Anm. 4 auch die Wortparallelen auflistet: ליץ/לץ Prov 9,7.8.12 = 1,22; יכח 9,7.8 = תוכחת 1,23.25.30; ידע hif. 9,9 = 1,23; שנא 9,8 = 1,20; אהב 9,8 = 1,22; und die Formel יסף לקח 9,9 und 1,5. Vgl. dazu auch WALTKE, a.a.O., 440f und HITZIG, a.a.O., 85f.

244 Dies wurde bereits von DELITZSCH, a.a.O., 156 gesehen und in der Folge immer wieder erkannt.

245 Vgl. WALTKE, a.a.O., 441 und FOX, a.a.O., 308; MEINHOLD, a.a.O., 157. So bereits DELITZSCH, a.a.O., 156. Zum Ganzen auch unten Kap. 5.2.3.

246 Vgl. dazu auch FUHS, a.a.O., 162, der von „formal-inhaltlichen Bezugslinien" spricht.

Aufbau von Prov 2–7 und dann auf das ganze Proverbienbuch bezog,[247] hat sich in der Forschung nicht durchgesetzt, verdient jedoch in ihrer modifizierten Form Beachtung. Denn anders als die von Skehan teilweise recht gewaltsam durchgeführte Siebenteilung von Prov 2–7,[248] knüpft das Modell einer Siebenteilung des Proverbienbuches an einen literarischen Befund an. So liegen mit 1,1; 10,1; 22,17; 24,23; 25,1; 30,1 und 31,1 in der Tat sieben Überschriften vor, die dem Proverbienbuch eine Gliederung geben.[249] Ein Problem ist freilich, dass das Proverbienbuch inhaltlich und formal in neun Abschnitte zerfällt und nicht in sieben. Insofern ist es nur konsequent, wenn die spätere rabbinische Exegese die Siebenerteilung nicht mehr auf das Proverbienbuch, sondern auf die Tora und die sieben Gesetzesbücher bezieht.[250]

Wenn man den bislang skizzierten Befund bündelt, so lässt sich für Prov 9 ein dreifaches festhalten. Das Kapitel erweckt zwar den Eindruck eines literarischen Wachstums (V. 7–12),[251] jedoch weisen alle drei Teile (1–6; 7–12; 13–18) Bezüge zu Prov 1–8* und 10–29 auf sowie im Falle von 7–12 auch zu Prov 30. Dabei lässt die Form der Bezüge zwei unterschiedliche Ausrichtungen erkennen. (1) Die Abschnitte 9,1–6 und 13–18 enthalten wörtliche Anspielungen zu Prov 10ff und thematische zu 1–8; (2) V. 7–12 hingegen thematische und wörtliche Bezüge in beide Richtungen und damit zum ganzen Sprüchebuch.

Bei den Verbindungen zu Prov 1–8* fallen besonders die Bezüge zum Themenkomplex der „fremden Frau" sowie die zu den Ich-Reden der Weisheit und zu Kap. 2 auf. Das Gegenüber von Weisheitsgestalt und Frau Torheit in 9,1–6 und 13–18 muss vor dem Hintergrund der anderen Ichreden in 1,20–33 und 8,1–36 gelesen werden, wobei in Kap. 9 nun erstmals die Weisheitsgestalt mit dem Thema der „fremden Frau" verknüpft wird. Diese erscheint nicht mehr als „fremde Frau"

---

247 Vgl. Skehan, Seven Colummns (1947), 190–198 und Ders., Wisdom's House (1967), 115–130. Beide Aufsätze, wie auch der über „A Single Editor for the Whole Book of Proverbs" von 1948 (dazu unten Anm. 267) sind in den „Studies in Israelite Poetry and Wisdom" von 1971 veröffentlicht.

248 Vgl. dazu die Kritik von Baumann, a.a.O., 205f.

249 Vgl. dazu R. Tournay, der dies in einer Rezension von Gerhard von Rads Buch „Weisheit in Israel" in der Revue Biblique betont: RB 80 (1973) 130. S. auch Waltke, a.a.O., 9.

250 Vgl. Baumann, a.a.O., 207 zu weiteren Deutungen der Siebenerzahl (z.B. im Sinne der sieben Säulen der Welt, Trakat Hagiga 12b des Babylonischen Talmdus) und Meinhold, a.a.O., 152. Weiterführend ist hier auch die Studie von Georg Braulik zu den „sieben Säulen der Weisheit im Buch Deuteronomium" aus dem Jahr 2003.

251 Die Verse werden oftmals als sekundärer Einschub in Kap. 9 betrachtet: Vgl. Gemser, a.a.O., 51; McKane, a.a.O., 359; Plöger, a.a.O., 104–106; Meinhold, a.a.O., 155–158; Fox, a.a.O., 306f.

(אשה זרה), sondern als „Frau Torheit" und damit als eine Personifizie-rung dessen, wofür die fremde Frau in Prov 1–9 steht.[252] So greift Prov 9 – liest man das Kapitel vor dem Hintergrund von Prov 2 – die Anti-these von Kap. 2 mit dem Gegenüber der beiden Wege auf, spitzt diese jedoch zu.

Damit einher geht ein Wandel im Weisheitsbegriff. Während die Weisheit in Kap. 2 auf JHWH bezogen ist, tritt sie in dem ersten Weis-heitsgedicht von Kap. 9 selbst in Erscheinung und wird antithetisch der gleichermaßen selbständig agierenden Frau Torheit gegenübergestellt. Es zeigt sich eine Tendenz, Weisheit und Torheit als eigene, jeweils wirkmächtige Entitäten zu beschreiben und damit ein Gegenüber zu schaffen, an das die Weisheitstexte aus Qumran anknüpfen konnten. Darin wird eine Linie erkennbar, bei der zunächst die „fremde Frau" eine Gefahr für den Weisheitsschüler darstellt und nicht für die Weis-heit selbst, sich dann beide auf Augenhöhe bewegen, indem die perso-nifizierte Weisheit und die personifizierte Torheit in gleicher Weise agieren (Prov 9), und schließlich in Qumran (4Q184) „Frau Torheit" als geradezu dämonenhafte Gestalt zu einer ernsthaften Bedrohung für die Weisheit wird.[253] Prov 9 setzt somit auf einer anderen Ebene an als die sonstigen Texte zur fremden Frau in Prov 1–8.

Insgesamt verweisen die Einzelaspekte darauf, dass Prov 9 ein spä-ter Zusatz zur ersten Sammlung ist. Der Text muss vermutlich der jüng-sten Redaktionsstufe des Proverbienbuches zugeordnet werden. Diese betrifft, wie die Bezüge zu Kap. 1 zeigen, auch das erste Kapitel des Proverbienbuches, einschließlich des Mottos in 1,7. Damit lässt sich nun die Redaktionsgeschichte von Prov 1–9 genauer nachzeichnen und der literarische Ort von Prov 2 bestimmen.

4.3 Ergebnis: Prov 2 und die Redaktionsgeschichte des Proverbienbuches

Die Analyse der Querbeziehungen von Prov 2 zu anderen Texten des Proverbienbuches hat zu einem zweifachen Ergebnis geführt. In me-thodischer Hinsicht kann festgehalten werden, dass das Paradigma der „textuellen Kohärenz" hier deutlich besser gegriffen hat als bei der Untersuchung der traditionsgeschichtlichen Bezüge. Für die Weisheits-

---

252 Vgl. dazu MAIER, a.a.O., 249.
253 Vgl. WEEKS, a.a.O., 164 und die ausführliche Studies seiner Schülerin Nancy Nam Hoon TAN: "The ‚Foreignness' of the Foreign Woman in Proverbs 1–9".

lehre von Prov 2 lassen sich explizite Bezüge auf schriftlich vorliegende Texte nachweisen, die in Form bestimmter Zitate ausgeführt sind. Speziell die Einleitung der Weisheitslehre (V. 1–4) nimmt auf zwei unterschiedliche Textgattungen Bezug: auf die Lehrreden in 1–7* und das Weisheitsgedicht von Kap. 8. Durch den Bezug auf die Lehrreden werden zugleich die beiden Themen des zweiten Teils von Prov 2 angerissen: die frevelhaften Männer und die fremde Frau. Beide Themen dienen in Prov 1–7 der Konkretisierung der weisheitlichen Lehrrede. Prov 2,1–4 steckt somit einen recht breiten Horizont ab, der eine ganze Reihe anderer Texte voraussetzt. Der Autor der Lehrrede hat dabei offenbar ein literarisches Verfahren angewendet, das in der Schulsituation beheimatet war und bei dem Weisheitslehren anhand der Kapitelanfänge memoriert wurden. Die Bezüge zu den Einleitungsversen anderer Texte in Prov 1–8 sind somit nicht nur im Sinne einer textuellen Kohärenz zu verstehen, sondern vielmehr so, dass Kap. 2 diese Texte gleichsam beim Leser abruft.

Dies verdeutlicht, dass die These von Prov 2 als „Inhaltsverzeichnis" von Prov 1–7 zu kurz greift. Der Text bietet eine Art Leseanweisung, deren eigentliche Intention erst noch herausgearbeitet werden muss. So stellt sich vor dem Hintergrund des in Kap. 3 erarbeiteten Themenkomplexes ‚Weisheit und Tora' die Frage, in welchem Sinne Prov 2 von diesem Thema aus nun ein bestimmtes Verständnis von Weisheit zum Schlüssel für die neun Lehrreden von Prov 1–7* und das Weisheitsgedicht von Prov 8 macht. Bevor dieser Frage genauer nachgegangen wird, sollen die bisherigen Ergebnisse zur möglichen Redaktionsgeschichte von Prov 1–9 und des Proverbienbuches zusammengefasst werden.

Den Ausgangspunkt bilden die neun Lehrreden (1,8–19; 3,1–12; 4,1–9; 4,10–19; 4,20–27; 5,1–23; 6,20–35; 7,1–27), die von einem Verfasser komponiert wurden. Dieser schuf mit den Lehreröffnungsformeln eine Verbindung, bei der anhand des jeweils ersten Verses ein Bezug zur vorangehenden Lehrrede hergestellt wurde. Der Autor knüpfte damit an eine Form der Lehrrede an, die sich auch in den ägyptischen Lebenslehren findet. Ausgangspunkt dessen ist die Einleitung der Lehrrede, die in einem rhetorischen Dreischritt (Einleitung – Hauptteil – Schluss) entfaltet wird. In den neun Lehrreden von Prov 1–7* wird anhand der Einleitungsverse ein Zusammenhang hergestellt, der von den ‚frevelhaften Männern' (1,8–19) zur ‚fremden Frau' (7,1–27) reicht. Damit wird jedoch eher ein bestimmtes Spektrum benannt, als ein auf der inhaltlichen Ebene fortschreitender Zusammenhang. Die Kapitel wirken wie ein lehrhafter Diskurs – und darin erscheinen sie durchaus ägyptischen Schultexten verwandt –, bei dem bestimmte Themen angerissen werden, die vom Weisheitsschüler in gleicher Weise durchzuarbeiten sind. Dieser ‚Diskurs' der neun Lehrreden hat vermutlich als eigenes Textkorpus bestanden und wurde nicht auf Prov 10–31 hin komponiert.

Die nächste Stufe innerhalb der Entstehung der ersten Sammlung des Proverbienbuches ist Prov 2. Der literarische Befund mit direkten Zitaten spricht deutlich dafür, dass Prov 2 vor dem Hintergrund von 1–7 gebildet wurde. Das Kapitel stellt eine Art Einleitung der Lehrreden dar, in der die Themen dieses ursprünglich offenen Diskurses mit einem bestimmten Verständnis von Weisheit verbunden wurden. Die Weisheit kommt von JHWH, sie geht aus seinem Mund hervor, und letztlich können drei Faktoren zu einem JHWH wohlgefälligen Leben verhelfen: (1) die Lehre des Weisheitslehrers, (2) deren Aufnahme und das sich daraus ergebende aktive Bemühen des Weisheitsschülers sowie (3) JHWHs Handeln.[254] Vergleicht man dies mit der Aussage von Prov 8, in der die Weisheit als eigenständiges Geschöpf agiert, so wird nicht nur der Unterschied, sondern auch die weitere Wegrichtung deutlich. Es finden sich in Prov 1–8* unterschiedliche Verständnisse von Weisheit, die durch die Vorschaltung von Prov 2 miteinander verbunden wurden. Dabei wurde auch das vermutlich eigenständig vorliegende Weisheitsgedicht von Prov 8 aufgegriffen und mit 3,13–20 eine inhaltliche Verbindung geschaffen. Der Redaktor hat dadurch eine thematische Verknüpfung zu Prov 8 hergestellt, die in ihrem unmittelbaren literarischen Kontext wie eine Fortführung der vorausgehenden Lehrrede wirkt (konkret: von 3,1–12 in 3,13–20).

Der skizzierte literarische Befund führt zu dem Ergebnis, dass bei der Redaktion der Lehrreden in Prov 1–7* eine Kapitelumstellung vorgenommen wurde. Prov 2 wurde vor dem Hintergrund der neun Lehrreden komponiert und bildete das Kopfstück eines Korpus, das die neun Weisheitslehren und Prov 8 umfasste. Dies ergibt eine Abfolge von 2,1–22; 1,8–19; 3,1–22 usw. Die in klassischer Zählung erste Lehrrede, 1,8–19, hätte somit ursprünglich zu Beginn der neun Lehrreden gestanden, wurde jedoch durch 2,1–22 nach vorne hin ergänzt, um dann bei der Endredaktion von Prov 1–9 wieder an die erste Stelle und damit vor 2,1–22 zu rücken. Die These ist nicht unproblematisch, weil kein materieller Beweis für eine solche Kapitelumstellung vorliegt. Sie ergibt sich jedoch aus den oben genannten Textbeobachtungen und wird in der Sache durch die Textüberlieferung zum Proverbienbuch gestützt. Denn an anderen Stellen bieten die antiken Handschriften durchaus Kapitelumstellungen, so dass hier im masoreti-

---

254 Vgl. Fox, Pedagogy, 242 mit Verweis auf den mittelalterlichen Kommentar zum Proverbienbuch von Sacadia Gaon, der dies ähnlich akzentuiert.

schen Text ein Verfahren greifbar wird, das in der Textgeschichte des Proverbienbuches fortgeführt wird.[255]

Den nächsten Schritt innerhalb der Redaktion von Prov 1–9 muss man sich so vorstellen, dass das Korpus von 2,1–22; 1,8–19; 3,1–8,36* nach vorne und hinten erweitert und um bestimmte Passagen ergänzt wurde. Dabei handelt es sich um die Abschnitte: 6,1–19; 9,1–18 und 1,1–7.20–33. Diese Abschnitte haben verschiedene Funktionen und stehen wiederum in unterschiedlicher Beziehung zueinander. So zeigten sich deutliche Bezüge von 6,1–19 zum Spruchkorpus Prov 10–22, so wie Kap. 9 einerseits auf Kap. 1 zurück, aber auch auf Prov 30 vorausweist. Beides verdeutlicht, dass diese Redaktion das von Prov 2 eingeleitete Korpus von Prov 1–8* mit dem Spruchkorpus verknüpfte. Sofern man hier von einer einzigen Redaktion ausgehen darf, wären dabei nicht nur Prov 10–22, sondern auch die folgenden Sammlungen bis Prov 30 betroffen; es würde sich somit um die Redaktion handeln, auf die das Proverbienbuch in der vorliegenden Form zurückgeht.

Es kann an dieser Stelle nicht näher auf die Redaktionsgeschichte von Prov 10–31 eingegangen werden, da dies eine eigene Untersuchung erfordert. Gleichwohl sollen im Hinblick auf die hier relevante Frage nach der Endredaktion des Proverbienbuches ein paar Grundlinien benannt werden. Klassischerweise werden in den Kapiteln 10–31 vier Teilsammlungen unterschieden, 10–22,16; 22,17–24,22 (oder auch 24,34), 25–29 und 30–31. Diese Teilsammlungen werden nochmals unterteilt (so z.B. Ruth Scoralick für 10,1–15,33 oder Knut Heim: 10; 11,1–13,25; 14,1–16,33; 17,1–20,4; 20,5–22,16),[256] wobei der Abschnitt 22,17–24,22 durch die beiden Überschriften (22,17; 24,23) und die literarische Abhängigkeit zur Lehre des Amenemope eine eigene Einheit darstellt.[257] Die drei Überschriften in 25,1; 30,1 und 31,1 gliedern die restlichen Kapitel des Proverbienbuches, wobei die Forschung klassischerweise 25–29 und 30 und 31 für jeweils eigenständige Sammlungen hält.[258] Ganz gleich, ob man 30 und 31 noch weiter unterteilt oder zusammenfasst,[259] die Kapitel stellen die letzten Zusätze in der Kompositi-

255 Vgl. z.B. die Septuaginta zu Prov 28, wo V. 1–14 vor und V. 15–33 nach 24,23–34 gestellt wird. S. dazu Kapitel 5.2.3 dieser Arbeit.
256 Vgl. SCORALICK, Einzelspruch, 238; HEIM, Grapes, 313–315 und SCHERER, Wort, 334, der in 10,1–22,16 „dreizehn größere Bereiche" unterscheidet. S. dazu auch den instruktiven Überblick bei KOTTSIEPER, Weisheit, 203–206.
257 Vgl. dazu FOX, Formation, 22–37 sowie den jüngst veröffentlichten Lexikonartikel von Vincent LAISNEY zum Thema: Amenemope.
258 Vgl. dazu PLÖGER, a.a.O., XIV; WALTKE, a.a.O., 25–28 sowie den Forschungsüberblick von WHYBRAY, Survey, 86f.
259 So die Mehrzahl der Kommentatoren: GEMSER, Sprüche, 4f; FOX, Proverbs, 849, der mit vier Zusätzen rechnet (30,1–9; 30,10–33; 31,1–9; 31,10–31) und MEINHOLD, a.a.O.,

onsgeschichte des Proverbienbuches dar und sind mit dessen Endredaktion zu verbinden.[260]

Wenn man in einem ersten Schritt die Veränderungen in Prov 1–9 in den Blick nimmt, die mit dieser (letzten) Redaktionsstufe zu verbinden sind, so betreffen diese zunächst die Einführung von 6,1–19 und damit einen Abschnitt, der deutlich die Verbindung zu Prov 10f herstellt. Im Rahmen dieses Arbeitsganges wurde auch das Einleitungskapitel (Prov 1) umgestaltet. Den Ausgangspunkt dazu bildet wiederum Prov 2.

Einen Hinweis gibt der genannte literarische Bezug von 1,3 zu 2,9. Der Autor von Kap. 1 hat offenbar die Trias צדק ומשפט ומישרים von 2,9 aufgegriffen, jedoch in 1,3 durch die erste Vershälfte anders akzentuiert (לקחת מוסר השכל). Das Wort Zucht (מוסר), das in Prov 2 nicht begegnet, wird den anderen Begriffen vorangestellt. Das Wort מוסר erscheint im Kontext von Prov 1 geradezu als Schlüsselwort. Es wird in den ersten acht Versen allein viermal verwendet (Prov 1,1.2.3.7.8).[261] Im Zuge dieses Verfahrens wurde auch das Weisheitsgedicht von 1,20–33 geschaffen[262] sowie Prov 2 an die zweite Stelle der Weisheitslehren gesetzt. Durch diese Einleitung rückte nun die Weisheitsfigur selbst in den Vordergrund, die in 1,20–33 und in Kap. 9 explizit genannt wird. Damit einher ging eine Akzentverschiebung. Diese beginnt bei dem Motto in Prov 1,7 und endet bei der Gesamtkomposition von Kap. 1 und deren Bedeutung für Kap. 2. Das Motto in 1,7 „JHWH-Furcht ist der Anfang der Erkenntnis; Weisheit und Zucht missachten die Selbstklugen" steht im Kontrast zur Bestimmung der JHWH-Furcht in 2,5. Dort ergibt sich die JHWH-Furcht aus dem Befolgen der Weisheitslehre. Im einen Fall wird die JHWH-Furcht an den Anfang gesetzt, im anderen eine Weisheit (חכמה), deren Verständnis mit dem Herzen möglich ist, woraus sich die JHWH-Furcht dann gleichsam von selbst ergibt. Von 1,7 aus liest sich das restliche Kap. 1 wie eine Gegenposition zu Prov 2, nach der ‚Weisheit' nicht verstehbar ist, sich der Weisheitsschüler großen Gefahren ausgesetzt sieht (1,8–19, die frevelhaften Männer) und die Weisheit eine Größe für sich ist (1,20–33). Folgt man dieser Deutung, so erscheint die Rede von den Hochmütigen (לצים) und den Selbstzufriedenen (כסילים) in 1,22 wie auch die von den Selbstklugen (אוילים) in 1,7b

---

8, der auch vier Teile unterscheidet, jedoch Kap. 30 anders aufspaltet (V. 1–14 und V. 15–33).

260 Interessant ist die These von Claudia V. CAMP von Prov 1–9 und 31 als „interpretative framework around the proverb collection" (Wisdom, 186).

261 Vgl. zum Gesamtbelegspektrum von מוסר HAL, 528 und GESENIUS[18], 644.

262 Anders BAUMANN, a.a.O., 257f, die als Kern von Prov 1–9 die zehn Lehrreden und die zwei Reden der Weisheitsgestalt bestimmt (1,8–8,36).

als ein Gegenpol zur Aussage von Kap. 2, nach der das Erfassen der Weisheit gerade möglich und ein dem Willen JHWHs entsprechendes Leben realisierbar ist.[263] Dem entspricht das Gegenüber zwischen dem Rufen der Weisheit in 1,21 und dem Rufen des Weisheitsschülers in 2,3 nach Einsicht (jeweils תקרא).[264] Durch die Komposition von Kap. 1 und die genannten Themen erscheint Prov 2 wie eine Explikation des vorangegangen Abschnittes. Die Lehrrede von Kap. 2 wirkt nicht mehr wie eine Einleitung zu den folgenden Weisheitslehren, sondern wie eine Entfaltung des Themas der frevelhaften Männer (1,8–19)[265] sowie des letzten Verses des ersten Kapitels, in dem die Weisheitsgestalt sagt: „Wer aber auf mich hört, wird sicher wohnen (שכן) und ruhig vor dem Schrecken des Unglück sein" (1,33). Das Thema des Wohnens wird in Prov 2,21 mit demselben Verb שכן aufgegriffen.[266]

Damit wird der programmatische Charakter von Prov 2 deutlich reduziert. Die Voranstellung der Lehrrede von 1,8–19 ist somit Teil eines redaktionellen Verfahrens, bei dem Prov 2 bewusst an die zweite Stelle gerückt wird, um ein anderes Verständnis von Weisheit zu etablieren. Dies geschah durch die Hervorhebung des Themas der „frevelhaften Männer" in der ersten Lehrrede, das nicht nur eine Leseanweisung für Prov 2 gibt, sondern durch den Einschub von 6,1–19 zusätzlich betont wird. Es lässt sich somit auf der inhaltlichen Ebene plausibel machen, Kap. 1 und 6,1–19 derselben literarischen Schicht zuzuordnen. Der Abschnitt 6,1–19 hätte dabei die Funktion, das Thema der frevelhaften Männer und damit des konkreten Lebensweges hervorzuheben und gegenüber dem in den Lehrreden dominanten Thema der fremden Frau stärker in den Vordergrund zu rücken.

Bei diesem Arbeitsgang wurde auch Kap. 9 mit seinem Gegenüber zwischen der personifizierten Weisheit und „Frau Torheit" geschaffen. Es findet sich eine inhaltliche Linie, bei der die Grenzen der Weisheit anklingen bzw. – vorsichtiger formuliert – ein Weg geebnet wird, der bis zur dämonenhaften Ausgestaltung von Frau Torheit in 4Q184 reicht. Die Analyse der Querbeziehungen zeigte, dass Prov 9 Bezüge zu

---

263 Die drei Begriffe haben unterschiedliche Semantiken, beziehen sich jedoch einheitlich auf den „Toren", der sich wider besseres Wissen gegen die Ideale der Weisheit stellt; vgl. FOX, a.a.O., 40f; GESENIUS[18], 23, 561, 614.

264 Vgl. DELITZSCH, a.a.O., 58f.

265 Bereits Friedrich Wilhelm Carl UMBREIT in seiner Proverbienauslegung von 1826 betonte, dass Kap. 2 vor dem Hintergrund von Kap. 1 als „neue Ermahnung zur Weisheit" erscheint (Commentar, 14).

266 Vgl. TOY, Proverbs, 29.

Prov 30f aufweist,[267] so dass man nicht darin fehlgehen wird, beide Texte und damit die abschließende Redaktion von Prov 1–9 mit der des Proverbienbuches als Ganzem zu verbinden.

Damit ist ein weiterer Fragehorizont eröffnet. Denn mit den genannten Aspekten rückt die Frage nach der Schlussredaktion des Proverbienbuches und den inhaltlichen Parametern, die bei dieser Redaktion zum Tragen kamen, in den Mittelpunkt. Die bisherige Analyse hat bereits verdeutlicht, dass die Etappen einer Redaktionsgeschichte von Prov 1–9 nicht von inhaltlichen Überlegungen abgekoppelt werden können. Inwiefern aber lässt sich dies an dem Thema festmachen, das für Prov 2 bereits als zentral erkannt wurde: das Verständnis von Tora und deren Verhältnis zur Weisheit? Nimmt man bisherige Studien zum Proverbienbuch und speziell zu den Einflüssen deuteronomisch-deuteronomistischer Theologie auf Prov 1–9 hinzu, so wird eines deutlich: Die vorstehenden Ausführungen, bei denen die Intention der jeweiligen Redaktionsschicht zunächst ausgeblendet wurde, eröffnet einen Fragehorizont, der zum Thema ‚Weisheit und Tora' zurückführt, dieses jedoch nun mit kompositions- und redaktionsgeschichtlichen Aspekten verbindet. Inwiefern nehmen bestimmte Passagen des Proverbienbuches Bezug auf den Diskurs um die Tora und verorten sich innerhalb dieses Diskurses unterschiedlich?[268] Die Frage verlangt eine etwas ausführlichere Diskussion der Größe Tora und eine Untersuchung der anderen Stellen des Proverbienbuches, in denen deuteronomisch-deuteronomistische Traditionen von Bedeutung sind.

---

267 Patrick W. SKEHAN hat in einem Artikel aus dem Jahr 1948 als einer der ersten auf diesen Zusammenhang aufmerksam gemacht (Editor, 115–130). Dies umfasst auch die Bezüge zwischen der „Frau der Stärke" in 31,10–31 und Prov 8, vgl. CAMP, a.a.O., 186; ROY YODER, Wisdom, 102f und die Tabelle bei FOX, a.a.O., 908f.

268 Erst während der Drucklegung der hier vorliegenden Arbeit erschien die Studie von G. REICHENBACH: Gültige Verbindungen. Eine Untersuchung zur kanonischen Bedeutung der innerbiblischen Traditionsbezüge in Sprüche 1–9 (Leipzig 2011). Reichenbach geht z.T. von ähnlichen Textbeobachtungen aus, wertet diese jedoch im Hinblick auf ihre kanongeschichtliche Perspektive aus, was einerseits reizvoll, andererseits jedoch nicht unproblematisch ist, vgl. a.a.O., 411–413.

5. Hermeneutik der Tora

Die vorstehende Untersuchung setzte mit einer Analyse von Prov 2 ein und gelangte von dort zu Einsichten zur Verschränkung des Kapitels mit anderen Traditionen und zu redaktions- und kompositionsgeschichtlichen Fragen zum Proverbienbuch insgesamt. Dabei zeigte sich, dass Prov 2 einerseits deutliche Bezüge zu Prov 1–9 aufweist, diese aber jenseits der oft vorgenommenen Zuweisung des Textes zu den Lehrreden liegen. Das Kapitel ist auch mit der Rede der personifizierten Weisheit in Prov 8 und der gesamten Einleitung in Kap. 1 verbunden. Auf der anderen Seite enthält Prov 2 Anklänge zu Texten außerhalb des Proverbienbuches und speziell zum Themenkomplex ‚Tora'. In der Folge soll nun beides miteinander verbunden, d.h. die Torathematik aufgegriffen und mit der Frage nach Komposition und Redaktion des Proverbienbuches verknüpft werden. Dazu wird zunächst beim Begriff ‚Tora' eingesetzt (5.1), dann untersucht, welche Konzepte von ‚Tora' im Proverbienbuch begegnen (5.2), um von dort aus zu Fragen der Redaktions- und Kompositionsgeschichte zu gelangen (5.3).

5.1 Die ‚Tora' in nachexilischer Zeit

Bereits die Analyse der traditionsgeschichtlichen Bezüge zeigte, dass die Größe ‚Tora' für die Interpretation von Prov 2 von entscheidender Bedeutung ist. Was aber verbirgt sich genau dahinter? Setzt man nochmals bei den bereits untersuchten Psalmen 119 und 19 ein, so muss zunächst festgehalten werden, dass ‚Tora' in spätnachexilischer Zeit als dynamischer Begriff erscheint, der eher ein Konzept umreißt, als eine starre Größe.[1] Die Tora ist, wie Ps 1 exemplarisch verdeutlicht, einerseits etwas zum Meditieren und andererseits auf den Lebensweg als Ganzen bezogen.[2] Die Wendung von V. 2, nach der man an der Tora

---

1 Für Ps 119 betont dies ARNOLD, Einladung, 402–404.
2 Vgl. zur doppelten Tora-Aussage des Psalms mit seiner emotionalen und seiner kognitiven Seite JANOWSKI, Baum, 126f. Der Bezug des Textes auf den Lebensweg insgesamt klingt in dem לא יקמו von V. 5 an und wird in der Septuaginta nochmals

JHWHs seinen Gefallen haben (חפץ) und sie meditieren soll (הגה), betont die emotionale und die kognitive Seite.[3] Die beiden Aspekte, der äußere, der auf die intellektuelle Beschäftigung mit der Tora abzielt, und der innere, der dies zur Herzenssache macht, setzen eine schriftliche Tora voraus. Damit sind die beiden Merkmale genannt, die mit dem Torabegriff in nachexilischer Zeit verbunden werden – die fixierte Größe im Sinne des (schriftlich vorliegenden) Gesetzes und die Dynamik, die den Lebensweg insgesamt im Blick hat.[4]

5.1.1 Der Begriff תורה

Jüngere Untersuchungen haben gezeigt, dass diese dynamische Dimension bereits im Begriff תורה angelegt ist.[5] Das Wort wird von der Wurzel ירה III abgeleitet und mit „Erziehung, Bildung" oder auch „Lehre, Weisung" wiedergegeben.[6] Sowohl bei dem Nomen als auch bei dem zugrunde liegenden Verb liegt der Akzent, wie Thomas Willi herausgearbeitet hat, „nicht auf einem zu erreichenden Zustand, auf einer erstrebten Befindlichkeit, sondern auf einem Vorgang."[7] ‚Tora' bezeichnet etwas Dynamisches, bei dem der (Lebens-)Weg das Ziel ist und nicht der normative verbindliche Inhalt.[8] Diese Bestimmung der Tora unterscheidet sich deutlich von dem älteren Verständnis, nach dem ‚Tora' vor allem mit dem ‚Gesetz' gleichgesetzt wurde.[9] Auch wird man kaum mit der älteren Forschung die Tora mit einem priester-

---

verstärkt: „sie stehen nicht (vom Tod) auf" (οὐκ ἀναστήσονται); dazu GZELLA, Lebenszeit, 262.

3   In dieser Doppelaussage von Ps 1 sind sich die Kommentatoren einig; vgl. KRATZ, Tora Davids, 282f und JANOWSKI, a.a.O., 12f.

4   Vgl. EBACH, Freude, 3, der von einer „Einverleibung" der Tora spricht und damit ein wesentliches Spezifikum von Ps 1 nennt.

5   Das Wort ist im AT 220 Mal belegt und wird in der Regel im Singular gebraucht (der Plural findet sich nur 22x). Die meisten Belege finden sich in den geschichtlichen Texten (DtrG und ChrG, über 40x), gefolgt von Ps 119 (allein 25x), Deuteronomium (22x), Leviticus (16x), Proverbien (13x), Jesaja (12x), Jeremia (11x), Numeri (10x) und Ezechiel (7x); vgl. LIEDKE/PETERSEN, Art. תורה, 1032 und GARCÍA LÓPEZ, Art. תורה, Sp. 600.

6   Vgl. ÖSTBORN, Tōrā, 4–22; WILLI, Leviten, 95; LIEDKE/PETERSEN, a.a.O., 1032f; GARCÍA LÓPEZ, a.a.O., 599f und den Überblick bei MAIER, Jeremia, 302.

7   WILLI, a.a.O., 95.

8   Vgl. auch MILLER, Way, 255f, vgl. auch a.a.O. 288: "Torah is always more than just the rules".

9   Vgl. dazu WILLI, a.a.O., 92 und CRÜSEMANN, Tora, 423 mit einer Problematisierung dieses Verständnisses der (hauptsächlich) älteren protestantischen Forschung.

lichen Arkanwissen verbinden können.[10] Die Verbindung zu den Priestern verdeutlicht vielmehr einen Aspekt, der für die Torakonzeption in
nachexilischer Zeit zentral ist: die Vermittlung von Tora, mithin die
Lehre.[11] Denn wenn die Tora auf den eigenen Lebensweg appliziert
werden will, so muss sie gelehrt werden. Im Levispruch des Moses-
gens (Dtn 33,10) wird von den Leviten gesagt, dass sie die Rechtsvor-
schriften und die Tora lehren (ירה). Der Text ist aufgrund der Verbindung von משפטים und תורה deuteronomistisch und daher kaum geeignet, eine alte Verbindung von Priester und Tora zu belegen.[12] Vielmehr
steht er für ein Verständnis von ‚Tora' als einer schriftlichen Größe, die
von einer Gruppe von Spezialisten ausgelegt wird, im vorliegenden
Fall, den Priestern.[13]

> Die Frage nach dem Alter einer Verbindung von Tora und Priestern kann
> hier nicht ausführlich diskutiert werden. Sie entscheidet sich u.a. an der
> Datierung von Mi 3,11. Dort wird den Priestern vorgeworfen, sie lehrten
> „gegen Bezahlung" (ירה במחיר).[14] Es findet sich hier eine Kritik am priester-
> lichen Amtsmissbrauch von Seiten der Unheilsprophetie, die auch in nach-
> exilischer Zeit Sinn machen würde.[15] Eine Verbindung von Priester und
> Tora belegt auch Jer 18,18 mit der Nennung von drei Berufsgruppen mit
> jeweils unterschiedlichen Zuständigkeiten: der Prophet, der das Wort (דבר)
> erteilt, der Weise, der Rat (עצה) gibt, und der Priester, der für die Tora zu-
> ständig ist.[16] Dabei ist an eine mündliche Weisung des Priesters gedacht

---

10 Dies war die These von J. BEGRICH im Jahr 1936, der meinte, die Tora habe „ursprünglich *nur den Priestern* zugehört": Tora, 233 (Hervorhebung im Original).

11 Gerne wird hier auf die mündliche Unterweisung von Vater und Mutter in den
   Proverbien verwiesen (LIEDKE/PETERSEN, a.a.O., 1034; ÖSTBORN, a.a.O., 115), jedoch
   sind die genannten Texte (Prov 1,8; 6,20; 31,26 [Mutter]; 4,1f; 7,2; 13,14 [Vater]) bis
   auf Prov 13,14 alle Teile des nachexilischen Diskurses über die Tora, s. dazu unten
   5.2. Bei Prov 13,14 legt die Verbindung zu den „Geboten" in V. 13 nahe, dass auch
   hier ein nomistisches Verständnis von Tora vorausgesetzt ist; vgl. zur Diskussion
   MEINHOLD, Sprüche, 223 und BROWN, Reexamination, 255f mit weiteren Textstellen.

12 Vgl. BEYERLE, Mosesegen, 128: eine „wahrscheinlich (spät-)dtr Redaktionsschicht"
   und zum Unterschied von Grund- und Überarbeitungsschicht, a.a.O., 130. Vgl.
   demgegenüber LIEDKE/PETERSEN, a.a.O., 1036, die den Levispruch für den „vielleicht
   älteste(n) Beleg" für den Zusamenhang von Tora und Priester halten.

13 Vgl. auch das Diktum H.W. WOLFFS, dass in Hos 4,6 unter der Tora nicht mehr
   einzelne Weisungen verstanden werden, sondern die „gesamte Willenskundgebung
   Jahwes, die schon schriftlich fixiert ist", Hosea, 176f.

14 Vgl. RUDOLPH, Micha, 69f.

15 JEREMIAS, Micha, 165f. hält den Text für nicht redaktionell, vgl. aber demgegenüber
   WÖHRLE, Sammlungen, 153 und GARCÍA LÓPEZ, Art. תורה, 155.

16 Vgl. RUDOLPH, Jeremia, 124 und FISCHER, Jeremia, 585f.

(vgl. auch Ez 7,26).[17] Jedoch ist der Text kaum vorexilisch, sondern spät anzusetzen.[18] Eine schriftliche Tora ist hingegen in der bereits genannten
Textstelle Jer 8,8 vorausgesetzt. Die Formel in V. 8b vom Lügengriffel der
Schreiber ist so zu verstehen, dass die Tätigkeit der Schreiber diese selbst
zu Lügnern macht. Es geht um Schriftauslegung, worauf auch der verwendete Begriff ספרים verweist.[19] Insofern wird man mit Bernhard Duhm davon ausgehen können, dass in Jer 8,8 an schriftkundige Männer gedacht ist,
die „sich mit geschriebener Thora befassen".[20]

Das Konzept einer schriftlich vorliegenden, umfassenden Tora ist in
den Rahmentexten des Deuteronomiums grundgelegt. Dort erscheint
die Tora im Sinne einer Rechtsbestimmung oder auch der Gebote.[21]
Formulierungen wie דברי התורה in Dtn 27,26 und ספר התורה in Dtn 28,61
setzen ein Verständnis von Tora voraus, demzufolge die Tora nicht
mehr einzelne Rechtsbestimmungen bezeichnet, sondern vielmehr „als
Abstraktion des umfassenden Gotteswillen zu verstehen ist".[22] Es ist
bekannt, dass die Tora im Sinne einer solchen schriftlichen Größe die
Norm bildet, anhand derer die Könige Israels und Judas gemessen
werden (1 Kön 2,3; 2. Kön 10,41; 14,6; 17,13.34.37).[23] Folgt man der Logik des Erzählzusammenhangs in den Rahmenstücken der Königebücher, so ist diese Norm mit dem unter Josia im Tempel gefundenen
Buch gleichzusetzen (2 Kön 22,8).[24] Mit dieser Fiktion wird nicht nur
der Wandel der israelitischen Religion zur Buchreligion vollzogen,[25]
sondern die Tora als eine schriftlich fixierte Größe eingeführt. Diese
bildet die Basis für jüngere Konzeptionen wie z.B. in den Chronikbü

---

17 Vgl. MAIER, Jeremia, 308; vgl. auch LIEDKE/PETERSEN, a.a.O., 1036f. Eine vergleichbare Aussage findet sich in Ez 7,26, wo dem Priester gleichermaßen die Tora zugeordnet wird. Vgl. zum Verhältnis der beiden Texte BEZZEL, Konfessionen, 203f.
18 Der Text ist sicherlich spät, was allein schon an der Zuordnung des Wortes (דבר)
zum Propheten deutlich wird, die vom Prophetengesetz des Deuteronomiums her
zu sehen ist; vgl. zum Prophetengesetz oben Kap. 3.3.1. Zur Datierung von Jer 18,18
vgl. MAIER, a.a.O., 309f.
19 Vgl. dazu Kap. 3.3.1 und Maier, a.a.O., 300.
20 DUHM, Jeremia, 88.
21 Abgesehen von drei Stellen (Dtn 17,11.18.19) findet sich das Wort תורה nur in den
Rahmenteilen des Deuteronomiums (1,5; 4,8.44; 27,3.8.26; 28,58.61; 29,20.28; 30,10;
31,9.11.12.24.26; 32,46); vgl. BRAULIK, Ausdrücke, 36f.
22 MAIER, a.a.O., 303. Vgl. VON RAD, Deuteronomium, 21, CRÜSEMANN, Tora, 8 und
VEIJOLA, Thora, 81.
23 Vgl. LIEDKE/PETERSEN, a.a.O., 1041 und GREENBERG, Conceptions, 367.
24 Klassisch NOTH, Überlieferungsgeschichtliche Studien, 86, Anm. 2. Vgl. auch
GARCÍA LÓPEZ, a.a.O., 607f.610.
25 Vgl. dazu die anregenden Überlegungen von SKA, From History Writing, 151 (speziell zu 2 Kön 22).

chern mit Formulierungen wie „Buch der Tora JHWHs" (2 Chr 17,9; 34,14; Neh 9,13), „Buch des Mose" (2 Chr 25,4; 35,12; Neh 9,3) oder auch „Buch des Bundes" (2 Chr 34,30).[26]

5.1.2 Die Auslegung der Tora

Wenn man einerseits von einer schriftlichen Größe ‚Tora' ausgeht und andererseits mit Thomas Willi die Tora als „lebendige(n) Austausch" bestimmt und als „Bildung, die auf Praxis ausgerichtet ist … und in Handlung umgesetzt werden will",[27] dann rückt der Aspekt der Auslegung der Tora in den Mittelpunkt. Dass diese Auslegung der Tora durchaus unterschiedlich sein kann, ist seit langem bekannt und wurde in jüngerer Zeit mehrfach verdeutlicht.[28] So hat beispielsweise Michael Konkel in seiner Analyse der zweiten Tempelvision (Ez 40–48) nachgezeichnet, wie die Gesetzgebung des Pentateuch aufgegriffen und kreativ weitergedacht wird. Es findet sich in den Vorschriften für den Priester in Ez 44,17–31 eine „kreative Neuinterpretation und Erweiterung der Priestergesetzgebung des Pentateuch".[29] Diese Aktualisierung priesterlicher Gesetzestexte ist mit einer Zuspitzung auf die Zadokiden und damit einer speziellen Gruppe verbunden.[30] Das Beispiel, dem sich weitere an die Seite stellen ließen,[31] verdeutlicht zweierlei: zum einen die Aktualisierung und kritische Neuinterpretation der Tora im Sinne einer schriftlichen Vorlage und zum anderen deren Zuweisung an bestimmte Trägergruppen.

Man kann sich diesen Sachverhalt am Thema der Mischehen und den Positionen der Bücher Esra und Rut verdeutlichen. Die Aufforderung von Esra 10,3, einen Bund mit Gott zu schließen und alle Frauen und Kinder wegzuschicken, wird mit der Wendung כתורה begründet.

---

26 Vgl. KELLERMANN, Anmerkungen, 50 mit weiteren Belegen.

27 WILLI, a.a.O., 100f.

28 Vgl. dazu die einführenden Überlegungen von G.N. KNOPPERS und B.M. LEVINSON in dem instruktiven Sammelband „The Pentateuch as Torah", 1–19.

29 KONKEL, Architektonik, 324.

30 So zielt beispielsweise das Verbot der Vermischung von Priester und Laien, wie es in Ez 44,22 in Form von Heiratsvorschriften ausformuliert ist, letztlich auf die Reinhaltung der zadokitischen Erblinie, dazu KONKEL, a.a.O., 322. Diese Akzentsetzung findet sich auch bei Thilo Alexander Rudnigs Studie zu Ez 40–48, die unabhängig von Konkels Arbeit entstanden ist. Vgl. dazu RUDNIG, Heilig und Profan, 302 und den Vergleich beider Ansätze bei KONKEL, Gola, 382.

31 Vgl. dazu SCHAPER, Reading the Law, 125–144 (u.a. zu Dtn 23,2–9 und Ez 44,6–9) sowie TAI, Prophetie, 30–32 (zu Dtn 23,2–9 und Sach 9,6a; Ez 47,22f).

Auch wenn hier mit der Tora argumentiert wird, so findet sich im ganzen Pentateuch kein einziges Gesetz, das dieses Verhalten vorschreiben würde.[32] Vielmehr ist die Wendung כתורה so zu verstehen, dass auf eine schriftlich vorliegende autoritative Tradition verwiesen wird, mit der sich die gewählte Adaption des Themas und damit die konkrete Auslegung in Übereinstimmung weiß.[33] Demgegenüber dient der Bezug auf die Tora im Rutbuch genau dem Gegenteil. Es wird einerseits auf die Gemeinderegel in Dtn 23,4–7 angespielt, diese jedoch nun in eine bestimmte Richtung gewendet. Georg Braulik hat vorgeschlagen, Rut als eine „counter-story" zur Gemeinderegel zu lesen.[34] Denn die Position des Rutbuches knüpft nicht direkt an Dtn 23 an, sondern basiert eher auf dem allgemein weisheitlichen Satz, dass Gott (und die Gesellschaft) eine Person entsprechend ihrer Taten ehrt:

> "This means that the author of Ruth found it appropriate to demonstrate an alternative to a clear law written in the Torah by going back to another common tradition in Israel, which may have been as popular or authoritative as the Torah in the time of the author."[35]

Dies ist nun in zweifacher Hinsicht von Bedeutung. Zum einen, was das Verständnis und den Umgang mit ‚Tora' in nachexilischer Zeit betrifft, zum anderen in Bezug auf das Nebeneinander verschiedener Traditionen und unterschiedlicher Auslegungsinstanzen. Denn das Beispiel belegt nicht nur die unterschiedliche Auslegung von ‚Tora', sondern auch die Existenz (mindestens) einer Tradition neben der Tora, die gegenüber dieser offenbar als gleichwertig betrachtet wurde. Verbindet man dies mit der am Ezechielbuch erkannten Trägergruppe – den Priestern –, so wird ein Zusammenhang deutlich, der für die hier interessierende Frage nach dem Verhältnis von Weisheit, Schriftauslegung und Tora höchst aufschlussreich ist. Denn das Deuteronomium benennt in seiner Endgestalt letztlich zwei Trägergruppen für die Vermittlung der Tora: die Eltern und die Priester.

In der Konzeption des Deuteronomiums ist der Gedanke grundgelegt, dass mit Moses Tod auch die Zeit von Gottes Offenbarung an Israel endet. Dementsprechend markiert Dtn 34,10–12 mit dem Tod des

---

32 Vgl. BLENKINSOPP, Pentateuch, 58 und GRÄTZ, Second Temple, 273f.

33 Darauf hat Sebastian GRÄTZ aufmerksam gemacht: a.a.O., 273–277 (bes. 276). Vgl. auch WILLI, a.a.O., 86f: „Dem Chronisten kommt es auf die Vergleichspartikel כ und *die* Vergleichbarkeit überhaupt an. Bezugsgröße ist die Schrift als Einheit und Ganzheit, nicht eine bestimmte Fundstelle oder Textpassage." (Hervorhebung im Original).

34 BRAULIK, Book of Ruth, 3.

35 Vgl. GRÄTZ, a.a.O., 281.

Mose als dem Propheten schlechthin das Ende einer ganzen Epoche. Dtn 34,9 qualifiziert die Mosezeit „als Zeit der Gebote Gottes oder theologischer gesprochen als Offenbarungszeit". [36] Daran knüpft V. 10 an, der mit der Wendung „niemals wieder ist in Israel ein Prophet aufgetreten wie Mose" unmissverständlich klar macht, dass die Zeit der Offenbarung ihr Ende gefunden hat. Dieses Konzept ist verbunden mit der Vorstellung von Mose als Schreiber. Er verschriftet, wie es Ex 24,3–8 verdeutlicht, den Gotteswillen, so dass sich eine Art Sukzessionskette ergibt: "The divine tradition passes from God to Moses, and then from Moses to the scroll."[37] Die Aufgabe, die Tora zu vermitteln, obliegt Dtn 31 zufolge den Priestern. In Dtn 31,9 schreibt Mose nicht nur „diese Tora" auf (כתב את התורה הזאת), sondern übergibt (נתן) sie den Priestern, konkret „den Söhnen Levis".[38]

Auf der anderen Seite steht Dtn 4. Mose erscheint dort wie ein Schriftgelehrter, der in Fortführung von Ex 24,12 die Tora auslegt. Diese wird in Dtn 4 dem Volk in ausgelegter Gestalt zuteil und geht so von einer Generation an die nächste weiter.[39] „Die Thora wird Israel gegeben, damit sie ständig vergegenwärtigt, gelernt und den nachkommenden Generationen weitergegeben würde."[40] Dabei kommt der Formulierung von Dtn 4,9, dass das Volk dies alles „sein ganzes Leben lang nicht aus dem Sinn" lassen und „den Kindern und Enkelkindern kundtun" soll,[41] eine entscheidende Bedeutung zu. Denn hier wird nun die Lehre von einer Generation an die nächstfolgende im Sinne einer Schriftauslegung von Mose her bestimmt. So wie dieser die Tora ausgelegt hat, so soll es auch das Volk tun. Damit verbunden ist zugleich der theologische Ort der Weisheit. Im Horizont von Dtn 4 und 8 erscheint die Weisheit als eine Möglichkeit der Auslegung der schriftlich vorliegenden Tora. In Dtn 4 erscheint sie als eine göttliche Weisheit, die – dergestalt legitimiert –Toraauslegung betreiben kann.[42]

---

36 FREVEL, Abschied, 224 (Hervorhebung im Original). Vgl. auch OTTO, Das postdeuteronomististische Deuteronomium, 435f und DERS., Die Tora als Buch, 580 (mit fast identischer Formulierung).

37 KNOPPERS/LEVINSON, a.a.O., 12. Vgl. auch SCHNIEDEWIND, Textualization, 156f und zu Mose als Lehrer der Tora FINSTERBUSCH, Weisung, 306.

38 Vgl. dazu OTTO, Das postdeuteronomistische Deuteronomium, 441.

39 Vgl. dazu OTTO, Mose, der erste Schriftgelehrte, 488f.

40 So die prägnante Formulierung von VEIJOLA, Thora, 82f.

41 Vgl. ‏ופן יסורו מלבבך כל ימי חייך והודעתם לבניך ולבני בניך‎.

42 Vgl. zum Konzept der „göttlichen Weisheit" in Dtn 4 GREENBERG, Conceptions, 375.

Ausgehend von einem solchen „didaktisch orientierten Thoraver-
ständnis"[43] erscheinen nun die bislang diskutierten prophetischen Texte in einem anderen Licht. Denn die Formulierung in Jer 8,8, dass der
Lügengriffel der Schreiber sich gegen diese selbst richtet, erscheint vor
diesem Hintergrund als eine Generalkritik an einer weisheitlichen Exegese der Tora.[44] Es wird hier ein Gegensatz zwischen Weisheit und
Prophetie deutlich, bei dem prophetische Kreise, die sich auf Jeremia
zurückführen, den weisheitlichen Auslegern der Tora vorwerfen, dass
diese ihr Handwerk nicht verstehen.[45] Die Tora kann so nicht ausgelegt
werden, vielmehr ist dazu – so die Position der Prophetie – die immer
wieder neue Offenbarung JHWHs erforderlich. Es wird hier eine theologische Frage greifbar, die um die Hermeneutik der Offenbarung
JHWHs kreiste. Die Grundfrage war, ob es nach dem Tod des Mose
noch eine prophetisch vermittelte Offenbarung JHWHs gebe „und damit auch ein neues Eingreifen Gottes in der Zukunft oder nicht".[46] Diese offenbarungstheologische Frage bestimmte – folgt man den hier
diskutierten Texten – einen theologischen Diskurs, der sich grob in
zwei Positionen aufspalten lässt: Auf der einen Seite die Vorstellung
spätprophetischer Texte, dass es auch weiterhin eine Offenbarung
JHWHs gibt, auf der anderen Seite jene Kreise, die sich als Ausleger
einer literarisch fixierten Größe ‚Tora' verstanden.[47]

Man wird die letztgenannte Gruppe der ‚Exegeten' nochmals in
(mindestens) zwei Gruppen aufspalten müssen: eine weisheitliche und
eine priesterliche. Erstere legitimieren sich von einer engen Verbindung
zwischen Weisheit und Tora, die den redaktionellen Passagen des Deuteronomiums zufolge (Dtn 4 u.a.) auf der Herleitung der Weisheit von
Gott selbst basiert. Dabei tritt der Weisheitslehrer an die Stelle von
Mose, der als erster Schriftgelehrter Dtn 4 zufolge selbst vom Volk ein-
gefordert hat, die Tora ein Leben lang zu bedenken und an die nachfol-
gende Generation weiterzugeben. Dem gegenüber steht eine Form der
Torauslegung, die in priesterlichen Kreisen verortet werden kann (Dtn

---

43   VEIJOLA, a.a.O., 83. Vgl. auch KRÜGER, Interpretation, 94, der zurecht konstatiert,
     dass „‚Schriftauslegung' in Dtn 4 nicht nur praktiziert, sondern (wenigstens ansatz-
     weise) auch ‚offenbarungstheologisch' begründet" wird.
44   Vgl. dazu oben Kap. 3.3.1 und SCHNIEDEWIND, a.a.O., 164f.
45   Dabei ist die Übertragung „mosaischer Rollenbilder" auf Jeremia vorausgesetzt; vgl.
     dazu MAIER, a.a.O., 371.
46   Dies hat E. OTTO herausgearbeitet: Jeremia, 558 und DERS., Scribal Scholarship, 178f.
47   Man darf sich diese Gruppierungen jedoch nicht als einheitlich vorstellen, wie das
     Beispiel der Zadokiden und Ez 40–48 zeigte. Zu den möglichen Gruppierungen vgl.
     5.3.3 und KNOPPERS/LEVINSON, a.a.O., 3.

30,9) und die das verschriftete Buch in der Nachfolge des Mose verwaltet, auslegt und sich damit genauso auf Mose zurückführt wie die weisheitlichen Kreise im Anschluss von Dtn 4. Eine andere Position findet sich in prophetischen Kreisen, die ihre Form der Exegese vom Paradigma einer neuen (und damit dezidiert nicht abgeschlossenen) Willensmitteilung Gottes begründen. In allen Fällen wird eine unterschiedliche Hermeneutik verwendet, sei es die einer göttlich bestimmten Weisheit, sei es die einer Versiegelung der Tora oder die einer neuen Offenbarung JHWHs. Letztlich werden damit unterschiedliche Legitimationsstrategien für ein und dasselbe literarische Verfahren eingesetzt: Schriftauslegung.

Wenn man dies auf die in dieser Studie bearbeitete Frage nach einer „Hermeneutik der Tora" im Proverbienbuch zuspitzt, dann wird deutlich, dass bei dem hier interessierenden Themenkomplex „Weisheit und Tora" verschiedene Aspekte konvergieren. Dies ist zum einen die Frage nach der Möglichkeit des Menschen, den Willen JHWHs zu befolgen. Der Exkurs zum Thema „Herz" in Kap. 3.3 dieser Arbeit zeigte, dass die nachexilischen Theologen hier unterschiedliche Positionen bezogen, die von der These der Verbesserungsfähigkeit des menschlichen Herzens (so die Weisheit) über die des Eingriffs JHWHs (er setzt die Tora ins Herz, Jer 31f) bis zum völligen Ersatz des Herzens führt (JHWH gibt ein neues Herz, Ez 11).[48] Damit verknüpft ist zugleich eine Aussage über die Leistungsfähigkeit der Unterweisung der Tora und des menschlichen Lehrens und Lernens. Denn mit der Generalkritik an der Verbesserungsfähigkeit des menschlichen Herzens wird zugleich die Möglichkeit des Menschen infrage gestellt, die Tora zu verstehen und diese zu lernen bzw. zu lehren. Und schließlich wird zu überprüfen sein, wie nun das Verhältnis zwischen Weisheit und Tora im Einzelnen zu bestimmen ist, d.h. inwiefern spätere Positionen die Argumentationslinie von Dtn 4 aufgreifen oder andere Akzente setzen. Inwiefern erscheinen der Weisheitslehrer oder auch Vater und Mutter in den Einleitungen von Prov 1–7 als Toraausleger in der Nachfolge des Mose, und in welchem Maße lassen sie sich einem Diskurs zuordnen, der auch in anderen Texten wie z.B. Ps 19 oder Ps 119 greifbar wird? So zeigte die Analyse in Kap. 3 dieser Arbeit, dass in den beiden Torapsalmen 19 und 119 die Tora bereits im weisheitlichen Gewande erscheint und damit ein deutlich anderer Akzent gesetzt wird als in Prov 2.[49] Die Frage, die in der Folge untersucht werden soll, lautet, in-

---

48 Vgl. oben Kap. 3.3.1.
49 Dies gilt besonders, wenn man die kosmische Dimension der Tora in Ps 19 ernst nimmt. Dazu Kap. 3.2.3 und GRUND, Himmel, 289.

wiefern sich bereits im Proverbienbuch unterschiedliche Verhältnisbestimmungen von Tora und Weisheit finden.

5.2 Torarezeption im Proverbienbuch

Die folgende Analyse setzt zunächst bei Texten aus Prov 1–9 an und
geht dann zu den oftmals so bezeichneten „Anhängen" des Proverbienbuches über. Denn es zeigt sich, dass eine bestimmte Form der Tora-
rezeption nicht auf die Weisheitslehren von Kap. 1–7 beschränkt werden kann, sondern sich auch am Ende des Proverbienbuches in den
Kapiteln 28 und 30 findet.

5.2.1 Prov 3; 6 und 7

Innerhalb von Prov 1–9 sind drei Texte von Bedeutung. Neben dem oft
genannten Kap. 6,20–35, das Michael Fishbane für eines der Paradebei-
spiele innerbiblischer Toraauslegung hält, sind dies Abschnitte aus der
dritten Lehrrede in 3,1–12 und aus der zehnten in 7,1–27.[50] Auf
Die Lehrrede von Kapitel 3 thematisiert das Gottesverhältnis.[51] Auf
eine Einleitung (V. 1–4) folgen imperativische Aussagen, die den Weisheitsschüler auffordern, sich ganz auf JHWH auszurichten und nicht
auf die eigene Weisheit zu vertrauen. Dieser Grundgedanke wird in
unterschiedlichen Formulierungen ausgestaltet:[52] den Formeln „vertraue auf JHWH" in V. 5a (בטח), „fürchte JHWH" in V. 7b (ירא), „ehre
JHWH" in V. 9a (כבד) und der Wendung von V. 11, „die Zucht
JHWHs" (מוסר יהוה) nicht zu verachten (קוץ). Der Gedankengang mündet in die Aussage ein, dass JHWH den, der ihn liebt, zurechtweist
„wie ein Vater den Sohn, den er gern hat" (V. 12). Die letztgenannte
Formulierung verweist auf die im Deuteronomium mehrfach bezeugte

---

50   Vgl. FISHBANE, Torah, 284 zieht eine Linie von Dtn 5,6–18 und 6,4–9 zu Prov 6,20–35.
     Die Gemeinsamkeiten wurden schon oft gesehen; vgl. ROBERT, Attaches (1935), 356,
     BUCHANAN, Midrashim, 238 und SCHÄFER, Poesie, 268. Demgegenüber wollte LANG
     in den Gemeinsamkeiten Topoi sehen, „die in der Literatur immer wiederkehren":
     Lehrrede, 57f.
51   Die Verbindung der Einleitung der Lehrrede von Kap. 3 mit der Torathematik wird
     in der neueren Literatur recht selten betont. FOX, Proverbs, 142–148, blendet dieses
     aus, so auch PLÖGER, Sprüche, 32f und bereits MCKANE, Proverbs, 46–48. Der Ver-
     weis auf Dtn 6 findet sich demgegenüber bereits bei DELITZSCH, Spruchbuch, 68.
52   Vgl. MEINHOLD, a.a.O., 72–77; PLÖGER, a.a.O., 33; GEMSER, Sprüche, 27.

Vorstellung, dass JHWH Israel erzieht „wie ein Vater seinen Sohn erzieht".[53] Die Aussage ist in Dtn 8,5 mit dem Verb יסר gebildet. Die Wurzel יסר liegt auch dem Nomen מוסר zugrunde, das in Prov 3,11 verwendet wird und dort auf JHWH bezogen ist.[54]

Ein weiterer Bezug zwischen Prov 3 und Dtn 8 liegt in Dtn 8,6 vor:
„Bewahre die Gebote JHWHs, deines Gottes, gehe auf seinen Wegen
und fürchte ihn." Der Vers greift einen zentralen Gedanken der deuteronomisch-deuteronomistischen Theologie auf und entfaltet diesen in
klassischer Terminologie: in dem „Bewahren" (שמר) der Gebote, der
Wegterminologie und im „Fürchten" JHWHs (ירא). Alle drei Aussagen
finden sich auch in Prov 3. Das Bewahren der Gebote (מצות) wird in V.
1 betont (dort mit dem Verb נצר ausgedrückt), die JHWH-Furcht ist in
V. 7 benannt und die Wegthematik findet sich in V. 6, wenn es heißt,
dass man JHWH „erkennen soll" (ידע) in allen Wegen, so dass er die
Pfade ebnen wird. Die Weisheitslehre von Kap. 3 kommt damit, wie
schon Prov 2, dem Grundgedanken von Dtn 8,5f sehr nahe.[55] Umso
mehr erstaunt die Aussage von Prov 3,5:

(V. 5) Vertraue auf JHWH mit deinem ganzen Herzen,
aber nicht auf deine Einsicht stütze dich.

Es handelt sich um die einzige Stelle im Proverbienbuch, in der ein
Begriff für Weisheit mit dem Suffix der 2. Person Singular verbunden
wird. An allen anderen Stellen mit Suffix bezieht sich dieses entweder
auf den Weisheitslehrer oder die Weisheit selbst.[56] Dadurch wird der
Gegensatz in V. 5 zwischen „deiner Einsicht" (בינתך) und dem Vertrau-
en auf JHWH besonders betont.

Das Vertrauen „mit ganzem Herzen" steht im Kontext weiterer
Aussagen in Prov 3 über das menschliche Herz: Man soll die Gebote im
Herz bewahren (V. 1b) und „Güte und Treue" (חסד ואמת) auf die „Tafel
des Herzens" schreiben V. 3c (על לוח לבך).[57] Die Formulierung vom
Schreiben (Verb כתב) auf das Herz findet sich in der Passage vom neu-

---

53 Vgl. dazu Dtn 1,31 und VEIJOLA, 5. Buch Mose, 221.
54 Vgl. FOX, a.a.O., 152.
55 Vgl. dazu oben Kap. 3.1.1.
56 Vgl. FOX, a.a.O., 148.
57 Der Versteil wird gerne mit Verweis auf die gleiche Formulierung in 7,3 und das
    fehlen in Vaticanus und Sinaiticus als sekundär betrachtet, jedoch sind die beiden
    Imperativsätze eine Kombination aus 6,21 und 7,3 und stellen die Verbindung zu V.
    1 her. Vgl. PLÖGER, a.a.O., 32; FOX, a.a.O., 145f, die den Versteil für ursprünglich hal-
    ten und demgegenüber CLIFFORD, Proverbs, 50 und WALTKE, Proverbs, 236, die den
    Versteil ausscheiden. Die Phrase ist neben MT jedoch auch in Vulg., Targ. und Syr
    belegt.

en Bund in Jer 31,33. Dort schreibt JHWH seine Tora auf das Herz Isra-els.[58] Die Analyse von Jer 31f in Kap. 3.3.1 zeigte, dass die Wendung in 31,33 auf Jer 17,1 Bezug nimmt und angesichts der Sünde des Volkes nun JHWH die Tora in das Herz des Menschen einpflanzt und so das Befolgen des JHWH-Willens ermöglicht.

Aufschlussreich ist auch das in Prov 3,3c verwendete Wort לוח. Es bezeichnet nicht nur die Schreibtafel, auf die geschrieben wird (Jes 30,8; Hab 2,2), sondern auch die Tafeln des Bundes.[59] In diesem Zusammen-hang ist auch die Formulierung חסד ואמת in Prov 3,3a von Interesse.

> Das Hendiadys ist innerhalb des Alten Testamtents 23 Mal belegt[60] und im Kontext von Prov 3 nicht leicht zu deuten. Bezeichnet es die Güte Gottes[61] oder ist hier an eine menschliche Qualität gedacht, etwa im Sinne von „Liebe und Wahrheit", wie einige Kommentatoren meinen?[62] Die Wortver-bindung findet sich mehrfach in den Proverbien (Prov 3,3; 14,22; 16,6; 20,28). Dabei verweist die Formulierung in Prov 20,28, derzufolge חסד ואמת den König behüten (נצר), auf eine königsideologische Bedeutung.[63] Diese findet sich auch in den Psalmen (vgl. Ps 61,8).[64] In Ps 89,15 ist das Begriffs-paar mit dem göttlichen Thron verbunden,[65] so dass die Wendung von vornherein eine religiöse Dimension hat und die in der Forschung ge-troffene Unterscheidung von religiöser und menschlicher Bedeutung nicht weiterführend ist. Es handelt sich bei den Begriffen um „Wirkgrößen in der (Thron-)Umgebung JHWHs",[66] die auf den göttlichen König übergegangen sind und in denen religiöse und ethische Dimensionen zusammenspielen.

Eine religiöse Dimension der Formulierung חסד ואמת wird durch die Gesamtaussage von Prov 3 bestätigt. Denn die Aussage von V. 3, dass „Liebe und Güte" den Weisheitslehrer nicht verlassen werden (Verb עזב), ist vor dem Hintergrund von V. 5 durchaus sinnvoll. Dort wird der Gegensatz von menschlicher und göttlicher Weisheit betont und

---

58   Vgl. dazu oben Kap. 3.3.1.
59   Vgl. Ex 24,12; 27,8; 31,18; 32,15f.19; 34,1.4.28f; Dtn 4,13; 5,22; 9,9–11.15 u.ö.; zum Belegspektrum HAL 497 und GESENIUS[18], 601f.
60   Vgl. CLARK, Word, 235 und MICHEL, ḥæsæd, 79, der jedoch nicht von einem Hendia-dyoin ausgeht, sondern lediglich von einer Wortfolge.
61   So auch FOX, a.a.O., 144, der ansonsten eine Verbindung mit der Bundesthematik ablehnt. Anders hingegen WALTKE, a.a.O., 241.
62   Vgl. MEINHOLD, a.a.O., 72; so auch WALTKE, a.a.O., 241. S. auch den Exkurs bei SCHÄFER, a.a.O., 81–84 mit ausführlichen Überlegungen zur Bedeutung der Hendia-dysverbindung.
63   Zu Prov 20,28 s. ZOBEL, Art. חסד, 55f.
64   Vgl. auch Ps 43,4 und HARTENSTEIN, Angesicht, 180, Anm. 107..
65   Vgl. dazu MÜLLER, Jahwe, 248 mit Verweis auf das göttliche Königtum.
66   HARTENSTEIN, a.a.O., 209.

die Unzulänglichkeit menschlicher Erkenntnis der individuellen Gottesbeziehung gegenübergestellt.

Prov 3		Prov 6		Prov 7	
בני תורתי אל תשכח	1	נצר בני מצות אביך	20	בני שמר אמרי	1
ומצותי יצר לבך		ואל תטש תורת אמך		ומצותי תצפן אתך	
כי ארך ימים ושנות חיים	2	קשרם על לבך תמיד	21	שמר מצותי וחיה	2
ושלום יוסיפו לך		ענדם על גרגרתך		ותורתי כאישון עיניך	
חסד ואמת אל יעזבך	3	בהתהלכך תנחה אתך	22	קשרם על אצבעתיך	3
קשרם על גרגרותיך		בשכבך תשמר עליך		כתבם על לוח לבך	
כתבם על לוח לבך		והקיצות היא תשיחך		אמר לחכמה אחתי את	4
ומצא חן ושכל טוב	4	כי נר מצוה ותורה אור	23	ומדע לבינה תקרא	
בעיני אלהים ואדם		ודרך חיים תוכחות מוסר		לשמרך מאשה זרה	5
בטח אל יהוה בכל לבך	5	לשמרך מאשת רע	24	מנכריה אמריה החליקה	
ואל בינתך אל תשען		מחלקת לשון נכריה			

Das Konzept von Prov 3 wird noch deutlicher, wenn man Prov 6 und 7 in den Blick nimmt. Die Verbindung der drei Texte wurde oftmals gesehen, da sie alle drei – wenn auch in unterschiedlicher Weise – auf das Schᵉma Jisrael in Dtn 6 Bezug nehmen. In der Folge werden zunächst die Bezüge zwischen Prov 3,1–5; 6,20–24 und 7,1–5 zusammengestellt und dann die Bezüge zur Rede in Dtn 6,6–9 und 11,18–21 von den Worten JHWHs, die als Denkzeichen auf Stirn, Hand und Tür geschrieben werden, untersucht:[67]

	Prov 3,1–5		Prov 6,20–24		Prov 7,1–5
1	Mein Sohn, meine Tora vergiss nicht,	20	Bewahre, mein Sohn, das Gebot deines Vaters,	1	Mein Sohn, bewahre meine Worte

67 Vgl. zum Folgenden SCHIPPER, Proverbienbuch, 383. Eine vergleichbare Tabelle findet sich bei MAIER, a.a.O., 153f und BRAULIK, Deuteronomium (1996), 93f (2.2.1). Der Zusammenhang ist nicht neu und wurde schon oft gesehen; vgl. DELITZSCH, a.a.O., 68; ROBERT, Attaches (1934), 51; MCKANE, a.a.O., 291; MÜLLER, Weisheit, 122f und BROWN, Reexamination, 276.

	und meine Gebo-te bewahre dein Herz,		und verwirf nicht die Tora deiner Mutter.		und meine Gebote verbirg bei dir.
2	denn die Länge an Tagen,	21	Binde sie dauerhaft auf dein Herz,	2	Bewahre meine Gebote, dann wirst du leben,
	Lebensjahre		winde sie um dei-nen Hals.		und meine Tora wie deinen Augap-fel.
	und Wohlerge-hen fügen sie dir hinzu.	22	Wenn du (dann) umhergehst, führt sie dich,	3	Binde sie auf deine Finger,
3	Güte und Treue sollen dich nicht verlassen.		wenn du liegst, wacht sie über dir,		schreibe sie auf die Tafel deines Her-zens.
	Binde sie um deinen Hals,		und wenn du auf-wachst, so spricht sie dich an.	4	Sage zur Weisheit: „Meine Schwester bist du",
	schreibe sie auf die Tafel deines Herzens.	23	Denn eine Leuchte ist das Gebot und die Tora ein Licht,		und die Einsicht nenne Vertraute,
4	Dann wirst du Gunst und gutes Ansehen finden		und der Weg des Lebens sind die Züchtigungen der Zucht,		
	in den Augen Gottes und der Menschen.	24	um dich zu bewah-ren vor der Frau von Bosheit,	5	um dich zu bewah-ren vor der frem-den Frau,
5	Vertraue auf JHWH mit dei-nem ganzen Herzen,		vor der Glattheit der Zunge einer Fremden.		vor der Fremden, die ihre Worte glatt gemacht hat.
	aber nicht auf deine Einsicht stütze dich.				

Der Begriff der Tora ist in allen drei Redeeinleitungen zentral, ferner die Vorstellung, dass sie „auf das Herz" zu binden (6,21) bzw. „auf die Tafel seines Herzens zu schreiben" (so wörtlich in 3,3 und 7,3) oder um „die Kehle zu winden" sei (3,3; 6,21). Das Ziel der drei Redeeinleitungen ist ferner ein gelingendes Leben, die Wurzel חיה findet sich in 3,2; 6,23 und 7,2.

Deuteromomium 6		Deuteronomium 11	
והיו הדברים האלה	6	ושמתם את דברי אלה	18
אשר אנכי מצוך היום על לבבך		על לבבכם ועל נפשכם	
ושננתם לבניך ודברת בם	7	וקשרתם אתם לאות על ידכם	
בשבתך בביתך ובלכתך בדרך		והיו לטוטפת בין עיניכם	
ובשכבך ובקומך		ולמדתם אתם את בניכם לדבר בם	19
וקשרתם לאות על ידך	8	בשבתך בביתך ובלכתך בדרך	
והיו לטטפת בין עיניך		ובשכבך ובקומך	
וכתבתם על מזזות ביתך ובשעריך	9	וכתבתם על מזוזות ביתך ובשעריך	20
		למען ירבו ימיכם וימי בניכם	21
		על האדמה	
		אשר נשבע יהוה לאבתיכם לתת להם	
		כימי השמים על הארץ	

Der Vergleich mit Dtn 6 und 11 zeigt eine Reihe von Gemeinsamkeiten. Es stimmen die Verben קשר „binden, umwickeln" und כתב על „schreiben auf" überein sowie die Wurzel צוה und das Wort לבב. Die Kombination von קשר und כתב findet sich innerhalb des Alten Testaments nur in Dtn 6,8; 11,18 und Prov 3,3; 7,3.[68] Dies spricht dafür, dass die Texte auf die Deuteronomiumspassagen Bezug nehmen, wobei lediglich die Zentralbegriffe und nicht etwa ganze Verse oder Halbverse zitiert werden.[69] Durch diesen Bezug rücken die Tora und Gebote des Weisheitslehrers bzw. von Vater und Mutter in die Nähe der Gebote JHWHs. In Dtn 6 und 11 sind es die „Gebote und Satzungen" JHWHs, die dem Volk Israel mitgeteilt werden. Insofern führen die Proverbientexte eine Form der Unterweisung fort, die sich in Dtn 6 findet. Die Kinder werden durch die Eltern unterwiesen (Dtn 6,7; 11,18), um so das, was Mose vermittelt hat, weiterzugeben (Dtn 6,1; 11,18).

Dieser gemeinsame Bezug wird in den drei Weisheitstexten unterschiedlich akzentuiert. So zeigte sich, dass Prov 3 in seiner Anlage auf Dtn 8,6 zurückgreift und ganz dem Thema der Unterweisung durch JHWH verpflichtet ist, gegenüber der jede menschliche Weisheit obsolet wird. Prov 7 hingegen führt die Aufforderung „bewahre meine Gebote" von V. 2 anders fort, indem V. 4 formuliert: „sage zur Weisheit:

---

68 Vgl. BRAULIK, a.a.O., 94. In Prov 6,21–23 wird das Verb ענד verwendet; vgl. MAIER, a.a.O., 155.

69 Vgl. MAIER, a.a.O., 155 und MÜLLER, a.a.O., 124, der hingegen meint, dass die „wörtlichen Anklänge" nicht so stark seien und dementsprechend zu einem anderen Ergebnis kommt.

Meine Schwester bist du, und nenne die Einsicht Vertraute". Während
in 3,5 gerade davor gewarnt wird, der eigenen „Einsicht" (בינה) zu vertrauen, ist es für Kap. 7 möglich, Einsicht (בינה) und Weisheit als Vertraute und Schwester zu betrachten.[70] Allein daran wird deutlich, dass
zwischen menschlicher und göttlicher Weisheit zu unterscheiden ist.
Prov 7 macht dies deutlich, indem Einsicht und Weisheit durch die
Worte, תורה und מצוה in 7,1f auf JHWHs Gebote bezogen sind. Die
Weisheit hat einen Eigenwert, sofern sie als göttliche Weisheit erkannt
wird. Als solche kann sie – so Vers 5 – vor der fremden Frau bewahren.
Der Bezug zu Dtn 6 und 11 dient dazu, ein Verständnis von חכמה und
בינה einzuführen, das zwar deutlich von den Geboten JHWHs und seiner Tora her bestimmt ist, der Weisheit jedoch einen Eigenwert zuge-
steht. Die Weisheit wird als „Schwester" (אחות) und „Vertraute" (מדע)
bezeichnet und damit als eine Art personale Größe bestimmt. Damit
weist Prov 7 auf Prov 8 voraus und bietet einen Anschluss für die dort
folgende Selbstvorstellung der Weisheit.

Gegenüber Prov 3 und Prov 7 setzt die Lehrrede von Kap. 6 einen
eigenen Akzent. Der Text spricht zwar von מצוה und תורה, erwähnt
jedoch keinen der zentralen Weisheitsbegriffe, sondern das in Prov 3
und 7 nicht belegte מוסר. Dies ist eher im Sinne von Zucht zu verstehen
und steht nicht für das offene Konzept von Weisheit, das mit חכמה oder
בינה verbunden ist.[71] Insofern macht die Lehrrede streng genommen
keine Aussagen über die Weisheit, sondern über תורה und מצוה. Diese
beziehen sich zwar auf Vater und Mutter (V. 20), erscheinen vor dem
Hintergrund der Bezüge zum Deuteronomium jedoch als nomistisch
geprägt.[72] Das „Führen", „Wachen" und „Sprechen" in V. 22 hat den
gesamten Lebenswandel im Blick. Vergleichbares wird im Alten Testament sonst nur von JHWH selbst gesagt, sei es im Hinblick auf sein
Volk (Ex 13,17 u.ö.) oder in Bezug auf den Einzelnen (Gen 24,27; vgl. Ps

---

70 Vgl. zu Prov 7,4 WALTKE, a.a.O., 369f und DELITZSCH, Spruchbuch, 121.
71 Vgl. zur Bedeutung von מוסר FOX, a.a.O., 34f.
72 Anders FOX, a.a.O., 229, der die Aussagen auf die Weisheit bezieht und damit seiner
    grundlegenden, jedoch problematischen Unterscheidung zwischen einem weisheitli-
    chen und einem nicht-weisheitlichen Torabegriff treu bleibt; vgl. 3.1.1 (ähnlich PLÖ-
    GER, a.a.O., 69). Demgegenüber ist BRAULIK, Deuteronomium, 98, Anm. 159 darin zu
    folgen, dass Prov 6,20 mit מצוה und תורה an die Gesetzesbegrifflichkeit im Deutero-
    nomium anknüpft und die דברי von Dtn 11,18 „durchaus sachgerecht" aufgreift.

139,10).[73] Zentral sind Dtn 6,7 und 11,19, denn dort wird Vergleichbares
von den göttlichen Worten (דברים) gesagt.[74]

Dtn 6,7	Dtn 11,19	Prov 6,22
Du sollst sie deinen Söhnen wiederholen. Du sollst von ihnen reden, wenn du zuhause sitzt (ישב), wenn du auf der Straße gehst (הלך), wenn du dich schlafen legst (שכב) und wenn du aufstehst (קום).	Ihr soll sie euren Söhnen lehren, indem ihr von ihnen redet, wenn du zuhause sitzt (ישב), wenn du auf der Straße gehst (הלך), wenn du dich schlafen legst (שכב) und wenn du aufstehst (קום).	Wenn du umhergehst (הלך), führt sie dich. Wenn du liegst (שכב), wacht sie über dir, und wenn du aufwachst (קיץ hif.), so spricht sie dich an.

Die Trias vom Gehen, Liegen und Aufwachen ist unter Verwendung
der identischen Verben (הלך und שכב) gestaltet. Der Lehraspekt von
Dtn 6, nach dem nun Israel selbst die Tora JHWHs an die folgende
Generation weitergeben soll, wird jedoch anders akzentuiert. In Prov 6
ist es die Tora JHWHs, die dies leistet. Das Liegen und der Zustand des
Wachseins sind als eine Ganzheitsaussage zu verstehen, die das gesam-
te menschliche Leben umfasst.[75] Dazu passt, dass in 6,21 diese Größe
‚Tora', wiederum analog zu Dtn 6,6 und 11,18, auf das Herz und um
den Hals gebunden werden soll. Mit קשר „binden" wird das gleiche
Verb verwendet wie in Dtn 11,18 und 6,8.[76] Die Formulierung spielt an
den Gebrauch eines Amulettes an, das an verschiedenen Stellen des
Körpers getragen werden konnte.[77] Diese Betonung der „Totalität der
Tora",[78] die das ganze Leben umfasst, wird durch den folgenden Vers
23 verstärkt. Dort wird die מצוה als Leuchte bezeichnet und die תורה als
Licht. Entsprechend der Ausrichtung des Textes werden hier keine
genuin weisheitlichen Begriffe wie חכמה, תבונה oder בינה verwendet,
sondern der Begriff der Zucht (מוסר) und das relativ seltene Wort

---

73   Vgl. MEINHOLD, a.a.O., 117.
74   Vgl. WALTKE, a.a.O., 351f und CLIFFORD, a.a.O., 80, die beide zwar die Parallele
     erwähnen, jedoch für ihre Exegese von Prov 6,20ff nicht fruchtbar machen. Vgl.
     demgegenüber MCKANE, a.a.O., 226f und SCHÄFER, a.a.O., 179f.
75   Vgl. MEINHOLD, a.a.O., 118.
76   Es findet sich auch in Prov 3,3 und 7,3; vgl. dazu SCHIPPER, Proverbienbuch, 384.
77   Vgl. HERRMANN, Amulette, 88f mit Verweis auf Jes 3,18–21.
78   MAIER, Fremde Frau, 157.

„Mahnung" (תוכחת).[79] Die Aussage in 6,23 ist jedoch noch in anderer Hinsicht bemerkenswert. Denn mit תורה und מצוה wird eine Lichtmetaphorik verbunden, die auch in Ps 119,105 begegnet.[80] Dort ist es das göttliche Wort (דבר), das eine Leuchte und ein Licht auf dem Pfad des Beters ist:

Prov 6,23	Ps 119,105
Denn eine Leuchte (נר) ist das Gebot (מצוה) und die Weisung (תורה) ein Licht (אור), und der Weg des Lebens sind die Züchtigungen der Zucht.	Eine Leuchte (נר) für meinen Fuß ist dein Wort (דבר) und ein Licht (אור) für meinen Pfad.

Es stimmen sowohl die Lichtmetaphorik als auch die Abfolge der Wörter נר und אור mit Prov 6,23 überein.[81] Mit ersterem ist das künstliche Licht gemeint, mit letzterem das natürliche; beide ermöglichen die „Orientierung bei Tag und bei Nacht".[82] Ganz Ähnliches wird in Ex 13,21 von JHWH gesagt, der bei Tag in der Wolkensäule vorangeht, um Israel den „Weg zu führen" (לנחתם הדרך) und bei Nacht, um Israel zu „leuchten" (להאיר).[83]

Dies bedeutet, dass Prov 6,20–23 ein Verständnis von Tora enthält, bei dem diese nun Attribute übernommen hat, die gemeinhin der Weisheit zugesprochen werden. Diese haben wie in Ps 119 eine Dimension für das ganze Leben. Es findet sich eine Form von ‚Toraweisheit', bei der die Weisheit dergestalt mit der Tora verschmolzen ist, dass Aussagen, die über die Weisheit möglich waren, nun für die Tora gelten. Dies wird im Text konkretisiert anhand eines Themas, das auch in Prov 7 begegnet.

Sowohl in 6,24 als auch in 7,5 geht es darum, vor der fremden bzw. bösen Frau zu bewahren (Verb שמר). Es zeigt sich, dass ein und derselbe Bezugstext (Dtn 11/6) unterschiedlich verwendet werden konnte.[84]

---

79   Vgl. 1,23.25.30. Innerhalb von Prov 1–9 wird es nur noch in 3,11 verwendet, es ist jedoch in der Spruchweisheit mehrfach bezeugt: Prov 10,17; 12,1; 13,18; 15,5.10.31f; 27,5; 29,1; vgl. HAL 1565.

80   Dies betonte bereits DEISSLER, Psalm 119, 205; kritisch hingegen MÜLLER, Weisheit, 125.

81   Vgl. MEINHOLD, a.a.O., 118 und GRUND, a.a.O., 232f. Demgegenüber ist die Ähnlichkeit zu Ps 19,9 deutlich geringer, es stimmt lediglich der Gedanke überein, dass die Gebote JHWHs eine Leuchtkraft haben und als Licht dienen können.

82   BRAULIK, a.a.O., 100.

83   Vgl. BRAULIK, a.a.O., 98.

84   Es spricht Einiges dafür, Dtn 11 als Bezugstext für Prov 6 anzusehen, da der Argumentationsgang ähnlicher ist als zu Dtn 6. So entspricht die Aufforderung von Prov

Im einen Fall wird der Weisheit ein Eigenrecht zugestanden (Prov 7), im anderen erscheint die Tora im weisheitlichen Gewande (Prov 6). Dieser Unterschied wird auch in der Durchführung des Themas der fremden Frau greifbar, denn auch hier knüpft Prov 6 an deuteronomisch-deuteronomistische Traditionen an. Prov 6 schöpft dabei weitaus umfangreicher aus Deuteronomiumstexten als Prov 3 oder 7.[85]

Bereits Michael Fishbane wies darauf hin, dass der Abschnitt Prov 6,20–35 auf den Dekalog in Dtn 5 Bezug nimmt.[86] Es wird auf drei Gebote angespielt: auf das Verbot, die Frau des Nächsten zu begehren, auf das Diebstahlverbot sowie auf das Verbot des Ehebruchs. Mit dem Verb „begehren" (חמד) in V. 25 findet sich ein Zentralbegriff des Dekalogs (vgl. Ex 20,17; Dtn 5,21). Während sich dort das „Begehren" auf die optischen Reize bezieht, thematisiert Prov 6 die Verführung durch Worte.[87] Der Verfasser der Proverbienlehre knüpft an das Dekalogverbot an, fokussiert dieses jedoch auf sein eigentliches Thema: die Rede der fremden Frau, die für den Weisheitsschüler gefährlich ist. Es geht um die Verführung durch Worte und damit um eine intellektuelle Gefahr und keine emotional-sinnliche.[88] Eine Zuspitzung des Dekalogverbotes findet sich auch bei der Rede vom Diebstahl in 6,30f. V. 31 benennt als Strafe für den ertappten Dieb, das Gestohlene siebenfach zu ersetzen (ישלם שבעתים). Die Aussage ist in dieser Form singulär und hat keine Parallelen in den Gebotstexten.[89] Der Bezug in V. 30 auf das Diebstahlverbot in Ex 20,15; Dtn 5,19 ist an dieser Stelle mit dem Ehebruchverbot verknüpft (Ex 20,14; Dtn 5,18) und dient dessen Veranschauli-

---

6,20f, die Gebote des Vaters zu bewahren und sie auf das Herz zu „binden" der Abfolge von Dtn 11,18, die Worte auswendigzulernen (18a) und auf den Arm zu „binden" (18b), während in Dtn 6 die Paränese von V. 7 eingeschoben ist; vgl. dazu BRAULIK, a.a.O., 95f.

85   Dies wird allein an der Formel von der Vergegenwärtigung der Tora in 6,22 deutlich; vgl. BRAULIK, a.a.O., 95.

86   Vgl. FISHBANE, Torah, 284, der jedoch später vorsichtiger geworden ist; vgl. Interpretation, 288 mit Anm. 20. MÜLLER, Weisheit, 126 will hingegen die Gemeinsamkeiten zum Dekalog nicht sehen, jedoch greift seine Argumentation, es finde sich hier ein „gemeinisraelitisches Ethos" (S. 126) nicht, wie es auch wenig wahrscheinlich ist, dass „die Beziehung zum Dekalog auf einem zufälligen Zusammentreffen der Motive" beruht.

87   Die Verbindung von Begehren und optischem Reiz findet sich auch in Mt 5,28. Vgl. MEINHOLD, a.a.O., 118 und DELITZSCH, a.a.O., 117.

88   Vgl. zum Belegspektrum der Wurzel חמד MAIER, a.a.O., 158f.

89   Die höchste Erstattungsquote beträgt das Fünffache, vgl. Ex 21,37 (in Lk 19,8 ist es das Vierfache); vgl. MEINHOLD, a.a.O., 120.

chung.[90] Dies wird allein schon am Verb מצא („entdecken/finden") in
6,30a deutlich. Das Verb wird in Dtn 22,22 beim Entdecken des Ehebre-
chers verwendet, so dass es sich auch in 6,30 auf den Ehebruch bezieht.[91] Dies wird unterstrichen durch den Begriff נאף in 6,32, der als
Terminus Technicus für den Ehebruch gelten kann.[92] Betrachtet man
die sonstigen Regelungen für Ehebruch im Alten Testament, so fällt
auf, dass Ehebruch in der Regel mit der Todesstrafe sanktioniert wird
(Lev 20,10).[93] Die Todesstrafe wird jedoch in Prov 6 gerade nicht genannt, womit eventuell auf eine nachexilische Praxis Bezug genommen
wird, die den Ehebruch nicht mehr mit dem Tod ahndete.[94]

Dies bedeutet, dass sich in der Lehrrede von Prov 6,20–35 nicht ein
bloßes Anzitieren der Dekalogtradition findet, sondern eine Akzentsetzung, bei der Zweierlei miteinander verbunden wird: das Thema der
fremden Frau und die Verbote von Ehebruch, Diebstahl und Begehren.
Beides wird in Prov 6 auf ein Gegenüber zwischen der Leistung der
Tora und dem gefährlichen Reden der fremden Frau zugespitzt. Es
geht dabei um die Frage, an welchem „Wort" man sich orientieren soll
– an dem Wort Gottes, wie es in Dekalog und Schᵉma Jisrael zum Ausdruck kommt, oder an dem Wort der fremden Frau. Hinzu kommt ein
Zweites: Georg Braulik hat darauf hingewiesen, dass Prov 6,20–35 eine
Verbindung von Schᵉma Jisrael und Dekalog bietet, die traditionsge-
schichtliche Parallelen hat. Der Text kann durch seine Anspielung auf
Dtn 6,6–9 (11,17–21) und den Dekalog als „Vorstufe einer Lehrtraditi-
on" gesehen werden, „die das ,Höre Israel' und den Dekalog – allerdings in der Textabfolge des Deuteronomiums – verbindet und die der
Papyrus Nash später als literarisch fixiert bezeugt".[95] Die abweichende
Abfolge in Prov 6 – erst das Schᵉma Jisrael, dann der Dekalog – ergibt

---

90 FISHBANE, Torah, 284 und MAIER, a.a.O., 161 möchten darüber hinaus in der Nen-
    nung von Vater und Mutter in Prov 6,20 eine Anspielung auf das Elterngebot sehen,
    jedoch gibt es – sieht man von der Erwähnung der Eltern ab – sowohl sachlich wie
    sprachlich keinerlei Berührungspunkte; vgl. BRAULIK, a.a.O., 101, Anm. 180.
91 Vgl. MEINHOLD, a.a.O., 120f.
92 Vgl. Hos 3,1; 4,13f; Prov 30,20; Schäfer, Poesie, 267 und MAIER, a.a.O., 146.
93 Vgl. OTTO, Stellung der Frau, 290f und MAIER, a.a.O., 148f mit ausführlicher Diskus-
    sion der Belege und der Sekundärliteratur.
94 Dies vermutet MEINHOLD, a.a.O., 121 (vgl. auch Joh 8,3–11, bei der die Ehebrecherin
    nicht bestraft wird).
95 BRAULIK, a.a.O., 105 und MAIER, a.a.O., 175. Vgl. auch MAIER, a.a.O., 159f, die den
    Nachweis führt, dass Prov 6 die Deuteronomiumsfassung des Dekalogs vor Augen
    hat, was verdeutlicht, dass die eigentliche Referenzgröße für den Proverbienautor
    das Deuteronomium war.

sich dabei aus der Sache selbst: das Grundsätzliche steht am Anfang, das Konkrete folgt.

Die untersuchten Textstellen ergeben insgesamt ein recht klares Bild. Das Sch°ma Jisrael in Dtn 6 wird innerhalb von Prov 1–9 dreimal anzitiert und dabei unterschiedlich akzentuiert. In Prov 3 ist das Thema mit dem Diskurs über die Leistung des menschlichen Herzens verbunden. Es wird ein Gegensatz benannt zwischen der eigenen Einsicht und der Weisheit JHWHs, der innerhalb einer Weisheitsschrift überrascht. In Prov 7 werden die Aussagen von Dtn 6 mit der Vorstellung einer personifizierten Weisheit verbunden, die trotz ihrer Bestimmung von der Tora her nach wie vor als eigenständig erscheint. Demgegenüber spricht Prov 6 der Weisheit diese Eigenleistung ab und ordnet sie der Tora unter, indem nur noch von der Tora und den Geboten die Rede ist. Die drei Texte verdeutlichen, dass die ‚Tora‘ in den Lehrreden von Prov 1–9 unterschiedlich bestimmt werden kann. Im einen Fall erscheint sie als eine Größe, die nach wie vor eine eigenständige (jedoch von der Tora her bestimmte) Weisheit zulässt, im anderen macht sie als sapientalisierte Tora die Weisheit geradezu überflüssig; die Tora erscheint als die „bessere Weisheit". Wenn man bedenkt, dass die drei Lehrreden durch Prov 2 miteinander verknüpft sind, dann wird deutlich, dass das Lehrprogramm von Kap. 2 nicht nur selbst eine Form von Torarezeption bietet, sondern auch unterschiedliche Positionen zum Verhältnis von Weisheit und Tora zueinander in Beziehung setzt. Damit rückt die Weisheitsrede von Prov 8 in den Blick, auf die in Prov 2,3 angespielt wird.

5.2.2 Die Weisheitsgestalt von Prov 8

Die Forschung hat bei Prov 8 bislang eher die Gemeinsamkeiten zum Sirachbuch oder auch zu Ps 19 hervorgehoben und weniger zur Toratradition.[96] In der Folge werden zunächst knapp Struktur und Aussage von Prov 8 dargelegt, um dann auf die Gemeinsamkeiten mit Ps 19 einzugehen und diese auf die Frage nach dem Verhältnis von Prov 8 zur Tora auszuwerten.

Die 36 Verse von Prov 8 lassen sich in eine kurze Einführung (V. 1–3) und die eigentliche Weisheitslehre unterteilen (V. 4–36), die selbst nochmals in drei Abschnitte zerfällt (V. 4–11.12–21.22–31). Am Ende

---

96 Der Text wurde bislang vor allem von Alexandra GRUND für die Torathematik ausgewertet: Himmel, 239–241 (mit Tabelle zu den Stichwort- und Motivbezügen auf S. 241 [Tabelle 4]).

stehen Schlussfolgerungen, die von der Weisheit selbst gezogen werden (V. 32–36).[97] Bereits die Einleitung, in der die Weisheit vorgestellt
wird, benennt ein Spezifikum: Die Weisheit ruft, sie steht, folgt man
dem schwierigen Text in V. 2f an einem erhöhten Punkt in der Nähe
des Stadttores.[98] Von diesem Ort aus hält sie ihre Rede,[99] in der sie sowohl die anspricht, die sich bislang an der Weisheit orientiert haben,
als auch jene, die dies bislang nicht taten, die Einfältigen (פתאים) und
Törichten (כסילים, V. 4f).[100] Die Verse 6–11 charakterisieren zunächst die
Rede und die Autorität der Redenden – der personifizierten Weisheit.
Diese wird durch zwei Elemente besonders hervorgehoben: durch die
Attribute in V. 6–9 und durch den Vergleich mit kostbaren Materialien
in V. 10f. Unter den Attributen fallen besonders מישרים (V. 6b), אמת und
צדק (V. 7a.8.) sowie ישרים (V. 9) auf. Sie entsprechen der Charakterisie-
rung des Davidssprosses in der Herrscherverheißung von Jes 11. Dort
wird in V. 4f das Richteramt des zukünftigen Heilsherrschers unter
Verwendung derselben Begriffen geschildert.[101]

Bereits hier wird ein Grundzug von Prov 8 deutlich. Die personifizierte Weisheit beansprucht für sich eine Autorität, die in Konkurrenz
zu anderen theologischen Konzepten der nachexilischen Literatur tritt –
im vorliegenden Fall der Herrscherverheißung von Jes 11.[102] Dies geschieht durch terminologische Anspielungen auf andere Texte, mittels
derer Aussagen, die bislang in anderem Kontext verwendet wurden,
nun auf die Weisheitsgestalt übertragen werden.

Ein weiteres Beispiel hierfür ist die Formel ותועבת שפתי רשע in V. 7b
„der Gräuel meiner Lippen ist Frevel“. Es wird hier auf die תועבת יהוה-

---

97 Zum Aufbau vgl. MEINHOLD, a.a.O., 134f; GEMSER, a.a.O., 45; PLÖGER, a.a.O., 87;
    FOX, a.a.O., 267 und 291f (mit detaillierter Gliederung).

98 Die Problematik in V. 2 liegt in der Kombination von „Gipfel" bzw. „Anfang" (ראש)
    und „Höhen" (מרומים), die innerhalb des AT nur hier zu finden ist. V. 3 nennt die
    Stadttore (שערים), jedoch ist unklar, wie dazu V. 2 passt („am Gipfel der Höhen, auf
    dem Weg, zwischen den Pfaden stehend"). Vgl. zur Diskussion (und Übersetzung)
    BAUMANN, Weisheitsgestalt, 68–70 und FUHS, Sprichwörter, 144f. Denkbar ist, dass
    hier einfach an eine herausragende Position der Weisheitsgestalt gedacht ist, vgl. Ri
    5,18 und auch Ps 148,1; Hi 16,19; 25,2; 31,2, wo damit der Wohnort Gottes bezeichnet
    ist; SCHROER, Weise Frau, 396f.

99 In Prov 1,20f ist die Weisheit durch die Erwähnung von Gassen und Plätzen in der
    Stadt lokalisiert, in Prov 9,3 ist das Bankett der Weisheit „auf den Höhen der Stadt";
    vgl. BAUMANN, a.a.O., 71 und ROY YODER, Wisdom, 74.

100 Vgl. zu den Begriffen WALTKE, a.a.O., 395f und FOX, a.a.O., 267f.

101 Vgl. dazu die Einzelargumentation bei BAUMANN, a.a.O., 79 und die von ihr genann-
    ten weiteren Parallelen, a.a.O., 92–98 sowie GEMSER, a.a.O., 47, PLÖGER, a.a.O., 90
    und FUHS, a.a.O., 149f.

102 Zu Jes 11 vgl. oben Kap. 3.3.3.

Formel angespielt, die vielfach im Deuteronomium, aber auch in den Proverbien begegnet (oftmals mit JHWH oder auch dem König als Subjekt).[103] Beide Aspekte zusammengenommen weisen die Rede der Weisheitsgestalt als Rede von höchster und geradezu göttlicher Autorität aus. Diese Autorität wird in V. 10f durch den Vergleich mit Silber, Gold und Korallen und damit unter Gebrauch von Wendungen, die auch sonst im Proverbienbuch begegnen, als besonders wertvoll ausgewiesen.[104] Die Rede der Weisheit, die Autorität und Wert hat, wird im Abschnitt V. 12–21 weiter gesteigert. Dies wird bereits am einleitenden אני חכמה in V. 12a deutlich. Die Formel markiert nicht nur eine Zäsur im Text, sondern knüpft an die Selbstvorstellung JHWHs an (אני יהוה), die vielfach bezeugt ist.[105] So erscheint die Weisheit in V. 12–14 einerseits als eine Gabe Gottes, rückt jedoch in V. 15f und 17 selbst in die Nähe JHWHs.[106]

Diese Nähe zu JHWH wird in 8,22–31 am Beispiel der Weltschöpfung verdeutlicht. Der Abschnitt, der selbst Züge einer Kosmologie trägt,[107] betont die besondere Stellung der Weisheit als Mittlerin zwischen Gott und Mensch. Sie ist den Menschen deutlich übergeordnet, allein schon durch ihre Anwesenheit bei der Weltschöpfung JHWHs. Im Zentrum steht dabei weniger der Aspekt des „Mitgestaltens" der Weisheit, wie es oft von der Forschung erwogen wurde, sondern das spezielle Wissen, das aus dieser Anwesenheit bei der Schöpfung resultiert.[108] Dies wird im Text durch verschiedene Bezüge und Anspielungen auf andere Texte hergestellt, vor allem zu Gen 1.[109] Als erstes werden Weisheit und Himmel geschaffen, die Gott als positiv konnotierte Bereiche besonders nahe sind. Dann folgt in einem zweiten Schritt – und somit vom ersten Bereich getrennt – die untere Welt, welche im

---

103 Vgl. Dtn 7,25; 12,31; 17,1; 18,12; 22,5; 23,19; 25,16; 27,15 und Prov 3,32; 11,1.20; 12,22; 15,8.9.26; 16,5; 17,15; 20,10.33 sowie BAUMANN, a.a.O., 80 und FUHS, a.a.O., 147.

104 Vgl. Prov 16,16 und 2,4; 3,14f sowie Hi 28,15–18. S. zum Thema auch auch Abschnitt 2.2.2 dieser Arbeit (zu Prov 2,4).

105 Vgl. Gen 15,7; 28,13; Ex 6,2.6–8.29; 7,5.17; 8,18; 10,2; 12,12; 14,4.18; 15,26; 16,12; Lev 11,44f; 18,2.4–6.21.30; Dtn 29,5 u.ö.; vgl. DIESEL, Ich bin Jahwe, 388f.

106 Vgl. dazu FUHS, a.a.O., 149 und BAUMANN, a.a.O., 100f.

107 Vgl. dazu BAUMANN, a.a.O., 151; PLÖGER, a.a.O., 91–95 mit Diskussion bisheriger Ansätze und WALTKE, a.a.O., 412f.

108 Dies hat BAUMANN, a.a.O., 151 überzeugend herausgearbeitet.

109 Die Nähe zwischen Prov 8,22–31 und Gen 1,1–2,4a wurde bereits 1914 von JASTROW gesehen; vgl. BAUKS/BAUMANN, Anfang, 24–52; FOX, a.a.O., 282f und BRAULIK, a.a.O., 105. Die „noch-nicht"-Aussagen in 8,24–26 verweisen demgegenüber auch auf Gen 2,4b; vgl. FUHS, a.a.O., 154.

Text mit dem Begriff der תהום bezeichnet wird (V. 24.27b).[110] Der im Text entfaltete Anspruch der Weisheit mündet schließlich in die Aussage ein:[111]

> (34) Wohl dem Menschen, der auf mich hört,
> um an meinen Türen Tag für Tag zu wachen,
> um zu behüten die Pfosten meiner Eingänge.
>
> (35) Denn wer mich findet, hat Leben gefunden,
> und er hat Wohlgefallen von JHWH erhalten;
>
> (36) wer mich aber verfehlt, fügt seinem Leben Gewalt zu;
> alle, die mich hassen, lieben (den) Tod.

Die Verse bündeln die zuvor gemachte Aussage und spitzen diese, ähnlich der abschließenden Verse 21–22 in Prov 2, auf die Alternative „Leben oder Tod" zu. War die Weisheitsrede bislang noch positiv akzentuiert, so erwächst aus dem normativen Anspruch der Weisheit eine kategorische Alternative: Wer sich an der Weisheit orientiert, findet sein Leben; wer dies nicht tut, geht in den Tod.

Für Prov 8,35 wurde schon oftmals die besondere Nähe zu Dtn 30,15–20 betont.[112] Im Zentrum steht der Gedanke des Leben-Findens im Gegenüber zum Tod. Diese Antithese wird in Dtn 30,15 formuliert und in V. 16 mit den Geboten, Satzungen und Rechtsbestimmungen JHWHs verbunden. Die Gebotserfüllung und die Liebe zu JHWH sind mit dem Wegthema verknüpft, das auch in Prov 8 begegnet. Auch wenn die Parallelen zwischen den beiden Texten nicht in exakten wörtlichen Übereinstimmungen bestehen,[113] so kann Dtn 30 doch dazu verhelfen, die Stoßrichtung von Prov 8 genauer zu bestimmen. Diese besteht darin, dass in Prov 8 die Weisheit das für sich beansprucht, was in der deuteronomisch-deuteronomistischen Tradition (und konkret in Prov 30) die Tora leistet. Dieser Anspruch wird auch an der Formel in V. 36 deutlich, nach der man „seinem Leben Gewalt antut" (חמס נפשו), wenn man sich nicht an der Weisheit orientiert. In Ez 22,36 und Zeph

---

110 BAUMANN, a.a.O., 128. Baumann möchte hier bereits eine Anspielung auf die Unterwelt im Sinne der Scheol sehen, mit dem in Prov 1–9 das Thema der ‚fremden Frau' verbunden ist. Dies erscheint angesichts dessen, dass in Prov 8 die spezifische Begrifflichkeit wie Tod, Rephaim oder Scheol der ‚fremden Frau' nicht vorkommt, etwas gewagt.

111 BAUMANN sieht hier eine „gynomorphe" Vorstellung von der Weisheit als einem Menschenkind, das bei JHWH wie bei einer Mutter spielt. Vgl. dazu die berechtigten Anfragen von FUHS, a.a.O., 153.

112 So bereits WEINFELD, Deuteronomic School, 308; vgl. auch BRAULIK, a.a.O., 105 und FUHS, a.a.O., 161.

113 Dies wird aus der von BAUMANN zusammengestellten Liste deutlich: a.a.O., 111.

3,4 wird die Formel auf die Tora bezogen, so dass das Sich-Versündigen an der Weisheit in Prov 8,36 dem Sich-Versündigen an JHWH
und seiner Tora gleichkommt.[114]

Wenn die Weisheit in Prov 8 Qualitäten für sich beansprucht, die
sonst der Tora zukommen, dann stellt sich die Frage, ob dadurch nicht
auch die oft genannten prophetischen Bezüge der Weisheitsgestalt ihren tieferen Sinn erhalten.[115] Die Weisheit würde dann nicht nur wie
eine Prophetin agieren, sondern selbst die Nachfolge der Prophetie
antreten.[116] Man kann sich dies an V. 2 verdeutlichen, der gerne als
Beispiel für den prophetischen Charakter der Weisheitsgestalt genannt
wird.[117] Denn die Wendung „Gipfel der Höhen" (בראש מרומים) in V. 2
enthält eine metaphorische Anspielung: „Wie einst JHWHs Tora von
den Höhen des Sinai/Horeb erging, so ergeht das Wort der Weisheit
vom ‚Gipfel der Höhen', d.h. in göttlicher Vollmacht und Autorität."[118]
Dieses Rufen der Weisheit erscheint im Text zwar mit einem klaren
Anspruch verbunden, die in V. 2f geschilderte Situation lässt dieses
Rufen der Weisheit jedoch als ein Rufen unter vielen erscheinen. Die
Weisheit steht an dem belebtesten Ort der Stadt und verkündet dort
ihre Botschaft mit lautem Rufen (Verb רנן). [119] Damit hat sie keine feste
Hörerschaft, sondern ist gleichsam eine Stimme neben anderen.[120]

Nimmt man die Einzelbeobachtungen zusammen, so wird deutlich,
dass Prov 8 mit dem genannten Diskurs über Weisheit und Tora verbunden werden muss und sich innerhalb dessen mit einer klaren Position zu Wort meldet. Prov 8 bietet damit bereits auf der Textebene eine
Auseinandersetzung mit der Verhältnisbestimmung von Weisheit und
Tora, so dass sich von daher auch die in Kapitel 3 genannten wir-
kungsgeschichtlichen Bezüge zu Ps 119 und Ps 19 erklären. Der Anspruch von Prov 8 konnte offenbar nicht unwidersprochen bleiben.[121]
Er musste als eine Herausforderung für jene wirken, die an der Größe

---

114 Vgl. FUHS, a.a.O., 161.
115 Vgl. beispielsweise GEMSER, a.a.O., 47: „die Weisheit spricht hier wie ein Prophet, ja,
   als eine Gestalt, in welcher Gott selbst sich vergegenwärtigt."
116 Zur Frage, wer die Nachfolge antritt vgl. OTTO, Prophetie, 269.
117 Dazu BAUMANN, a.a.O., 72.
118 FUHS, a.a.O., 145.
119 Dies betont CLIFFORD, a.a.O., 94. Zur Bedeutung des Verbs רנן s. FOX, a.a.O., 266, der
   das Agieren der Weisheit mit einem königlichen Herold vergleicht.
120 FUHS, a.a.O., 145 spricht hier vom „Markt der Meinungen", was jedoch zu modern
   gedacht ist.
121 Zur Wirkungsgeschichte vgl. den Überblick bei CLIFFORD, a.a.O., 98f und MCKANE,
   a.a.O., 70 sowie GEMSER, a.a.O., 47, der auf die Nähe von Prov 8 und Sir 1 und 24
   verweist (dazu unten auch Kap. 5.4).

Tora festhielten und damit auf dem Boden der deuteronomisch-deuteronomistischen Tradition standen. Dies geschah so, dass die Attribute, die in Prov 8 von der Weisheit beansprucht wurden, nun wieder auf die Tora übergingen. Dies belegt Ps 19, der in bemerkenswerter Weise an Prov 8 anknüpft.[122]

Prov 8	Ps 19
7–9 Selbstprädikation der Weisheit und ihrer Worte	8–11 Prädikation der Tora
wahr (אמת)	recht (ישר)
in Gerechtigkeit (בצדק)	wahr (אמת)
recht (ישר)	gerecht (צדק qal)
13 Furcht JHWHs (יראת יהוה)	10a Furcht JHWHs (יראת יהוה)
Wirkungen:	Wirkungen:
14 Einsicht (בינה)	8a Leben (משיבת נפש)
18.20f Lebensfülle (vgl. הון)	8b Weisheit (מחכימת פתי)
19a besser als Gold (מחרוץ) und Feingold (פז)	11 köstlicher als Gold (מזהב) und viel Feingold (פז רב)

In Prov 8,7–9 bezeichnet sich die Weisheit als wahr, gerecht und recht, in Ps 19, 8–11 wird Gleiches über die Tora gesagt. In Prov 8,14.18.20f gibt die Weisheit Einsicht und Lebensfülle, in Ps 19,8 werden Leben und Weisheit (Wurzel חכם) als Wirkweisen der Tora benannt.

Eine weitere Gemeinsamkeit besteht in der dichotomischen Struktur, die sich in beiden Texten findet, jedoch in entgegengesetzte Richtung verläuft. In Prov 8 werden Aussagen über die irdische und die kosmische Präsenz der Weisheit gemacht, in Ps 19 wird dies umgekehrt von der Tora gesagt. Prov 8 betont zunächst das Wirken der Weisheit in der menschlichen Welt (V. 12ff) und dann ihr Wirken als Schöpfungsweisheit (und somit ihre kosmische Dimension, V. 22ff).[123] Demgegenüber wird in Ps 19 zunächst die kosmische Bedeutung der Tora betont (V. 1–6) und erst dann die irdische (V. 7–14).[124] Die Gemeinsamkeiten zwischen Ps 19 und Prov 8 betreffen somit nicht nur einzelne Begriffe, sondern auch die Anlage der Texte selbst. Dies wäre zugleich eine Erklärung für die Kombination von kosmischer und irdischer Bedeutung der Tora in Ps 19. Der Autor des Psalms musste diese aufgrei-

---

122 Vgl. dazu die Analyse von GRUND, a.a.O., 241, an der sich das folgende Schaubild orientiert.

123 Vgl. GESE, Einheit, 146f, der zugleich auf die Entwicklung von Hi 28 über Prov 8 und Ps 19 bis zu Sir 24 verweist.

124 Vgl. GRUND, a.a.O., 105 und a.a.O., 240, Anm. 859.

fen, um ein Torakonzept zu entwickeln, das mit dem Weisheitskonzept in Prov 8 konkurrieren konnte.[125]

Die vorstehende Analyse hat zugleich Konsequenzen für das Verständnis von Prov 1–9. Denn Prov 8 bietet ein Konzept, das der Verbindung von Weisheit und Tora in Prov 6 kontrapunktisch gegenübersteht. Es finden sich in der ersten Sammlung des Proverbienbuches nicht nur Bezüge zum Deuteronomium, sondern unterschiedliche Bestimmungen des Verhältnisses von Weisheit und Tora. Dabei geht Prov 8 insofern am Weitesten, als dass einerseits aus der Toratradition zitiert wird (Dtn 30), der Text sich andererseits aber gerade gegen die Tora wendet und das, was von ihr beansprucht wird, der Weisheit zuordnet. Bevor dieser Sachverhalt für die Redaktionsgeschichte von Prov 1–9 ausgewertet wird, sollen kurz die beiden verbleibenden Texte in den Blick genommen werden, die für das Thema ‚Weisheit und Tora' im Proverbienbuch von Bedeutung sind: Prov 28 und die Worte Agurs in Prov 30.

5.2.3 Prov 28 und die Worte Agurs, Prov 30

Michael Fishbane hat die These vertreten, dass Prov 28,4–5.9 die einzige Textstelle in den Proverbien sei, in der Tora "may have a covenantal sense".[126] Prov 28 wird in der neueren Forschung zusammen mit Prov 29 als eine thematische Einheit gesehen, die wesentlich durch das Gegenüber des Gerechten und des Frevlers strukturiert ist.[127] Die beiden Kapitel zerfallen in fünf strukturierende Sprüche (28,1.12.28; 29,16.27) und vier Sinneinheiten (28,2–11.13–27; 29,1–15; 17–26).[128] Diese sind mit einer inhaltlichen Dramaturgie versehen. Abschnitt I (28,2–11) thematisiert das Verhältnis zur Tora, Abschnitt II (28,13–27) das Gottesverhältnis, Abschnitt III (29,1–15) das Thema der Erziehung und Herrschaft

---

125 Vorausgesetzt ist dabei, dass Ps 19 jünger ist als Prov 8; dazu GRUND, a.a.O., 289f, die zugleich auf die thematische Nähe von Ps 19 zu Ben Sira verweist.

126 FISHBANE, Interpetation, 288, Anm. 2. Eine „fromme Gemüthsstimmung" sah bereits HITZIG, Sprüche, 292 in Kap. 28. Demgegenüber betonte STRACK, Sprüche (2. Auflage), 90, dass mit Tora hier zunächst die Unterweisung der Eltern bzw. der Weisheitslehrer gemeint sei. „Sie ist aber nicht zu trennen von der durch Gott gegebenen Weisung, dem ‚Gesetze'." Vgl. dazu auch den Überblick bei CLIFFORD, a.a.O., 243f.

127 Beide Kapitel sind Teil der sogenannten „Hiskianischen Sammlung" (Prov 25–29), die in zwei Untersammlungen zerfällt (25–27 + 28–29); dazu MEINHOLD, a.a.O., 415; FUHS, a.a.O., 339 und PLÖGER, a.a.O., 293.

128 Vgl. dazu MEINHOLD, a.a.O., 464f und WALTKE, Proverbs II, 404f, an deren Exegese hier angeknüpft wird. Vgl zur Struktur auch D. FINKBEINER, Analysis, 1–14.

und Abschnitt IV (29,17–26) mündet in die Frage des Gottesverhältnisses ein. Es geht um drei Ebenen, die miteinander konvergieren: die
Erziehung, das Gottesverhältnis und die Herrschaft. In deren Zentrum
steht die JHWH-Frömmigkeit, die bereits in der Vorstellung derjenigen,
die JHWH suchen (28,5b) anklingt. Sie markiert den eigentlichen roten
Faden des Abschnittes 28–29, der eine Art „zusammenfassende Beurteilung" der „gesellschaftlichen Wirklichkeit" im Horizont des JHWH-
Glaubens bietet.[129]

Für die Frage der Torakonzeption ist besonders der erste Abschnitt
interessant. 28,2–11 befasst sich mit dem Maßstab der Herrschaft und
hat besonders die Reichen und deren Verhältnis zu den Armen im
Blick. Die Überlegungen münden in die Aussage von V. 11 ein, nach
der ein Reicher sich zwar für weise halten kann (חכם), der Arme (hier
als דל bezeichnet) ihn jedoch durchschaut, sofern er Einsicht hat (Wurzel בין). Im Gedankengang von V. 2–11 kommt dem Verb בין eine Leit-
wortfunktion zu. Es wird in den V. 2.5.7.11 verwendet und damit sowohl in den rahmenden (V. 2.11) als auch in den mittleren Versen (V.
5.7).[130] Weitere Leitwörter des Abschnitts sind Tora (V. 4.7.9) und der
Gegensatz „reich-arm/gering" (V. 3.6.8.11).[131] Alle drei Leitwörter sind
miteinander verbunden und verdeutlichen die inhaltliche Stoßrichtung
des Textes. Es geht um das Gegenüber von arm und reich und um die
weisheitliche Kategorie des Verstehens, die an die Tora gebunden wird.
Dies zeigt sich an den Toraversen des Abschnitts V. 2–11:

(4) Die die תורה verlassen, rühmen den Frevler,
aber diejenigen, die die תורה beachten, erregen sich gegen sie (die Frevler).

(7) Wer die תורה bewahrt, ist ein verständiger Sohn,
aber wer sich mit Ausschweifenden einlässt, bringt seinem Vater Schande.

(9) Wer sein Ohr vom Hören der תורה entfernt,
sogar dessen Gebet kann (nur) ein Greuel sein.

Das Gegenüber von richtiger und falscher Herrschaft, das in V. 2f thematisiert wird, erscheint von der Tora her bestimmt.[132] Der Text hat
jedoch nicht den König im Blick – dieser wird nicht erwähnt – sondern
die Beamtenschaft (V. 2b: שרים) und den reichen, wohlhabenden
Mann.[133] Dabei fällt auf, dass die weisheitlichen Themen des Gegen-

---

129 FUHS, a.a.O., 367. S. auch ROY YODER, Proverbs, 264.
130 Dies hat MEINHOLD, a.a.O., 466, herausgearbeitet. Vgl. auch DELITZSCH, a.a.O., 456f.
131 Vgl. FUHS, a.a.O., 369 und TAVARES, Weisheitslehre, 58.
132 Vgl. WALTKE, a.a.O., 408, der dieses als Zentralthema von 28,2–6 betrachtet.
133 Allein dies spricht gegen die oftmals vertretene These, Prov 28–29 als eine „königli-
      che Weisheitslehre" zu sehen (U. Skladny, B.V. Malchow, S.-P. Liew, D. Finkbeiner).

übers von Gerechtem und Frevler sowie die Wegthematik nicht nur mit dem Gegensatz „arm-reich" verbunden, sondern auch an der Norm der Tora ausgerichtet sind.

Dies wird deutlich an dem Verb בין. Das Erkennen bzw. Einsicht haben ist jeweils auf die Tora bezogen. Die von der Forschung zum Teil recht kontrovers diskutierte Frage, was für eine Tora hier gemeint ist – eine ‚säkular'-weisheitliche oder eine theologische[134] – lässt sich vor dem Hintergrund des Gesamtduktus' der Verse eindeutig beantworten. Durch das Gegenüber von 28,4 mit der Nennung der Tora und 28,5 mit dem Suchen nach JHWH, das zum Verstehen führt, wird die Leitgröße תורה auf JHWH bezogen. Wer sich an diese Tora hält, wer sie – gleichsam als Ergebnis eines weisheitlichen Verstehensprozesses – verinnerlicht, der ist ein „verständiger Sohn" (V. 7) und ein gerechter Reicher, der dem Geringen abgibt (V. 8). Diese religiöse Dimension wird in V. 9 nochmals betont, wenn dem Hören der Tora das Gebet gegenübergestellt wird. Die Wendung vom Ohr, das hört, knüpft an den klassischen weisheitlichen Aufmerksamkeitsspruch an und lässt die Tora als eine der Weisheit gleichgestellte Kategorie erscheinen. Die Aussage, dass für den, der nicht auf die Tora achtet, auch das Gebet (תפלה) nicht hilft, rückt das Toraverständnis des Abschnittes in Richtung einer Torafrömmigkeit. Die Eindringlichkeit des Anliegens wird durch die Klassifizierung des Gebetes als „Greuel" (תועבה) in V. 9 besonders hervorgehoben. So klingt durch den Kontext von Prov 28,2–11 in dem תועבה das תועבת יהוה an; es geht um eine Verfehlung an JHWH.[135]

Im Hinblick auf das Toraverständnis von Prov 28 ist V. 8 von Interesse. Denn es findet sich hier eine Vorstellung, die deutlich an das mosaische Gesetz anknüpft:

> Wer seinen Besitz durch Zins und Aufschlag vermehrt,
> sammelt ihn für einen, der sich der Geringen erbarmt.

Das Zins- und Abschlagnehmen ist entsprechend Ex 22,24; Lev, 25,26f und Dtn 23,20 bei israelitischen Volksangehörigen verboten, jedoch

---

Vgl. dazu die forschungsgeschichtlichen Überblicke bei Fox, a.a.O., 817f und bei Tavares, a.a.O., 1–5, der selbst vorschlägt, in Analogie zu ägyptischen Lehren (Merikare, Amenemhet) beide Aspekte (König und Bürger) als miteinander verknüpft zu sehen.

134 Für offen halten die Frage Meinhold, a.a.O., 468; Fuhs, a.a.O., 370 (der jedoch S. 371 eher an die elterliche Unterweisung denkt) und Clifford, a.a.O., 243f. Plöger, a.a.O., 332 denkt hingegen an das Gesetz; so auch van Leeuwen, Proverbs, 237 und Waltke, a.a.O., 409.

135 Vgl. Fuhs, a.a.O., 371; Waltke, a.a.O., 414 und Plöger, a.a.O., 334 mit Verweis auf Syriaca.

gegenüber Ausländern erlaubt (Dtn 23,21). In nachexilischer Zeit war diese Art, Gewinn zu machen, durchaus verbreitet.[136] Es liegt nahe, hier an eine Weiterentwicklung der Verbotsregelung vor dem Hintergrund der nachexilischen Praxis zu denken und damit an einen Fall der Schriftauslegung bzw. -aktualisierung, wie sie für die nachexilische Zeit nicht unüblich ist.[137]

Somit lässt sich für das Toraverständnis von Prov 28,2–11 folgendes festhalten: Die Tora erscheint als eine weisheitlich bestimmte Größe, die an die Stelle der Weisheit tritt. Sie hat, will man Fishbanes Formulierung aufgreifen, „bundestheologische" Bedeutung, da die Orientierung an der Tora Auswirkungen auf das JHWH-Verhältnis hat. Gerade durch V. 9 wird die Tora zu einer religiös bestimmten Größe mit einer positiven Bedeutung. Es findet sich somit eine Position, die innerhalb einer Weisheitsschrift erstaunt: Die Tora wird in den Vordergrund gerückt, die Weisheit gerät dadurch in den Hintergrund. Auch wenn Letzteres in Prov 28 nicht explizit gesagt wird, der Text läuft auf diese Position hinaus. Diese Position wird wenig später nochmals akzentuiert. Denn die „Worte Agurs" in Prov 30 führen den Gedankengang von 28 fort, indem nun die Grenzen der Weisheit betont werden.

> Der Text bietet eine Reihe von Problemen, die bei der Abgrenzung der Verse beginnen und über die Bedeutung der hebräischen Begriffe in V. 1c.d bis zur Frage der Einheitlichkeit reichen. Einige Kommentatoren wollen in V. 1–9 eine eigene Einheit sehen, da sich hier ein klarer Gedankengang ergebe und V. 10–14 diesen sprenge (Franklyn, Fox). Andere nehmen V. 10 zu 1–9 dazu (Clifford), wieder andere unterteilen den Abschnitt in 1–4 und 5–6 sowie 7–9 als Zusätze (Plöger; McKane) oder betrachten 1–3.4.5–6.7–9 als eigenständige Komponenten (Van Leeuwen).[138] Raymond van Leeuwen hat jedoch selbst das Argument genannt, das eine Unterteilung nach modernen literarkritischen Kriterien schwierig macht: Er bezeichnet den Text als ein „anthological poem".[139] Die Perikope nimmt auf verschiedene Traditionen Bezug und muss als eine schriftgelehrte Arbeit verstanden werden. Man wird somit vorsichtig darin sein müssen, anhand von Kriterien wie „sinnvollem Aufbau" oder „stilistische Brüche" literarkritische und redaktionsgeschichtliche Schlüsse zu ziehen. So bietet es sich an, bei der Unterteilung der 33 Verse von Prov 30 von der Textgeschichte auszugehen.

---

136 Vgl. Ez 18,8.13; Ps 15,5; Neh 5,7 und dazu MEINHOLD, a.a.O., 470; FUHS, a.a.O., 371 und PLÖGER, a.a.O., 334.

137 Vgl. dazu das in Abschnitt 5.1.2 genannte Beispiel der Mischehenproblematik und die Argumentation von S. GRÄTZ (Anm. 33).

138 Vgl. FOX, a.a.O., 851; PLÖGER, a.a.O., 36f; MCKANE, a.a.O., 176, CLIFFORD, a.a.O., 257; VAN LEEUWEN, Proverbs, 251

139 VAN LEEUWEN, a.a.O.

Denn diese bietet einen interessanten Ansatzpunkt: Die Septuaginta zieht die Trennlinie zwischen V. 14 und V. 15 und stellt den ersten Teil (V. 1–14) vor und den zweiten Teil (V. 15–33) nach 24,23–34.[140]

Geht man mit der Septuaginta von einer Zäsur zwischen 30,14 und 30,15 aus, so verbleibt mit V. 1–14 ein Abschnitt mit einem klaren Thema. Es geht um die Unzulänglichkeit der menschlichen Weisheit. Diese klingt bereits in den Namen von V. 1 an. So können das in 1c zweimal genannte לֵאִיתִיאֵל und das in 1c gebrauchte וְאֻכָל auch als Verbalsätze interpretiert werden: „Ich bin schwach, oh Gott, ich bin schwach, o Gott, und bin erschöpft".[141] In diesem Falle würde bereits in V. 1 das „bevor ich sterbe" (בְּטֶרֶם אָמוּת) von V. 7 anklingen, so dass hier jemand spricht, der die Summe seines Lebens und der gemachten Erfahrungen zieht.[142] Angesichts dessen lässt die eigentliche Botschaft nichts an Deutlichkeit zu wünschen übrig. So heißt es in V. 2f:

(2) Wirklich, dumm wie ein Vieh bin ich statt eines Menschen,
und keine Einsicht (בִּינָה) eines Menschen habe ich;

(3) und keine Weisheit (חָכְמָה) habe ich gelernt,
so dass ich Erkenntnis des Heiligen (דַּעַת קְדֹשִׁים) weiß.

Die Verse klingen geradezu wie eine Negation dessen, wozu Prov 2 aufruft. Während man dort zur בִּינָה rufen und sein Ohr zur חָכְמָה ausrichten kann, so dass man die JHWH-Furcht und die Erkenntnis Gottes findet, ist für den Verfasser von 30,1–14 dies gerade ausgeschlossen. Er vergleicht sich eher mit einem Tier, das keinerlei menschliche Weisheit besitzt, und erscheint als eine Art „homo sapiens ignorans".[143] Der Zusammenhang von Einsicht und Weisheit-Lernen, um die Erkenntnis

---

140 Vgl. dazu den Überblick bei WALTKE, Proverbs I, 4.

141 In diesem Falle wäre *lāʾîtîʾēl* (statt MT *leʾîtîʾēl*) sowie *wāʾēkel* (MT *weʾukāl*) zu vokalisieren. Der textlichen Probleme sind jedoch so groß, dass man schwer eine einzige Lösung präferieren kann. So votieren MCKANE, a.a.O., 258.664f und SCOTT, Proverbs, 175 für eine Herleitung aus dem Aramäischen („es gibt keinen Gott; es gibt keinen Gott, und ich kann [nichts wissen]"). Vgl. zum ganzen FOX, a.a.O., 853f mit weiteren Vorschlägen und Diskussion des Seputagintabefundes, der die hier präferierte Lösung unterstützt, sowie den Überblick zu bisherigen Deutungsversuchen bei WALTKE, Proverbs II, 454f.

142 Vgl. Gen 27,4; 45,28 und FOX, a.a.O., 853.

143 Das Wort בַּעַר wird im AT insgesamt fünf Mal verwendet, davon zwei Mal in den Proverbien (12,1; 30,2). Es hat die Grundbedeutung „Biest", kann jedoch auch den Ignoranten bezeichnen; vgl. FOX, a.a.O., 39 („Ignoramus") mit Verweis auf Ps 49,11 (vgl. Ps 73,22 und 49,11) sowie zur Etymologie HAL 140 und GESENIUS[18], 165 „viehisch, unkultiviert sein". Zum „homo sapiens ignorans" vgl. GRUND, a.a.O., 284, Anm. 17 mit Verweis auf Ruben ZIMMERMANNs gleichnamige Studie zu Hi 28, BN 74 (1994), 80–100 (zum Begriff, a.a.O., 99f).

des Heiligen zu wissen, wirkt fast wie eine Anspielung auf Prov 2,1–5. Die Formel דעת קדשים entspricht der דעת אלהים in 2,5, die dort parallel zur JHWH-Furcht steht.[144] 30,2–3 negiert somit in drastischen Worten, was 2,1–5 dem Weisheitsschüler verheißt. Es wird eine weit klaffende Lücke zwischen menschlicher Weisheit und Gott selbst aufgezeigt, die 30,4–6 unter Verweis auf Schöpfungsvorstellungen fortführt:[145]

(4) Wer stieg zum Himmel hinauf und (wieder) herab?
Wer sammelte den Wind in den Hohlflächen seiner Hände?
Wer schnürte das Wasser in sein Gewand?
Wer richtete alle Enden der Erde auf?
Wie ist sein Name und wie der Name seines Sohnes?
Du weißt (es) ja!

(5) Jedes Wort Gottes ist geläutert.
Ein Schild ist er für diejenigen, die sich in ihm bergen.

(6) Füge nichts seinen Worten hinzu,
damit er dich nicht zurechtweist und du als trügerisch erscheinst.

Die rhetorischen Fragen von V. 4 zielen alle auf dieselbe Antwort hin: „keiner".[146] Diese Antwort kann nicht „JHWH" lauten, vielmehr will der Fragestil, der JHWHs Rede aus dem Wettersturm in Hi 38 ähnelt, gerade die Unzulänglichkeit menschlicher Erkenntnis betonen.[147] Man ist versucht, den hinter V. 4e stehenden Gedanken des Vaters (der Mutter) und des Sohnes auf die weisheitliche Lehrkonstellation zu beziehen, wie sie von Dtn 4 her grundgelegt ist. Prov 30,4 bildet dann einen

---

144 Vgl. WALTKE, a.a.O., 470 und oben Kap. 3.2. Interessant ist hier und in 9,10 der Plural קדשים. Kann dieser im Sinne der mittelalterlichen Kommentatoren als abstrakter Plural verstanden werden („a plural of majesty"; FOX, a.a.O., 855), oder handelt es sich entsprechend der קהל קדשים in Ps 89,6 und der סוד קדשים in Ps 89,8 um einen Plural im eigentlichen Sinne, was bedeuten würde, dass hier mit „die Heiligen" zu übersetzen wäre? Die Wendung דעת קדשים findet sich innerhalb des Alten Testaments nur in Prov 9,4 und 30,3. Aufgrund der Parallelität in 9,10 zur יראת יהוה liegt die singularische Bedeutung näher, so dass diese in der Folge angesetzt wird (so auch die Kommentatoren: FRANKENBERG, a.a.O., 63.160; MEINHOLD, a.a.O., 497; PLÖGER, a.a.O., 354; WALTKE, Proverbs II, 470).

145 Vgl. dazu GUNNEWEG, Weisheit, 253–260.

146 Mit FOX, a.a.O., 865; WALTKE, a.a.O., 471; GUNNEWEG, a.a.O., 255 und SHEPPARD, Wisdom, 91, der auf den Zusammenhang zwischen Ps 3 30,3–4; Dtn 30,12–13 und Baruch 3,29–30 verweist.

147 Vgl. Hi 38,5.6.25.37.41 und Jes 41,2.4; 45,21. JHWH kann allein schon deshalb nicht gemeint sein, da sich dann die Frage stellt, an wen mit der Formulierung „sein Sohn" gedacht ist. SKEHAN, Studies, 42f denkt an Israel (so auch WALTKE, a.a.O., 474), DELITZSCH, a.a.O., 490 an den Sohn Gottes; MEINHOLD, a.a.O., 498 an ein himmlisches Wesen (Ps 29,1; 82,6) oder die Göttersöhne (Hi 2,1).

Kontrapunkt zum Lehren der Tora von einem zum anderen und dem Weitergeben von Weisheit durch den „Vater" bzw. die „Mutter" (vgl. 4,1; 6,20). Diesem ‚menschlichen' Wort wird nun nicht JHWH selbst gegenübergestellt, sondern das göttliche Wort (אמרת אלוה), das als „geläutert" gilt (V. 5; Partizip Passiv צרופה).[148] Eine vergleichbare Aussage findet sich in Ps 119,140, wo die Worte Gottes unter Verwendung der gleichen Verbalform als „rein und lauter" bezeichnet werden.[149] Damit ist zugleich die Interpretationsrichtung vorgegeben. Das Wort Gottes steht im Mittelpunkt, es ist ein Schild für denjenigen, „der sich in ihm birgt" (Prov 30,5).

Es ist bekannt, dass 30,5 Formulierungen von Ps 18,30 aufgreift.[150] Wenn man jedoch die Passage vor dem Hintergrund von Prov 2 liest, dann konterkarrieren diese Worte geradezu die Weisheitslehre von Kap. 2. Denn Prov 30,5b knüpft mit der Formulierung vom Schild (מגן) an die Wendung von 2,6 an, dass JHWH für den Aufrichtigen Umsicht aufbewahrt als Schild (מגן) für den tadellos Wandelnden, d.h. für denjenigen, der die Weisheitslehre befolgt. 30,5 formt diesen Gedanken um, indem das Wort Gottes als Schild für den fungieren kann, der sich ihm bedingungslos und unter Negierung der eigenen Erkenntnis unterordnet.[151] Dazu gehört auch, dem Wort Gottes nichts hinzuzufügen. Die Formulierung in V. 6 knüpft, wie bereits oft gesehen, an die Kanonformel Dtn 4,2a und 13,1b an, wo neben den Hinzufügungen auch die Weglassungen verboten sind.[152] Die Erwähnung solcher Weglassungen ist in Prov 30 insofern nicht nötig, als dass der Text an die weisheitlichen Spekulationen denkt.[153] So erscheint die weisheitliche Unterweisung selbst als falsch. Mit dieser Aussage wird der Gedankengang von V. 1f fortgeführt, indem der Sprecher nun am Ende seines Lebens alle Weisheit und gelehrte Spekulation kritisiert und als trügerisch (כזב nif.) bezeichnet.[154] Gerade durch das Anzitieren der Kanonformel Dtn 4,2

---

148 Hier wird das seltene אלוה verwendet, das in dieser Form singulär innerhalb der Proverbien ist, vgl. HAL 51, GESENIUS[18], 61.
149 Vgl. WALTKE, Proverbs II, 476 mit weiteren Belegen.
150 Vgl. Ps 18,30aβ.b (אמרת יהוה צרופה מגן הוא לכל החסים בו) und demgegenüber Prov 30,5 (כל אמרת אלוה צרופה מגן הוא לחסים בו). So bereits DELITZSCH, a.a.O., 492.
151 Vgl. WALTKE, a.a.O., 476f.
152 Auch hier liegt wieder eine zitathafte Anspielung vor; Dtn 4,2a (לא תספו על הדבר) und Prov 30,6 (אל תוסף על דבריו). Vgl. dazu GUNNEWEG, a.a.O., 257, der zurecht betont, dass sich in Prov 30,6 nur die „halbe Kanonformel" findet.
153 So auch MEINHOLD, a.a.O., 499.
154 Vgl. zur Bedeutung von כזב auch Hi 24,25; 34,6; Ps 78,36.

bezieht der Text Position gegen jede „Verfälschung der autoritativen Tradition durch eigene Weisheit(en)".[155]

Was sich hier zeigt, ist ein Konzept, bei dem der Schritt zur Toraweisheit bereits vollzogen wurde. Die autoritative Tradition als solche liegt vor, und das Wort Gottes selbst kann gerade nicht mit menschlicher Weisheit erfasst werden. Was bereits in Hi 28 anklingt und dann in Bar 3–4 fortgeführt wird, hat hier seine Entsprechung.[156] So erstaunt es nicht, dass der Gedankengang nun in ein Gebet des Sprechers einmündet (V. 7–9); es ist das einzige Gebet im ganzen Proverbienbuch.[157]

Das Gebet in Form eines Zahlenspruches zielt auf ein gottgemäßes Leben, das sich auf ausreichenden Lebensunterhalt stützt – nicht zu wenig und nicht zu viel. Der Gedanke von V. 8, dass Armut und Reichtum (ראש ועשר) gleichermaßen von Gott wegführen, reflektiert eine Form der Frömmigkeit, die sich deutlich von einer Armenfrömmigkeit wie in Ps 37 abhebt.[158] Der Zusammenhang zwischen dem formal eigenständigen Gebet und den folgenden Versen 10–14 wird durch die Bezüge zum Dekalog hergestellt. So wird in V. 8.9a.b.d auf das dritte Gebot angespielt (Ex 20,7; Dtn 5,11), in V. 9c auf das achte Gebot (Ex 20,15; Dtn 5,19) und in V. 11 auf das fünfte Gebot (Ex 20,12; Dtn 5,16).[159] Der Text macht somit zunächst Aussagen zum Gottesverhältnis (zunächst zum Wort Gottes, V. 1–6, dann zu Gott selbst, V. 7–9), um dann zum Verhältnis gegenüber den Mitmenschen überzuleiten (V. 10–14).[160]

Betrachtet man den Text als Ganzes, so führen die Worte Agurs in Prov 30 über das hinaus, was in den bislang untersuchten Textstellen des Proverbienbuches in Bezug auf Weisheit und Tora erkannt wurde. Prov 30 betont radikal die Grenzen der Weisheit und verweist damit auf ein Verständnis von Tora, wie es sich in Ps 119 findet.[161] Anders als

---

155 So die treffende Formulierung von GRUND, a.a.O., 284.

156 Vgl. SHEPPARD, a.a.O., 91 und WALTKE, a.a.O., 466f. Interessant ist, dass in Bar 3 wiederum auf Dtn 30 angespielt wird und damit auf den Text, der auch in Prov 30 anzitiert wird (Bar 3,29–30 = Dtn 30,12–13; vgl. SHEPPARD, a.a.O., 90 und STECK, Baruchbuch, 133).

157 Vgl. MEINHOLD, a.a.O., 499.

158 Vgl. dazu oben Kap. 3.2.1.

159 Vgl. MEINHOLD, Sprüche, 496. Demgegenüber will WALTKE in Anlehnung an Rick W. Byargeon in Prov 30,7–9 eine Art Vorform des Vaterunsers sehen (Mt 6,9–13), a.a.O., 479f.

160 Ob man davon ausgehend hier eine Anspielung auf die Zweiteilung des Dekalogs sehen kann, wie MEINHOLD (a.a.O., 496) meint, ist fraglich, da bereits in V. 8f durch die Zitate aus der zweiten Tafel des Dekalogs der Blick auf das Verhältnis zum Mitmenschen gelenkt wird.

161 Vgl. FOX, a.a.O., 861; GRUND, a.a.O., 284.

Ps 119 wird das Lob der Tora jedoch nicht positiv ausgeführt, sondern die Weisheit drastisch reduziert und damit jeglicher theologischer Dimension entkleidet. Dies gilt für Prov 2, wo dem Weisheitsschüler gerade das zugetraut wird, was Prov 30 ihm abspricht, aber auch für die anderen Texte, die sich auf die Tora beziehen. Auf der synchronen Ebene führt Prov 30 dabei die Aussagen von Prov 28 fort. Dort hat die Tora die Funktion übernommen, die klassischerweise der Weisheit zukommt. Beide Texte stehen somit für eine vergleichbare Position, nur dass diese unterschiedlich ausformuliert wird. Das Lehren im Sinne der deuteronomisch-deuteronomistischen Tradition von einer Generation zur nächsten ist an eine Grenze gestoßen. Den Lehren des Proverbienbuches wird nun eine völlig andere ‚Lehre‘ gegenübergestellt, die einer Bankrotterklärung des weisheitlichen Denkens gleichkommt.[162]

5.2.4 Zusammenfassung

Die Einzeluntersuchungen dieses Abschnittes zeigten, dass in Prov 2; 3; 6; 7; 8; 28 und 30 unterschiedliche Formen des Umgangs mit der Tora, respektive der Weisheit zu finden sind. Alle zielen auf eine Verhältnisbestimmung der Größen ‚Weisheit‘ und ‚Tora‘ ab, wobei diese zum Teil völlig unterschiedlich vorgenommen wird. Das Spektrum reicht von einer Verbindung von Weisheit und Tora bis zum Austausch der einen Größe durch die andere. Dabei markieren Prov 8 und Prov 30 die beiden Extrempositionen, indem sie der Weisheit göttliche Qualitäten zu- (Prov 8) bzw. jegliche Erkenntnismöglichkeit absprechen (Prov 30). Dieses Gegenüber klingt in den Lehrreden von Prov 1–7* an, wenn in der Weisheitslehre von Kap. 6 nun im strengen Sinne nicht mehr von Weisheit die Rede ist, sondern die Tora in einer Form erscheint, bei der das, was die Weisheit zu leisten beansprucht, für die Tora reklamiert wird. Es zeigt sich, dass der Diskurs um Tora und Weisheit mit seinen recht unterschiedlichen Positionen bereits innerhalb der ersten Proverbiensammlung greifbar ist. Dies hat Auswirkungen für die Bestimmung von Prov 2. Denn das Kapitel nimmt, wie die Analyse der Querverbindungen zeigte, nicht nur auf die anderen Lehrreden, sondern auch auf die Weisheitsrede von Kap. 8 Bezug. Gerade wenn Prov 2 mit seiner Betonung einer göttlichen Weisheit eine Position vertritt, die

---

162 Dies ist zugleich der Grund dafür, dass die Lehre – etwas kryptisch – als „Worte Agurs“ (דברי אגור) bezeichnet wird. Es geht um die Andersartigkeit der Lehrrede. In den Midraschim wurde dies dann durch den Bezug zu Salomo harmonisiert. Vgl. VISOTZKY, Midrash, 117 und zum Ganzen WALTKE, a.a.O., 465, Anm. 89.

dem Anspruch der Weisheit von Prov 8 deutlich entgegensteht, stellt sich die Frage nach der Verbindung der redaktionsgeschichtlichen Überlegungen mit der inhaltlichen Bestimmung von Weisheit und Tora.

Die Einzelanalysen verdeutlichten ferner, dass alle untersuchten Texte auf Deuteronomiumspassagen Bezug nehmen. Dabei handelt es sich um die Rahmentexte der deuteronomistischen Paränese, Dtn 6,6–9 und 11,18–21 aus der zweiten Moserede sowie die Kapitel 4, 8 und 30,15–20.[163] Die ‚Tora' erscheint hier vom Deuteronomium her bestimmt, wobei Prov 6 mit seinen Anklängen an den Dekalog deutlich über die Anspielungen an das Sch^{e}ma Jisrael hinausgeht, die sich in Prov 3, 7 (und auch in Kap. 6 selbst) finden. Speziell Dtn 4 hat eine besondere Bedeutung. Das Kapitel wird sowohl in Prov 2 als auch in Prov 30 vorausgesetzt, wo die Kanonformel von Dtn 4,2 zitiert wird. Diese Bezüge werden in Prov 2 und 30 jedoch in entgegengesetzte Richtung entfaltet. Denn Prov 30 geht nicht davon aus, dass die göttliche Weisheit vermittelt werden kann. Die Wendung von V. 6 „Füge nichts seinen Worten hinzu, damit er dich nicht zurechtweist und du als trügerisch erscheinst" wendet sich gegen jede Form der Toraauslegung und damit gegen die Vermittlung von einer Generation an die nächste, wie es in Dtn 4 grundgelegt ist. Prov 30 bietet damit den Endpunkt einer Argumentation, bei der zwar von dem Gegensatz zwischen göttlicher und menschlicher Weisheit ausgegangen, dieser jedoch nun immer weiter zugespitzt wird bis dahin, dass man Gottes Gebote und seine Weisheit nicht zu erfassen vermag.

5.3 Die Redaktionsgeschichte des Proverbienbuches und die Sapientialisierung der Tora

Die inhaltliche Nähe von Prov 30 und Jer 8 verdeutlicht, dass der in Kapitel 3 dieser Arbeit aufgezeigte Diskurs um „Weisheit und Tora" quer zu den biblischen Büchern verläuft und nicht auf bestimmte Schriften eingeschränkt werden kann. Damit ist der Boden bereitet für die Frage nach der Komposition und Redaktion des Proverbienbuches. Inwiefern hat das Proverbienbuch in seinen unterschiedlichen Fassungen Anteil an diesem Diskurs und muss einer Entwicklung zugeordnet werden, an deren Ende eine „Sapientialisierung" der Tora steht?[164]

---

163 Vgl. BRAULIK, a.a.O., 103.
164 Zum Begriff GRUND, Himmel, 344 und GESE, Weisheit, 234f.

Die Frage wird bereits auf der Ebene der neun Lehrreden relevant, die den literarischen Nukleus von Prov 1–9 bilden. Bereits hier finden sich Bezüge zum Deuteronomium und unterschiedliche Bestimmungen des Verhältnisses von Weisheit und Tora. Thomas Krüger hat in einer Analyse von Prov 10 aufgezeigt, dass der Text die Funktion hat „eine Verständigung zwischen einander widerstreitenden Erfahrungen, Deutungen und Interessen" herbeizuführen.[165] Es handelt sich um einen Text, der ganz bewusst einen Beitrag zu einem Diskurs leistet, bei dem offenbar verschiedene Ansätze nebeneinander standen. Dieses Prinzip hat Andreas Scherer in seiner Analyse von 10,1–22,16 für das eigentliche Spruchkorpus nachgewiesen, so dass hier offenbar eine Eigenart weisheitlichen Denkens vorliegt.[166] Man wird nicht fehl gehen, einen solchen „akkumulativen Stil" auch für die Lehrreden von Prov 1–7* ansetzen zu können. Auch diese wollen verschiedene Positionen aufgreifen und in ein Gespräch miteinander bringen. Dies ist in der Form der neun Lehrreden zunächst noch ergebnisoffen. Es stehen sich unterschiedliche Ansätze gegenüber, die gerade dadurch als akkumulativ erscheinen, dass sie die theoretische (bzw. theologische) Grundlegung am gleichen Gegenstand exemplifizieren – den frevelhaften Männern und der frem-den Frau (Prov 6 und Prov 7). Die mehrfache Nennung der Themen könnte somit darauf verweisen, dass hier verschiedene Ansätze in ein Gespräch miteinander gebracht werden, die gleichermaßen für sich beanspruchen, zur Bewältigung konkreter Lebenssituationen beizutragen oder – etwas abstrakter formuliert – auf einen bestimmten theologischen Diskurs in nachexilischer Zeit abzielen.

Der Zusammenhang zwischen den Lehrreden wird – dies zeigte die Einzelanalyse – durch die Überschriften hergestellt, womit zugleich ein didaktisches Element verbunden ist. Entsprechend der an den ägyptischen Weisheitstexten nachgewiesenen Mnemotechnik, die Weisheitslehre anhand der Kapitelanfänge auswendig zu lernen und dadurch zu ‚verinnerlichen', wurde mit den Kapitelüberschriften der Lehrreden eine lerntechnische Hilfe gegeben. Die neun Lehrreden benennen somit ein Spektrum und geben keine festen Antworten. Will man für diese Form der Unterweisung einen ‚Sitz im Leben' finden, so scheint dies die Schule zu sein – eingedenk des nach wie vor bestehenden Problems, dass sich bislang „Schulen" in Israel nicht eindeutig haben nach-

---

165 KRÜGER, Weisheit, 213f spricht von einer „diskursiven Vernetzung".
166 Vgl. SCHERER, Wort, 335f. Markus SAUR hat kürzlich diesen diskursiven Charakter als ein Grundmoment weisheitlichen Denkens bestimmt: Sapientia discursiva, 247–249.

weisen lassen.[167] Eine solche ‚Schulsituation' würde jedoch den Passagen des Deuteronomiums entsprechen, die in den genannten Proverbientexten anzitiert werden – Dtn 4 und Dtn 6. Dort ist einerseits von der Unterweisung der Kinder und Enkelkinder die Rede (4,9) bzw. im Falle von 6,6–9 vorausgesetzt, dass das Bundesvolk schreiben kann.[168]

Die Bezüge zum Deuteronomium zeigen, dass sowohl Prov 2 als auch die neun Lehrreden einem Diskurs zuzuordnen sind, der an bestimmte Deuteronomiumstexte anknüpft und einem Paradigma verpflichtet ist, das in Dtn 4 grundgelegt ist und die Unterweisung Israels auf Mose zurückführt.[169] Dieser erscheint als Schriftgelehrter, der die Tora auslegt. Die professionellen Toraausleger stehen in der Nachfolge des Mose und sind einem Weisheitsbegriff verpflichtet, bei dem die Weisheit eng mit dem göttlichen Gesetz verbunden wird. Damit einher geht die Unterscheidung zwischen der (göttlichen) Weisheit und der Weisheit des Menschen. Letztere verhilft nicht zur Gotteserkenntnis und JHWH-Furcht, wie es Prov 3 betont. Gerade das Gegenüber von Prov 3 und Prov 6 verdeutlicht, dass es auf der Ebene der neun Lehrreden eine konzeptionelle Offenheit gab im Sinne eines Lerndiskurses, innerhalb dessen sich der Weisheitsschüler selbst verorten sollte.

Man wird sich die folgende Redaktionsgeschichte des Proverbienbuches so vorzustellen haben, dass diese konzeptionelle Offenheit in verschiedenen Anläufen fokussiert, man könnte auch sagen, eingeschränkt wurde. Es handelt sich um eine Entwicklung, bei der bestimmte Größen, die zuvor noch als offen galten, zunehmend normativen Charakter erhielten. Dies geschah in enger Verzahnung mit dem Diskurs um Weisheit und Tora und der Beschäftigung mit der theologischen Frage nach der Bedeutung der Weisheit für das Verständnis des Gesetzes und möglicher neuer Offenbarungen JHWHs.

5.3.1 Von Prov 2 zur Endgestalt des Proverbienbuches

Am Anfang der Entwicklungslinie standen unterschiedliche weisheitliche Textsammlungen, u.a. die neun Lehrreden in Prov 1–7* und die Spruchweisheit in Prov 10–22. Innerhalb dieser Entwicklung von einzelnen Textsammlungen zum Proverbienbuch insgesamt markiert Prov 2 eine erste Akzentsetzung. Der Text wurde vor dem Hintergrund der

---

167 Vgl. dazu oben Kap. 4.2.4 mit Anm. 186 und WEEKS, Early Israelite Wisdom, 123–156.

168 Vgl. OTTO, Mose der Schreiber, 471.

169 Vgl. dazu auch FINSTERBUSCH, Weisung, 306.

neun Lehrreden gebildet und greift eine Position auf, die sich vor allem in Prov 7 findet. Die Weisheit ist zwar göttlicher Herkunft, sie kann jedoch vom Menschen als eigenständige Größe erfasst werden. Solchermaßen bestimmt, hat die Weisheit ihren Eigenwert und kann, wie in Prov 7, als Vertraute und Schwester erscheinen. Die Analyse zeigte, dass Prov 7 nur ein Teil des Spektrums von Toraauslegung ist, das in den Lehrreden in Prov 1–7* begegnet. Prov 3 betont gegenüber Prov 7 die Grenzen der menschlichen Einsicht und Prov 6 bietet demgegenüber eine weisheitliche Lehrrede, welche die Tora in den Mittelpunkt stellt. Indem die Themen der neun Lehrreden in Prov 2 nochmals aufgegriffen und in eine bestimmte Reihenfolge gebracht werden, gab der Autor von Prov 2 zugleich eine Leseanweisung. Ausgehend vom Konzept einer göttlichen Weisheit in Prov 2, die vom Menschen erfasst werden kann, stellen die frevelhaften Männer und die fremde Frau keine Gefahr mehr dar. Sie können dem nichts anhaben, der sein Leben an einer Weisheit ausrichtet, die von JHWH her kommt.[170]

Der Text entfaltet ein bemerkenswertes Selbstbewusstsein, das seine Kraft aus dem Kontrast zu zwei Traditionen bezieht: zu Jes 11 und den Texten, die das Erlangen des Landes in der Zukunft erwarten. Die traditionsgeschichtliche Analyse zeigte, dass in Prov 2 die Attribute, die in Jes 11 mit dem zukünftigen Heilsherrscher verbunden sind, auf den Weisheitsschüler selbst bezogen sind. Damit verbunden ist das Thema des Landbesitzes. Dieses wird nicht im Sinne eines zukünftigen Geschehens entfaltet, sondern als Weiterführung eines bestehenden Zustandes. Damit einher geht der Gedanke, dass der Mensch mit seinem Herzen in der Lage ist, den Willen JHWHs zu erfüllen.[171] Mit dieser Position steht Prov 2 im Gegensatz zur spätprophetischen Tradition vom „neuen Herzen", indem nun auch für den Menschen das als realisierbar gilt, was in Jer 31 oder Ez 11 an ein zukünftiges Handeln JHWHs gebunden ist.[172]

Auf der Ebene der neun Lehrreden erreicht der Verfasser von Prov 2 diese Wirkung durch die Einbindung des Weisheitsgedichts von Prov

---

170 An diesem Punkt setzen die jüdischen Kommentatoren des Mittelalters an, indem sie den in Prov 2 beschriebenen Zustand als das Ergebnis eines längeren Weges und einer umfangreichen Auseinandersetzung mit der Weisheit sehen. So betont *Sa'adja Gaon*, dass es sich nicht um einen Automatismus handelt, sondern der Lohn aller Anstrengungen und Mühen erst erlangt wird, wenn man das Ziel erreicht hat. Vgl. FUHS, a.a.O., 67.

171 Dieses Profil hat Auswirkungen auf die Frage der möglichen Trägerkreise von Prov 2. S. dazu unten 5.3.3.

172 Vgl. FOX, a.a.O., 133f.

8. Indem der Autor von Prov 2 die Rede der personifizierten Weisheit von Prov 8 integriert, setzt er ein klares Gegengewicht zu Prov 6. Man wird womöglich gerade darin den Grund dafür zu sehen haben, dass Prov 8 in das Korpus integriert wurde: Prov 2 bietet eine Argumentationslinie mit einer Position, die durch den darauffolgenden Diskurs der Lehrreden nicht konterkariert werden sollte. Der Autor tat dies, indem er an die Lehrreden das vermutlich bereits selbständig tradierte Lehrgedicht von Prov 8 anhängte. Praktisch geschah dies, indem durch die Einleitung nun eine Abfolge von Aussagen geschaffen wurde, die zitathaft auf die verschiedenen Teile Bezug nimmt: in 2,1 auf die Lehrrede von 7,1, in 2,2 auf 5,1, in 2,3 auf die Rede der personifizierten Weisheit (8,1) und schließlich in 2,4 auf klassisch weisheitliches Gedankengut. Dabei ist durchaus denkbar, dass der Verfasser von Prov 2 die Weisheitssprüche von Prov 10,1–22,16 vor Augen hatte, so wie er eventuell auch die ägyptisch beeinflusste Sammlung in 22,17–24,22 kannte. Diese Spruchsammlungen waren jedoch zu diesem Zeitpunkt noch nicht mit Prov 1–8* verbunden. Vielmehr gab es offenbar verschiedene kleinere Weisheitsbücher, die nebeneinander existierten und überliefert wurden. Zu den ältesten Teilen gehörten vermutlich die Spruchsammlungen in 10,1–22,16 und die ägyptisch beeinflusste Passage, sofern die Nähe zur Lehre des Amenemope und die Datierung von 22,17–24,22 in die spätvorexilische Zeit tragfähig ist.[173] Es liegt Vermutung nahe, dass das Proverbienbuch in einem doppelten Prozess gewachsen ist, einerseits von dem Kern der neun Lehrreden in Prov 1–7* ausgehend und andererseits von den Sprüchesammlungen in 10,1–22,16, wobei Kap. 10 eine ähnliche Funktion hat wie Kap. 2. Es fungiert als eine Einleitung zum Folgenden.[174]

Der Autor von Prov 2 hat somit seinen Text im Hinblick auf die neun Lehrreden und die Weisheitslehre von Prov 8 geschaffen. Die Weisheit wird an JHWH und seine Tora gebunden, ohne allerdings die Tora explizit zu nennen. Man hat fast den Eindruck, als ob der Autor durch seine Wahl der Worte eine gewisse Offenheit signalisieren will und ganz bewusst den Begriff der Tora vermeidet. Das Selbstbewusstsein des Autors ergibt sich dabei nicht nur aus den Bezügen in die anderen Traditionsbereiche hinein, sondern auch dadurch, dass er das Studium der neun Lehrreden und der Weisheitsrede voraussetzt. Wer diese Texte studiert hat, der ist einer, dem die Lehrrede von Prov 2 in

---

[173] So der eigene Vorschlag: SCHIPPER, Lehre, 246. Vgl. FOX, Formation, 26f, der auch von der spätvorexilischen Zeit ausgeht und mit einer aramäischen Übersetzung des Textes rechnet.

[174] Vgl. dazu KRÜGER, Kritische Weisheit, 212f. Vgl. dazu auch FOX, a.a.O., 509f.

vollem Selbstbewusstsein ein Leben im Sinne JHWHs und in der Erfüllung seines Willens zusprechen kann.

Der nächste Schritt bei der Entstehung des Proverbienbuches war
die Komposition der Sammlung von Prov 1–9. Dies geschah durch drei
Schritte. Ein erster Schritt war die Hinzufügung von 6,1–19 und damit
eines Abschnittes, der die Funktion hatte, Prov 1–9* mit 10ff zu verbinden. Aufgabe dieser Redaktion war, die Verknüpfung zwischen den
Kapiteln 1–9* und 10ff herzustellen, wobei Einiges dafür spricht, dass
mindestens Prov 10–22 und 22–24 bereits als eigenständige Sammlungen vorlagen.[175] Diese Redaktion hat nun eine entscheidende Veränderung vorgenommen. Prov 2 wurde von der ersten Position an die zweite verdrängt. So zeigte die Textanalyse, dass Prov 2 ursprünglich das
Kopfstück der neun Lehrreden einschließlich des Weisheitsgedichts
von Kap. 8 bildete (nach klassischer Kapitelzählung Prov 1,8–19; 3,1–12;
4,1–9; 4,10–19; 4,20–27; 5,1–23; 6,20–35; 7,1–27 und 8,1–36). Der ursprüngliche Ort von Prov 2 wurde nun bei der Rahmung von 1–9* verändert und damit zugleich eine Akzentverschiebung vorgenommen.
Denn Prov 1 hebt den Aspekt der JHWH-Furcht hervor, die als Basis
allen weisheitlichen Strebens genannt wird. Genau damit wird jedoch
ein Akzent gesetzt, der im Gegensatz zu Prov 2 steht. Dort findet sich
zwar eine Art Kreisbewegung, in der auch die JHWH-Furcht von Bedeutung ist, jedoch liegt der Ansatzpunkt beim Verstand des Weisheitsschülers und beim Hören auf die Lehre. Es wirkt fast so, als ob
diese Ausrichtung auf die Lehre in Prov 2 weitaus stärker dem deuteronomisch-deuteronomistischen Gedanken von Dtn 4 entspricht, als
dies in Prov 1 der Fall ist. Dort gibt es keine Mittlerperson mehr, welche die Unterweisung vornimmt, vielmehr steht die eigene Gottesbeziehung im Mittelpunkt.

Diese Gottesbeziehung bildet in Form der JHWH-Furcht die Basis
für das Folgende. Prov 1 nimmt somit eine theologische Akzentverschiebung vor, die an der Trias צדק ומשפט ומישרים in 1,3 deutlich wird.
Die Formel wurde aus 2,9 übernommen, jedoch in 1,3 durch die Voranstellung des Wortes „Zucht" (מוסר) in der ersten Vershälfte anders akzentuiert (לקחת מוסר השכל). Im Zuge dieses Verfahrens wurde auch das
Weisheitsgedicht von 1,20–33 geschaffen, das den Begriff der JHWH-
Furcht aufgreift und die Weisheit selbst in den Mittelpunkt rückt. Diese
wird, anders als Prov 8, nicht besonders hervorgehoben und etwa im

---

175　Die Frage, ob auch die Kapitel 25–27 damit verbunden waren, würde eine genauere
　　　Untersuchung der Kapitel und ihres Verhältnisses zu 28–29 erfordern, die im Rah
　　　men dieser Studie nicht geleistet werden kann; vgl. dazu MEINHOLD, Sprüche, 25–29
　　　und FOX, a.a.O., 775f.

Sinne einer kosmischen Größe vorgestellt, sondern es wird stattdessen ihr lebenspraktischer Wert betont.[176]

Eine vergleichbare Reduzierung des Weisheitsverständnisses von Prov 8 findet sich in Prov 9, zu dem Kap. 1 in enger Beziehung steht. In Prov 9 erscheint die Weisheit als eine Stimme neben anderen, im vorliegenden Fall neben „Frau Torheit". Die Parallelität der Aussagen, speziell in 9,4 und 9,16 dient dazu, die Weisheitsgestalt zu depotenzieren und damit einem Verständnis von Tora den Weg zu bahnen, das diese der Weisheit überordnet. In Prov 9 wird dieses Anliegen einer Reduzierung des Weisheitsbegriffes durch den Aufgriff des Themas der „fremden Frau" erreicht. Während diese in den Lehrreden von 1–7* neutralisiert werden kann (so auch in Prov 2), wird durch das Gegenüber des Rufens von Frau Weisheit und der fremden Frau in Kap. 9 die Frau auf geradezu fatale Art und Weise aufgewertet. Man kann sich dies verdeutlichen, wenn man die weitere Entwicklung des Topos über die Proverbienseptuaginta hinaus verfolgt. So bietet Kapitel 9 eine Allegorisierung der Weisheit, die in der Proverbienseptuaginta aufgegriffen wird und in den „Wiles of the Wicked Woman" (4Q184) ihr Ziel findet.[177]

Die weitere Entwicklung des Proverbienbuches geschah offenbar so, dass dieses nun nach hinten gewachsen ist. Besondere Bedeutung kommt dabei dem Rahmen mit Kap. 30f zu. Die Analyse in Kapitel 4 dieser Arbeit zeigte, dass es eine Reihe von Querbezügen zwischen Kap. 1; 9 und 30f gibt. Kap. 30 und 31 setzen ihrerseits Prov 25–29 voraus und damit eine Einheit, für die ein spezielles Toraverständnis konstatiert wurde.[178] So zeigte die Analyse von Prov 28, dass dort die Frage nach dem Verhältnis von Weisheit und Tora ganz ähnlich wie in Prov 6 beantwortet wird: die Tora ist die bessere Weisheit. Das Toraverständnis von Prov 28 wird durch die Aussage, dass für den, der nicht auf die Tora achtet, auch das Gebet (תפלה) nicht hilft, in Richtung einer Torafrömmigkeit gerückt. Der Text steht damit Ps 119 nahe. Wenn zudem in Prov 28,2–11 auf den Pentateuch angespielt wird, dann erscheint die Tora hier als eine Kategorie, die an die Stelle der Weisheit getreten ist und als solche nun das Gottesverhältnis begründet.

---

176 Dieser Unterschied zwischen den beiden Reden der Weisheitsgestalt in Prov 1 und Prov 8 verdeutlicht, dass man beide Texte nicht ein und derselben Redaktion zuordnen kann. Anders BAUMANN, a.a.O., 257f, die als Kern von Prov 1–9 die zehn Lehrreden und die zwei Reden der Weisheitsgestalt bestimmt (1,8–8,36).

177 Vgl. dazu COOK, Septuagint, 131f und oben Kap. 4.2.4 mit Anm. 190f und der dort genannten Literatur.

178 Vgl. dazu FOX, a.a.O., 849; WALTKE, Proverbs I, 26f. und MEINHOLD, a.a.O., 26.

Gleiches gilt für die Worte Agurs in Prov 30. Diese betonen in für einen Weisheitstext erstaunlicher Art und Weise die Grenzen weisheitlichen Denkens. Der Mensch kann die Weisheit gerade nicht verstehen, er ist vielmehr wie ein Tier. In gewisser Weise wird der in Prov 28 entfaltete Gedanke aufgegriffen, jedoch nun so weitergedacht, dass nicht etwa die Leistungsfähigkeit der Tora, sondern die grundsätzliche Problematik der Weisheit betont wird. Der Text bezieht Position gegen eine Vorstellung, derzufolge der Mensch durch Einsicht und Verständnis den Willen JHWHs erfüllen kann. Dies hat Konsequenzen für den Abschnitt über die „Frau der Stärke" in 31,10–31, der das Proverbienbuch beschließt. Es wurde schon oftmals betont, dass die Passage eine terminologische Nähe zu Prov 8 aufweist.[179] Wenn die „Frau der Stärke" dort mit Attributen beschrieben wird, die in Prov 8 für die Charakterisierung von „Frau Weisheit" verwendet werden, so wird man dies kaum so deuten können, dass damit die in Prov 31 beschriebene Frau überhöht werden und ihre Weisheit als geradezu übermenschlich ausgewiesen werden soll.[180] Vielmehr ist Prov 31,10–31 mit der in Prov 28 und 30 zu findenden Argumentation zu verbinden. Es geht nicht darum, die „Frau der Stärke" aufzuwerten, sondern „Frau Weisheit" abzuwerten. Vor dem Hintergrund der Betonung der Beschränktheit menschlicher Weisheit erscheinen die Attribute von „Frau Weisheit" in Prov 31 als rein ‚menschliche' Kategorien. Der Anspruch, der in Prov 8 formuliert wurde, lässt sich für den Verfasser von Prov 31 nicht halten, vielmehr erweist er sich als völlig falsch; die Weisheit ist letztlich eine menschliche Kategorie ohne jegliche göttliche oder übermenschliche Dimension.

Damit setzt Prov 30f inhaltlich einen deutlich anderen Akzent als Prov 1–9. So wird man die Nähe zwischen 30f und einzelnen Kapiteln aus Prov 1–9 (30,15–33 und 6,1–9; 31,10–31 und 8,1–36; 9,1–6)[181] damit zu interpretieren haben, dass Prov 30–31 vor dem Hintergrund von Prov 1–9 verfasst wurde und auf eine andere Hand als die einleitenden Kapitel zurückgeht. Die oft beschriebene „Klammer" um das Proverbienbuch mit Frau Weisheit (Kap. 1) und der Frau der Stärke (Kap. 31)[182] hat somit eine Funktion für die Verhältnisbestimmung von Weisheit und Tora. Es behält am Ende, wenn man so will, die Tora die Oberhand, denn die Weisheit ist eine menschliche Kategorie und keine gött-

---

179 Vgl. HAUSMANN, Beobachtungen, 265f und ROY YODER, Wisdom, 91–93.
180 So aber HAUSMANN, a.a.O., 263–266; kritisch dazu FOX, a.a.O., 908.
181 Vgl. zu 30,15–33 FOX, a.a.O., 862, der den Abschnitt als „similar to Prov 6:1–9" bezeichnet.
182 Vgl. FOX, a.a.O., 915 und CAMP, Wisdom, 186.

liche oder übermenschliche, die zu einer besonderen Gotteserkenntnis verhelfen könnte. So findet sich auf der Ebene der Endredaktion des Proverbienbuches eine Position, die nicht weit von Jer 8,8 und der prophetischen Kritik an der Weisheit entfernt ist. Die vermittelnde Position von Prov 2 hat sich damit nicht durchgesetzt.

5.3.2 Die Sapientialisierung der Tora

Die vorstehenden Überlegungen zeigten, dass das Wechselspiel zwischen Weisheit und Tora bei bestimmten Deuteronomiumstexten ansetzte und von dort aus seinen Weg in das Proverbienbuch und zu anderen Texten gefunden hat. Was die späten Texte betrifft, so hat Gerald T. Sheppard in einer viel beachteten Studie aus dem Jahr 1980 die These aufgestellt, dass die Weisheit in spätnachexilischer Zeit zu einem „hermeneutischen Konstrukt" wurde:[183]

> "Wisdom became a theological category associated with an understanding of canon which formed a perspective from which to interpret Torah and prophetic traditions. In this sense wisdom became a hermeneutical construct for interpreting sacred Scripture."

Sheppard entwickelte diese These anhand von Sir 24 und Bar 3,9–4,4. Die Ergebnisse der vorliegenden Studie verdeutlichen jedoch, dass es eine „sapientielle Interpretation alttestamentlicher Traditionen" schon vor Sirach gab. Bereits in Dtn 4,6–8 wird die Weisheit, um die Worte Georg Brauliks zu verwenden, zu einer „streng theologischen Kategorie". Insofern greifen Sirach und Baruch auf ein „'hermeneutisches Konstrukt' von Weisheitstexten" zurück, das bis zu den redaktionellen Passagen des Deuteronomiums zurückgeht.[184] Damit verbunden ist ein zweiter Aspekt, auf den Alexandra Grund in ihrer Analyse von Ps 19 aufmerksam gemacht hat: die „Sapientialisierung" der Tora, d.h. deren weisheitliche Durchdringung, verbunden mit der Übernahme von Funktionen der Weisheit durch die Tora.[185]

Vor dem Hintergrund der Ergebnisse dieser Studie wird man dies noch weiter differenzieren müssen. Denn es lassen sich drei unterschiedliche Weisheitskonzepte nachweisen. Auf der einen Seite (1) steht ein Konzept, bei dem ‚Weisheit' im Lichte der deuteronomisch-

---

183 SHEPPARD, a.a.O., 13.
184 BRAULIK, Weisheit, 66. Vgl. zu Dtn 4,6–8 auch die Überlegungen von SCHENKER, Übersetzung, 34.
185 Vgl. dazu GRUND, a.a.O., 344.

deuteronomistischen Tradition bestimmt wird. Ausgehend von der Verbindung zwischen Weisheit und Tora in Dtn 4 und dem Unterweisungsauftrag in Dtn 6 erscheint die Weisheit als eine Kategorie, mittels derer die Tora verstanden und konkret umgesetzt werden kann. Die Weisheit wird zu einem hermeneutischen Schlüssel zur Tora, bei dem anhand weisheitlicher Texte wie Prov 2 oder auch 7 vermittelt wird, wie die Tora gelernt und gelebt werden kann.

Demgegenüber steht ein Konzept (2), bei dem die Weisheit als eine personifizierte Kategorie erscheint, die anstelle der Tora treten kann. Es geht nicht mehr um die Deutung von Tora, sondern um deren Austausch. Diese Position findet sich in Prov 8, wo die Weisheit nun selbst gleichsam göttliche Bedeutung erhält und als kosmische Weisheit so dicht an JHWH heranrückt, dass für eine eigenständige Tora kein Platz mehr ist. Dieses Konzept kann nicht mit dem Paradigma einer „Hermeneutik der Tora" gefasst werden, da nicht die Tora im Mittelpunkt steht, sondern eine Weisheit, die mit der Tora konkurriert.[186]

Eine andere Position (3) findet sich in Ps 19 und Ps 119. Hier erscheint die Tora selbst im weisheitlichen Gewande. Sie hat Attribute der Weisheit übernommen und will an deren Stelle treten. Innerhalb des Proverbienbuches findet sich diese Position in Prov 6 und klingt – in etwas anderer Form – auch in Prov 3 an. Die Einzelanalyse zeigte, dass Prov 6 in gleicher Weise an Dtn 6 anknüpft wie Prov 7, jedoch diese Form der „Exegese" der Tora nicht zu einer Hermeneutik im Sinne von Prov 2 führt, sondern zu einem Verständnis von Tora, bei dem diese an die Stelle der Weisheit tritt. Wenn man von einer „Sapientialisierung der Tora" spricht, dann wird diese (in vielleicht ihrer frühesten Form?) in Prov 6 greifbar, wo vor dem Hintergrund bestimmter Toratraditionen nun die Tora im Gewand der weisheitlichen Unterweisung erscheint.

Es liegt die Vermutung nahe, dass dieser Gegensatz durch ein Toraverständnis verschärft wurde, bei dem die Tora keine statische Größe mehr ist, sondern auf das Leben als Ganzes abzielt. Die Tora wird dadurch zu einer Kategorie, die in Konkurrenz zur Weisheit tritt. Man kann sich dies an Ps 1 verdeutlichen, auf den bereits mehrfach verwiesen wurde. Indem die Tora dort auf das Leben als Ganzes abzielt, will sie auch im Leben konkret umgesetzt werden.[187] Dies erfolgt nicht mehr in Form einer weisheitlichen Hermeneutik der Tora, son-

---

186 Zu einer solchen ‚Toraisierung' vgl. KISTER, Wisdom Literature, 17–19, der dies (in der Sache, jedoch ohne den Begriff selbst zu verwenden) am Beispiel von Qumrantexten nachweist.

187 Vgl. dazu oben Kap. 5.1.

dern als sapientialisierte Tora, die ihrerseits im weisheitlichen Gewande erscheint. Dadurch kommt es zu einer Konkurrenz zwischen Weisheit und Tora, die zuvor offenbar noch als miteinander kompatibel gelten konnten. Diese Position findet sich auch im Proverbienbuch. Prov 28–30 bahnen von zwei unterschiedlichen Seiten her – im einen Fall durch die Betonung der Tora (Prov 28), im anderen durch eine Fundamentalkritik an der Weisheit (Prov 30) – dem Konzept einer sapientialisierten Tora den Weg. Für das Proverbienbuch bedeutet dies, dass sich auf der Ebene der abschließenden Redaktion die Stimmen zu Wort melden, welche die Weisheit nicht im Sinne von Prov 2 oder auch Prov 8 definieren, sondern der Tora unterordnen.

Die Einzelanalyse zeigte, dass dieser Diskurs um Weisheit und Tora eng mit einer theologisch-anthropologischen Frage verbunden ist. Es ist die Frage nach der Verfasstheit des Menschen und nach den Formen göttlicher Offenbarung. Kann der Mensch mit seinem Verstand den Willen Gottes verstehen und mit den ihm zustehenden (menschlichen) Mitteln ausführen? Die zu Rate gezogenen prophetischen Texte verneinen dies und weisen in dem Konzept vom neuen Herzen JHWH als denjenigen aus, der aktiv werden muss. Die von Dtn 4 herkommende weisheitliche Position hingegen sieht gerade die Möglichkeit für den Menschen, mittels Weisheit die Tora zu verstehen. Damit ist die offenbarungstheologische Frage verbunden, ob die Tora im Sinne von Dtn 34 als endgültiger Gotteswille zu sehen ist, auf den keine weiteren Offenbarungen folgen. Dieses Konzept, das sich im Deuteronomium findet und an dem Theologumenon der Mosezeit als Zeit der Gottesoffenbarung haftet, steht im Gegensatz zur prophetischen Hoffnung auf ein zukünftiges Handeln JHWHs. Im Ergebnis lässt sich ein Gegenüber zwischen weisheitlichem und prophetischem Denken erkennen, das seinen literarischen Niederschlag unter Verwendung der zum Teil selben Texte gefunden hat (Dtn 6) und das zu einem Spektrum an Möglichkeiten führte, das Verhältnis von Weisheit und Tora zu bestimmen. Die oft genannte „Sapientialisierung der Tora" ist dabei nur eine Möglichkeit unter anderen – wenn auch eine prominente –, die gegen ein weisheitliches Konzept gerichtet ist, bei dem die Weisheit nun selbst Toraqualitäten hat und zur Offenbarungskategorie wird.

5.3.3 Die Trägerkreise und die Frage der Datierung

Jeder Versuch, diese unterschiedlichen Positionen verschiedenen Gruppen zuzuordnen und sie zeitlich einzuordnen, hat mit erheblichen Schwierigkeiten zu kämpfen. Denn die Frage der Trägerkreise ist aufgrund der schwierigen Quellenlage allenfalls ansatzweise zu klären.[188] Joseph Blenkinsopp vermutete beispielsweise, dass es in spätpersischer Zeit eine eigenständige und von der Priesterschaft unabhängige Gruppe gab, die für die Auslegung des Gesetzes zuständig war. Es habe sich um "legal specialists" beziehungsweise "a class of professional legal experts" gehandelt, die eine gesonderte Gruppe innerhalb des Tempelpersonals bildeten.[189] Blenkinsopp unterschied zwischen den "law scribes" und der eigentlichen Priesterschaft, wobei aus der erstgenannten Gruppe die levitischen Schreiber hervorgegangen seien.[190] Auf der anderen Seite des Spektrums, das derzeit diskutiert wird, steht die Position von Stuart Weeks. Er votierte dafür, dass man gerade nicht zwischen verschiedenen Trägerkreisen unterscheiden solle, sondern es vielmehr ein und dieselben Personen waren, die Bücher wie das Deuteronomium oder die Proverbien verfassten.[191]

Die These von Weeks verdeutlicht das Problem, die Trägerkreise der Literatur jener Zeit genauer zu greifen.[192] Dies gilt besonders, wenn man davon ausgeht, dass im perserzeitlichen Jehud nur eine recht kleine Gruppe in der Lage war, die alten Texte zu lesen.[193] Diese Gruppe stand in Verbindung zum Tempel, war jedoch nicht deckungsgleich mit den Priestern oder Leviten.[194] Man wird von einer kleinen Gruppe von „Literati" (so Ehud Ben Zvi) ausgehen müssen, die am Tempel bzw. dem Ort der Vermittlung von Schriftgelehrsamkeit ausgebildet wurden.[195]

"The entire population of Jerusalem was small at that time, and the total number of bearers of high literacy in Persian Yehud or Jerusalem was most likely very small. In such a society it is unlikely that simultaneous and compartmentalized elites of minimal numbers could have existed. It is most likely that the literati closely interacted with the contemporary priests. Moreover, although not every literati was a priest (or a Levite),

---

188 Vgl. dazu die Problemanzeige von Richard A. HORSLEY und Patrick TILLER, die die Frage der Soziologie des zweiten Tempels am Beispiel des Sirachbuches durchspielen: Ben Sira, 74–107.

189 Vgl. BLENKINSOPP, Wisdom, 11. Zum Ansatz von Blenkinsopp vgl. die Problemanzeige von HORSLEY, Empire, 168–172.

190 Vgl. a.a.O., 12 und den Überblick bei VAN OORSCHOT, Weisheit, 68 sowie den kritischen Forschungsüberblick bei BOCCACCINI, Roots, 8–14 mit Diskussion der Ansätze von E.P. Sanders, L.H. Schiffmann, S.J.D. Cohen/M.S. Jaffee und J. Neusner.

191 Vgl. WEEKS, Wisdom, 29 und 30 („sometimes perhaps the same authors").

192 Vgl. dazu auch VAN OORSCHOT, a.a.O., 67f.

193 Vgl. BEN ZVI, Observations, 27 und LIPSCHITS, Changes, 355–360.

194 Dazu BEN ZVI, a.a.O., 19–23.

195 Vgl. BEN ZVI, a.a.O., 25f, Zitat, 26f.

priests of standing could have, and most likely were a substantial contin-
gent among the literati."

Diese Gruppe der *Literati* ist vermutlich mit den in Esr 7,6.11 genannten
ספרים gleichzusetzen, die auch in Jer 8,8 genannt werden.[196] Es sind
schriftkundige Männer, die sich mit schriftlich vorliegenden Traditionen befassten und diese auslegten.

Wenn man die Funktion des Jerusalemer Tempels ähnlich den
spätzeitlichen Tempeln in Ägypten als Ort der Vermittlung von Tradition und Gelehrsamkeit bestimmen kann,[197] dann waren die Vertreter
der unterschiedlichen theologischen Positionen womöglich nicht weit
voneinander entfernt. Sie wurden gleichermaßen am Tempel bzw. in
der dort beheimateten Schule ausgebildet, so dass sich die terminologischen Anklänge in den Texten durch das Proprium der Ausbildung
erklären lassen. Es wurden bestimmte Texte gelesen und unterschiedlich gedeutet. Im vorliegenden Fall betrifft dies vor allem das Deuteronomium. So zeigte die Analyse, dass Dtn 6 einerseits in Prov 3; 6 und 7
und andererseits in Jer 31 aufgegriffen wurde. In allen vier Fällen werden jedoch mit dieser ,relecture' unterschiedliche Akzentsetzungen
verbunden, angefangen von einer Fortführung des Gedankengangs
von Dtn 6 in Prov 6 bis hin zur Passage über den neuen Bund in Jer 31,
wo in Aufgriff deuteronomisch-deuteronomistischer Sprache eine Position vertreten wird, die sich gerade gegen das deuteronomistische
Lehrkonzept wendet.

Auch wenn die Frage der Datierung der Texte mindestens genauso
komplex ist wie die der Identifizierung konkreter Trägergruppen, so
bietet Prov 2 doch einen möglichen Hinweis. Ansatzpunkt ist die Erwähnung des „Getreuen" (חסיד) in V. 8 und der von der Textüberlieferung bezeugte Unterschied zwischen Singular und Plural. Es wurde
bereits in der Textanalyse (Kap. 2) darauf hingewiesen, dass das Ketib
und die Septuaginta anstelle des einzelnen חסיד an die Gruppe der
חסידים denken.[198] Während der Singular den einzelnen Getreuen be-

---

196 Vgl. dazu Kap. 3.3.1 und zu Esr 7 GRÄTZ, Edikt, 107f, und zu Jer 8,8 OTTO, Jeremia
     548.
197 Zu nennen sind hier die so genannten ,Lebenshäuser' in ägyptischen Tempeln und –
     als Literaturwerk – das derzeit von Joachim Friedrich Quack aus mehr als vierzig
     Handschriften rekonstruierte „Buch vom Tempel". Dieses bezeichnet sich in der Ein-
     leitung des Textes selbst als eine Schrift, die im Tempel gefunden wurde, „als man
     Schriften suchte im Bücherhaus in einer verfallenen Kammer"; QUACK, Abschnitt,
     274.
198 Vgl. dazu Kap. 2.1 mit Textanmerkung 8a.

zeichnet, bezieht sich der Plural auf eine spezifische Gruppe im Umfeld des zweiten Tempels.[199]

> Beide Verwendungen konvergieren zunächst darin, dass die jeweilige Person(engruppe) im Gegenüber zum Frevler verortet (1 Sam 2,9) und als redlich (ישר, Mi 7,2) bezeichnet werden kann.[200] Speziell die Psalmen geben einige Informationen zu jener Gruppe. So impliziert der Begriff חסידים das Vertrauen zu JHWH und auf seine Tora (vgl. Ps 18,26; 30,5; 31,24; 32,6) und kann sich auf die Versammlung im Gottesdienst (Ps 50,5; 132,9.16) beziehen.[201] In Ps 145 werden die חסידים als eine Gruppe bestimmt, "who praise God for his universal care and protection, and who at the same time experience God's protection in a direct relational sense".[202] Diese besondere Gottesbeziehung wird in verschiedenen Texten greifbar und basiert auf dem Bewusstsein, das wahre Israel zu sein.[203] Die חסידים verstehen sich als von Gott gesegnet und sehen sich als seine Knechte (עבד, vgl. Ps 86,2; 116,15). In Ps 86 dient die Bezeichnung als Knecht dazu, um die Bewahrung des Lebens als Frommer zu erbitten.[204] Das Bedeutungsspektrum innerhalb des Psalters reicht bis zur קהל חסידי in Ps 149,1. Die Wendung entspricht dem Begriff συναγωγὴ Ασιδαίων in 1 Makk 2,42 und bezieht sich vermutlich bereits auf die Gruppe der Asidäer, die in den Makkabäerkämpfen als „Krieger" auftrat (1 Makk 2,39–42; 6,12–16) und von Judas Makkabäus geleitet wurde (2 Makk 14,6).[205] Dabei fällt auf, dass in den späten Texten (2 Makk, aber auch Qumran) der Plural dominiert. Es geht um eine Gruppe und nicht mehr um den einzelnen Getreuen oder Frommen.[206]

Wenn man vor diesem Hintergrund Prov 2,8 liest, dann erscheint der textkritische Befund in einem anderen Licht. Offenbar bezog sich V. 8 zunächst auf den einzelnen „Getreuen" und wurde erst später auf die Gruppe der „Frommen" (חסידים) ausgeweitet. In beiden Fällen handelt es sich um Personen, die ihrem Selbstverständnis nach über eine be-

---

199 Vgl. dazu die Ausführungen in Kap. 3.2.1 (Ps 37), an die hier angeküpft wird.

200 Dazu RINGGREN, Art. חסיד, 84f.

201 Vgl. HOSSFELD/ZENGER, Psalmen (2008), 862 und GULKOWITSCH, Bedeutung, 18.

202 VAN GROL, David, 323f.

203 Vgl. LOHFINK, Lobgesänge, 108.

204 Vgl. RINGGREN, a.a.O. und 85; VAN GROL, a.a.O., 326.

205 Zu Ps 149,1 vgl. LEVIN, Gebetbuch, 310f. Das Problem ist jedoch, dass über diese Gruppe recht wenig bekannt ist. Vgl. dazu das Votum von John J. COLLINS: "The party of the Hasideans has grown in recent scholarship from an extremely poorly attested entity to the great Jewish alternative to the Maccabees at the time of the revolt. There hass been nor corresponding growth in the evidence." Jewish Wisdom, 201. Vgl. GRABBE, Religion, 184.

206 Vgl. z.B. den Pescher-Midrasch zu Ps 37 (4QpPS37) und 11QPsa; LEVIN, a.a.O., 311 und FABRY, Art. חסיד, 89.

sondere Gottesbeziehung verfügen. Sie verstehen sich als das „wahre Israel", befolgen die Tora und wissen sich im Gegenüber zum Frevler. Dies erklärt die besondere Sprechhaltung von Prov 2 und das genannte Selbstbewusstsein. Im Text kommt jemand zu Wort, der im Bewusstsein spricht, JHWH bereits nahe zu sein und in einer exklusiven Verbindung zu ihm zu stehen. Es scheint, als ob diese Haltung des Textes, verbunden mit dem Begriff חסיד in Prov 2,8, der Grund dafür war, die Lehrrede von Prov 2 später mit der Gruppe der חסידים zu verbinden.[207] Die Lesart von Ketib und Septuaginta wäre somit durch eine sekundäre Zuordnung des Textes zu den חסידים zu erklären.

Dies würde zugleich bedeuten, dass Prov 2 zu einem Zeitpunkt verfasst wurde, zu dem es noch möglich war, von dem einzelnen חסיד zu sprechen und nicht von der Gruppe der חסידים. Man käme damit in die späte Perserzeit, auf jeden Fall in vorhellenistische Zeit. Dementsprechend wäre der hier skizzierte Prozess der Redaktion und Komposition des Proverbienbuches, innerhalb dessen Prov 2 nur eine Teilstufe markiert, in die ausgehende Perserzeit bzw. frühe hellenistische Zeit zu datieren.[208] Damit rücken der Abschluss des Proverbienbuches und die Aussagen über Weisheit und Tora in die Nähe anderer Texte, die für das genannte Phänomen einer ‚Sapientialisierung der Tora' stehen.

5.4 Vom Proverbienbuch zum Baruchbuch – ein Ausblick

Bereits die Diskussion der These G. Sheppards verdeutlichte, dass der hier benannte Diskurs weder mit dem Proverbienbuch endete, noch auf die Grenzen des biblischen Kanons eingeschränkt werden kann. Es handelt sich vielmehr um ein Phänomen, das über die Zeitenwende hinweg bis ins rabbinische Judentum reicht. Der folgende Ausblick soll die entwickelten Linien etwas weiter ausziehen – wohl wissend, dass ein solcher Überblick kursorisch bleiben muss und die Frage nach dem Wechselspiel von ‚Weisheit und Tora' und den unterschiedlichen Torakonzeptionen eine eigene Aufarbeitung verlangt.[209]

---

207 In diesem Zusammenhang ist interessant, dass die Gruppe der חסידים im Psalter redaktionell tätig wurde, vgl. LEVIN, a.a.O., 378 und MARTTILA, Reinterpretation, 167, der dies am Beispiel von Ps 148 aufzeigt.

208 Vgl. dazu auch REICHENBACH, Verbindungen, 417, der Prov 1–9 spätperserzeitlich datiert und den Text „Angehörigen der sozialen Oberschicht" zuordnet.

209 Es sei an dieser Stelle lediglich auf zwei „Klassiker" verwiesen: die Studie von E.J. SCHNABEL über „Law and Wisdom from Ben Sira to Paul" (1985) und J. BLENKINSOPP „Wisdom and Law in the Old Testament" (1. Auflage 1983).

Einen ersten Ansatzpunkt bietet das Sirachbuch. Aufschlussreich sind vor allem das erste Kapitel mit den Abschnitten über das Wesen der Weisheit (1,1–10) und die Gottesfurcht (1,11–20) sowie die bekannte Rede der Weisheit in 24,1–34. Es ist seit langem bekannt, dass Sir 24 nicht nur auf Prov 8, sondern auch auf Sir 1,1–10.11–20 zurückgreift.[210] Setzt man mit Kap. 1 ein, so wird bereits in dem ersten Vers die theologische Position des Sirachbuches deutlich: „Alle Weisheit ist bei dem Herrn, und mit ihm ist sie in Ewigkeit."[211] Der Gedanke, dass die Weisheit bei Gott ist, findet sich auch in Prov 2,6,[212] wird jedoch bei Sirach – anders als in Prov 2 – durch den zweiten Halbvers als eine ewige und unveränderliche Größe charakterisiert. Sirach knüpft an das Konzept einer theologischen und überhöhten Weiseit an, wie es in Prov 8 begegnet. Die kosmische Dimension der Weisheit und ihre enge Verbindung zu Gott wird durch die rhetorischen Fragen in V. 2f betont, die auf die Schöpfung anspielen.[213] Die Aussage von V. 4, dass die Weisheit „vor allen anderen Dingen" erschaffen wurde, greift Prov 8,22a auf.[214]

Die folgenden Verse orientierten sich an Hi 28 und führen den dort genannten Gedanken einer unzugänglichen Weisheit Gottes fort.[215] Die dem Menschen verborgene Weisheit wird innerhalb von Hi 28 in V. 1–27 der „als Gottesfurcht für den Menschen bestimmten Weisheit" von V. 28 gegenübergestellt. Die verborgene kosmische Weisheit ist in Hi 28 gerade unbestimmt, dem Menschen selbst verbleibt als „seine Weisheit" allein die Gottesfurcht.[216] Vor diesem Hintergrund erscheint das Gegenüber von kosmisch bestimmter, aber letztlich dem Menschen unverfügbarer Weisheit in Sir 1,1–10 einerseits und der Gottesfurcht

---

210 Vgl. dazu MARBÖCK, Wandel, 55–57, der zudem auf Gemeinsamkeiten zu Bar 3–4 verweist. Vgl. KAISER, Weisheit, 171, der für Sir 24 noch Prov 1,20–33 und Weish 10,1–11,20 als Bezugstexte anführt. Ein nach wie vor hilfreicher Überblick findet sich bei J.K. GASSER, Die Bedeutung der Sprüche Jesu ben Sira für die Datierung des althebräischen Spruchbuches (1904).

211 Übersetzung nach SAUER, Sirach (ATD.E), 42, der dem griechischen Text folgt. Vgl. auch MARBÖCK, a.a.O., 18f, der mit dem syrischen Text „von ewig her" übersetzt (zur Textkritik a.a.O., 19 sowie BEENTJES, Full Wisdom, 21).

212 Darauf weist KAISER, a.a.O., 157 hin.

213 Vgl. SAUER, a.a.O., 44 und BEENTJES, a.a.O., 23f.

214 Vgl. BEENTJES, a.a.O., 30 und COLLINS, a.a.O., 44.

215 Sir 1,2.3 lässt sich mit Hi 28,24–26a verbinden, Sir 1,6 mit 28,20; Sir 1,8 mit 28,23 und 1,9 mit 28,27; vgl. BEENTJES, a.a.O., 31f, der besonders auf Hi 28,27 verweist. Vgl. auch MARBÖCK, a.a.O., 30.

216 Vgl. dazu die Analyse von VAN OORSCHOT, Hiob 28, 200, deren Ergebnis hier gefolgt wird. Vgl. auch WITTE, Leiden, 206–211 und DERS., Mose, 181.

und ihrer Qualität in Sir 1,11–20 andererseits als Hi 28 verwandt.[217] Der qualitative Unterschied zwischen einer göttlichen Weisheit und der Ebene des Menschen findet sich in beiden Texten. Sirach geht jedoch über Hiob insofern hinaus, als nun in Sir 1,11–13 die Gottesfurcht selbst mit Prädikaten gepriesen wird, die klassischerweise der Weisheit zukommen.[218] Die Furcht des Herrn ist „Ehre und Ruhm", wie es 1,11 betont, sie erquickt das Herz und gewährt lange Tage (1,12). Im Gegensatz zu Hi 28 ist bei Sirach ferner der Mensch durch die Tora (Unterweisung) zur Partizipation an der Weisheit befähigt.

Die Aussage von Sir 1,12 ist insofern interessant, als dass die Erwähnung des Herzens mit anderen Passagen zum menschlichen Herz im Sirachbuch verbunden werden kann. Diese bringen zum Ausdruck, dass Sirach nach wie vor ein gewisses Vertrauen in die kognitiven Fähigkeiten des Menschen hat und das Konzept der Gottesfurcht, wie es in Kap. 1 entfaltet ist, dies nicht ausschließt. So heißt es in Sir 17, dass Gott den Menschen ein Herz „zum Denken gegeben" (V. 6) und ihnen die „Furcht vor ihm in ihre Herzen" gelegt hat (V. 7).[219] Dieses Vertrauen in die Leistungsfähigkeit des menschlichen Herzens kommt auch in Kap. 37 zum Ausdruck. Dort erweist nichts mehr Treue (d.h. ist verlässlicher) als der „Rat des Herzens" (V. 13).[220]

> (17) Die Wurzel der Gedanken ist das Herz,
> vier Zweige sprossen (daraus) hervor:
>
> (18) Gutes und Böses und Leben und Tod;
> aber Herrschaft über sie übt vollständig die Zunge aus.

Der Text setzt bei der Ambivalenz des menschlichen Denkens an, betont jedoch die Macht des Wortes und damit die eigene Leistung des Weisen.[221] Eine Ambivalenz wird konstatiert, diese kann jedoch – so der Text – kontrolliert werden. Zentral ist dabei der Gedanke der Gottesfurcht, wie er in Sir 1,20 unter Rückgriff auf Prov 1,7 ausgedrückt

217 Zur Struktur von Sir 1,1–2,18 vgl. HASPECKER, Gottesfurcht, 94–100.
218 GRUND, Himmel, 236 (Tabelle 3) möchte hier eine besondere Beeinflussung durch Prov 8,7–9 sehen, jedoch sind die Gemeinsamkeiten eher allgemeiner Natur und lassen sich nicht an einzelnen Begriffen festmachen. Wenn man eine Ähnlichkeit sehen will, so besteht diese am ehesten noch in Sir 1,19, wo Einsicht, „verständiges Erkennen" und „Ehre" genannt werden vgl. dazu KAISER, a.a.O., 158 mit Verweis auf Prov 8,18a (כבוד).
219 Vgl. KRÜGER, Herz, 90. Die Zitate richten sich nach SAUER, Sirach (1981).
220 Vgl. SAUER, a.a.O., 595.
221 Vgl. KRÜGER, a.a.O. und SAUER, a.a.O., 257, der betont, dass hier an den „aus Gottes Wort (V. 16) unterrichteten Verstand" gedacht ist.

wird, wenn es heißt, dass die „Wurzel der Weisheit" darin besteht, „den Herrn zu fürchten".[222]

Es wurde schon oft betont, dass Sirach mit dieser Verbindung von Weisheit und Gottesfurcht an die deuteronomisch-deuteronomistische Tradition anknüpft. Dies wird beispielsweise in Sir 15,1 deutlich, wenn es heißt: „Wer den Herrn fürchtet, handelt so, und der, der sich an das Gesetz hält, wird sie [die Weisheit] erlangen".[223] Hier erscheint das Thema, das in Sir 1 ebenfalls anklingt und in Sir 24 dann paradigmatisch ausgeführt wird: die Verbindung von Weisheit und Gesetz.[224] Der bekannte V. 23 „Dies ist die Tora, die uns Mose gebot, als Erbteil für die Gemeinde Jakobs"[225] markiert innerhalb von Kapitel 24 eine Zäsur, bei der die Rede der Weisheit über sich selbst (V. 1–22) nun (im Aufbau des Kapitels recht unvermittelt) mit der Tora verknüpft wird. Während die ältere Forschung oftmals von einer Identität oder Gleichsetzung von Weisheit und Tora ausging, haben jüngere Arbeiten gezeigt, dass die beiden Größen ‚Weisheit' und ‚Tora' zwar als miteinander verbunden, aber nicht als identisch gedacht sind. Die Weisheit in ihrer kosmischen Komponente ist gerade nicht austauschbar mit der Tora.[226]

Kap. 24 weist mit dem Lob der Weisheit deutliche Anspielungen auf Prov 8 auf (so in V. 3–6 auf 8,27–30; in V. 5 auf 8,22, in V. 19 auf 8,4–10.32–36 und in V. 22 auf 8,32–36).[227] Es gibt jedoch nur wenige wörtliche Übereinstimmungen. Vielmehr liegt der Akzent auf der thematischen Verwandtschaft, bei der nun die Weisheit in einer Ich-Rede erscheint und in die Nähe des Weltschöpfers rückt. Betrachtet man den Text genauer, so sind die Anspielungen zu Prov 8 oder auch zur Rede

---

222 Vgl. SAUER, a.a.O., 47.

223 Vgl. dazu SANDERS, Canopies, 123. Übersetzung nach SAUER, a.a.O., 129. Zu den Bezügen zwischen dem Sirachbuch und dem Deuteronomium s. auch VEIJOLA, Law, *passim* und BEENTJES, Ben Sira, 416–433, mit einer kritischen Evaluierung des Materials.

224 Vgl. 1,5, wo von den „ewigen Geboten" die Rede ist, und 1,26: „wenn du Weisheit begehrst, so beachte die Gesetze." Dabei ist wichtig, dass das Thema ‚Gesetz bei Sirach' immer mit anderen Themen, wie z.B. der Gottesfurchts-, oder auch Weisheits- und Schöpfungsthematik verbunden ist; vgl. MARBÖCK, Theologie, 54.

225 Die Wendung „dies alles ist das Buch des Bundes des höchsten Gottes" im griechischen Text (23a) ist vermutlich eine Erweiterung nach Bar 4,1; dazu MARBÖCK, a.a.O., 75, Anm. 5 und ihm folgend LANGE, Weisheit, 36, Anm. 141; anders SAUER, a.a.O., 565.

226 Dies hat BOCCACCINI herausgearbeitet, der betont, dass Weisheit und Gesetz im Sirachbuch gerade keine austauschbaren Begriffe sind („not interchangeable terms"): Preexistence of the Torah, 331. S. dazu auch EGO, Strom, 207.

227 Vgl. KAISER, a.a.O., 171f und zu den Bezügen auch VEIJOLA, a.a.O., 146f.

der Weisheit in Prov 1,20–33[228] deutlich geringer als die zu einem Text, der bereits hinsichtlich seiner Bedeutung für den Diskurs um Weisheit und Tora in nachexilischer Zeit erkannt wurde – Ps 19. Neben der Formel von Sir 24,20, dass die Beschäftigung mit der Weisheit „süßer denn Honig" ist (vgl. Ps 19,11), betrifft dies vor allem die Verbindung mit dem Gedanken des Sonnenlaufs in Ps 19,5b–7 und Sir 24,4f.8.[229] Gerade vor dem Hintergrund der kosmischen Bestimmung der Weisheit wird deutlich, dass die Tora in Sir 24 trotz ihrer Explikation mit der Paradiesstrom-Metaphorik nicht als kosmische Größe erscheint. Sie entspricht vielmehr durch die Übertragungsformel in 24,23 der als unerforschlich gedachten Weisheit und ist als Schrift „und als ‚Kanon' Quelle und Mittlerin" von Weisheit und Leben.[230] Dabei hat der Vergleich mit den vier Paradiesströmen die Funktion, die Lebensmetaphorik des von der Weisheit her bestimmten Gesetzes zu verdeutlichen, welches nicht nur die Gegenwart betrifft, sondern auch die Zukunft umfasst. Dies wird durch die Lichtmetaphorik in Sir 24,27 vermittelt, wo in Aufgriff von Vorstellungen der Tora als Licht (Ps 19,9b, Prov 6,23) vom „Ausstrahlen" der Tora im Sinne eines „Leuchtens" die Rede ist.[231] Daran knüpft der letzte Abschnitt von Sir 24 an:[232]

> (32) Weiterhin will ich Bildung wie Morgenröte ausstrahlen
> und will (sie) offenbaren in den weiten Raum hinein.

> (33) Weiterhin will ich Lehre wie eine Prophetie ausgießen
> und will sie hinterlassen allen folgenden Geschlechtern.

> (34) Erkennt, dass ich mich nicht allein für mich abgemüht habe,
> sondern für alle, die sie suchen.

Die Frage, wer in nachexilischer Zeit die Nachfolge der Prophetie antritt, ist hier eindeutig beantwortet. Dem Ausstrahlen der Tora entspricht die Wirkung des Weisheitslehrers, die nicht nur die Kindergeneration, sondern „alle folgenden Geschlechter" umfasst. Der Weisheitslehrer, der auf die Tora zurückgreift, weist zugleich in die Zukunft, wie es die Propheten vor ihm taten.[233] Die Weisheit hat hier das Erbe der Prophetie angetreten, wobei die Grundlage dessen die Auslegung der Schrift ist. Sir 50,23 macht dies deutlich, wenn dort vom

---

228 So KAISER, a.a.O., 172.
229 Vgl. GRUND, a.a.O., 348 und REITMEYER, Weisheitslehre, 192 (Ps 19,6–7 und Sir 24,5).
230 So die treffende Formulierung von GRUND, a.a.O., 350, deren Interpretation von Sir 24 hier gefolgt wird.
231 Vgl. GRUND, a.a.O., 349 mit Anm. 155.
232 Übersetzung nach SAUER, a.a.O., 179.
233 Vgl. SAUER, a.a.O., 185.

„Haus seiner Lehre" (בית מדרש) die Rede ist, womit die Lehre des Weisen gemeint ist.[234] Hier wird „erstmalig expressis verbis das ‚jüdische
Lehrhaus'" genannt und somit auf die Existenz einer Schule verwiesen,
in der Weisheit und Tora weitergegeben werden.[235]

Sir 24 steht sowohl in einer Linie mit Jer 8,8f und der deuteronomisch-deuteronomistischen Tradition als auch mit Prov 1–7*.[236] Der
Text führt eine Traditionslinie fort, die von Dtn 4,5–8 herkommt und
über die genannten Proverbienpassagen bis in spätalttestamentliche
Zeit weiterverfolgt werden kann.[237] Die in Prov 2,21f anklingende Zukunftsbedeutung der weisheitlichen Lehre, die dort im Kontrast zu
eschatologischen Entwürfen entfaltet ist, wird in Sir 24 dahingehend
weitergedacht, dass der Zukunftsaspekt nun explizit genannt und damit jeder eschatologische Entwurf gerade überflüssig gemacht wird.
Die kosmische Bedeutung der Weisheit – die nur für die Weisheit gilt
und nicht für die Tora – wird theologisch mit der Protologie verknüpft,
um so die Eschatologie auszublenden. Bei diesem Konzept erscheint
die Weisheit der Tora letztlich übergeordnet, die Tora ist Mittlerin der
Weisheit.[238] Die Weisheit wird in der Tora erfahrbar, insofern kann die
Tora geradezu als „Inkarnationsstätte der Weisheit" bezeichnet werde.[239] Denn so eng auch die Verbindung zwischen beiden Größen in Sir
24 ist, die Weisheit allein hat kosmische Qualität, während die Tora als
das (zwar auch ursprünglich göttliche, aber nicht kosmische) Gesetz
gilt. Insofern entspricht die Abfolge von kosmischer und irdischer Größe in Sir 24 durchaus der Konzeption von Ps 19. Diese Vorordnung der
Weisheit vor die Tora hat zugleich Auswirkungen auf das Verständnis
von Tora, die mit den Worten Thomas Krügers wie folgt spezifiziert
werden können:[240] Die enge Verbindung von Tora und Weisheit in Sir
24 zielt „weniger auf eine Begrenzung weisheitlichen Forschens und
Lehrens durch die Rückbindung an die Thora als vielmehr auf ein Verständnis der Thora als vernünftige und interkulturelle konkurrenzfähi-

---

234 Vgl. dazu EGO, Strom, 210 mit Verweis auf den Vorschlag P.W. Skehans, in Sir 50,23
בית מוסר zu lesen.
235 Vgl. HENGEL, Judentum, 145 und EGO, a.a.O.
236 Zentral ist hier Dtn 6, dazu BRAULIK, Deuteronomium, 104, Anm. 194, der meint,
dass die in Sir 24 entfaltete „Theorie" bereits in Dtn 6 angelegt ist.
237 Vgl. dazu VEIJOLA, a.a.O., 162f und WITTE, Gesetz, 77. Dabei ist interessant, dass Dtn
4,5–8 inhaltlich nicht weit entfernt ist von Sir 24, jedoch von Bar 4,3, vgl. KRÜGER,
Gesetz, 2f.
238 Vgl. EGO, a.a.O., 207.
239 WITTE, Mose, 186; vgl. auch UEBERSCHÄR, Weisheit, 358 („Ausdrucksform der Weisheit").
240 KRÜGER, Kohelet, 47, vgl. auch DERS., Gesetz, 1f.

ge Grundlage der Lebensorientierung." Die Tora ist dabei als Ganzes im Blick, nicht als Sammlung einzelner Ge- oder Verbote.

Es zeigt sich somit einerseits eine Weiterführung des Diskurses um das Verhältnis von Weisheit und Tora, andererseits jedoch eine spezifische Akzentuierung, angesichts derer es nicht erstaunt, dass diese Zuspitzung nicht unwidersprochen blieb. Denn im Baruchbuch wird das Verhältnis von Weisheit und Tora dezidiert anders bestimmt.

Mit dem Baruchbuch bewegt man sich eine Generation nach Sirach.[241] Es reflektiert die neue politische Situation der seleukidischen Verfolgungszeit mit ihren Deportationen (vgl. 4,32) und entwickelt angesichts des Herrschaftsanspruches Antiochos IV. Epiphanes die Botschaft, dass der Exilszustand Israels ein Ende haben und Israel wieder zurückkehren wird.[242] Diese Botschaft wird unter Rückgriff auf schriftlich vorliegende Überlieferung entfaltet und erreicht in einer Verheißungsrede 4,5–5,9 ihren Höhepunkt. Der hier relevante Abschnitt 3,9–4,4 steht unmittelbar vor dieser Verheißungsrede und hat die Funktion, die Grundlagen zu benennen, die für die Rückkehr erforderlich sind. Im Zentrum steht der Gedanke, dass eine Gott gemäße Lebensführung notwendig ist, damit die Heilsverheißung eintreten kann. Voraussetzung dessen ist die Hinwendung zu Gottes Gesetz.[243] Dieser Gedanke wird in 3,9–4,4 unter Aufgriff deuteronomisch-deuteronomistischer Tradition sowie von Baruchtexten aus dem Jeremiabuch ausgestaltet.[244] Bezugstexte sind Dtn 4,6–8 sowie einige Passagen aus Hi 28 und Prov 1–9.[245]

Im Zentrum der Mahnrede steht das Gesetz und nicht die Weisheit. So werden die „Gebote des Lebens" (3,9) mit der „Quelle der Weisheit" (3,12) verbunden und weisheitliche Attribute wie Einsicht und Klugheit mit den Geboten verknüpft (3,14). Die einleitenden Verse lesen sich wie

---

241 Das Sirachbuch ist vermutlich um 190 v. Chr. entstanden ist, vgl. SAUER, Sirach (2008), 22; MARBÖCK, Art. Sirach/Sirachbuch, 310 spricht allgemeiner vom ersten Viertel des 2. Jahrhunderts und nennt das Jahr 175. Entscheidend ist, dass die Makkabäerkämpfe im Sirachbuch noch nicht vorausgesetzt werden. Zur Datierung des Baruchbuches vgl. STECK, Baruchbuch, 285–303.

242 Vgl. STECK, Baruch, 17 und DERS., Baruchbuch, 281 mit einer literarischen Kontextualisierung in die Literatur des 2. Jh. v. Chr.

243 Vgl. STECK, Baruch, 47.

244 Zur Bedeutung der Baruchtexte aus dem Jeremiabuch für die Gesamtkomposition des Baruchbuches s. STECK, Baruchbuch, 268f. Vgl. auch SHEPPARD, a.a.O., 84–99, der für Bar 3,27f auch auf die Rezeption des 1. Henochbuches aufmerksam macht.

245 Vgl. dazu STECK, a.a.O., 133f und KRÜGER, Gesetz, 3f.

eine Generalabrechnung mit dem Konzept einer Weisheit, die zum Leben verhilft:[246]

> (9) Höre Israel, auf die Gebote des Lebens,
> merkt auf, Einsicht zu erkennen!

> (10) Wie kommt es, Israel, dass du im Land der Feinde bist,
> alt geworden im fremden Lande,
> (11) ‚gleich geworden' einem Sterbenden,
> zugerechnet den zur Unterwelt (Hinabsteigenden)?

> (12) Du hast die Quelle der Weisheit verlassen!

> (13) Wenn du auf dem Weg Gottes gegangen wärst,
> wohntest du in Frieden für immer!

Der Vers knüpft durch die Wegmetaphorik deutlich an weisheitliches Denken an, schränkt dieses jedoch ein. Die Quelle der Weisheit und der Weg Gottes wurden verlassen. In der Folge wird dieser Gedanke so weitergeführt, dass richtige Weisheit nirgendwo gefunden werden kann (V. 15–23) und dass allein Gott derjenige ist, der „den Weg der Kenntnis ergründet hat" (V. 37). Die Aussage von V. 37 knüpft an einen Gedankengang an, der in Schöpfungsaussagen einmündet, die letztlich auf eines abzielen – Gott als den eigentlichen Herrn von Weisheit, Klugheit und Kenntnis auszuweisen (V. 32.37).[247] Dieser Gedanke wird in 3,38–4,1 wie folgt fortgeführt:[248]

> (3,38) Danach erschien sie (er?) auf Erden
> und unter den Menschen hielt sie (er?) sich auf.[249]

> (4,1) Sie ist das Buch der Satzungen Gottes
> und das Gesetz, das für immer Bestand hat;
> alle, die an ihr festhalten, (finden) Leben,
> die sie aber verlassen, sterben dahin.

Mit der Formel vom Gesetz, „das für immer Bestand hat", wird eine Tradition aufgegriffen, die auch in Ps 119 ihren literarischen Niederschlag gefunden hat. Dort wird das „Wort" JHWHs als ewig bezeichnet (לעולם, V. 89, vgl. V. 90). Der Text knüpft mit den „Satzungen Gottes" an Dtn 4,44f; 30,10 an und muss zugleich vor dem Hintergrund von Sir

---

246 Übersetzung nach STECK, Baruch, 45.

247 V. 32 knüpft dabei an Prov 3,19 an; vgl. dazu STECK, Baruchbuch, 150, der zugleich auf Hi 28 verweist (s. auch a.a.O., Anm. 154 mit weiteren Verweistexten).

248 Übersetzung nach STECK, Baruch, 47; vgl. auch GUNNEWEG, Baruch, 177.

249 V. 38 ist im Kontext sperrig. STECK erwägt, den Vers einer jüdisch-hellenistischen Rezeption des Baruchbuches zuzuordnen; vgl. a.a.O., 53, Anm. 43.

24 gesehen werden.[250] Denn die Verhältnisbestimmung von Weisheit und Tora bei Baruch markiert einen deutlichen Gegenpol zu Sirach. Während Sirach die Tora von der Weisheit her bestimmt, ordnet Baruch die Weisheit der Tora unter. Im Argumentationsgang des Kapitels wird die nur in Gott zu findende Weisheitserkenntnis mit dem Gesetzbuch gleichgesetzt.[251] Die Weisheit erscheint als das Buch der Satzungen Gottes. Was sich bei Baruch zeigt, ist ein Eindampfen des Weisheitskonzeptes, bei dem nun wie bei Kohelet gegen einen Weisheitsbegriff Stellung genommen wird, der göttliche Qualität für sich beansprucht. Baruch ordnet die Weisheit dem Gesetz unter und grenzt die Weisheit von der Tora her ein,[252] ohne die Tora jedoch nun ihrerseits zu überhöhen und mit einem kosmologischen Anstrich zu versehen. Das Gesetz erscheint in Bar 3,9–4,4 gerade nicht an die Stelle der kosmischen Weisheit gerückt. Vielmehr wird in 3,29–36 im Gegenüber zu Prov 8 und Ps 19 betont, dass es Gott ist, der die Erde geschaffen hat.[253] Damit verbunden ist ein Konzept, bei dem nun wieder Israel im Blick ist und nicht der einzelne, womit Baruch einen Grundgedanken der deuteronomisch-deuteronomistischen Tradition fortführt.

Interessant ist im Gegenüber zu Sir 24 auch die Eschatologie. Denn Baruch vertritt auch in diesem Punkt eine andere Position als Sirach. Die von der Weisheit her bestimmte Gesetzesauslegung ist gerade an eine Grenze gestoßen und kann keine Zukunft geben. Vielmehr ist eine Orientierung am göttlichen Gesetz selbst notwendig, welches dann das Handeln Gottes ermöglicht. Während bei Sirach Weisheit und Schriftauslegung an die Stelle der Prophetie getreten sind, dreht Baruch gleichsam das Rad zurück und knüpft an das deuteronomisch-deuteronomistische Prophetenbild an. Er wird – der Textstrategie des Buches entsprechend – durch den Ruf zur Umkehr selbst zum Propheten, der die Richtschnur benennt – das Gesetz – und von dort aus seine Zukunftsaussage entfaltet. Dies bedeutet, dass man zeitlich nicht weit voneinander entfernt zwei unterschiedliche Stimmen hat, die beide unter Rückgriff auf die ihnen literarisch vorliegende Tradition eine Verhältnisbestimmung von Weisheit und Tora vornehmen.[254]

---

250 Vgl. STECK, a.a.O., 53 und SHEPPARD, a.a.O., 90f mit Verweis auf Dtn 30,12f.

251 Vgl. STECK, a.a.O. und LANGE, a.a.O., 36.

252 Vgl. KRÜGER, Kommentar, 47; STECK, a.a.O., 53. Vgl. auch MARBÖCK, Weisheit, 57: „Bei Baruch gibt es keine von Gesetz und Israel unabhängige Weisheit mehr."

253 Dazu STECK, Baruchbuch, 150f.

254 Dass dies nicht die einzigen Stimmen waren, belegen die in Qumran gefundenen Texte, wie z.B. 4Q Sapiental Work A (4Q415–418.423) oder Ps 154 (11Q Psa 18,1–16). Vgl. dazu den Überblick bei LANGE, Weisheit, 48; DERS., Weisheitstexte, COLLINS,

Insgesamt verdeutlicht der hier in recht groben Strichen skizzierte Sachverhalt, dass die im Rahmen dieser Studie entwickelte Linie nicht mit der Endredaktion der Proverbien endete, sondern ihrerseits durch Proverbientexte weiter angereichert wurde. So belegt das hier disku-tierte Material, dass nicht nur zentrale Passagen des Deuteronomiums wie Dtn 4 oder Dtn 30 rezipiert wurden, sondern auch Texte wie Prov 8. Dabei zeigt sich dasselbe literarische Phänomen, das auch in Prov 2 und anderen Proverbientexten erkannt wurde – innerbiblische Schrift-auslegung bzw. eine Form der textuellen Kohärenz, bei der bestimmte Texte aufgegriffen und anzitiert werden. Im Rahmen dieses Verfahrens wurde die Frage nach dem Verhältnis von Weisheit und Tora unter-schiedlich beantwortet. Neben der Sapientialisierung der Tora rückte zunehmend die Weisheit im Sinne einer kosmischen Größe in den Vor-dergrund. Insofern wird deutlich, dass die Positionen, die im Proverbi-enbuch zu finden sind, nicht mit der Endredaktion der Proverbien ih-ren Abschluss fanden, sondern auch weiterhin Gegenstand theologi-scher Reflexion waren.

---

a.a.O., 112 und HARRINGTON, Approaches, 263, der 4 QSapiental Work A mit dem Sirachbuch verbindet.

6. Ergebnis[1]

Die vorliegende Studie setzte mit der Beobachtung eines Exegeten des 19. Jahrhunderts ein und entwickelte einen Argumentationsgang, der von einer Textexegese zu Überlegungen zur Komposition und Redaktion des Proverbienbuches reichte. Ausgangspunkt war die Beobachtung des Berliner Alttestamentlers Hermann Leberecht Strack (1888), dass es sich bei Prov 2 um eine Art Inhaltsverzeichnis der ersten Sammlung des Proverbienbuches (Prov 1–9) handele.[2] Diese These, die auch in jüngeren Proverbienkommentaren begegnet (A. Meinhold, 1991)[3], wurde mit einer zweiten Beobachtung aus einem Kommentar des 19. Jahrhunderts verbunden: dem Einfluss des Deuteronomiums auf Prov 1–9. So betonte Franz Delitzsch in seinem Proverbienkommentar von 1873, dass die Kapitel 1–9 des Proverbienbuches „deuteronomisches" Gedankengut aufgreifen.[4]

Beide Aspekte zusammengenommen bildeten den Ansatz dieser Studie. Im Mittelpunkt stand (1) die Untersuchung der literarischen (und hermeneutischen) Funktion von Prov 2 für die erste Proverbiensammlung und (2) die Analyse des Einflusses anderer alttestamentlicher Traditionen auf das Proverbienbuch, insbesondere auf Prov 2. Dabei zeigte sich, dass das Proverbienbuch eine ganze Reihe innerer Bezüge aufweist sowie diverse Anspielungen auf andere alttestamentliche Traditionen enthält, unter denen die zur deuteronomisch-deuteronomistischen herausragen. Die Forschung hat diese Bezüge oftmals gesehen, jedoch in ihrer redaktionsgeschichtlichen und theologischen Bedeutung bislang zu wenig beachtet. Dies lag unter anderem an einem Paradigma, bei dem zwischen einem weisheitlichen und ei-

---

1   Anders als in der bisherigen Studie werden in der Folge alle hebräischen Wörter in Umschrift geschrieben (Ausnahme ist die Tabelle in 6.3).

2   STRACK, Sprüche, 313 verwendet nicht den Begriff des Inhaltsverzeichnisses, er verweist jedoch auf den Zusammenhang zwischen Prov 2 und den folgenden Lehrreden, die als „Ausführungen" einzelner Abschnitte von Kap. 2 verstanden werden können.

3   Die These wurde bereits einige Jahre nach Stracks Kommentar von A. FRANKENBERG aufgegriffen; Sprüche (1898), 3.

4   DELITZSCH, Spruchbuch, 29.

nem nomistischen Verständnis von Begriffen wie *tôrāh* und *miṣwôt* streng unterschieden wurde (J. Fichtner 1933, M.V. Fox 2000/2009). Ein Ergebnis dieser Studie ist jedoch, dass die Weisheitsliteratur Anteil hatte an einem Diskurs über die Größe ‚Tora' in nachexilischer Zeit und sich dies im Proverbienbuch und seiner Redaktionsgeschichte widerspiegelt.

6.1 Das Phänomen der textuellen Kohärenz und Prov 2

Basis der vorliegenden Studie war eine Reflexion über die gewählte Methode (Kap. 1). Denn der eingeschlagene Weg der Untersuchung konnte nicht mehr den klassischen Pfaden einer Traditionsgeschichte folgen. Teile des Proverbienbuches, speziell aus Prov 1–9, reagieren auf schriftlich vorliegende Traditionen. Es geht somit um die Untersuchung der Bezüge zwischen Literaturwerken und nicht um ein im mündlichen Bereich anzusiedelndes Phänomen. Dazu wurde ein Ansatz erarbeitet, der unter dem Begriff ‚textuelle Kohärenz' (J. Assmann) Bezüge zwischen Texten untersucht. Ein Blick auf das altorientalische Material zeigte, dass dieses Phänomen besonders bei der Weisheitsliteratur zu finden ist sowie bei Texten, die in einer Schulsituation beheimatet sind. Die jeweiligen Autoren nehmen durch Zitate, Anspielungen und Schlüsselwörter auf andere Literaturwerke Bezug und setzen diese z.T. auch bei ihren Lesern voraus. In der Sache wird damit an Forschungen angeknüpft, die in der französischen, amerikanischen und deutschen Bibelwissenschaft unter Begriffen wie „procédé anthologique" (A. Robert), „innerbiblical exegesis" (M. Fishbane) oder auch „schriftgelehrte Exegese" (O.H. Steck u.a.) verhandelt wurden. Allen Ansätzen geht es jeweils um die Interpretation von Texten, um Schriftauslegung und letztlich um ein Phänomen, das zu Fragen der Kanonbildung hinführt. Dies hat Konsequenzen für das Proverbienbuch.

Die Analyse (Kap. 2) setzte mit dem Kapitel ein, dessen Sonderstellung in der ersten Sammlung des Proverbienbuches seit langem bekannt ist: die Weisheitslehre von Prov 2. Die Exegese des Kapitels hat den Text als ein sinnvolles Ganzes ausgewiesen, bei dem bestimmte Passagen nicht als sekundär ausgeschieden werden sollten. Der Text weist sowohl hinsichtlich seiner äußeren Struktur als auch seines inneren Aufbaus einen durchdachten Stil auf. Die Lehre ist in 22 Versen gestaltet, die sich am hebräischen Alphabet orientieren und akrostichische Elemente enthalten. Dadurch wird nicht nur die kunstvolle Form des Textes betont, sondern bereits ein erster Hinweis auf einen möglichen sozio-historischen Ort gegeben. Der Text greift mit dem Memorie-

ren anhand bestimmter Buchstaben des Alphabets eine didaktische
Methode auf. In der weiteren Analyse zeigte sich, dass die Lehrrede
andere didaktische Elemente enthält, wie z.B. das Memorieren eines
Textes anhand der ersten Zeile oder auch die literarischen Anspielungen auf weitere Lehrtexte. All dies verweist darauf, dass sowohl Autor
als auch Adressat von Prov 2 einer gebildeten Schicht angehörten.

Die Weisheitslehre von Prov 2 hat einen komplexen Aufbau mit einer inneren Dynamik. Ausgehend von einer Bestimmung des Weisheitsbegriffes (V. 1–11) werden im zweiten Teil der Lehrrede (V. 12–22)
die Gefahren für den Weisheitsschüler entfaltet (frevelhafte Männer, V.
12–15; fremde Frau, V. 16–19). Diese münden in die Antithese zwischen
dem Geschick des Frevlers und dem des Gerechten ein (V. 20f). Mit
dem Ende der Lehre erreicht Prov 2 eine Position, die sich von dem
imperativischen Stil der anderen Lehrreden in Kap. 1–9 kaum noch
unterscheidet. Prov 2 ist zwar als Konditionalgefüge aufgebaut, wird
jedoch in seiner Aussage zunehmend normativ und endet schließlich in
dem Satz, dass die Frevler vertilgt werden. Im Kontrast dazu steht derjenige, der den Anweisungen der Lehrrede folgt und diese in seinem
Leben umsetzt. Durch die konditionale Struktur von Prov 2 ergibt sich
ein Tat-Folge-Geschehen, bei dem das gelingende Leben als Folge des
Ausrichtens von Herz und Ohr auf die Weisheitslehre erscheint. Ausgangspunkt dessen ist die Bestimmung der Weisheit als von JHWH
herkommend (V. 6f), die zusammen mit dem ernsthaften Bemühen des
Weisheitsschülers (dem Neigen des Herzens und dem Suchen, V. 2)
und der Zuwendung JHWHs (V. 7f) zu einem heilvollen Leben führt.
Worin dieses Leben besteht, wird nicht näher ausgeführt, so wie auch
die Aussagen des zweiten Teils über die frevelhaften Männer und die
fremde Frau wenig konkret sind. Vielmehr scheint der Text andere
Texte vorauszusetzen. Damit ist der Fragehorizont genannt, an den die
traditionsgeschichtliche Analyse und die Untersuchung der Bezüge
innerhalb des Proverbienbuches ansetzten.

6.2 Prov 2 und die Bezüge zu anderen Traditionen

Bei der traditionsgeschichtlichen Analyse (Kap. 3) wurde ein Bezugsfeld erarbeitet, das von der Frage nach literarischen Anspielungen zwischen Prov 2 zu anderen Texten ausging und zum Themenkomplex
‚Weisheit und Tora' führte. Es zeigte sich, dass man nicht von eindi-
mensionalen Bezügen ausgehen kann, sondern von einem komplexen
Bezugssystem, bei dem bestimmte Texte eine besondere Wirkung entfaltet haben und andere – z.T. in ganz ähnlicher Weise – darauf reagie-

ren. Dies gilt besonders für Passagen aus dem Deuteronomium, wie z.B. Dtn 4; 8; 28 oder 30. Prov 2 knüpft an diese Texte an, jedoch nicht im Sinne direkter Zitate (und damit anders als Prov 3; 6 und 7 zu Dtn 6), sondern so, dass die weisheitliche Terminologie von Prov 2,1–12 nomistisch eingefärbt wird. Diese ‚Kolorierung' des Textes führt zu einer Verbindung deuteronomistischer Terminologie mit weisheitlicher Sprache. Formulierungen wie die Worte, die aus dem Mund JHWHs kommen (V. 6b) oder auch das Landthema (V. 21f) stehen in einer literalen Tradition, die vom Deuteronomium herkommt, jedoch auf dieses nicht beschränkt werden kann. Denn das Landthema in Verbindung mit dem Gegensatz von Gerechtem und Frevler findet sich auch in Ps 37. Der Text steht insofern Prov 2 nahe, als er neben diversen terminologischen und sachlichen Gemeinsamkeiten auch den Zentralbegriff des „Getreuen/Frommen" (*ḥasîd/ḥasîdîm*) mit diesem teilt. Der Psalm eröffnet zugleich das Bezugsfeld, das die weitere Analyse bestimmte: die Verbindung von Weisheit und Tora. So zeigte die Exegese von Ps 119 und Ps 19, dass es offenbar eine Entwicklung gab, bei der anhand literarischer Bezüge (u.a. auch zum Proverbienbuch) unterschiedliche Konzepte von Weisheit und Tora entwickelt wurden.

Der dritte untersuchte Textzusammenhang, die spätprophetische Literatur, verhalf dazu, dieses Phänomen näher zu bestimmen. Es wurden in Aufgriff und Auseinandersetzung mit bestimmten Deuteronomiumstexten die theologischen Implikationen einer Auslegung der Tora diskutiert. Speziell Texte aus dem Jeremiabuch geben einen Einblick in einen Diskurs, bei dem entgegen der Position von Prov 2 die JHWH-Furcht nicht aus der weisheitlichen Lehrrede resultiert, sondern von JHWH selbst dem Menschen eingepflanzt werden muss. Jer 31f verdeutlichte dies, indem JHWH allein die Voraussetzungen dafür schafft, dass der Mensch die Tora erfüllen kann. Der Text eröffnete zugleich ein weiteres Bezugsfeld von Prov 2 – die spätprophetische Eschatologie. Denn der Vergleich mit den genannten Jeremiatexten, aber auch mit Passagen aus Jes 56–66 verdeutlicht, dass Prov 2 für die Gegenwart das erfahrbar macht, was die späte Prophetie für die Zukunft ankündigt. Auch wenn die abschließenden Verse der Lehrrede (Prov 2,21f.) durchaus futurische Anklänge haben, so dominiert im Text der Gegenwartsbezug. Dies zeigt sich beim Vergleich von Prov 2,5f mit der Charakterisierung des Heilsherrschers in Jes 11. Die *ḥŏkmāh*, die *bînāh* und die *daʿat*, die dort dem zukünftigen Herrscher zugesprochen werden, erscheinen in Prov 2 für denjenigen in der Gegenwart erfahrbar, der die Weisheitslehre befolgt.

Insgesamt führte die traditionsgeschichtliche Analyse zu einem dreifachen Ergebnis: Es zeigte sich, (1) dass Prov 2 vor allem durch

deuteronomisch-deuteronomistische Traditionen geprägt ist. Diese
durchziehen die Weisheitslehre wie einen roten Faden und bestimmen
sie vom ersten bis zum letzten Vers. Prov 2 steht darüberhinaus (2) in
Bezug zu anderen Texten, die zum Teil in ganz ähnlicher Art und Weise bestimmte Traditionen verarbeiten. Diese Texte eröffnen den Blick
auf einen Diskurs um das Verhältnis von Weisheit und Tora, der sich
weder auf Prov 2, noch auf Ps 37, Ps 19 oder Ps 119 eingrenzen lässt,
sondern der offenbar weite Teile der nachexilischen Literatur bestimmte. Dieser Diskurs kreiste (3) um die Möglichkeit des Menschen, den
JHWH-Willen zu erfüllen, um den Status der Tora und um ein mögli-
ches zukünftiges Handeln JHWHs.

6.3 Prov 2 als Leseanweisung von Prov 1–8*

Basierend auf der traditionsgeschichtlichen Analyse wurden in Kap. 4
die Bezüge zwischen Prov 2 und den anderen Lehrreden von Prov 1–9
untersucht. Dabei zeigte sich, dass die These von Prov 2 als Inhaltsverzeichnis der Lehrreden in Prov 1–7 Auswirkungen auf die Frage der
Entstehung des Proverbienbuches insgesamt hat. Die Einzelexegese
ergab zunächst, dass die neun Lehrreden in Prov 1–7* von ihren An-
fangsversen her zu denken sind. Sie stellen einen Zusammenhang dar,
der kein klares Lehrprogramm benennt, sondern vielmehr ein Spektrum an Möglichkeiten, innerhalb dessen sich der Weisheitsschüler verorten soll. Die Lehrreden eröffnen einen Diskurs, der ergebnisoffen ist,
jedoch mit der Abfolge der Themen ‚frevelhafte Männer‘ – ‚fremde
Frau‘ durchaus eine Struktur erkennen lässt. Prov 2 knüpft an die Lehrreden an und bringt die dort genannten Themen in eine Reihenfolge.
Der von der Forschung oftmals bemerkte Duktus der Lehrrede, bei
dem die einzelnen Themen lediglich angerissen, nicht jedoch ausgeführt werden, erklärt sich aus dem literarischen Verfahren. Prov 2 setzt
die Lehrreden (1–7*) voraus, geht jedoch darüberhinaus. So zeigte die
Analyse der Textbezüge eine zitathafte Anspielung auf die Ein-
gangsverse zweier Lehrreden und die Rede der personifizierten Weisheit in Prov 8.

2,1		ומצותי תצפן אתך	אמרי	בני אם תקח
	7,1	ומצותי תצפן אתך	אמרי	בני שמר
2,2		תטה לבך לתבונה	לחכמה אזנך	להקשיב
	5,1	לתבונתי הט אזנך	קשיבה	בני לחכמתי

2,3		לתבונה תתן קולך	תקרא	כי אם לבינה
	8,1	ותבונה תתן קולה	תקרא	הלא חכמה

Indem Prov 2 in den ersten drei Versen die jeweils einleitenden Verse der Lehrrede von Prov 7 und 5 sowie der Rede der personifizierten Weisheit in Prov 8 anzitiert, geht das Kapitel über das eigentliche Corpus der Lehrreden hinaus. Dabei wird ein literarisches Verfahren angewendet, das auch in der altägyptischen Weisheitsliteratur begegnet: Eine Weisheitslehre wird anhand des ersten Verses memoriert. Indem in der Einleitung von Prov 2 der jeweils erste Vers anderer Lehrreden zitiert wird, spielt der Text auf die Lehren als Ganzes an. Dies bedeutet, dass Prov 2 nicht einfach nur als ein ‚Inhaltsverzeichnis' zu verstehen ist, sondern als eine Leseanweisung, bei der bestimmte Texte miteinander verbunden werden. Es wird ein Textzusammenhang hergestellt, der sowohl die neun Lehrreden von Prov 1–7* als auch die Rede der personfizierten Weisheit von Prov 8 umfasst.

Die Analyse zitathafter Anspielungen innerhalb von Prov 1–9 zeigte weitere Vernetzungen, die sowohl die erste Sammlung des Proverbienbuches betreffen als auch in andere Bereiche des Buches hinreinreichen. Zu nennen sind hier die Zitate und Anspielungen zwischen 1,3 und 2,9, 6,8 und 30,25, 6,10f und 24,33f, 9,1 und 14,1; 9,10 zu 1,7 und 9,11 zu 4,10. Dabei zeigte sich, dass man nicht nur methodisch zwischen Zitaten und thematischen Anspielungen unterscheiden muss, sondern sich diese unterschiedlich verteilen. Während Prov 2 Zitate aus anderen Passagen innerhalb von Prov 1–9 enthält und lediglich thematische Anspielungen zu Prov 10ff, ist es bei Prov 6,1–19 genau umgekehrt: Es gibt thematische Anspielungen zu Prov 1–9 und Zitate aus Prov 10–31. Prov 9 enthält hingegen beides, sowohl zitathafte als auch thematische Anspielungen auf Prov 1–7 und 10ff.

Damit ist ein weiterer Themenkomplex eröffnet: die Frage nach Komposition und Redaktion des Proverbienbuches. Denn das literarische Phänomen der Anspielungen auf andere Texte hat redaktionsgeschichtliche Bedeutung. Die Querverbindungen betreffen alle Abschnitte des Proverbienbuches, angefangen von 1–9 über 10–22 bis zum Ende des Buches in Kap. 30f. Insofern ergibt sich ein Bezugssystem, bei dem ausgehend von den neun Lehrreden in Kap. 1–7* die Gesamtkomposition des Proverbienbuches in den Fokus rückt.

6.4 Prov 2 und der Diskurs über die Tora

An diesem Punkt setzte das letzte Kapitel der Arbeit an. Ziel war, die Ergebnisse der traditionsgeschichtlichen Analyse mit denen zur Komposition und Redaktion des Proverbienbuches zu verbinden. Dabei wurde ein Ansatz entfaltet, der an die beiden eingangs genannten Voten von Hermann L. Strack und Franz Delitzsch anknüpft und diese miteinander verbindet: Es findet sich ein Einfluss von ,Tora' im Proverbienbuch, der Auswirkungen auf dessen Komposition und Redaktion hatte. Das Proverbienbuch kann – so die These dieser Arbeit – einer theologischen Debatte zugeordnet werden, die um das Verhältnis von Weisheit und Tora kreiste und innerhalb derer unterschiedliche Positionen vertreten wurden. Diese unterschiedlichen Verhältnisbestimmungen von Weisheit und Tora finden sich nicht nur in Texten außerhalb des Proverbienbuches, sondern im Proverbienbuch selbst; sie haben sowohl dessen Komposition als auch die redaktionellen Überarbeitungen geprägt.

Dies zeigt sich bereits auf der Ebene der neun Lehrreden (Prov 1–7*), dem Nukleus der ersten Sammlung des Proverbienbuches. Prov 3; 6 und 7 nehmen jeweils auf das Schᵉma Jisrael in Dtn 6 (vgl. Dtn 11) Bezug, bestimmen jedoch das Verhältnis von Weisheit und Tora jeweils unterschiedlich. Prov 3 betont die Grenzen der menschlichen Einsicht und hebt die Tora hervor, Prov 7 hält am Konzept einer eigenständigen (und personifizierten) Weisheit fest, und Prov 6 lässt demgegenüber die Tora im weisheitlichen Gewande erscheinen. Die Lehrrede in 6,20–35 geht in der Bezugnahme auf das Deuteronomium am Weitesten und entwirft ein Konzept, bei dem de facto nicht mehr von der Weisheit die Rede ist, sondern von der Tora.

Alle drei Konzepte greifen das deuteronomisch-deuteronomistische Konzept einer Unterweisung der Tora in Dtn 6 und 8 auf, bei dem die elterliche Lehre in die Nähe der Vermittlung der Gebote JHWHs durch Mose gerückt wird. Prov 2 knüpft daran an, vertritt jedoch ein Modell, das von Dtn 4 herkommt und die Weisheit im Sinne einer ,Hermeneutik der Tora' bestimmt. Weisheitliches Denken dient dem Verständnis der Gebote JHWHs, so dass nun das, was im Deuteronomium auf das Volk bezogen ist, in Form der weisheitlichen Lehrrede für den einzelnen erlernbar wird. Mit diesem Konzept einer Hermeneutik der Tora steht Prov 2 der letzten der neun Lehrreden in Prov 7 nahe, an die Prov 2 mit Zitaten (2,1 = 7,1; 2,16 = 7,5) und Anspielungen (2,17–19 = 7,26f) anknüpft. Dieses Konzept von Prov 2 steht jedoch im Gegensatz zu Prov 3 und 6 und damit zu einem Teil der Lehrreden, die dem Verfasser von Prov 2 vorlagen. Vor dem Hintergrund der zitathaften Anspielungen muss man sich das Vorgehen dieses Verfasser so vorstellen, dass er durch die Anspielung auf Prov 8 ein Gegengewicht zur Position einer sapientialisierten Tora im Sinne von Prov 6 herstellen wollte. Denn obwohl Prov 8 nicht von der Tora spricht, lässt sich der Text doch diesem Diskurs zuordnen und wurde in der Folge auch so verstanden. Ps 19 und Ps 119 nehmen ihrerseits Bezug auf Prov 8, führen jedoch den Gedanken von Prov 6 fort, nach dem die Tora die Funktionen übernehmen kann, die der Weisheit bislang zukamen. Dabei wird das Konzept einer weisheitlichen Hermeneutik der Tora durch das einer Sapientialisierung der Tora ersetzt, bei dem diese unter Aufgriff von Formulierungen aus Prov 8 zunehmend kosmische Eigenschaften erhält.

Damit ist die weitere Entwicklung benannt. Denn die beiden Konzepte – hier die weisheitliche Vermittlung der Tora, dort die Sapientialisierung der Tora – wurden zunehmend als einander ausschließend verstanden. Was auf der Ebene der neun Lehrreden noch als offener Diskurs gedacht war, entwickelte sich nach und nach zu einem antithetischen Gegenüber. Der Grund hierfür war ein theologischer Problemhorizont, der an spätprophetischen Texten greifbar wird: Ist mit der Offenbarung Gottes an Mose die Zeit göttlicher Offenbarungen beendet, oder können diese nach wie vor erwartet werden? Jer 8,8 mit seiner Kritik an der falschen Auslegung der (schriftlichen) Tora bezeugt eine Position, bei der dezidiert gegen eine Konzept Bezug genommen wurde, die Weisheit könne zu einem Verständnis der Tora beitragen. Damit verbunden ist die Frage nach dem Menschen selbst und seiner Möglichkeit, den Willen JHWHs umzusetzen. Während die weisheitlichen Texte solches dem menschlichen Herzen zutrauen (vgl. Prov 2,2), schließen spätprophetische Texte wie Jer 31 oder auch Ez 11 dies kategorisch aus. In der Konsequenz wird der Weisheit jegliche Leistung im Sinne einer Hermeneutik der Tora abgesprochen und sie auf das reduziert, was weisheitliches Denken in Prov 10–22 ausmacht – auf Lehrsätze, die sich auf das praktische Leben beziehen.

Diese Entwicklung bestimmte die weitere Komposition und Redaktion des Proverbienbuches. Einen ersten Schritt bildete die Redaktion von Prov 1–8*. Durch die Komposition von Prov 1 und das Hinzufügen von 3,13–20, 6,1–19 und 9 wurde ein Weisheitskonzept entwickelt, das sich deutlich von der in Prov 2 vertretenen Position unterscheidet. Während in Prov 2,5 die JHWH-Furcht als ein Ergebnis der weisheitlichen Unterweisung erscheint, bildet diese in 1,7 den Anfang allen weisheitlichen Redens. Diese Beschneidung der Leistungsfähigkeit weisheitlichen Denkens wird in Kap. 9 durch den Kontrast zwischen dem Rufen der Weisheit und dem Rufen der Torheit weiter zugespitzt.

Vor dem Hintergrund dieses Diskurses erhalten zugleich die umfangreichen Weisheitsmaximen in Prov 10–29 ihren Sinn. Sie dienen der
Etablierung eines Weisheitsverständnisses, bei dem die Weisheit auf
ihre lebenspraktische Dimension beschränkt werden soll, um ihr so
jeglichen Anspruch zu nehmen, der in Konkurrenz zur Tora treten
könnte. Dies wird in Prov 28 und 30 explizit gemacht, wenn einerseits
die Tora und die Torafrömmigkeit hervorgehoben werden (Prov 28)
und andererseits betont wird, dass die Weisheit gerade nicht zu tieferer
Gotteserkenntnis führt (Prov 30). Spätestens mit Prov 30 wird das Konzept einer Hermeneutik der Tora durch die Weisheit konterkarriert.

Im Proverbienbuch finden sich somit unterschiedliche Bestimmungen des Verhältnisses von Weisheit und Tora, bei denen sich auf der
Ebene der Gesamtredaktion des Buches jene Stimmen durchsetzten, die
für eine sapientialisierte Tora standen und Position gegen eine theolo-
gisierte Weisheit bezogen. Dies bedeutet, dass die Komposition und
Redaktion des Proverbienbuches mit einem theologischen Diskurs in
nachexilischer Zeit verbunden werden kann, der in Texten wie Ps 19;
Ps 119, dem Sirach- und dem Baruchbuch greifbar wird und bis zur
Qumranliteratur reicht. Die Lehrrede von Prov 2, die den Ausgangspunkt der vorliegenden Untersuchung bildete, ist dabei nur eine Stimme neben anderen. Sie vertritt eine Position, die zwar in der Redaktionsgeschichte des Proverbienbuches ihren literarischen Niederschlag
gefunden hat, sich aber letztlich weder auf der Ebene des Proverbienbuches noch außerhalb dessen hat durchsetzen können. Es ist die Position einer Gruppe, die aus dem Bewusstsein eines besonderen Verhältnisses zu JHWH heraus ein Lehrprogramm formulierte, demzufolge
der in den Geboten manifeste Wille JHWHs auf dem Wege weisheitlicher Unterweisung realisierbar erscheint. Diese Gruppe war Teil eines
Spektrums von *Literati*, mithin von Schriftgelehrten, die mithilfe des
gleichen literarischen Verfahrens (schriftgelehrte Textauslegung) auf
aktuelle theologische Fragen reagierten und dabei unterschiedliche
Antworten fanden.

English Summary[1]

The present study started with the observation of a scholar of the 19th Century and developed a path of argumentation that stretches from exegesis of a text to observations about the composition and redaction of the book of Proverbs. The point of departure was the thesis of Hermann Leberecht Strack (1888) that Prov 2 is a kind of table of contents for the first collection of the book (Prov 1–9). This thesis, which can also be found in recent commentaries (Arndt Meinhold, 1991), was combined with a second observation from a 19th Century scholar. In his commentary from 1873, Franz Delitzsch emphasized the influence of Deuteronomy on Prov 1–9.

The approach of this study is basically a combination of these two aspects. The focus is on (1) the investigation of the literary (and hermeneutic) function of Prov 2 for the first collection of Proverbs and (2) the analysis of the influence of other Old Testament traditions on the book of Proverbs, especially on Prov 2. As a result of this examination it can be said that the book of Proverbs exhibits numerous inner references and contains diverse allusions to other Old Testament traditions, especially to the so-called Deuteronomic-Deuteronomistic tradition. These connections have been thoroughly noted by former research, but have not been adequately evaluated with respect to questions such as the history of redaction or the specific theology of the book. One reason research has taken this path is the paradigm which defines Wisdom in opposition to Torah. Scholars like Johannes Fichtner (1933) and Michael V. Fox (2000/2009) seek to distinguish a 'sapiential' from a 'nomistic' understanding of terms such as *tôrāh* and *miṣwôt*. However, a result of this study is that wisdom literature cannot be separated from a discourse about 'Torah' in the post-exilic period. Moreover, this discourse left its imprint on certain parts of the book of Proverbs as well as its redaction.

---

1   This summary is an English version of chapter 6 ("Ergebnis") of the present book. In contrast to the general use in this study, Hebrew words are give in transcription (except the table in section 3).

1. The Phenomenon of Textual Coherence and Prov 2

Parts of the book of Proverbs, especially in Prov 1–9, are reacting to existing, written traditions. Thus, the study is about the examination of the connections between literary works and not about a phenomenon of orality. In light of this, the inquiry could not follow the classical paths of a history of traditions ("Traditionsgeschichte"). Thus, Chapter 1 of the present study started with a reflection about the selected methods and developed an approach that explores the connections between texts under the rubric "textual coherence" (J. Assmann). An examination of the material from the Ancient Near East shows that the phenomenon of textual coherence is found especially in wisdom literature as well as in texts that can be located in a didactic setting. By means of citations, allusions, and key words, the respective authors establish connections to other literary works and to some extent assume these of their readers. On this matter the present study ties in with research that has been pursued in French, American, and German biblical studies with methodological paradigms such as "procédé anthologique" (André Robert), "innerbiblical exegesis" (Michael Fish-bane), or "schriftgelehrte Exegese" (Odil Hannes Steck and others). Each of the approaches is about the interpretation of texts and represents an exegesis of Scripture.

The textual analysis (Chap. 2) focused on a certain chapter of the book of Proverbs whose special place in the first collection (Prov 1–9) has long been recognized: the wisdom teaching of Prov 2. The exegesis of the chapter demonstrates that this teaching is a meaningful, unified whole, in which specific passages should not be separated out as secondary. The text exhibits a well thought out style with respect to both its external structure as well as its inner composition. The teaching is unfolded in 22 verses, which are oriented on the Hebrew alphabet and contain acrostic elements. In this way, not only is the artistic form of the text accented, but also an initial hint at a possible socio-historical context is given. By using specific letters of the alphabet as a mnemonic technique, the text employs a didactic method. Further analysis shows that the teaching contains other didactic elements, such as the technique of memorizing the first line of a text as a mnemonic device or also literary allusions to additional (other) didactic texts. All of this demonstrates that both the author and the addressee of Prov 2 belong to an educated class.

The wisdom teaching of Prov 2 has a complex construction with an inner dynamic. Based on the identification of the wisdom concepts (v. 1–11), the teaching in the second part (v. 12–22) unfolds the dangers for the wisdom student (sinful men, v. 12–15; the strange woman, v. 16–19). These flow into the antithesis between the fate of the sinners and the righteous (v. 20f). At the end of the teaching, Prov 2 reaches a position, which can hardly be differentiated from the imperative style of the other lectures in chapters 1–9. True, Prov 2 is built on a conditional arrangement, but in its declaration it becomes more and more normative and finally ends with a sentence that the sinner will be wiped out. In contrast to the sinner, stands the one who follows the admonitions of the lecture and makes them part of his life. The conditional structure of Prov 2 produces a connection between a deed and its result in which the successful life is a consequence of tuning the heart and ears to wisdom teaching. The starting point of this process is the identification of wisdom as coming from YHWH (v. 6f), which together with the earnest efforts of the wisdom student (inclining the heart and searching, v. 2) and the turning to YHWH leads to a sound life. Precisely what this life consists of is not specified, just as the statements in the second half regarding the sinful men and strange woman are not very concrete. Rather the text seems to assume other texts, and thereby a set of questions are raised in which the analysis of the history of traditions and the connections within the book of Proverbs are examined.

2. Prov 2 and the References to Other Traditions

In the analysis of the history of traditions (Chap. 3) a field of reference was worked out, which moves from the question of literary allusions between Prov 2 and other texts to the thematic concept of 'wisdom and torah'. It becomes apparent that one cannot assume one-dimensional references, but rather a complex system, in which certain texts have a special impact and others – at times in a very similar fashion – react to them. This is especially the case for passages from Deuteronomy, such as Deut 4; 8; 28; or 30. Prov 2 connects with these texts, however not in the sense of direct citation (and this is different from the use of Deut 6 in Prov 3; 6; and 7) but rather so that the wisdom terminology in Prov 2:1–12 receives a nomistic coloring. This coloring of the text leads to a connection of Deuteronomistic terminology with wisdom language. Formulations like the "words" that come from the "mouth of YHWH" (v. 6b) or the theme of the land (v. 21f.) can be located in literary tradition that stems from Deuteronomy. This tradition however, cannot be limited to single biblical books. The theme of the land in the contrast between the righteous and the sinner is also found for example in Psalm 37. This text is close to Prov 2 as it shares the central terms "faithful/pious" (ḥasîd/ḥasîdîm) in addition to other diverse terminological and conceptual commonalities. The Psalm introduces a topic that determines the analysis of this study: the interplay between wisdom and Torah. Additionally, the exegesis of Ps 119 and 19 demonstrates that there was apparently a process in which different conceptions of wisdom and Torah were developed on the basis of literary references (among others also to the book of Proverbs).

The third textual connection that was examined, specifically with late prophetic literature, helps one to grasp this phenomenon more precisely. In taking up and disputing certain Deuteronomic texts the theological implications of an interpretation of Torah is discussed. Especially texts from the book of Jeremiah provide a view of a discourse, by which in contrast to the position of Prov 2, the fear of YHWH results not from wisdom instruction but rather from a process in which YHWH himself must plant it in the individual. Jeremiah 31f specifies this in that YHWH alone creates the preconditions in which humans can fulfill the Torah. At the same time the text opens an additional field of reference from Prov 2 – late prophetic eschatology. A comparison with passages from Jeremiah as well as passages from Isa 56–66 illustrates that what late prophecy assigns to the future, Prov 2 makes accessible in the present. Even if the closing verses of the wisdom instruction (Prov 2:21f) have a future-oriented sound, the reference to the present dominates the text. This also appears in a comparison of Prov 2:5f with the characterization of the ruler of peace in Isa 11. The ḥŏkmāh, the bînāh and the daʿat, which are ascribed to the future ruler in Isa 11, appear in Prov 2 as accessible for the one who follows the wisdom instruction.

The analysis of the history of traditions led to a three-fold result: it becomes clear that (1) Prov 2 is impressed above all with Deuteronomic-Deuteronomistic traditions. These run through the wisdom instructions like a scarlet thread and characterize them from the first to the last verse. In addition to this, (2) Prov 2 stands in connection with other texts, which treat specific traditions in a very similar fashion. These texts provide a glimpse of a discourse about the relationship of wisdom and Torah, which cannot be limited to Prov 2, Ps 37, Ps 19, or Ps 119, but rather affects an apparently broad part of post-exilic literature. This discourse (3) revolves around the abilities of human beings to fulfill the will of YHWH, around the status of the Torah, and around a possible future judgment of YHWH.

3. Prov 2 as an Instruction for Reading Prov 1–8

Based on the analysis of the history of traditions, the references between Prov 2 and the other lectures in Prov 1–9 are examined in Chap.
4 of the work. Thereby it becomes clear that the thesis of Prov 2 as a
table of contents of the lectures in Prov 1–7 has implications for the
question of the overall formation of the book of Proverbs. The individual exegesis showed first of all that the nine lectures in Prov 1–7 are
referenced in Prov 2 by means of their initial verses. They present a
recapitulation that does not call for a clear instructional program but
rather a spectrum of possibilities within which the student should situ-
ate himself. The lectures initiate a discourse that is open to different
results, however in the sequence of the themes, 'evil men', 'strange
woman' a structure is recognizable. Prov 2 connects with the lectures
and brings the themes, which are named there, into a sequence. The
characteristic style of the lectures, which has been often noted in research, in which the individual themes are merely outlined but not
fully developed can be explained from the literary process. Prov 2 pre-
sumes the lectures (1–7*) but goes beyond them. The analysis of the
textual connections thus shows an allusion based on citations of the
initial verses of two lectures and the address of personified wisdom in
Prov 8.

2:1			ומצותי תצפן אתך	אמרי	בני אם תקח
	7:1		ומצותי תצפן אתך	אמרי שמר	בני
2:2			הטה לבך לתבונה	להקשיב לחכמה אזנך	
	5:1		לתבונתי הט אזנך	קשיבה	בני לחכמתי
2:3			לתבונה תתן קולך	תקרא	כי אם לבינה
	8:1		ותבונה תתן קולה	תקרא	הלא חכמה

In its first three verses Prov 2 cites the initial verses of the lectures from
Prov 7 and 5 as well as the address of personified wisdom in Prov 8;
thus, the chapter goes beyond the actual corpus of the lectures. In this
way a literary process is adopted that is also found in ancient Egyptian
wisdom literature: a wisdom instruction was memorized with the help
of the first verse. Since , the respective first verses of other lectures are
cited in the introduction of Prov 2, the text alludes to the lectures as a
unified whole. This means that Prov 2 is not only to be understood as a
'table of contents' but rather as an instruction for reading, in which the

specific texts are bound together. Thus a textual unity is assembled that encompasses not only the nine lectures from Prov 1–7* but also the address of personified wisdom in Prov 8.

The analysis of the citations and allusions within Prov 1–9 shows additional connections, which touch both the first collection of the book of Proverbs and reach into other areas of the book as well (1:3 cf. 2:9; 6:8 cf. 30:25; 6:10f cf. 24:33f; 9:1 cf. 14:1; 9:10 cf. 1:7; 9:11 cf. 4:10). Thus it becomes clear that one must not only methodologically differentiate between citations and thematic allusions but also that these are dispersed differently. While Prov 2 contains citations from other passages within Prov 1–9 and merely thematic allusions to Prof 10ff., it is the exact opposite in Prov 6:1–19; that is, there are thematic allusions to Prov 1–9 and citations from Prov 10–31. In contrast, Prov 9 contains both citations and thematic allusions to Prov 1–8 and 10ff.

Thus an additional range of topics is introduced: the questions regarding the composition and redaction of the book of Proverbs. Since the interconnections touch all sections of the book of Proverbs, beginning with 1–9, including 10–22, and reaching to the end of the book in chapter 30f, it becomes apparent that the literary phenomenon of alluding to other texts has importance for the history of redaction. A reference system can be seen in which, based on the nine lectures in chapter 1-7*, the focus returns to the complete composition of the book of Proverbs.

4. Prov 2 and the Discourse on the Torah

The last chapter of the work assessed the discourse on the Torah. The goal was to connect the results of the analysis of the history of tradition ("Traditionsgeschichte") with those about the composition and redaction of the book of Proverbs. Thereby an approach is unfolded that builds on and binds together the aforementioned observations of Hermann L. Strack and Franz Delitzsch. There is an influence of 'Torah' in the book of Proverbs that has effects on its composition and redaction. The book of Proverbs – according to the thesis of this work – can be related to a theological debate, which revolves around the relationship between wisdom and Torah and in which different positions are represented. These different terms of the relationship of wisdom and Torah are found not only in texts outside of the book of Proverbs but also in the book of Proverbs itself; they have impressed both its composition as well as the redactional reworkings.

This can be seen already on the level of the nine lectures (Prov 1–7*), the nucleus of the first collection of the book of Proverbs. Prov 3; 6 and 7 each reference the Sh^ema^c Israel in Deut 6 (cf. Deut 11) but each designate the relationship of wisdom and Torah differently. Prov 3 emphasizes the boundaries of human insight and exalts the Torah. Prov 7 holds fast to the concept of a self-supporting (and personified) wisdom, and Prov 6 in contrast allows the Torah to appear in the garb of wisdom. The lecture in Prov 6:20–35 goes the furthest in its references to Deuteronomy and develops a concept, in which the discussion is *de facto* no longer about wisdom but rather about the Torah.

All three concepts take up the Deuteronomic-Deuteronomistic idea of an instruction of the Torah in Deut 6 and 8, in which the parental teaching is shifted into close proximity with the mediation of the commandments of YHWH through Moses. Prov 2 ties on to this but substitutes a model that has its source in Deut 4 and designates wisdom in the sense of a 'hermeneutic of Torah'. Wisdom thinking serves the understanding of the commandments of YHWH; what was applied to the community in Deuteronomy is able to be learned by an individual in the form of sapiential instruction. With this concept of a hermeneutic of Torah, Prov 2 stands close to the last of the nine lectures in Prov 7, to which Prov 2 connects with citations (2:1 = 7:1; 2:16 = 7:5) and allusions (2:17–19 = 7:26f). This concept of Prov 2 however stands in opposition to Prov 3 and 6 and thus to a part of the lectures which was available to the author of Prov 2. With the background of the citations and allusions one must conceive of an approach in which he wanted to build up a counterbalance to the position of a sapientialized Torah of Prov 6 by means of the allusions to Prov 8. For although Prov 8 does not speak of Torah, the text can be assigned to this discourse and as a consequence would be understood in this way. For their part Psalm 19 and 119 reference Prov 8 but advance the ideas of Prov 6 in which the Torah can take over the functions that up to this point were accorded to wisdom. In this way the concept of a wisdom hermeneutic of the Torah is replaced through a sapientilization of the Torah in which it has increasing cosmic properties through the borrowing of formulations from Prov 8.

Thereby an additional development is named, since both concepts – here the wisdom mediation of the Torah and there a sapientialization of Torah – are increasingly understood as mutually exclusive. What was thought of as an open debate on the level of the nine lectures, develops more and more to an antithetical contrast. The reason for this was a theological problem that can be seen in late prophetic texts: was the time of divine revelation ended with the revelation of God to Moses or

English Summary

can this still be expected? Jer 8:8 with its critique of a false interpretation of (written) Torah attests a position, in which reference is made to a decidedly opposing position that wisdom might aid in the understanding of the Torah. Connected with this is the question about humanity itself and its potential to implement the will of YHWH. While the wisdom texts put this sort of confidence in the human heart (cf. Prov 2:2), late prophetic texts such as Jer 31 or also Ezek 11 categorically exclude this. As a consequence, wisdom is denied any achievement in the sense of a hermeneutic of Torah and is reduced to what constitutes wisdom thinking in Prov 10–22, specifically instructional phrases focused on practical living.

This development determines the further composition and redaction of the book of Proverbs. A first step is the redaction of Prov 1–8*. By means of the composition of Prov 1 and the additions of 3:13–20; 6:1–19 and 9, a concept of wisdom is developed that is pointedly different from the position that is represented in Prov 2. While in Prov 2,5 the fear of YHWH appears as a result of wisdom instruction, this forms the beginning of all wisdom discourses in Prov 1:7. This curtailment of the ability of wisdom thinking is further sharpened in chapter 9 through the contrast between the call of wisdom and the call of folly. At the same time the extensive wisdom maxims in Prov 10–29 receive their sense against the background of this discourse. They serve the establishment of an understanding of wisdom in which wisdom should be limited to its dimension of practical living, in order to take away any kind of claim that might step out in competition to Torah. This is made explicit in Prov 28 and 30, when on the one hand Torah and Torah piety are highlighted (Prov 28) and on the other hand it is emphasized that wisdom does not lead to a deeper understanding of God (Prov 30). At the end with Prov 30 the concept of a hermeneutic of Torah is counteracted through a wisdom text itself.

In the book of Proverbs therefore, differing expressions of the relationship of wisdom and Torah appear, by which on the level of the final redaction of the book those voices that stood for a sapientialized Torah and against a theologized wisdom came out on top. This means that the composition and redaction of the book of Proverbs can be connected with a theological discourse in the post-exilic period, which is manifest in texts such as Ps 19, Ps 119, Sirach and Baruch and which reaches into the texts of Hellenistic Judaism and the Qumran literature. The lecture of Prov 2, which forms the starting point of the present study, is thus only one voice next to others. It presents a position, which in the history of redaction of the book of Proverbs found its literary condensation but finally could be accepted neither on the level of the book of Proverbs nor outside of it. It is the position of a group, who formulated an instructional program out of the awareness of a special relationship to YHWH, and as a result the will of YHWH manifested in the commandments seemed achievable to them through the path of wisdom instruction. This group was a part of a spectrum of *literati* and therefore scribes, who with the help of similar literary techniques (scribal interpretation) reacted to current theological questions and thereby found different answers.

Literaturverzeichnis

Abkürzungen nach: SCHWERTNER, S.M., Internationales Abkürzungsverzeichnis für Theologie und Grenzgebiete, IATG², Berlin/New York ²1992; BETZ, H.D. u.a. (Hg.), Religion in Geschichte und Gegenwart, RGG⁴. Handwörterbuch für Theologie und Religionswissenschaft, Tübingen ⁴1998. Ägyptologische Literatur nach: HELCK, W./WESTENDORF, W. (Hg.), Lexikon der Ägyptologie, Wiesbaden 1975–1992.

AEJMELAEUS, A., Function and Interpretation of כי in Biblical Hebrew, in: JBL 105 (1986), 193–209.

ALBANI, M., Astronomie und Schöpfungsglaube. Untersuchungen zum astronomischen Henochbuch, WMANT 68, Neukirchen-Vluyn 1994.

— „Das Werk seiner Hände verkündigt die Feste". Die doxologische Bedeutung des Sonnenlaufs in Psalm 19, in: DERS./T. ARNDT (Hg.), Gottes Ehre erzählen, FS H. Seidel, Leipzig 1994, 237–256.

ALBERTZ, R., Religionsgeschichte Israels in alttestamentlicher Zeit, ATD.E 8, 2 Bde., Göttingen ²1996.

AMIR, Y., Psalm 119 als Zeugnis eines proto-rabbinischen Judentums (1982), in: DERS., Studien zum Antiken Judentum, BEAT 2, Frankfurt am Main u.a. 1985, 1–34.

ANDRÉ, G., Art. כשף, ThWAT IV, Stuttgart u.a. 1984, 375–381.

ARNDT, T., „Die Tora leuchtet besser", in: M. ALBANI/DERS. (Hg.), Gottes Ehre erzählen, FS H. Seidel, Leipzig 1994, 257–262.

ARNETH, M., Psalm 19: Tora oder Messias?, in: ZAR 6 (2000), 82–112.

ARNOLD, T., Die Einladung zu einem „glücklichen" Leben: Tora als Lebenraum nach Ps 119,1–3, in: E. ZENGER (Hg.), The Composition of the Book of Psalms, BEThL 238, Leuven u.a. 2010, 401–412.

ASSMANN, J., Der literarische Text im Alten Ägypten. Versuch einer Begriffsbestimmung, in: OLZ 69 (1974), 117–126.

— Sonnenhymnen in thebanischen Gräbern. Mit einem Glossar von S. Schoske, Theben 1, Mainz 1983.

— Das kulturelle Gedächtnis. Schrift, Erinnerung und Identität in frühen Hochkulturen, München 1992.

— Kulturelle und literarische Texte, in: A. LOPRIENO (Hg.), Ancient Egyptian Literature. History and Forms, PÄ 10, Leiden u.a. 1996, 59–82.

— Rezeption und Auslegung in Ägypten. Das „Denkmal memphitischer Theologie" als Auslegung der heliopolitanischen Kosmogonie, in: R.G. KRATZ/T. KRÜGER (Hg.), Rezeption und Auslegung im Alten Testament und in seinem Umfeld, OBO 153, Fribourg/Göttingen 1997, 125–139.

AUFFRET, P., „Aie confiance en lui, et lui, il agira". Etude structurelle du Psaume 37, in: SJOT 4/2 (1990), 13–43.

BARTH, J., Die Nominalbildung in den semitischen Sprachen, Hildesheim 1967.

BARTH, CH., Art. גיל, ThWAT I, Stuttgart u.a. 1973, 1014–1018.

BARTHEL, J., Prophetenwort und Geschichte. Die Jesajaüberlieferung in Jes 6–8 und 28–31, FAT 19, Tübingen 1997.

BARUCQ, A., Le livre des Proverbes, SBi, Paris 1964.

BAUCKMANN, E.G., Die Proverbien und die Sprüche des Jesus Sirach. Eine Untersuchung zum Strukturwandel der israelitischen Weisheitslehre, in: ZAW 72 (1960), 33–63.

BAUKS, M./BAUMANN, G., „Im Anfang war…?" Gen 1,1ff und Prov 8,22–31 im Vergleich, in: BN 71 (1994), 24–52.

BAUMANN, G., Die Weisheitsgestalt in Proverbien 1–9. Traditionsgeschichtliche und theologische Studien, FAT 16, Tübingen 1996.

BAUMGARTEN, J.M., On the Nature of the Seductress in 4Q184, in: RdQ 15 (1991–1992), 133–143.

BAUMGARTNER, W., Die literarischen Gattungen in der Weisheit des Jesus Sirach, in: ZAW 34 (1914), 161–198.

BECKERATH, J. V., Chronologie des pharaonischen Ägypten. Die Zeitbestimmung der ägyptischen Geschichte von der Vorzeit bis 332 v. Chr., MÄS 46, Mainz 1997.

BEENTJES, P.C., Jesus Sirach en Tenach. Een onderzoek naar en een classificatie van parallellen, met bijzondere aandacht voor hun functie in Sirach 45:6–26, Nieuwegein 1981.

—   Discovering a New Path of Intertextuality: Inverted Quotations and their Dynamics, in: L. J. de REGT/J. de WAARD/J. P. FOKKELMAN (Hg.), Literary Structure and Rhetorical Strategy in the Hebrew Bible, Assen 1996, 31–50.

—   Full Wisdom is From the Lord. Sir 1,10 and its Place in Israel's Wisdom Literature (1989), in: DERS., „Happy the One who Mediates on Wisdom" (Sir 14,20). Collected Essays on Ben Sira, CBET 43, Leuven u.a. 2006, 19–34.

—   Canon and Scripture in the Book of Ben Sira (Jesus Sirach/Ecclesiasticus), (2000), in: DERS., „Happy the One who Mediates on Wisdom" (Sir 14,20). Collected Essays on Ben Sira, CBET 43, Leuven u.a. 2006, 169–184.

—   Ben Sira and the Book of Deuteronomy, in: J. PAKKALA/M. NISSINEN (Hg.), Houses Full of All Good Things, SESJ 95, Helsinki/Göttingen 2008, 413–433.

BEGRICH, J., Die priesterliche Tora (1936), in: DERS., Gesammelte Studien zum Alten Testament, TB 21, München 1964, 232–260.

BEN ZVI, E., Observations on Prophetic Characters, Prophetic Texts, Priests of Old, Persian Period Priests and Literati, in: L. GRABBE/A.O. BELLIS (Hg.), The Priests in the Prophets, JSOT.S 408, London/New York 2004, 19–30.

BERGMANN, U., Art. נצל, THAT II, 1976, 96–99.

BERNSTEIN, M.J., Rewritten Bible. A Generic Category which Has outlived Its Usefulness?, in: Textus 22 (2005), 169–196.

BERTHEAU, E., Die Sprüche Salomo's, KeH I/7, Leipzig ²1883.

BEUKEN, W.A.M., Jesaja 1–12, HthKAT, Freiburg u.a. 2003.

BEYERLE, S., Der Mosesegen im Deuteronomium. Eine text-, kompositions- und formkritische Studie zu Deuteronomium 33, BZAW 250, Berlin/New York 1997.

BEZZEL, H., Die Konfessionen Jeremias. Eine redaktionsgeschichtliche Studie, BZAW 378, Berlin/New York 2007.

BLEEK, F./WELLHAUSEN, J., Einleitung in das Alte Testament, Berlin ⁴1878.

BLENKINSOPP, J., The Social Context of the ‚Outsider Woman' in Proverbs 1–9, in: Bib. 72 (1991), 457–473.

—   Wisdom and Law in the Old Testament. The Ordering of Life in Israel and Early Judaism, OBS, Oxford ²1995.

—   Isaiah 56–66, AncB 19B, New York u.a. 2003.

BLOCH, R., Écriture et tradition dans le Judaïsme. Aperçus sur l'origine du midrash, in: CSion 8 (1954), 9–34.

—   Art. Midrash, DBS V, Paris 1957, 1263–1281.

—   Midrash, in: W.S. GREEN (Hg.), Approaches to Ancient Judaism. Theory and Practice, BJS 1, Missoula, Mont. 1978, 29–50.

BOCCACCINI, G., The Preexistence of the Torah. A Commonplace in Second Temple Judaism, or a Later Rabbinic Development?, in: Henoch 17 (1997), 329–350.

— Roots of Rabbinic Judaism. An Intellectual History from Ezekiel to Qumran, Grand Rapids, Mich. 2002.

BOSSHARD, E./KRATZ, R.G., Maleachi im Zwölfprophetenbuch, in: BN 52 (1990), 27–46.

BOSTRÖM, G., Proverbiastudien. Die Weisheit und das fremde Weib in Sprüche 1–9, LUÅ NF Avd. I/30/3, Lund 1935.

BOTTERWECK, G.J., Art. ידע, ThWAT III, Stuttgart u.a. 1982, 479–512.

BRANSON, R.D., Art. יסר, ThWAT III, Stuttgart u.a. 1982, 688–697.

BRAULIK, G., Die Ausdrücke für ‚Gesetz' im Buch Deuteronomium (1970), in: DERS., Studien zur Theologie des Deuteronomiums, SBAB 2, Stuttgart 1988, 11–38.

— Gesetz als Evangelium. Rechtfertigung und Begnadigung nach der deuteronomischen Tora (1982), in: DERS., Studien zur Theologie des Deuteronomiums, SBAB 2, Stuttgart 1988, 123–160.

— Das Deuteronomium und die Gedächtniskultur Israels. Redaktionsgeschichtliche Beobachtungen zur Verwendung von למד (1993), in: DERS., Studien zum Buch Deuteronomium, SBAB 24, Stuttgart 1997, 119–146.

— Das Deuteronomium und die Bücher Ijob, Sprichwörter, Rut (1996), in: DERS., Studien zum Deuterononmium und seiner Nachgeschichte, SBAB 33, Stuttgart 2001, 214–285.

— „Weisheit" im Buch Deuteronomium (1996), in: DERS., Studien zum Buch Deuteronomium, SBAB 24, Stuttgart 1997, 225–271.

— The Book of Ruth as Intra-Biblical Critique on the Deuteronomistic Law, in: AcT 19 (1999), 1–20.

— Die sieben Säulen der Weisheit im Buch Deuteronomium (2003), in: DERS., Studien zu den Methoden der Deuteronomiumsexegese, SBAB 42, Stuttgart 2006, 77–109.

BROCKMÖLLER, K., „Eine Frau der Stärke – Wer findet sie?" Exegetische Analysen und intertextuelle Lektüren zu Spr 31,10–31, BBB 147, Berlin/Wien 2004.

BROOKE, G.J., The Qumran Scrolls and the Demise of the Distinction Between Higher and Lower Criticism, in: J.G. CAMPBELL/W.J. LYONS/L.K. PIETERSEN (Hg.), New Directions in Qumran Studies, Library of Second Temple Studies 52, London 2005, 26–42.

BROWN, W.P., The Law and the Sages. A Reexamination of Tôrâ in Proverbs, in: J.T. STRONG/S.S. TUELL (Hg.), Constituting the Community, FS S. Dean McBride Jr., Winona Lake, Ind. 2005, 251–280.

BRUEGGEMANN, W., Psalm 37. Conflict of Interpretation, in: H.A. MCKAY/D.J.A. CLINES (Hg.), Of Prophet's Visions and the Wisdom of Sages, FS R.N. Whybray, JSOT.S 162, Sheffield 1993, 229–256.

BRUNNER, H., Eine neue Entlehnung aus der Lehre des Djedefhor, in: MDAIK 14 (1956), 17–19.

— Ein weiteres Djedefhor-Zitat, in: MDAIK 19 (1963), 53.

— Djedefhor in der römischen Kaiserzeit, in: L. KÁKOSY (Hg.), FS Vilmos Wessetzky, StudAeg 1, Budapest 1974, 55–64.

— Zitate aus Lebenslehren, in: E. HORNUNG/O. KEEL (Hg.), Studien zu altägyptischen Lebenslehren, OBO 28, Fribourg/Göttingen 1979, 105–171.

— Art. Zitate, LÄ VI, Wiesbaden 1986, 1415–1420.

— Altägyptische Erziehung, Wiesbaden ²1991.

— Die Weisheitsbücher der Ägypter. Lehren für das Leben, Bibliothek der alten Welt, Düsseldorf/Zürich 1998.

BUCHANAN, G.W., Midrashim Pré-Tannaïtes. A propos de Prov I–IX, in: RB 72 (1965), 227–239.

BURKARD, G./THISSEN, H.-J., Einführung altägyptische Literaturgeschichte I. Altes Reich und Mittleres Reich, Münster u.a. ³2008.

CAMP, C.V., Wisdom and the Feminine in the Book of Proverbs, BiLiSe 11, Sheffield 1985.

— Wise, Strange and Holy. The Strange Woman and the Making of the Bible, JSOT.S 320, Sheffield 2000.

CARMICHAEL, C.M., Deuteronomic Laws, Wisdom and Historical Traditions, in: JSS 12 (1967), 198–206.

CHILDS, B.S., Critique of Recent Intertextual Canonical Interpretation, in: ZAW 115 (2003), 173–184.

CLARK, G.R., The Word Hesed in the Hebrew Bible, JSOT.S 157, Sheffield 1993.

CLIFFORD, R.J., Proverbs. A Commentary, OTL, Louisville, Ky. 1999.

COLLINS, J.J., Jewish Wisdom in the Hellenistic Age, Edinburgh 1997.

— Marriage, Divorce, and Family in Second Temple Judaism, in: L.G. PERDUE u.a. (Hg.), Families in Ancient Israel, Louisville, Ky. 1997, 104–162.

COOK, J., The Dating of Septuagint Proverbs, in: EThL 69 (1993), 383–399.

— אשה זרה (Proverbs 1–9 Septuagint): A Metaphor for Foreign Wisdom?, in: ZAW 106 (1994), 458–476.

— The Septuagint of Proverbs. Jewish and/or Hellenistic Proverbs?, VT.S 69, Leiden u.a. 1997.

CRAWFORD, S.W., Lady Wisdom and Dame Folly at Qumran, in: DSD 5 (1998), 355–366.

CRISANTO TIQUILLAHUANCA, N., Die Armen werden das Land besitzen. Eine exegetische Studie zu Psalm 37, BVB 16, Berlin 2008.

CRÜSEMANN, F., Die Tora. Theologie und Sozialgeschichte des alttestamentlichen Gesetztes, Gütersloh ³2005.

DAVIS, P.R. (Hg.), Second Temple Studies I. Persian Period, JSOT.S 117, Sheffield 1991.

DEISSLER, A., Psalm 119 (118) und seine Theologie. Ein Beitrag zur Erforschung der anthologischen Stilgattung im Alten Testament, MThS I/11, München 1955.

DELITZSCH, FRANZ, Salomonisches Spruchbuch, BC 4/3, Leipzig 1873.

— Jesaja, BC 3/1, Leipzig ³1879.

DELITZSCH, FRIEDRICH, Die Lese- und Schreibfehler im AT, Berlin/Leipzig 1920.

DIESEL, A.A., „Ich bin Jahwe". Der Aufstieg der Ich-bin-Jahwe-Aussage zum Schlüsselwort des alttestamentlichen Monotheismus, WMANT 110, Neukirchen-Vluyn 2006.

DIMANT, D., Use and Interpretation of Mikra in the Apocrypha and Pseudepigrapha, in: M.J. MULDER (Hg.), Mikra. Text, Translation, Reading and Interpretation of the Hebrew Bible in Ancient Judaism and Early Christianity, CRI 2/1, Assen/Philadelphia, Penn. 1988, 279–419.

DOCHERTY, S.E., The Use of the Old Testament in Hebrews. A Case Study in Early Jewish Bible Interpretation, WMANT II/260, Tübingen 2009.

DONNER, H., „Forscht in der Schrift Jahwes und lest!" Ein Beitrag zum Verständnis der israelitischen Prophetie (1990), in: DERS., Aufsätze zum Alten Testament aus vier Jahrzehnten, BZAW 22, Berlin/New York 1994, 189–212.

— Ein Vorschlag zum Verständnis von Mal 2,10–16, in: D. VIEWEGER/E.-J. WASCHKE (Hg.), Von Gott reden. Beiträge zur Theologie und Exegese des Alten Testaments, FS S. Wagner, Neukirchen-Vluyn 1995, 97–103.

DUHM, B., Das Buch Jeremia, KHC XI, Tübingen/Leipzig 1901.

— Die Psalmen, KHC XIV, Tübingen ²1922.

— Das Buch Jesaja, Göttingen ⁵1968.

EBACH, J., Freude an der Tora, in: BiKi 55 (2000), 2–5.

EICHHORN, J.G., Einleitung ins Alte Testament, Dritter Theil, Leipzig 1783.

EDGERTON, W.F., Medinet Habu Graffiti Facsimiles, OIP 36, Chicago, Ill.1937.

EGO, B., Der Strom der Tora. Zur Rezeption eines tempeltheologischen Motivs in frühjüdischer Zeit, in: DIES./A. LANGE/P. PILHOFER (Hg.), Gemeinde ohne Tempel. Community without Temple. Zur Substituierung und Transformation des Jerusalemer Tempels und seines Kults im Alten Testament, antiken Judentum und frühen Christentum, WUNT 118, Tübingen 1999, 205–214.

EISSFELDT, O., Der Maschal im Alten Testament, BZAW 24, Giessen 1913.

— Einleitung in das Alte Testament unter Einschluß der Apokryphen und Pseudepigraphen. Entstehungsgeschichte des Alten Testaments, Tübingen ⁴1976.

EMERTON, J.A., A Note on Proverbs II.18, in: JThS 30 (1979), 153–158.

EWALD, H., Die Dichter des Alten Bundes II. Die Salomonischen Schriften, Göttingen ²1867.

— Die Propheten des Alten Bundes II, Göttingen ²1867–1868.

FABRY, H.-J., Art. לֵב, ThWAT IV, Stuttgart u.a. 1984, 413–451.

— Art. חָסִיד, ThWAT III, Stuttgart u.a. 1982, 87.

FAHLGREN, K.H., ṣᵉdāḳā, nahe stehende und entgegengesetzte Begriffe im Alten Testament, Diss. theol., Uppsala 1932.

FAUQUET, Y., Un type d'homme selons les Psaumes: le «hasid» (éléments d'un portrait), in: A.M. TRIACCA/A. PISTOIA (Hg.), Liturgie et Anthropologie. Conférences Saint-Serge XXXVIe semaine d'étues liturgiques, BELS 55, Rom 1990, 91–107.

FECHT, G., Der Vorwurf an Gott in den Mahnworten des Ipuwer, AHAW.PH 1972/1, Heidelberg 1972.

FICHTNER, J., Die altorientalische Weisheit in ihrer israelitisch-jüdischen Ausprägung. Eine Studie zur Nationalisierung der Weisheit in Israel, BZAW 62, Giessen 1933.

FINKBEINER, D., An Analysis of the Structure of Proverbs 28 and 29, in: CBTJ 11/2 (1995), 1–14.

FINSTERBUSCH, K., Weisung für Israel. Studien zu religiösem Lehren und Lernen im Deuteronomium und seinem Umfeld, FAT 44, Tübingen 2005.

— Multiperspektivität als Programm. Das betende Ich und die Tora in Psalm 119, in: M. BAUKS/K. LIESS/P. RIEDE (Hg.), Was ist der Mensch, dass du seiner gedenkst? (Psalm 8,5). Aspekte einer theologischen Anthropologie, FS B. Janowski, Neukirchen-Vluyn 2008, 93–104.

FISCHER, G., Jeremia 1–25, HthKAT, Freiburg u.a. 2005.

FISCHER-ELFERT, H.W., Die Lehre eines Mannes für seinen Sohn. Eine Etappe auf dem „Gottesweg" des loyalen und solidarischen Beamten des Mittleren Reiches, ÄA 60, 2 Bde., Wiesbaden 1999.

FISHBANE, M., Torah and Tradition, in: D.A. KNIGHT (Hg.), Tradition and Theology in the Old Testament, Philadelphia, Penn. 1977, 275–300.

— Text and Texture. Close Readings of Selected Biblical Texts, New York 1979.

— Biblical Interpretation in Ancient Israel, Oxford 2004 [= 1985].

— Inner-Biblical Exegesis. Types and Strategies of Interpretation in Ancient Israel (1986), in: DERS., The Garments of Torah. Essays in Biblical Hermeneutics, Bloomington, Ind. 1989, 3–18.

FOHRER, G., Psalmen, Berlin/New York 1993.

FOX, M.V., Words for Wisdom, in: ZAH 6 (1993), 149–169.

— The Pedagogy of Proverbs 2, in: JBL 113 (1994), 233–243.

— Proverbs 1–9, AncB 18A, New York u.a. 2000.

— The Formation of Proverbs 22:17–23:11, in: WdO 38 (2008), 22–37.

— Proverbs 10–31, AncB 18B, New York u.a. 2009.

FRANKENBERG, W., Die Sprüche, HK II/3/1, Göttingen 1895.

FREEDMAN, D.N., Proverbs 2 and 31: A Study in Structural Complementarity, in: M. CO-
GAN/B.L. EICHLER/J.H. TIAGY (Hg.), Tehillah le-Moshe, FS M. Greenberg, Winona
Lake, Ind. 1997, 47–55.
— Psalm 119. The Exaltation of Torah, Biblical and Judaic Studies 6, Winona Lake, Ind.
1999.
FREVEL, C., Ein vielsagender Abschied. Exegetische Blicke auf den Tod des Mose in Dtn
34,10–12, in: BZ NF 45 (2001), 209–234.
— /WISCHMEYER, O., Menschsein. Perspektiven des Alten und Neuen Testaments, NEB
Themen 11, Würzburg 2003.
FUHS, H.F., Art. ירא, ThWAT III, Stuttgart u.a. 1982, 869–893.
— Das Buch der Sprichwörter. Ein Kommentar, FzB 95, Würzburg 2001.
FUSS, W., Tradition und Komposition im Buche Sirach, Diss. masch., Tübingen 1963.
GARCÍA LÓPEZ, F., Art. פה, ThWAT VI, Stuttgart u.a. 1989, 522–538.
— Art. תורה, ThWAT VIII, Stuttgart u.a. 1995, 597-637.
GARDINER, A.H., Ancient Egyptian Onomastica, Oxford 1947.
GASSER, J.K., Die Bedeutung der Sprüche Jesu ben Sira für die Datierung des althebräi-
schen Spruchbuches, BFChTh VIII/2–3, Gütersloh 1904.
GÉLIN, A., La question des ‚relectures' bibliques à l'intérieur d'une tradition vivante, in:
SP 1 (1959), 303–315.
GEMSER, B., Sprüche Salomos, HAT I/16, Tübingen ²1963.
GERLEMANN, G., The Septuagint Proverbs as a Hellenistic Document, in: OTS 8 (1950) 15–
27.
GERSTENBERGER, E., Art. בזע, ThWAT V, Stuttgart u.a. 1986, 1200–1208.
GESE, H., Die Weisheit, der Menschensohn und die Anfänge der Christologie als konse-
quente Entfaltung der biblischen Theologie (1979), in: DERS., Alttestamentliche Stu-
dien, Tübingen 1991, 218–248.
— Die Einheit von Psalm 19 (1982), in: DERS., Alttestamentliche Studien, Tübingen
1991, 139–148.
GESENIUS, W., Geschichte der hebräischen Sprache und Schrift, Leipzig 1815.
— Hebräisches und Aramäisches Handwörterbuch über das Alte Testament, 18. Aufla-
ge, hg. von R. Meyer und H. Donner, 6 Bde., Berlin/Heidelberg 1987–2010.
GLANVILLE, S.R.K., The Instructions of 'Onchsheshonqy (Birish Museum Papyrus 10508),
Vol. I., Catalogue of Demotic Papyri in the British Museum II, London 1955.
GOFF, M., Subterranean Giants and Septuagint Proverbs. The 'Earth-Born' of LXX Pro-
verbs, in: K.D. DOBOS/M. KÖSZEGHY (Hg.), With Wisdom as a Robe, FS I. Fröhlich,
Hebrew Bible Monographs 21, Sheffield 2009, 146–156.
GOUS, I.G.P., Proverbs 31:10–31. The A to Z of Woman Wisdom, in: OTE 9 (1996), 35–51.
GRABBE, L.L., Judaic Religion in the Second Temple Period, Belief and Practice from the
Exile to Yavneh, London u.a. 2005.
GRÄTZ, S., Das Edikt des Artaxerxes. Eine Untersuchung zum religionspolitischen und
historischen Umfeld von Esra 7,12–16, BZAW 337, Berlin/New York 2004.
— The Second Temple and the Legal Status of the Torah. The Hermeneutics of the
Torah in the Books of Ruth and Ezra, in: G.N. KNOPPERS/B.M. LEVINSON (Hg.), The
Pentateuch as Torah. New Models for Understanding Its Promulgation and Ac-
ceptance, Winona Lake, Ind. 2007, 273–287.
GREENBERG, M., Ezechiel 1-20, HthKAT, Freiburg u.a. 2001.
— Three Conceptions of Torah in Hebrew Scriptures, in: E. BLUM u.a. (Hg.), Die Hebrä-
ische Bibel und ihre zweifache Nachgeschichte, FS R. Rendtorff, Neukirchen-Vluyn
2000, 365–387.

GROL, H. van, David and His Chasidim. Place and Function of Psalm 138–145, in: E. ZENGER (Hg.), The Composition of the Book of Psalms, BEThL 238, Leuven u.a. 2010, 309–337.

GRÜNWALDT, K., Das Heiligkeitsgesetz Leviticus 17–26. Ursprüngliche Gestalt, Tradition und Theologie, BZAW 271, Berlin/New York 1999.

GRUND, A., „Die Himmel erzählen die Herrlichkeit Gottes." Psalm 19 im Kontext der nachexilischen Toraweisheit, WMANT 103, Neukirchen-Vluyn 2004.

GUGLIELMI, W., Zur Adaption und Funktion von Zitaten, in: SAK 11 (1984), 347–364.

GULDE, S.U., Der Tod als Figur im Alten Testament. Ein alttestamentlicher Motivkomplex und seine Wurzeln, in: A. BERLEJUNG/B. JANOWSKI (Hg.), Tod und Jenseits im alten Israel und in seiner Umwelt, FAT 64, Tübingen 2009, 67–85.

GULKOWITSCH, L., Die Entwicklung des Begriffes ḥāsīd im Alten Testament, Tardu 1934.

GUNKEL, H., Die Psalmen, Göttingen ⁵1968.

GUNNEWEG, A.H.J., Das Buch Baruch, JSHRZ III/2, Gütersloh 1980.

— Weisheit, Prophetie und Kanonformel. Erwägungen zu Proverbia 30,1–9, in: J. HAUSMANN/H.J. ZOBEL (Hg.), Alttestamentlicher Glaube und Biblische Theologie, FS H.-D. Preuß, Stuttgart u.a. 1992, 253–260.

GZELLA, H., Lebenszeit und Ewigkeit. Studien zur Eschatologie des Septuaginta-Psalters BBB 143, Berlin/Wien 2002.

HARDMEIER, Ch., Texttheorie und biblische Exegese, BevTh 79, München 1978.

— Die Weisheit der Tora (Dtn 4,5–8). Respekt und Loyalität gegenüber JHWH allein und die Befolgung seiner Gebote – ein performatives Lehren und Lernen, in: DERS./R. KESSLER/A. RUWE (Hg.), Freiheit und Recht, FS F. Crüsemann, Gütersloh 2003, 224–254.

HARRIS, S.L., Proverbs 1–9. A Study of Inner-Biblical Interpretation, SBL.DS 150, Atlanta. Ga. 1995.

HARRINGTON, D.J., Two Early Jewish Approaches to Wisdom, in: C. HEMPEL/A. LANGE/H. LICHTENBERGER (Hg.), The Wisdom Texts from Qumran and the Development of Sapiential Thought, BEThL 159, Leuven u.a. 2002, 264–275.

HARTENSTEIN, F., Das Angesicht Jahwes. Studien zu seinem höfischen und kultischen Bedeutungshinterground in den Psalmen und in Exodus 32–34, FAT 55, Tübingen 2008.

HASEL, G.F., Art. כרת, ThWAT IV, Stuttgart u.a. 1984, 355–367.

HASPECKER, J., Gottesfurcht bei Jesus Sirach. Ihre religiöse Struktur und ihre literarische und doktrinäre Bedeutung, AnBib 30, Rom 1967.

HAUSMANN, J., „Weisheit" im Kontext alttestamentlicher Theologie. Stand und Perspektiven gegenwärtiger Forschung, in: B. JANOWSKI (Hg.), Weisheit außerhalb der kanonischen Weisheitsschriften, VWGTh 10, Gütersloh 1996, 9–19.

— Beobachtungen zu Spr 31,10-31, in: DIES./H.-J. ZOBEL (Hg.), Alttestamentlicher Glaube und Biblische Theologie, FS H.-D. Preuß, Stuttgart u.a. 1992, 261–266.

HEIM, K., Like Grapes of God Set in Silver. An Interpretation of Proverbial Clusters in Proverbs 10:1–22:16, BZAW 273, Berlin/New York 2001.

HENGEL, M., Judentum und Hellenismus. Studien zu ihrer Begegnung unter besonderer Berücksichtigung Palästinas bis zur Mitte des 2. Jh. v. Chr., WUNT 10, Tübingen ³1988.

HERBERT, E.D./TOV, E. (Hg.), The Bible as Book. The Hebrew Bible and the Judean Desert Discoveries, London 2002.

HERRMANN, C., Ägyptische Amulette aus Palästina/Israel. Mit einem Ausblick auf ihre Rezeption durch das Alte Testament, OBO 138, Fribourg/Göttingen 1994.

HERRMANN, S., Die prophetische Heilserwartung im Alten Testament. Ursprung und Gestaltwandel, BWANT 5, Stuttgart 1965.

—   Art. Jeremia/Jeremiabuch, TRE XVI, Berlin/New York 1987, 569–586.

HILL, A.E., Malachi, AncB 25D, New York u.a. 1998.

HILLERS, D.R., Lamentations, AncB 7A, New York u.a. 1992.

HITZIG, F., Die Sprüche Salomo's, Zürich 1858.

HOFFMANN, F./QUACK, J.F., Anthologie der demotischen Literatur, Einführungen und
   Quellentexte zur Ägyptologie 4, Berlin u.a. 2007.

HORNUNG, E., Ägyptische Unterweltsbücher, Bibliothek der alten Welt, Zürich/München
   1972.

HORSLEY, R.A., Empire, Temple and Community – but no Bourgeoisie! A Response to
   Blenkinsopp and Petersen, in: Ph.R. DAVIES (Hg.), Second Temple Studies I. Persian
   Period, JSOT.S 116, Sheffield 1991, 163–174.

—   /P. TILLER, Ben Sira and the Sociology of the Second Temple, in: Ph.R. DAVIES/J.M.
   HALLIGAN (Hg.), Second Temple Studies III. Studies in Politics, Class and Material
   Culture, JSOT.S 340, Sheffield 2002, 74–107.

HOSSFELD, F.-L./KALTHOFF, B., Art. נצל, ThWAT V, Stuttgart u.a. 1986, 570–577.

—   /ZENGER, E., Die Psalmen I, NEB.AT 29, Würzburg 1993.
   /Zenger, E., Die Psalmen 101–150, HthKAT, Freiburg 2008.

HÖVER-JOHAG, I., Art. טוב, ThWAT III, Stuttgart u.a. 1982, 315–339.

HOWELL, J., Psalm 19. Relating the Natural Order with the Torah's Wisdom, in: Theology
   112 (2009), 243–250.

HUGENBERGER, G.P., Marriage as a Covenant. A Study of Biblical Law & Ethics Govern-
   ing Marriage, Developed from the Perspective of Malachi, VT.S 52, Leiden u.a. 1994.

HURVITZ, A., Wisdom Vocabulary in the Hebrew Psalter, in: VT 38 (1988), 41–51.

—   Wisdom Language in Biblical Psalmody (Hebrew), Jerusalem 1991.

JANOWSKI, B., Rettungsgewissheit und Epiphanie des Heils. Das Motiv der Hilfe Gottes
   am Morgen im Alten Orient und im Alten Testament, WMANT 59, Neukirchen-
   Vluyn 1989.

—   Wie ein Baum an Wasserkanälen. Psalm 1 als Tor zum Psalter, in: F. HARTENSTEIN/
   M. PIETSCH (Hg.), „Sieben Augen auf einem Stein" (Sach 3,9), FS I. Willi-Plein, Neukirchen-Vluyn 2007, 121–140.

JASNOW, R., A Late Period Hieratic Wisdom Text (P.Brooklyn 47.218.135), SAOC 52,
   Chicago, Ill. 1992.

JENNI, E., Die hebräischen Präpositionen, Bd. 1: Die Präposition Beth, Stuttgart u.a. 1992.

JEREMIAS, J., Die Propheten Joel, Obadja, Jona, Micha, ATD 24,3, Göttingen 2007.

JONES, S.C., Wisdom's Pedagogy. A Comparison of Proverbs VII and 4Q184, in: VT 52
   (2003), 65–80

JUNGE, F., Die Lehre Ptahhoteps und die Tugenden der ägyptischen Welt, OBO 193,
   Fribourg/Göttingen 2003.

KAHL, J., Siut – Theben. Zur Wertschätzung von Tradition im alten Ägypten, PÄ 23,
   Leiden u.a. 1999.

KAISER, O., Ideologie und Glaube. Eine Gefährdung christlichen Glaubens am alttestamentlichen Beispiel aufgezeigt, Stuttgart 1984.

—   Weisheit für das Leben. Das Buch Jesus Sirach übersetzt und eingeleitet, Stuttgart
   2005.

KAPELRUD, A.S., Art. למד, ThWAT VI, Stuttgart u.a. 1984, 576–582.

KAMINKA, A., Septuaginta und Targum zu Proverbia, in: HUCA 8/9 (1931–1932), 169–191.

KAYATZ, C., Studien zu Proverbien 1–9, WMANT 22, Neukirchen 1966.

KEDAR-KOPFSTEIN, B., Art. תמם, ThWAT VIII, Stuttgart u.a. 1995, 688–701.

KELLERMANN, U., Anmerkungen zum Verständnis der Tora in den chronistischen Schriften, in: BN 42 (1988), 49–92.

KISTER, M., Wisdom Literature and Its Relation to Other Genres. From Ben Sira to Mysteries, in: J.J. COLLINS (Hg.), Sapiential Perspectives. Wisdom Literature in Light of the Dead Sea Scrolls, STDJ 51, Leiden/Boston, Mass. 2004, 13–47.

KITTEL, R., Die Psalmen, KAT XIII, Leipzig 1922.

KLOPFENSTEIN, M., Die Lüge nach dem Alten Testament. Ihr Begriff, ihre Bedeutung und ihre Beurteilung, Zürich/Frankfurt am Main 1964.

KLOUDA, S.L., The Dialectical Interplay of Seeing and Hearing in Psalm 19 and its Connection to Wisdom, in: BBR 10 (2002), 181–195.

KNAPP, D., Deuteronomium 4. Literarische und theologische Interpretation, GTA 35, Göttingen 1987.

KNOPPERS, G.N./LEVINSON, B.M. (Hg.), The Pentateuch as Torah. New Models for Understanding Its Promulgation and Acceptance, Winona Lake, Ind. 2007.

KÖCKERT, M., Leben in Gottes Gegenwart. Studien zum Verständnis des Gesetzes im Alten Testament, FAT 43, Tübingen 2004.

KOENEN, K., Heil den Gerechten – Unheil des Sündern!, BZAW 229, Berlin/New York 1994.

KÖHLER, L., Deuterojesaja (Jesaja 40–55) stilkritisch untersucht, BZAW 37, Giessen 1923.

— /BAUMGARTNER, W. (Hg.), Hebräisches und Aramäisches Lexikon zum Alten Testament, 4 Bde., Leiden ³1967–1990.

KONKEL, M., Architektonik des Heiligen. Studien zur zweiten Tempelvision Ezechiels (Ez 40–48), BBB 129, Berlin/Wien 2001.

— Die Gola von 597 und die Priester. Zu einem Buch von Thilo Alexander Rudnig, in: ZAR 8 (2002), 357–383.

KOTTSIEPER, I., Alttestamentliche Weisheit. Proverbia und Kohelet (I), in: ThR 67 (2002), 1–34.201–237.

KRAUS, H.-J., Psalmen. 1. Teilband Psalmen 1–59, BK XV/1, Neukirchen-Vluyn ⁵1978.

— Psalmen. 2. Teilband Psalmen 60–150, BK XV/2, Neukirchen-Vluyn ⁵1978.

KRATZ, R.G., Kyros im Deuterojesajabuch. Redaktionsgeschichtliche Untersuchungen zu Entstehung und Theologie von Jes 40–55, FAT 1, Tübingen 1991.

— Die Tora Davids. Psalm 1 und die doxologische Fünfteilung des Psalters (1996), in: DERS., Das Judentum im Zeitalter des Zweiten Tempels, FAT 42, Tübingen 2004, 280–311.

— Die Redaktion der Prophetenbücher, in: DERS./T. KRÜGER (Hg.) Rezeption und Auslegung im Alten Testament und in seinem Umfeld, OBO 153, Fribourg/ Göttingen 1997, 9–27.

— Die Propheten Israels, München 2003.

— Innerbiblische Exegese und Redaktionsgeschichte im Lichte empirischer Exidenz (2004), in: DERS., Das Judentum im Zeitalter des zweiten Tempels, FAT 42, Tübingen 2004, 126–156.

— Erkenntnis Gottes im Hoseabuch (1997), in: DERS., Prophetenstudien. Kleine Schriften 2, FAT 74, Tübingen 2011, 287–309.

— Der Pescher Nahum und seine biblische Vorlage, in: DERS., Prophetenstudien. Kleine Schriften 2, FAT 74, Tübingen 2011, 99–145.

KRIEG, M., Todesbilder im Alten Testament oder: „Wie die Alten den Tod gebildet", AThANT 73, Zürich 1988.

KRISPENZ, J., Rezension ‚Achim Müller, Proverbien 1–9, BZAW 291, Berlin/New York 2000', in: ThLZ 127 (2002), 163–165.

KRONHOLM, T., Art. יתר, ThWAT III, Stuttgart u.a. 1982, 1079–1090.

— Art. נעם, ThWAT V, Stuttgart u.a. 1986, 500–506.

KRÜGER, T., Kritische Weisheit. Studien zur weisheitlichen Traditionskritik im Alten Testament, Zürich 1997.

— Das menschliche Herz und die Weisung Gottes: Elemente einer Diskussion über Möglichkeiten und Grenzen der Tora-Rezeption im Alten Testament, in: R.G. KRATZ / DERS. (Hg.), Rezeption und Auslegung im Alten Testament und in seinem Umfeld, OBO 153, Fribourg/Göttingen, 1997, 65–92.

— Kohelet (Prediger), BK XIX Sonderband, Neukirchen-Vluyn 2000.

— Zur Interpretation der Sinai/Horeb-Theophanie in Dtn 4,10–14, in: R.G. KRATZ/DERS. /K. SCHMID (Hg.), Schriftauslegung in der Schrift, FS O.H. Steck, BZAW 300, Berlin/New York 2000, 85–94.

— Überlegungen zur Bedeutung der Traditionsgeschichte für das Verständnis alttestamentlicher Texte und zur Weiterentwicklung der traditionsgeschichtlichen Methode, in: H. UTZSCHNEIDER/E. BLUM (Hg.), Lesarten der Bibel. Untersuchungen zu einer Theorie der Exegese des Alten Testaments, Stuttgart 2006, 233–245.

— Gesetz und Weisheit im Pentateuch (2003), in: DERS., Das menschliche Herz und die Weisung Gottes: Studien zur alttestamentlichen Anthropologie und Ethik, AThANT 96, Zürich 2009, 163–177.

— Das „Herz" in der alttestamentlichen Anthropologie; in: A. WAGNER (Hg.), Anthropologische Aufbrüche. Alttestamentliche und interdisziplinäre Zugänge zur historischen Anthropologie, FRLANT 232, Göttingen 2009, 103–118.

— Gott als Schöpfer der Armen im Proverbiabuch, in: ST. FISCHER/M. GROHMANN (Hg.), Weisheit und Schöpfung, FS J.A. Loader, Wiener Alttestamentliche Studien 7, Frankfurt am Main 2010, 169–182.

LABUSCHAGNE, C.J., Art. פה, ThWAT II, Stuttgart 1976, 406–411.

LAISNEY, V.P.-M., L'Enseignement d'Aménémopé, StudPohl 19, Rom 2007.

— Art. „Amenemope, Lehre des", WIBILEX, Das wissenschaftliche Bibellexikon im Internet, 2009 (abgerufen am 31. August 2011).

LANG, B., Die weisheitliche Lehrrede. Eine Untersuchung von Sprüche 1–7, SBS 54, Stuttgart 1972.

— Frau Weisheit. Deutung einer biblischen Gestalt, Düsseldorf 1975.

LANGE, A., Weisheit und Prädestination. Weisheitliche Urordnung und Prädestination in den Textfunden von Qumran, STDJ 18, Leiden u.a. 1995.

— Die Weisheitstexte aus Qumran. Eine Einleitung, in: C. HEMPEL/DERS./H. LICHTENBERGER (Hg.), The Wisdom Texts from Qumran and the Development of Sapiential Thought, BEThL 159, Leuven u.a. 2002, 3–30.

— Die Handschriften biblischer Bücher von Qumran und den anderen Fundorten, Handbuch der Textfunde vom Toten Meer 1, Tübingen 2009.

— The Significance of the Pre-Maccabean Literature from the Qumran Library for the Understanding of the Hebrew Bible. Intermarriage in Ezra/Nehemiah – Satan in 1 Chron 21:1 – the Date of Psalm 119, in: A. LEMAIRE (Hg.), Congress Volume 19. Ljubljana 2007, VT.S 133, Leiden u.a. 2010, 171–218.

LANGE, H.O., Das Weisheitsbuch des Amenemope. Aus dem Papyrus 10,474 des Britischen Museum, Historisk-filologiske medelelser 11/2, Kopenhagen 1925.

LEEUWEN, R. VAN, Proverbs, NIB 5, Abingdon 1995.

LEMAIRE, A., The Sage in School and Temple, in: J.G. GAMMIE/L.G. PERDUE (Hg.), The Sage in Israel and the Ancient Near East, Winona Lake, Ind. 1990, 165–181.

LESCOW, T., Das Buch Maleachi. Texttheorie – Auslegung – Kanontheorie, Stuttgart 1993.

LEUENBERGER, M., Konzeptionen des Königtums Gottes im Psalter. Untersuchungen zu Komposition und Redaktion der theokratischen Bücher IV–V im Psalter, AThANT 83, Zürich 2004.

LEVENSON, J.D., The Sources of Torah: Psalm 119 and the Modes of Revelation in Second Temple Judaism, in: P.D. MILLER Jr./P.D. HANSON/S.D. MCBRIDE (Hg.), Ancient Israelite Religion, FS F.M. Cross, Philadelphia, Penn. 1987, 559–574.

LEVIN, C., Die Verheißung des Neuen Bundes, FRLANT 137, Göttingen 1985.

— Das Gebetbuch des Gerechten (1993), in: DERS., Fortschreibungen. Gesammelte Studien zum Alten Testament, BZAW 316, Berlin/New York 2003, 291–313.

LEVINE, B., Art. מצוה, ThWAT VI, Stuttgart u.a. 1986, 1095–1095.

LEVINSON, B.M., „Du sollst nichts hinzufügen und nichts wegnehmen" (Dtn 13,1). Rechtsreform und Hermeneutik in der Hebräischen Bibel, in: ZThK 103 (2006), 157–183.

— Legal Revision and Religious Renewal in Ancient Israel, Cambridge, Mass. 2008.

— "The Right Chorale": Studies in Biblical Law and Interpretation, FAT 54, Tübingen 2008.

LICHTHEIM, M., Ancient Egyptian Literature. Vol I. The Old and Middle Kingdoms, Berkeley, CA, 1975.

LIEDKE, G., Gestalt und Bezeichnung alttestamentlicher Rechtssätze, WMANT 39, Neukirchen-Vluyn 1971.

— /PETERSEN, G., Art. תורה, THAT II, Stuttgart u.a. 1971, 1032–1043.

LIPSCHITS, O., Demographic Changes in Judah between the Seventh and the Fifth Centuries B.C.E., in: DERS./J. BLENKINSOPP (Hg.), Judah and the Judeans in the Neo-Babylonian Period, Winona Lake, Ind. 2003, 323–376.

LIWAK, R., Art. רפאים, ThWAT VII, Stuttgart u.a. 1993, 625–635.

LOHFINK, N., Die Abänderung der Theologie des priesterlichen Geschichtswerks im Segen des Heiligkeitsgesetzes. Zu Lev. 26,9.11–13 (1973), in: DERS., Studien zum Pentateuch, SBAB 4, Stuttgart 1988, 213–253.

— Lobgesänge der Armen. Studien zum Magnifikat, den Hodajot von Qumran und einigen späten Psalmen, SBS 143, Stuttgart 1990.

— Gab es eine deuteronomistische Bewegung? (1995), in: DERS., Studien zum Deuteronomium und zur deuteronomistischen Literatur III, SBAB 20, Stuttgart 1995, 65–142

LOPRIENO, A., Topos und Mimesis. Zum Ausländer in der ägyptischen Literatur, ÄA 48, Wiesbaden 1988.

LORETZ, O., Ugaritische und hebräische Lexikographie (III), in: UF 14 (1982), 141–148.

LYONS, M.A., Marking Innerbiblical Allusion in the Book of Ezekiel, in: Bib. 88 (2007), 245–250.

— From Law to Prophecy. Ezekiel's Use of the Holiness Code, LHBOT 507, New York/London 2009.

MAIER, C., Die „fremde Frau" in Proverbien 1–9. Eine exegetische und sozialgeschichtliche Studie, OBO 144, Fribourg/Göttingen 1995.

— Jeremia als Lehrer der Tora: Soziale Gebote des Deuteronomiums in Fortschreibungen des Jeremiabuches, FRLANT 196, Göttingen 2002.

MALFROY, J., Sagesse et loi dans le Deuteronome, in: VT 15 (1965), 49–65.

MANUELIAN, P. DER, Living the Past. Studies in Archaism of the Egyptian Twenty-Sixth Dynasty, Studies in Egyptology, London/New York 1994.

MARBÖCK, J., Art. Sirach/Sirachbuch, TRE XXXI, Berlin/New York 2000, 307–317.

— Weisheit im Wandel. Untersuchungen zur Weisheitstheologie bei Ben Sira, BBB 37, Bonn 1971.

— Gottes Weisheit unter uns. Zur Theologie des Buches Sirach, HBS 6, Freiburg u.a. 1995.

MARTTILA, M., Collective Reinterpretation in the Psalms, FAT II/13, Tübingen 2006.

MAYER, W./SCHÖKEL, A./RINGGREN, H., Art. ישר, ThAWT III, Stuttgart 1982, 1059–1070.

MCKANE, W., Proverbs. A New Approach, OTL, London 1970.

MEINHOLD, A., Überlegungen zur Theologie des 19. Psalms, in: ZThK 80 (1983), 119–136.

— Vierfaches: Strukturprinzip und Häufigkeitsfigur in Prov 1–9, in: BN 33 (1985), 53–79.

— Die Sprüche, ZBK.AT 16/1+2, Zürich 1991.

— Maleachi, BK XIV/8, Neukirchen-Vluyn 2006.

MICHEL, D., Proverbia 2 – ein Dokument der Geschichte der Weisheit, in: J. HAUSMANN/ H.-J. ZOBEL (Hg.), Alttestamentlicher Glaube und Biblische Theologie, FS H.-D. Preuß, Stuttgart u.a. 1992, 233–243.

— Probleme des Nominalsatzes im biblischen Hebräisch, in: ZAH 7 (1994), 215–224.

— ḥæsæd wæᵊᵉmæt, in: A. WAGNER (Hg.), Studien zur hebräischen Grammatik, OBO 156, Fribourg/Göttingen 1997, 73–82.

MILLER, J., A Commentary on the Proverbs, London 1872.

MILLER, P.D., The Way of the Lord. Essays in Old Testament Theology, FAT 39, Tübingen 2004.

MOWINCKEL, S., Zur Komposition des Buches Jeremia, Kristiania 1914.

MÜLLER, A., Formgeschichte und Textgrammatik am Beispiel der alttestamentlichen „Lehrrede" in Prov 1–9, in: A. WAGNER (Hg.), Studien zur hebräischen Grammatik, OBO 156, Fribourg/Göttingen 1997, 83–100.

— Proverbien 1–9. Der Weisheit neue Kleider, BZAW 291, Berlin/New York 2000.

— Art. Lehrgedicht, WIBILEX. Das wissenschaftliche Bibellexikon im Internet, Juli 2007 (abgerufen am 31. August 2011).

MÜLLER, H.-P., Art. חכם, ThWAT II, Stuttgart 1977, 920–944.

MÜLLER, R., Jahwe als Wettergott. Studien zur althebräischen Kultlyrik anhand ausgewählter Psalmen, BZAW 387, Berlin/New York 2008.

— A Prophetic View of the Exile in the Holiness Code: Literary Growth and Tradition History in Leviticus 26, in: E. BEN ZVI/C. LEVIN (Hg.), The Concepts of Exile in Ancient Israel and Its Historical Contexts, BZAW 404, Berlin/New York 2010, 207–240.

MURPHY, R.E., Wisdom Literature, FOTL 13, Grand Rapids, Mich. 1981.

NEUREITER, S., Eine neue Interpretation des Archaismus, in: SAK 21 (1994), 219–254.

NIELSEN, E., Deuteronomium, HAT I/6, Tübingen 1995.

NIETO, G.J., El quiebre de estructura propuesto por Jer 31,31–34, in: EstB 58 (2000), 494–512.

NOTH, M., Überlieferungsgeschichtliche Studien. Die sammelnden und bearbeitenden Geschichtswerke im Alten Testament, Darmstadt ³1967.

— Könige, BK IX/9, Neukirchen-Vluyn 1968.

O'DOWD, R., The Wisdom of Torah. Epistemology in Deuteronomy and the Wisdom Literature, FRLANT 225, Göttingen 2008.

OSTBÖRN, G., Tōrā in the Old Testament. A Semantic Study, Lund 1945.

OORSCHOT, J. VAN, Hiob 28. Die verborgene Weisheit und die Furcht Gottes als Überwindung einer generalisierten חכמה, in: W.A.M. BEUKEN (Hg.), The Book of Job, BEThL 114, Leuven 1994, 183–201.

— Der Gerechte und der Frevler im Buch der Sprüche, in: BZ NF 42 (1998), 225–238.

— Weisheit in Israel und im frühen Judentum, in: VuF 48 (2003), 59–89.

OTTO, E., Zur Stellung der Frau in den ältesten Rechtstexten des Alten Testaments (Exodus 20,14; 22, 15f.), in: DERS., Kontinuum und Proprium. Studien zur Sozial- und Rechtsgeschichte des Alten Orients und des Alten Testaments, OBC 8, Wiesbaden 1996, 30–48.

— Deuteronomium 4. Die Pentateuchredaktion im Deuteronomiumsrahmen, in: T. VEIJOLA (Hg.), Das Deuteronomium und seine Querbeziehungen, SESJ 62, Helsinki/ Göttingen 1996, 196–222.

— Innerbiblische Exegese im Heiligkeitsgesetz (1999), in: DERS., Die Tora. Studien zum Pentateuch. Gesammelte Schriften, BZAR 9, Wiesbaden 2009, 46–106.

— Das Deuteronomium im Pentateuch und Hexateuch, FAT 30, Tübingen 2000.

— Mose der Schreiber (2000), in: DERS., Die Tora. Studien zum Pentateuch. Gesammelte Schriften, BZAR 9, Wiesbaden 2009, 470–479.

— Das postdeuteronomistische Deuteronomium als integrierender Schlußstein des Pentateuch, in: M. WITTE u. a. (Hg.), Die deuteronomistischen Geschichtswerke. Redaktions und religionsgeschichtliche Perspektiven zur „Deuteronomismus"-Diskussion in Tora und Vorderen Propheten, BZAW 365, Berlin/New York 2006, 71–102.
— Scribal Scholarship in the Formation of Torah and Prophets. A Postexilic Scribal Debate between Priestly Scholarship and Literary Prophecy. The Example of the Book of Jeremiah and Its Relation to the Pentateuch, in: G.N. KNOPPERS/B.M. LEVINSON (Hg.), The Pentateuch as Torah. New Models for Understanding Its Promulgation and Acceptance, Winona Lake, Ind. 2007, 171–186.
— Jeremia und die Tora. Ein nachexilischer Diskurs (2007), in: DERS., Die Tora. Studien zum Pentateuch. Gesammelte Schriften, BZAR 9, Wiesbaden 2009, 515–560.
— Deuteronomium 1–3 als Schlüssel der Pentateuchkritik in diachroner und synchroner Lektüre (2008), in: DERS., Die Tora. Studien zum Pentateuch. Gesammelte Schriften, BZAR 9, Wiesbaden 2009, 284–420.
— Die Tora als Buch, in: DERS., Die Tora. Studien zum Pentateuch. Gesammelte Schriften, BZAR 9, Wiesbaden 2009, 568–586.
— Prophetie im deuteronomistischen Deuteronomium, in: DERS., Die Tora. Studien zum Pentateuch. Gesammelte Schriften, BZAR 9, Wiesbaden 2009, 257–271.
OTTOSSON, M., Art. ארץ, ThWAT I, Stuttgart 1973, 418–436.
OVERLAND, P., Literary Structure in Proverbs 1–9, Diss. Brandeis 1988.
PARDEE, D., Ugaritic and Hebrew Poetic Paralellism. A Trial Cut, VT.S 39, Leiden u.a. 1988.
PATTE, D., Early Jewish Hermeneutic in Palestine, SBL.DS 22, Missoula, Mont. 1975.
PERDUE, L.G, Proverbs, Interpretation, Louisville, Ky. 2000.
— The Sword and the Stylus. An Introduction to Wisdom in the Age of Empires, Grand Rapids, Mich. 2008.
PERLITT, L., Deuteronomium, BK V/1, Neukirchen-Vluyn 1990.
— Deuteronomium, BK V/4, Neukirchen-Vluyn 2006.
— Motive und Schichten der Landtheologie im Deuteronomium, in: DERS., Deuteronomium-Studien, FAT 8, Tübingen 1994, 98–108.
PLÖGER, J.G., Literarkritische, formgeschichtliche und stilkritische Untersuchungen zum Deuteronomium, BBB 26, Bonn 1967.
— Art. אדמה, ThWAT I, Stuttgart u.a. 1973, 95–105.
PLÖGER, O., Sprüche Salomos (Proverbia), BK XVII, Neukirchen-Vluyn 1984.
POHLMANN, K.-D., Der ferne Gott. Studien zum Jeremiabuch. Beiträge zu den „Konfessionen" im Jeremiabuch und ein Versuch zur Frage nach den Anfängen der Jeremiatradition, BZAW 179, Berlin/New York 1989.
POSENER, G., Tablettes colaires de basse époque (Aménémope et Hardjédef), in: RdE 18 (1966), 45–65.
— Une nouvelle tablette d'Aménémopé, in: RdE 25 (1973), 251f.
QUACK, J.F., Studien zur Lehre für Merikare, GOF. IV/23, Wiesbaden 1992.
— Ein neuer ägyptischer Weisheitstext, in: WdO 26 (1993), 5–19.
— Die Lehren des Ani. Ein neuägyptischer Weisheitstext in seinem kulturellen Umfeld, OBO 141, Fribourg/Göttingen 1994.
— Der historische Abschnitt des Buches vom Tempel, in: J. ASSMANN/E. BLUMENTHAL (Hg.), Literatur und Politik im pharaonischen und ptolemäischen Ägypten, BdE 127, Kairo 1999, 267–278.
— Einführung in die altägyptische Literaturgeschichte III. Die demotische und gräkoägyptische Literatur, Münster ²2009.
RAD, G. VON, „Gerechtigkeit" und „Leben" in der Kultsprache der Psalmen (1950), in: DERS., Gesammelte Studien zum Alten Testament I, ThB 8, München 1958, 225–247.

— Deuteronomium. Das fünfte Buch Mose, ATD 8, Göttingen 1965.
— Theologie des Alten Testaments I. Die Theologie der geschichtlichen Überlieferungen Israels, München ⁸1982.
— Weisheit in Israel, Neukirchen-Vluyn 1971.

REICHENBACH, G., Gültige Verbindungen. Eine Untersuchung zur kanonischen Bedeutung der innerbiblischen Traditionsbezüge in Sprüche 1–9, ABG 37, Leipzig 2011.

REITMEYER, M., Weisheitslehre als Gotteslob. Psalmentheologie im Buch Jesus Sirach, BBB 127, Berlin/Wien 2000.

RENZ, J., Die Althebräischen Inschriften, Teil 1: Text und Kommentar, Handbuch der Althebräischen Epigraphik I, Darmstadt 1995.

REYNOLDS, K., Torah as Teacher. The Exemplary Torah Student in Psalm 119, VT.S 137, Leiden/Boston, Mass. 2010.

RINGGREN, H., Art. בין, ThWAT I, Stuttgart u.a. 1973, 621–629.
— Art. חסיד, ThWAT III, Stuttgart u.a. 1982, 83–88.
— Art. חשך, ThWAT III, Stuttgart u.a. 1982, 261–277.
— Art. נטה, ThWAT V, Stuttgart u.a. 1986, 409–415.
— Art. רשע, ThWAT VII, Stuttgart u.a. 1993, 675–684.
— u.a., Sprüche, Prediger, das Hohe Lied, die Klagelieder, das Buch Esther, ATD 16, Göttingen ³1981.

ROBERT, A., Les attaches littéraires bibliques de Prov I–IX, in: RB 43 (1934), 42–68.172–204.374–384; in: RB 44 (1935), 344–365.502–525.
— Le sens du mot loi dans le Ps CXIX (Vulg. CXVIII), in: RB 46 (1937), 182–206.
— Art. Littéraires (Genres), DBS V, Paris 1957, 405–421.

ROBINSON, B.P., Jeremiah's New Convenant: Jer 31,31–34, in: SJOT 15 (2001), 181–204.

RÖMHELD, D., Wege der Weisheit. Die Lehren Amenemopes und Proverbien 22,17–24,22, BZAW 184, Berlin/New York 1989.

ROM-SHILONI, D., The Prophecy for "Everlasting Convenant" (Jeremiah XXXII 36–41). An Exilic Addition or a Deuteronomistic Redaction, in: VT 53 (2003), 201–223.

RÖSEL, M., Art. Traditionskritik/Traditionsgeschichte I, TRE XXXIII, Berlin/New York 2002, 732–743.

ROY YODER, C., Wisdom as a Woman of Substance. A Socioeconomic Reading of Proverbs 1–9 and 31:10–31, BZAW 304, Berlin/New York 2001.
— Proverbs, AOTC XXXIII, Abingdon 2009.

RUDNIG, T.A., Heilig und profan. Redaktionskritische Studien zu Ez 40–48, BZAW 287, Berlin/New York 2000.

RUDOLPH, W., Jeremia, HAT I/12, Tübingen ³1968.
— Micha – Nahum – Habakuk – Zephania, KAT XIII/3, Gütersloh 1975.

RÜTERSWÖRDEN, U., Von der politischen Gemeinschaft zur Gemeinde, BBB 65, Frankfurt am Main 1987.
— Rezension ‚R. O'Dowd, The Wisdom of Torah, FRLANT 225, Göttingen 2008', in: ThLZ 135 (2010), 300–302.

SALZER, D., Die Magie der Anspielung. Form und Funktion der biblischen Anspielungen in den Texten der Kairoer Geniza, TSAJ 254, Tübingen 2010.

SANDERS, J., When Sacred Canopies Collapes. The Reception of the Torah of Moses, in: JSJ (2001), 121–136.

SANDMEL, S., "Parallelomania", in: JBL 81 (1962), 1–13.

SARNA, N.N., Psalm 89. A Study in Inner Biblical Exegesis (1963), in: DERS., Studies in Biblical Interpretation, Philadelphia, Penn. 2000, 377–394.

SAUER, G., Jesus Sirach (Ben Sira), JSHRZ III/5, Gütersloh 1981.
— Jesus Sirach/Ben Sira, ATD.A 1, Göttingen 2000.

SAUR, M., Sapientia discursiva. Die alttestamentliche Weisheit als theologischer Diskurs, in: ZAW 123 (2011), 236–249.

SCHAPER, J., Reading the Law. Inner-Biblical Exegesis of Divine Oracles in Ezekiel 44 and Isaiah 56, in: B.M. LEVINSON/E. OTTO (Hg.), Recht und Ethik im Alten Testament, ATM 13, Münster 2004, 125–144.

SCHÄFER, R., Die Poesie der Weisen. Dichotomie als Grundstruktur der Lehr- und Weisheitsgedichte in Proverbien 1–9, WMANT 77, Neukirchen-Vluyn 1999.

SCHENKER, A., Was führte zur Übersetzung der Tora ins Griechische? Dtn 4,2–8 und Platon (Brief VII,3261–b), in: M. KARRER/W. KRAUSE (Hg.), Die Septuaginta. Texte, Theologien, Einflüsse, WUNT 252, Tübingen 2010, 23–35.

SCHERER, A., Das weise Wort und seine Wirkungen. Eine Untersuchung zur Komposition und Redaktion von Proverbia 10,1–22,16, WMANT 83, Neukirchen-Vluyn 1999.

SCHIMANOWSKI, G., Weisheit und Messias. Die jüdischen Voraussetzungen der urchristlichen Präexistenzchristologie, WMANT II/17, Neukirchen-Vluyn 1985.

SCHIPPER, B.U., Kultur und Kontext. Zum Kulturtransfer zwischen Ägypten und Israel/Juda in der 25. und 26. Dynastie, in: SAK 29 (2001), 307–318.

— Die Erzählung des Wenamun. Ein Literaturwerk im Spannungsfeld von Politik, Geschichte und Religion, OBO 209, Fribourg/Göttingen 2005.

— Die Lehre des Amenemope und Prov 22,17–24,22. Eine Neubestimmung des literarischen Verhältnisses, in: ZAW 117 (2005), 53–72.232–248.

— Kosmotheistisches Wissen. Prov 3,19f. und die Weisheit Israels, in: S. BICKEL/S. SCHROER/R. SCHURTE/C. UEHLINGER (Hg.), Bilder als Quellen/Images as Sources. Studies on Ancient Near Eastern artefacts and the Bible inspired by the work of Othmar Keel, OBO.S, Fribourg/Göttingen 2007, 487–510.

— Die ‚eherne Schlange'. Zur Religionsgeschichte und Theologie von Num 21,4–9, in: ZAW 121 (2009), 369–387.

— Israel und Ägypten. Erkenntnisse und Perspektiven, in: ThLZ 134 (2009), 1153–1165.

— Das Proverbienbuch und die Toratradition, in: ZThK 108 (2011), 381–404.

SCHMID, K., Buchgestalten des Jeremiabuches. Untersuchungen zur Redaktions- und Rezeptionsgeschichte von Jer 30–33 im Kontext des Buches, WMANT 72, Neukirchen-Vluyn 1996.

— Literaturgeschichte des Alten Testaments. Eine Einführung, Darmstadt 2008.

SCHMIDT, B.B., Israel's Beneficent Dead. Ancestor Cult and Necromancy in Ancient Israelite Religion and Tradition, FAT 11, Tübingen 1994.

SCHMITT, R., Magie im Alten Testament, AOAT 313, Münster 2004.

SCHNABEL, E.J., Law and Wisdom from Ben Sira to Paul. A Tradition History Enquiry into the Relation of Law, Wisdom, and Ethics, WMANT II/16, Tübingen 1985.

SCHNIEDEWIND, W.M., The Textualization of Torah and the Deuteronomic Tradition, in: E. OTTO/R. ACHENBACH (Hg.), Das Deuteronomium zwischen Pentateuch und Deuteronomistischem Geschichtswerk, FRLANT 206, Göttingen 2004, 153–167.

SCHOLL, R., Die Elenden in Gottes Thronrat. Stilistisch-kompositorische Untersuchungen zu Jesaja 24–27, BZAW 274, Berlin/New York 2000.

SCHREINER, J., Leben nach der Weisung des Herrn. Eine Auslegung des Ps 119, in: E. HAAG/F.–L. HOSSFELD (Hg.), Freude an der Weisung des Herrn, FS H. Groß, SBB 13, Stuttgart 1986, 395–424.

SCHROER, S., Die weise Frau auf der Stadtmauer von Abel-bet-Maacha (2Sam 20,14–22), in: W. DIETRICH (Hg.), Seitenblicke. Literarische und historische Studien zu Nebenfiguren in zweiten Samuelbuch, OBO 249, Fribourg/Göttingen 2011, 394–411.

SCHULTZ, R.L., The Search for Quotation. Verbal Parallels in the Prophets, JSOT.S 180, Sheffield 1999.

SCHUNCK, K.D., Art. חלק I, ThWAT II, Stuttgart u.a. 1977, 1011–1014.

SCORALICK, R., Einzelspruch und Sammlung. Komposition im Buch der Sprichwörter Kapitel 10–15, BZAW 232, Berlin/New York 1995.

SCOTT, R.B.Y., Proverbs. Ecclesiastes, AncB 18, Garden City, N.Y. 1965.

— Wise and Foolish, Righteous and Wicked, in: G.W. ANDERSON u.a. (Hg.), Studies in the Religion of Ancient Israel, VT.S 23, Leiden 1972, 146–165.

SEELIGMANN, I.L., Voraussetzungen der Midraschexegese, in: G.W. ANDERSON (Hg.), Congress Volume Copenhagen, VT.S 1, Leiden 1953, 150–181.

SEGAL, M., Between Bible and Rewritten Bible, in: M. HENZE (Hg.), Biblical Interpretation at Qumran, SDSSRL, Grand Rapids, Mich. 2005, 10–28.

SEIDL, M., Parallels between Isaiah and Psalms (Hebrew), in: Sinai 38 (1955–56), 149–172. 229–240.272–280.335–355.

SEYBOLD, K., Der Prophet Jeremia. Leben und Werk, UB 416, Stuttgart u.a. 1993.

— Die Psalmen, HAT I/15, Tübingen 1996.

— Akrostichie bei Deuterojesaja?, in: J.A. LOADER/H.V. KIEWELER (Hg.), Vielseitigkeit des Alten Testaments, FS G. Sauer, Wiener Alttestamentliche Studien 1, Frankfurt am Main 1999, 79–90.

— Akrostichie im Psalter, in: ThZ 57 (2001), 172–183.

SEYRING, F., Die Abhängigkeit der Sprüche Salomonis Cap. I–IX von Hiob auf Grund des Sprachlichen und Realen, Diss. Phil. Halle 1889.

SKA, J.-L., From History Writing to Literary Building. The End of History and the Birth of the Book, in: G.N. KNOPPERS/B.M. LEVINSON (Hg.), The Pentateuch as Torah. New Models for Understanding Its Promulgation and Acceptance, Winona Lake, Ind. 2007, 145–169.

SKEHAN, P.W., The Seven Columns of Wisdom's House in Proverbs 1–9, in: CBQ 9 (1947), 190–198.

— A Single Editor for the Whole Book of Proverbs, in: CBQ 10 (1948), 115–130.

— Wisdom's House, in: CBQ 29 (1967), 268–286.

— Studies in Israelite Poetry and Wisdom, CBQ.MS 1, Washington, D.C. 1971.

SHEPPARD, G.T., Wisdom as a Hermeneutical Construct. A Study in the Sapientializing of the Old Testament, BZAW 151, Berlin/New York 1980.

SHUPAK, N., Where can Wisdom be found. The Sage's Language in the Bible and in Ancient Egyptian Literature, OBO 130, Fribourg/Göttingen 1993.

— The Instruction of Amenemope and Proverbs 22:17–24:22 from the Perspective of Contemporary Research, in: R. TROXEL u.a. (Hg.), Seeking Out the Wisdom of the Ancients, FS M.V. Fox, Winona Lake, Ind. 2005, 203–220.

SINNOTT, A.M., The Personification of Wisdom, SOTS.M, Burlington 2005.

SMITH, J.P.P., A Critical and Exegetical Commentary on the Book of Maleachi, ICC, Edinburgh 1912.

SNAITH, J.G., Biblical Quotations in the Hebrew of Ecclesiasticus, in: JTS 18 (1967), 1–12.

SNELL, D.C., Twice-Told Proverbs and the Composition of the Book of Proverbs, Winona Lake, Ind. 1993.

SOLL, W., Psalm 119. Matrix, Form, and Setting, CBQ.MS 23, Washington, D.C. 1991.

SPIECKERMANN, H., Heilsgegenwart. Eine Theologie der Psalmen, FRLANT 148, Göttingen 1989.

— Mit der Liebe im Wort. Ein Beitrag zur Theologie des Deuteronomiums, in: R.G. KRATZ/DERS. (Hg.), Liebe und Gebot. Studien zum Deuteronomium, FS L. Perlitt, FRLANT 190, Göttingen 2000, 190–205.

STACKERT, J., Rewriting the Torah. Literary Revision in Deuteronomy and the Holiness Legislation, FAT 52, Tübingen 2007.

STECK, O. H., Bereitete Heimkehr. Jesaja 35 als redaktionelle Brücke zwischen dem Ersten und dem Zweiten Jesaja, SBS 121, Stuttgart 1985.

— Der Abschluß der Prophetie im Alten Testament. Ein Versuch zur Frage der Vorgeschichte des Kanons, BThS 17, Neukirchen-Vluyn 1991.
— Studien zu Tritojesaja, BZAW 201, Berlin/New York 1991.
— Das apokryphe Baruchbuch. Studien zu Rezeption und Konzentration „kanonischer" Überlieferung, FRLANT 160, Göttingen 1993.
— Der sich selbst aktualisierende „Jesaja" in Jes 56,9–59,21, in: W. ZWICKEL (Hg.), Biblische Welten, FS M. Metzger, OBO 123, Fribourg/Göttingen 1993, 215–230.
— Die Prophetenbücher und ihr theologisches Zeugnis. Wege zur Nachfrage und Fährten zur Antwort, Tübingen 1996.
— Das Buch Baruch, ATD.A 5, Göttingen 1998.
STEUERNAGEL, C., Die Zahl der Sprüche und Lieder Salomos, in: ZAW 30 (1910), 70f.
— Lehrbuch der Einleitung in das Alte Testament. Mit einem Anhang über die Apokryphen und Pseudepigraphen, Tübingen 1912.
STEYMANNS, H.U., Deuteronomium 28 und die adê zur Thronfolgeregelung Asarhaddons. Segen und Fluch im Alten Orient und in Israel, OBO 145, Fribourg/Göttingen 1995.
STIPP, H.J., Jeremia im Parteienstreit. Studien zur Textentwicklung von Jer 26,36–43 und 45 als Beitrag zur Geschichte Jeremias, seines Buches und judäischer Parteien im 6. Jahrhundert, BBB 82, Frankfurt a. M. 1992.
— Sprachliche Kennzeichen jeremianischer Autorschaft, in: H.M. BASTARD/R.G. KRATZ (Hg.), Prophecy in the Book of Jeremiah, BZAW 338, Berlin/New York 2009, 148–186.
STOLZ, F., Art. לב, THAT I, München 1978, 865.
STONE, M.E. (Hg.), Jewish Writings of the Second Temple Period, CRI II/2, Assen/Philadelphia, Penn. 1984.
STRACK, H.L., Die Sprüche Salomos, KK A 6, Nördlingen 1888, 301–392.
— Die Sprüche Salomos, KK A 6, Nördlingen ²1899.
STRAUß, H., Hiob. 2. Teilband 19,1–42,17, BK XVI/2, Neukirchen-Vluyn 2000.
SWETNAM, J., Why was Jeremiah's New Covenant New?, in: G.W. ANDERSON u.a. (Hg.), Studies on Prophecy. A Collection of Twelve Papers, VT.S 26, Leiden 1974, 111–115.
TAI, N.H.F., Prophetie als Schriftauslegung in Sach 9–14. Traditions- und kompositionsgeschichtliche Studien, CThM 17, Stuttgart 1996.
TALMON, S., The Textual Study of the Bible— A New Outlook, in: F.M. CROSS/DERS. (Hg.) Qumran and the History of the Biblical Text, Cambridge, Mass. 1975, 358–378.
TAN NAM HOON, N., The "Foreignness" of the Foreign Woman in Proverbs 1–9. A Study of the Origin and Development of a Biblical Motif, BZAW 381, Berlin/New York 2008.
TAVARES, R., Eine königliche Weisheitslehre? Exegetische Analyse von Sprüche 28–29 und Vergleich mit den ägyptischen Lehren Merikaras und Amenemhats, OBO 234, Fribourg/Göttingen 2007.
THIEL, W., Die deuteronomistische Redaktion von Jeremia 26–40, WMANT 52, Neukirchen-Vluyn 1981.
TOURNAY, R., Rezension ‚G. von Rad, Weisheit in Israel, Neukirchen-Vluyn 1971', in: RB 80 (1973), 129–131.
TROPPER, J., Tmym ʿm YHWH „Vollkommen vor dem Herrn", in: UF 19 (1987), 295–300.
— Nekromantie. Totenbefragung im Alten Orient und im Alten Testament, AOAT 223, Neukirchen-Vluyn 1989.
TOV, E., Scribal Practices and Approaches Reflected in the Texts found in the Judaean Desert, STDJ 54, Leiden/Boston, Mass. 2004.
TOY, C.H., The Book of Proverbs, ICC, Edinburgh 1970 [= 1899].
UEBERSCHÄR, F., Weisheit aus der Begegnung. Bildung nach dem Buch Ben Sira, BZAW 379, Berlin/New York 2007.

318 Literaturverzeichnis

UMBREIT, F.W.C., Philologisch-kritischer und philosophischer Commentar über die Sprueche Salomo's, Heidelberg 1826.

VEIJOLA, T., Moses Erben. Studien zum Dekalog, zum Deuteronomismus und zum Schriftgelehrtentum, BWANT 149, Stuttgart u.a. 2000.

— Das fünfte Buch Mose Deuteronomium. Kap. 1,1–16,17, ATD 8/1, Göttingen 2004.

— Thora als Inhalt der Lehre in der deuteronomistischen Literatur (1988), in: W. DIETRICH (Hg.), Timo Veijola. Leben nach der Weisung. Exegetisch-historische Studien zum Alten Testament, FRLANT 224, Göttingen 2008, 81–86.

— Law and Wisdom. The Deuteronomistic Heritage in Ben Sira's Teaching of Law (2006), in: W. DIETRICH (Hg.), Timo Veijola. Leben nach der Weisung. Exegetisch-historische Studien zum Alten Testament, FRLANT 224, Göttingen 2008, 144–164.

VENEMA, G.J., Reading Scripture in the Old Testament, Deuteronomy 9–10; 31; 2 Kings 22–23, Jeremiah 36; Nehemia 8, OTS 48, Leiden u.a. 2004.

VERHOEVEN, U., Von hieratischen Literaturwerken der Spätzeit, in: J. ASSMANN/E. BLUMENTHAL (Hg.), Literatur und Politik im pharaonischen und ptolemäischen Ägypten, BdE 127, Kairo 1999, 255–265.

— Von der „Loyalistischen Lehre" zur „Lehre des Kaïrsu", in: ZÄS 136 (2009), 87–98.

VERMÈS, G., The Torah is a Light, in: VT 8 (1958), 436–438.

— Scripture and Tradition in Judaism. Haggadic Studies, StPB 4, Leiden 1961.

VISOTZKY, B. L., The Midrash on Proverbs, Yale Judaica Series, New Haven, Conn. 1992.

WANKE, G., Jeremia. Teilband 1: Jeremia 1,1–25,14, ZBK.AT 20/1, Zürich 1995.

— Weisheit im Jeremiabuch, in: B. JANOWSKI (Hg.), Weisheit außerhalb der kanonischen Weisheitsschriften, VWGTh 10, Gütersloh 1996, 87–106.

WAGNER, J.R., From the Heavens to the Heart. The Dynamics of Psalm 19 as Prayer, in: CBQ 61 (1999), 243–261.

WAGNER, S., Art. אמר, ThWAT I, Stuttgart u.a. 1973, 353–373.

— Art. בקש, ThWAT I, Stuttgart u.a. 1973, 754–769.

WALTKE, B.K., The Book of Proverbs, Chapter 1–15, NICOT, Grand Rapids, Mich. 2004.

— The Book of Proverbs, Chapter 15–31, NICOT, Grand Rapids, Mich. 2005.

WEEKS, St., Early Israelite Wisdom, Oxford 1994.

— Wisdom in the Old Testament, in: S.C. BARTON (Hg.), Where shall Wisdom be found? Wisdom in the Bible, the Church and the Contemporary World, Edinburgh 1999, 19–30.

— Instruction and Imagery in Proverbs 1–9, Oxford 2007.

WEINFELD, M., Deuteronomy and the Deuteronomic School, Oxford 1972.

— Deuteronomy 1–11, AncB 5, New York u.a. 1991.

WEISER, A., Die Psalmen, ATD 14/15, 2 Bde., Göttingen ⁸1973.

WEIPPERT, H., Die Prosareden des Jeremiabuches, BZAW 132, Berlin/New York 1973.

WERNER, W., Jes 9,1–6 und Jes 11,1–9 im Horizont alttestamentlicher Messiaserwartung (1982), in: U. STRUPPE (Hg.), Studien zum Messiasbild im Alten Testament, SBA 6, Stuttgart 1989, 253–270.

WHITE, H., Auch Klio dichtet oder Die Fiktion des Faktischen. Studien zur Tropologie des historischen Diskurses, Sprache und Geschichte 10, Stuttgart 1991.

WHYBRAY, R.N., Wisdom in Proverbs. The Concept of Wisdom in Proverbs 1–9, StBTh 45, London 1965.

— The Composition of the Book of Proverbs, JSOT.S 168, Sheffield 1994.

— Proverbs, NCeB, Grand Rapids, Mich. 1994.

— The Book of Proverbs. A Survey of Modern Study, History of Interpretation Series 1, Leiden u.a. 1995.

— Psalm 119. Profile of a Psalmist, in: M.L. BARRÉ (Hg.), Wisdom, You are My Sister, FS R.E. Murphy, CBQ.MS 29, Washington, D.C. 1997, 31–43.

WILDBERGER, H., Jesaja. 3. Teilband (Jes 28–39), BK X/3, Neukirchen-Vluyn 1982.

WILDEBOER, G., Die Sprüche, KHC 15, Freiburg 1897.

WILLI, Th., Die Chronik als Auslegung. Untersuchungen zur literarischen Gestalt der historischen Überlieferung Israels, FRLANT 106, Göttingen 1972.

– Juda – Jehud – Israel. Studien zum Selbstverständnis des Judentums in persischer Zeit, FAT 12, Tübingen 1995.

– Leviten, Priester und Kult in vorhellenistischer Zeit. Die chronistische Optik in ihrem geschichtlichen Kontext, in: B. EGO/A. LANGE/P. PILHOFER (Hg.), Gemeinde ohne Tempel – Community without Temple. Zur Substituierung und Transformation des Jerusalemer Tempels und seines Kults im Alten Testament, antiken Judentum und frühen Christentum, WUNT 118, Tübingen 1999, 75–98.

WILLI-PLEIN, I., Vorformen der Schriftexegese innerhalb des Alten Testaments. Untersuchungen zum literarischen Werden der auf Amos, Hosea und Micha zurückgehenden Bücher im hebräischen Zwölfprophetenbuch, BZAW 123, Berlin/New York 1971.

WILSON, F.M., Sacred and Profane? The Yahwistic Redaction of Proverbs Reconsidered, in: K.G. HOGLUND u.a. (Hg.), The Listening Heart, FS R.E. Murphy, JSOT.S 58, Sheffield 1987, 313–322.

WILSON, G.H., "The Words of the Wise". The Intent and Significance of Qohelet 12:9–14, in: JBL 103 (1984), 175–192.

WITTE, M., Vom Leiden zur Lehre. Der dritte Redegang (Hiob 21–27) und die Redaktionsgeschichte des Hiobbuches, BZAW 230, Berlin/New York 1994.

– Philologische Notizen zu Hiob 21–27, BZAW 234, Berlin/New York 1995.

– „Mose, sein Andenken sei zum Segen" (Sir 45,1). Das Mosebild des Sirachbuches, in: BN 107/108 (2001), 161–186.

– „Das Gesetz des Lebens" (Sirach 17,11), in: H. STREIB/A. DINTER/K. SÖDERBLOM (Hg.), Lived Religion. Conceptual, Empirical and Practical-Theological Approaches, FS H.-G. Heimbrock, Leiden u.a. 2008, 71–87.

– Orakel und Gebete im Buch Habakuk, in: DERS./J. F. DIEHL (Hg.), Orakel und Gebete, FAT II/38, Tübingen 2009, 67–91.

WITTENBERG, G.H., The Vision of Land in Jeremiah 32, in: N.C. HABEL (Hg.), The Earth Story in the Psalms and the Prophets, The Earth Bible 4, Sheffield 2001, 129–142.

WÖHRLE, J., Die frühen Sammlungen des Zwölfprophetenbuches. Entstehung und Komposition, BZAW 360, Berlin/New York 2006.

– Der Abschluss des Zwölfprophetenbuches. Buchübergreifende Redaktionsprozesse in den späten Sammlungen, BZAW 389, Berlin/New York 2008.

WOLFF, H.W., Hosea, Dodekapropheton, BK XIV/1, Neukirchen-Vluyn ²1964.

– Wissen um Gott bei Hosea als Urform von Theologie, in: DERS., Gesammelte Studien, ThB 22, München ²1965, 533–554.

WRIGHT, R.J. (Hg.), Proverbs, Ecclesiastes, Song of Solomon, Ancient Christian Commentary on Scripture, Old Testament 9, Downers Grove, Ill. 2007.

ZEHNDER, M.Ph., Die Wegemetaphorik im Alten Testament. Eine semantische Untersuchung der alttestamentlichen und altorientalischen Weg-Lexeme mit besonderer Berücksichtigung ihrer metaphorischen Verwendung, BZAW 268, Berlin/New York 1999.

– A Fresh Look at Malachi II 13–16, in: VT 53 (2003), 224–259.

ZIMMERLI, W., Zur Struktur der alttestamentlichen Weisheit, in: ZAW 51 (1933), 177–204.

– Ezechiel, BKAT XIII, Neukirchen-Vluyn ²1979.

ZIMMERMANN, R., Homo Sapiens Ignorans. Hiob 28 als Bestandteil der ursprünglichen Hiobdichtung, in: BN 74 (1994), 80–100.

ZOBEL, H.-J, Art. חסד, ThWAT III, Stuttgart u.a. 1982, 48–71.

Stellenregister

Kursive Seitenzahlen verweisen auf Einträge in den Fußnoten.

Altes Testament

19,15.35	150	4,47	*103*
19,19	104	5	*6*, 13, 239
20,3.5.6.18	104	5,1.31	*130*
20,10	240	5,6–18	13, *230*
21,2	44	5,10	*113*
22,21	68	5,11	254
24,12	90	5,16	13, 254
25,26f	249	5,18	13, 239
26	22, 85	5,19	13, 239, 254
26,3	*150*	5,21	13, 239
26,4	*21*	5,22	*232*
		5,29	93
Numeri		5,31	94
		5,33	*103*
3,16.39.51	90	6	*6*, 13, **81–100,**
24,4.16	*87*		130, 131, *132,*
24,9	*21*		153, *230*, 233,
24,17–19	*21*		235–239, 241,
30,13	91		258, 265, 266,
			268, *275*
Deuteronomium		6,1–7	113
		6,4–9	6, 13, 14, 130,
1,5	*224*		*230*
1,9–18	*93*	6,5	*112*, 113, *136*
1,8.35	*99*	6,6	13, 130, 131,
1,31	*231*		136, 237
2,11.20	*64*	6,6–9	*130*, 233, 235,
2,31	*103*		240, 256, 258
3,12.20	*103*	6,7	111, 113, 130,
4	62, *63*, **81–100,**		235–237, *239*
	125, 130, 137,	6,8	*6*, 13, 235, 237
	227–229, 252,	6,12	*62*
	256, 258, 261,	7,9	*113*
	265, 266, 279	7,12	143
4,1–40	*113*, 153	7,25	*243*
4,2	253f, 256	8	**81–100,** 153,
4,5f	131, 132		231, 256
4,5–8	*275*	8,5	*5*, 136, 231
4,6	45	8,6	231, 235
4,6–8	264	8,11	*62*
4,8.44	*224*	8,18	47, 143
4,9	227, 258	9,4	*103*
4,9.29	136	9,9–11.15	*232*
4,13	*232, 253*	10,2	*136*
4,14	*103*	10,11	*99*
4,23	62, 141	10,12	*112, 113*
4,29	112, *136*	10,20	113
4,31	62, 141, 143	11	*9*, 235, 236,
4,44f	*277*		238

24,27	87

Richter

1,14	66
4,24	70
5,18	242
8,34	55

1 Samuel

2,8	106
2,9	58, 104, 269
12,10f	55
12,14f	91
13,13	123
15,24	91
17,40	60
20,15	70
26,24	55
28,9	70
29,6	66

2 Samuel

22,24	68
22,26	104
19,15	89

1 Könige

2,3	224
3,9	47
4,3	133
8,58	89
11,2	89
18,18	96

2 Könige

2,16–20	132
2,23–25	132
2,24	132
10,41	224
14,6	224
17,13.34.37	224
17,16	96
17,38	141
18,36	84

22,8	224
24,9	90

Jesaja

2,3	66
3,10f	146
3,11	146
3,12	66
3,18–21	237
4,3	70
5,23	146
6,9f	135
9,2	58
10,3	175
11	145, 150–152, 154, 242, 259
11,2	94, 150
11,2.4f	18, 150
11,2f	93
11,4	146
13,11	146
13,12	115
14,5	146
14,9	64
16,10	58
17,13f	21
23,20	53
26,10	146
26,14	64
27,11	45
29,10	14
29,17–24	102
29,19	58
30,1	67
30,8	232
30,10	60
31	130
31,5	56
33,6	93
34,16	16
36,21	84
41,2	5
41,2.4	252
41,7	60
41,16	58
42,16	148
45,3	46
45,21	252

	196, 214, *215, 261*	4,4	53, 67, 86
3,1–26	*1*, 163	4,4–7	192
3,1–35	185	4,6	*53, 115*, 166,
3,1–8,36	216		202
3,3	183	4,6.13.23	165, 166
3,4	*63*, 196	4,7	186
3,5	163, 196	4,8	73
3,5–19	163	4,8f	192
3,6	163	4,10	73, 157, 159,
3,7	162, 163, 196		176, 193–195,
3,8	*5*		210
3,9	163	4,10–19	2, 73, 157, 159,
3,11	5, 163		181, 183, *192*,
3,12	5, 192		197, 207, 214,
3,13	*161, 184*		261
3,13–18.21–35	186	4,10–27	3, 167, 168
3,13–20	*73*, 182–184,	4,11	167, 169
	187, 215	4,11.14.19.26	169
3,13–35	*184*	4,11.26	*148*, 167
3,14f	*243*	4,13	53, 166
3,15	73	4,14	*49*, 168
3,16.22	183	4,14.18	169
3,19	*277*	4,14.27	169
3,19f	45	4,18f	192
3,21	53, 73, 157,	4,19	45, 168
	165, 193–195,	4,20	157, 169, 176,
	197		177, 193–196
3,21–26.27–35	*197*	4,20–27	2, 73, 183, 197,
3,21–35	2, 73, 181–183,		207, 214, 261
	197	4,21	53, *177*
3,22	59	*4,23*	*166*
3,22–26	178	4,23–26	192, 197
3,24	197	4,24	169
3,25	197	4,27	183, 192
3,27	*158*	5	*1, 145*, 171,
3,27–30	186		173, 176, 200,
3,27–4,27	*1*, 167		204, 209
3,31–35	*164*	5,1	73, 157, 159,
3,32	164, *243*		16, 176, 177,
3,35	192		193–196, 198,
4	3, 157, 165,		200, 202, 260
	166, 169 *175*,	5,1–13.20	186
	176, 186, 204	5,1–23	2, 73, *157*, 159,
4,1	73, 193–196,		172, 173, 177,
	253		181, 183, 197,
4,1f	223		207, 214, 261
4,1–9	6, 73, 181, 183,	5,2	38, *53*, 165
	186, 197, 214,	5,3	60, 169, 172
	261	5,5	201, 209

8,4–10.32–36	273, 274	15,24	*67, 173*
8,4–12.14–16	178	15,25	98
11	164, 174	15,33	*93*, 162
11,1.20	*243*	16	164
11,1–13,25	*216*	16,2	66
11,3–5	174	16,6	232
11,3–8	174, 175, *205*	16,5	*243*
11,4	19, 55, 56, 174, *175*	16,9	135
		16,16	*243*
11,5	69, 174	*16,17*	*164*
11,6	174	16,17–30	*205*
11,11	164	16,18–20	175
11,15	205	16,23	135
11,20	*69*, 115, *148*	16,25	19
11,27	*161*	16,27	206
12	164	16,28	*61*
12,1	*238*, 251	16,28–30	*57*
12,2	*53*	17,1–20,4	216
12,6	164	17,5	*203*
12,11.24.27	205	17,9.11.19	*161*
12,15	164	17,15	*243*
12,22	*243*	17,18	205
12,28	*173*, 174	17,21	58
13,5	165	17,21–28	*165*
13,13	86, 115, *223*	17,23	*164*, 165
13,14	*223*	18,1.15	*161*
13,18	*238*	18,8	19
14	164	18,15	161
14,1	208	19,2	*148*
14,1–16,33	216	19,16	86
14,2	59	19,23	162
14,6	39, 161	19,27	115, 158
14,9	164	19,28	206
14,11	164	20,5–22,15	216
14,12	19	20,10.33	*243*
14,17	*53*	20,16	*19*, 205
14,19	69	20,28	165, 232
14,22	232	21	164
14,27	*93*, 162	21,6	*161*
14,30	135	21,8	51, 164
14,31	*203*	21,16	65, *174*
14,33	*161*	21,18–19	164
15	164	22–24	261
15,5.10.31f	*238*	22,2	*203*
15,8	164	22,3	*19*
15,8f.26	*243*	22,4	162
15,14	161	22,5	*148*
15,19	164	22,12	165
15,20	58	22,14	*174*

Neues Testament

Alter Orient